伟大复兴
中国式现代化的国情研究

胡鞍钢 周绍杰 谢宜泽 著

清华大学出版社
北京

内容简介

基于对中国基本国情与发展趋势的分析，本书以"中国式现代化"研究总论开题，而后通过对全面建成小康社会、百年未有之变局、新型举国体制、绿色现代化、科技现代化、人力资本跨越发展、社会主义新阶段、2035共同富裕等专题的深入研究，总结中国式经济、科技、教育等现代化的基本特点和伟大意义。通过历史的比较，显示中国式现代化的发展性、阶段性以及未来前景；着眼于国际比较，特别是与西方国家的量化对比，突出中国式现代化的快速追赶效应，彰显中国式现代化的独特性与创新性。

版权所有，侵权必究。举报：010-62782989，beiqinquan@tup.tsinghua.edu.cn。

图书在版编目（CIP）数据

伟大复兴：中国式现代化的国情研究 / 胡鞍钢，周绍杰，谢宜泽著. — 北京：清华大学出版社，2023.2（2023.11重印）
ISBN 978-7-302-62705-0

Ⅰ. ①伟⋯ Ⅱ. ①胡⋯ ②周⋯ ③谢⋯ Ⅲ. ①中国—国情—研究 Ⅳ. ①D6

中国国家版本馆CIP数据核字（2023）第026929号

责任编辑：商成果
封面设计：常雪影
责任校对：王淑云
责任印制：杨　艳

出版发行：清华大学出版社
网　　址：http://www.tup.com.cn, http://www.wqbook.com
地　　址：北京清华大学学研大厦A座　　邮　编：100084
社 总 机：010-83470000　　邮　购：010-62786544
投稿与读者服务：010-62776969, c-service@tup.tsinghua.edu.cn
质量反馈：010-62772015, zhiliang@tup.tsinghua.edu.cn

印 装 者：三河市春园印刷有限公司
经　　销：全国新华书店
开　　本：170mm×240mm　　印　张：20.25　　字　数：329千字
版　　次：2023年3月第1版　　印　次：2023年11月第3次印刷
定　　价：98.00元

产品编号：098434-01

从现在起，中国共产党的中心任务就是团结带领全国各族人民全面建成社会主义现代化强国、实现第二个百年奋斗目标，以中国式现代化全面推进中华民族伟大复兴。

在新中国成立特别是改革开放以来长期探索和实践基础上，经过十八大以来在理论和实践上的创新突破，我们党成功推进和拓展了中国式现代化。

中国式现代化的本质要求是：坚持中国共产党领导，坚持中国特色社会主义，实现高质量发展，发展全过程人民民主，丰富人民精神世界，实现全体人民共同富裕，促进人与自然和谐共生，推动构建人类命运共同体，创造人类文明新形态。

习近平

高举中国特色社会主义伟大旗帜

为全面建设社会主义现代化国家而团结奋斗

——在中国共产党第二十次全国代表大会上的报告

2022 年 10 月 16 日

序

中国式现代化是当今中国的时代主题。诚如习近平总书记所言："现代化道路并没有固定模式，适合自己的才是最好的，不能削足适履。"[1] 为此，中国共产党将团结带领中国人民深入推进中国式现代化，为人类对现代化道路的探索作出新贡献。

本书以《伟大复兴：中国式现代化的国情研究》为题目，就是为了深入研究这一时代主题。这就涉及什么是中国式现代化，它的基本含义是什么，又是怎样不断创新、不断总结、不断定型的，它与西方国家的现代化有什么不同，与正在现代化进程中的发展中国家又有什么不同，等等。

研究中国式现代化始终是时代主题。1954年召开的第一届全国人民代表大会，第一次明确提出要实现工业、农业、交通运输业和国防的四个现代化的任务。1956年，根据毛泽东同志的指示，在邓小平同志的主持下，党的八大制定和通过的《中国共产党章程》明确提出："中国共产党的任务，就是有计划地发展国民经济，尽可能迅速地实现国家工业化，有系统、有步骤地进行国民经济的技术改造，使中国具有强大的现代化的工业、现代化的农业、现代化的交通运输业和现代化的国防。"[2] 这是最早的中国式"四个现代化"的目标。

根据毛泽东同志的指示，周恩来在第三届全国人民代表大会第一次会议上所做的《1964年国务院政府工作报告》中正式提出，"要在不太长的历史时期内，把我国建设成为一个具有现代农业、现代工业、现代国防和现代科学技术的社会主义强国，赶上和超过世界先进水平"的"四个现代化"战略目标[3]。

1979年，根据我国底子薄、人口多、耕地少的基本国情，邓小平正式提出"中国式的四个现代化"[4]。而后，党的十二大、十三大报告相继提出了中国

---

[1] 习近平.习近平谈治国理政：第四卷[M].北京：外文出版社，2022：427.
[2] 中共中央文献研究室.建国以来重要文献选编：第9册.北京：中央文献出版社，2011：270.
[3] 中共中央文献编辑委员会.周恩来选集：下卷[M].北京：人民出版社，1984：439.
[4] 邓小平.邓小平文选：第二卷[M].北京：人民出版社，1994：237.

式现代化"两步走"发展战略、"三步走"发展战略。

到 2000 年，中国如期实现了现代化建设"三步走"的第二步战略设想。此后，党的十六大、十七大相继确立了全面建设小康社会的奋斗目标，党的十八大再次强调"确保到二○二○年实现全面建成小康社会宏伟目标"。

到 2017 年，党的十九大报告中提出了"两阶段"的中国式现代化战略目标，即从全面建成小康社会到基本实现现代化，再到全面建成社会主义现代化强国，是新时代中国特色社会主义发展的战略安排[①]。

清华大学国情研究院基于对中国基本国情与发展趋势的分析，围绕"中国式现代化"这一主题进行了深入的研究，通过对不同研究专题的深化研究，总结中国式经济、科技、教育等现代化的基本特点和伟大意义，既体现了"五位一体"总体布局，进而又形成对中国式现代化的全面阐述和评价。本书的重要思路和研究方法就是通过历史比较，显示中国式现代化的发展性、阶段性以及未来前景；同时着眼于国际比较，特别是与美国等国家（OECD 国家）的量化对比，显示中国式现代化的快速追赶效应，更彰显中国式现代化的独特性与创新性，从而为那些追求并努力实现现代化的发展中国家提供重要的借鉴和具体的路径。

中国式现代化本身就是一部中国现代史、当代史，也是世界历史的重要组成部分。本项研究的特点继承了清华大学国情研究院的风格：一是让数据说话，二是让事实证明，三是让实践检验。

作为研究院的自主课题，本书中的大部分研究成果已经过学术期刊审核、修改、正式发表，并可由中国知网下载和引用，中国人民大学复印报刊资料转载了其中多篇文章，为该书的写作编辑提供了重要学术平台。本书在此基础上做了进一步的修改更新，以便比较系统地反映我们研究团队对中国式现代化研究的最新进展。

胡鞍钢

2022 年 9 月 19 日

[①] 中共中央党史和文献研究院.十九大以来重要文献选编：上卷[M]. 北京：中央文献出版社，2019: 20.

目 录

总论

中国式现代化道路的特征和意义分析 ················ 胡鞍钢　3

专题研究

中国如何全面建成小康社会：系统评估与重要启示 ········ 胡鞍钢　35

2020年全面建成小康社会之年
　　——对我国经济社会发展的评价 ················ 胡鞍钢　76

中国与世界百年未有之大变局：基本走向与未来趋势 ······ 胡鞍钢　108

新型举国体制：时代背景、基本特征与适用领域 ····谢宜泽　胡鞍钢　133

中国式绿色现代化：回顾与展望 ··················· 胡鞍钢　149

中国式科技现代化：从落伍国到科技强国 ············· 胡鞍钢　178

中国科技实力跨越式发展与展望（2000—2035年） ······· 胡鞍钢　209

中国式现代化与人力资本跨越发展（1950—2035年） ····· 胡鞍钢　234

正确认识中国社会主义新阶段：2020—2035年 ·········· 胡鞍钢　255

2035中国：迈向共同富裕 ··················胡鞍钢　周绍杰　276

后记 ·· 312

总论

中国式现代化道路的特征和意义分析*

胡鞍钢

现代化是强国富民的必经之路，但通向现代化的道路不只一条。在世界性现代化历史潮流中，中国是典型的后发国家，中国式现代化道路分为四个历史时期，其特征可概括为十个方面：中国式现代化是中国共产党领导的现代化，以坚持和完善中国特色社会主义制度、推进国家治理体系和治理能力现代化为核心任务；中国式现代化的基本国情和条件与西方国家大为不同；中国式现代化的基本性质是中国特色社会主义现代化，而不是资本主义现代化；中国式现代化的发展本质是逐步实现全体人民共同富裕；中国式现代化的经济基础是实现工业化、信息化、网络化、数字化；中国式现代化同步实现城镇化与农业、农村、农民现代化；中国式现代化是创新绿色的现代化；中国式现代化是中华民族伟大复兴的现代化；中国式现代化开创了世界大国和平发展的道路；中国式现代化是人类共发展、共命运的现代化。总之，中国特色社会主义现代化是适应中国国情、适应发展阶段的现代化，也为发展中国家现代化开辟新道路提供了宝贵经验，具有重大的历史意义。

---

* 基金项目：清华大学文科"双高"专项"中国特色国家治理体系演化与治理能力现代化：价值、实践与理论"(100006044)。本文原载于《山东大学学报（哲学社会科学版）》2022 年第 1 期第 21-38 页，人大复印报刊资料《中国特色社会主义理论》2022 年 05 期全文转载。

一、引言

现代化是一个全球性的进程，几乎所有的国家和地区都在向不同的现代化阶段过渡，这一进程也必然呈现极大的多样性、差异性、不平衡性与竞争性。中国特色社会主义现代化始终是当代中国发展的主题和战略目标①。尽管中国曾经是世界现代化进程中的落伍者，工业化、现代化的开始时间比一些西方国家晚了几百年，但是在中国共产党的领导下，中国用几十年的时间基本走完了发达国家几百年走过的工业化、城镇化、信息化、现代化进程。并且，中国现代化的道路不是西方现代化道路的翻版，而是中国特色社会主义的现代化，正如习近平总书记所指出的："我国现代化是人口规模巨大的现代化，是全体人民共同富裕的现代化，是物质文明和精神文明相协调的现代化，是人与自然和谐共生的现代化，是走和平发展道路的现代化。"②在庆祝中国共产党成立100周年大会上，习近平总书记庄严宣告："我们实现了第一个百年奋斗目标，在中华大地上全面建成了小康社会，历史性地解决了绝对贫困问题，正在意气风发向着全面建成社会主义现代化强国的第二个百年奋斗目标迈进。"③同时，他还指出："我们坚持和发展中国特色社会主义，推动物质文明、政治文明、精神文明、社会文明、生态文明协调发展，创造了中国式现代化新道路，创造了人类文明新形态。"④

从世界现代化的历史和进程看，发展的不平衡性、多样性、阶段性是其基本特征、基本动力和基本规律。简单地讲，发展的不平衡性决定了现代化模式和特征的多样性，现代化的多样性又促进了发展的不平衡性。任何国家的发展都有不同的阶段性，这又强化了世界各国现代化的不平衡性和多样性，也给不同国家带来了不同的现代化模式。

在世界发展历史进程中，现代化是强国富民的必经之路，但通向现代化的道路不只一条。不同的国家进入现代化的时间不同、国情条件不同、道路选择不同、实现结果不同，这些因素造就了不同的现代化模式。当今世界有近两百个国家，就会有近两百个现代化模式，从中至少可以概括出三类现代

---

① 胡鞍钢.中国：走向21世纪[M].北京：中国环境科学出版社，1991：148，169.
② 习近平.把握新发展阶段，贯彻新发展理念，构建新发展格局[J].求是，2021(9).
③④ 习近平.在庆祝中国共产党成立100周年大会上的讲话[N].人民日报，2021-07-02(2).

化模式：北方模式①、南方（其他发展中国家）模式和中国式现代化道路。国际竞争本质上是不同的现代化模式的竞争，在全球化背景下，符合"不进则退""进慢也是退"的竞争法则。

在世界性现代化历史潮流中，中国是典型的落伍者，中国共产党成立之后领导人民把握历史大势、掌握历史主动，不懈探索、接力奋斗，成功走出一条适合中国国情、符合人民意愿的现代化道路②。2020年，中国人口占世界总人口的18.1%③，根据世界银行提供的国内生产总值（GDP，按购买力平价法2017国际元计算④）数据，中国GDP占世界GDP总量的比重从1990年的3.2%上升至2020年的18.4%⑤，从1990年世界第11位（排在美国、日本、俄罗斯、德国、英国等之后）跃居世界首位⑥。中国现代化既是典型的后发国家追赶型现代化，又是中国特色社会主义现代化，在世界上两百多个国家和地区中，具有极其独特的政治、经济、社会国情，更是独辟蹊径的现代化模式。从新民主主义革命的创新到社会主义革命和建设的创新，从改革开放和社会主义现代化建设的创新到中国特色社会主义新时代的创新，构成了百年历程的连续创新。中国的现代化不是对西方现代化的模仿和复制，因而才能够后来居上，跃居世界前列，我们称之为"创新型现代化"，这是中国特色社会主义现代化成功的根本原因。因此，需要以百年视角分析总结中国式现代化道路的

---

① 北方模式指经济合作与发展组织(Organization for Economic Co-operation and Development, OECD)成员国家的现代化模式。
② 黄坤明. 坚定不移走中国式现代化新道路 [EB/OL].(2020-07-14)[2021-10-15]. http://www.xinhuanet.com/politics/2021-07/14/c_1127653884.htm.
③ 计算数据来源：世界银行数据库. Population, total- World, China | Data (worldbank.org) [DB/OL].[2021-10-15]. https://data.worldbank.org/indicator/SP.POP.TOTL?end=2020&locations=1W-CN&start=1990&view=chart.
④ 采用购买力平价进行国际比较的主要依据是联合国、欧盟委员会、经济合作与发展组织、国际货币基金组织、世界银行五大机构明确要求国际比较(ICP)按照购买力平价方法(PPP，不变价国际元)。详见：联合国，欧盟委员会，经济合作与发展组织，国际货币基金组织，世界银行. 2008年国民账户体系 [M]. 北京：中国统计出版社, 2012: 6.
⑤ 计算数据来源：世界银行数据库. GDP, PPP(constant 2017 international $)-China, Japan, Germany, Russian Fed-eration, United Kingdom | Data (worldbank.org) [DB/OL].[2021-10-15]. https://data.worldbank.org/indicator/NY.GDP.MKTP.PP.KD?end=2020&locations=CN-JP-DE-RU-GB&start=1990&view=chart.
⑥ 计算数据来源：世界银行数据库. GDP, PPP (current international $) [DB/OL]. https://data.worldbank.org/indicator/NY.GDP.MKTP.PP.CD?end=+2020&most_recent_value_desc=true&start=1990&view=chart. 若按汇率法（现价美元）计算，我国GDP总量居世界第二位。

四个历史时期，概括中国式现代化道路的十大主要特征，阐述中国式现代化的历史意义。

二、中国式现代化道路的四个历史时期

党的十九届六中全会通过了《中共中央关于党的百年奋斗重大成就和历史经验的决议》（以下简称《决议》），对中国共产党百年征程作出了历史性总结并将其划分为四个历史时期，这成为笔者分析中国式现代化道路的重要依据。

（一）新民主主义革命时期

新民主主义革命时期，党面临的主要任务是反对帝国主义、封建主义、官僚资本主义，争取民族独立、人民解放，为实现中华民族伟大复兴创造根本社会条件[①]。

任何一个国家现代化的发生、发展都必须创造根本社会条件，极端落伍的中国更不例外。中国在世界性的农业革命、工业革命、科技革命中明显落伍，根据世界经济数据库（1-2008AD）数据，中国GDP（购买力平价，1990国际元）占世界GDP总量的比重从1820年的32.9%下降至1870年的17.1%，到1913年进一步下降至8.8%[②]，成为自公元1年以来近两千年间的最低点。在殖民主义时代、帝国主义时代，"落后必然挨打"。1840年鸦片战争爆发以后，由于西方列强入侵和封建统治腐败，中国逐渐沦为半殖民地半封建社会，国家蒙辱、人民蒙难、文明蒙尘，中华民族遭受了前所未有的劫难。在中国共产党诞生之前，洋务运动、戊戌变法、辛亥革命等，都未能改变中国半殖民地半封建的社会性质和中国人民的悲惨命运[③]。究其原因"一是制度腐败，二是经济技术落后"[④]。

中国共产党成立后，领导人民前仆后继、浴血奋斗，以毛泽东同志为主

---

① 中共中央关于党的百年奋斗重大成就和历史经验的决议[N].人民日报，2021-11-17(1).
② Part of University of Groningen, Groningen Growth and Development Centre [EB/OL]. [2021-10-15]. http://www.ggdc.net/maddison.
③ 中共中央关于党的百年奋斗重大成就和历史经验的决议[N].人民日报，2021-11-17(1).
④ 毛泽东.把我国建设成为社会主义的现代化强国[M]//中共中央文献研究室.毛泽东文集：第八卷.北京：人民出版社，1999: 340.

要代表的中国共产党人,把马克思列宁主义原理同中国具体实践相结合,开辟了农村包围城市、武装夺取政权的正确革命道路,最终以约两千万烈士[①]和人民的巨大牺牲,取得了新民主主义革命的胜利。1949年10月1日,中华人民共和国宣告成立,实现了民族独立、人民解放,中国人民从此站立起来,中国式现代化发展从此开启了新纪元。社会主义革命和社会主义建设,改变了中国发展的历史逻辑,为中国式现代化道路创造了政治条件,为实现中华民族伟大复兴创造了根本社会条件。没有中国共产党就没有新民主主义革命,没有新民主主义革命就没有新中国,没有新中国就没有中国特色社会主义,没有中国特色社会主义就没有中国式现代化道路。与第二次世界大战后独立的南方国家纷纷模仿和照搬北方国家制度不同,中国共产党先建立了新民主主义社会,随后建立了社会主义社会。中国走上了与其他国家不同类型的现代化道路,也就有了不同的现代化结果。

(二)社会主义革命和建设时期

社会主义革命和建设时期,党面临的主要任务是实现从新民主主义到社会主义的转变,进行社会主义革命,推进社会主义建设,为实现中华民族伟大复兴奠定根本政治前提和制度基础[②]。

这一时期是创建社会主义制度和现代化的基础时期。我国全面确立社会主义的基本制度,实现中国共产党的政治领导,没有像其他发展中国家一样复制和照搬西方政治制度,而是确立了社会主义国家制度和政治制度,即国体——工人阶级(经过中国共产党)领导的,以工农联盟为基础的人民民主专政;政体——人民代表大会制度;国家结构形式——统一的多民族国家和在单一制国家中的民族区域自治制度;政党制度——中国共产党领导的多党合作和政治协商制度。这为当代中国的一切发展和进步创造了政治前提,奠定了制度基础[③]。

---

① 中国近代以来约有2000万烈士仅193万余人可考 [N/OL].(2014-09-02)[2021-10-15]. http://culture.people.com.cn/n/2014/0902/c172318-25584372.html.
② 中共中央关于党的百年奋斗重大成就和历史经验的决议 [N]. 人民日报, 2021-11-17(1).
③ 中共中央党史研究室. 中国共产党的九十年:社会主义革命和建设时期 [M]. 北京:中共党史出版社,2011: 636-637.

推动国家工业化，大规模全面建设社会主义。学习并借鉴了苏联工业化的计划经济模式，在极低收入条件下，依靠党和国家动员全国人民，发动并推动实现国家工业化，进而推动实现农业现代化、工业现代化、国防现代化和科学技术现代化"四个现代化"。经过五个"五年计划"的实施，中国在发展中国家率先迅速建立起独立的、比较完整的工业体系和国民经济体系，为之后中国的经济独立自主、持续发展奠定了牢固的物质技术基础[1]。按1952年价格计算，1978年的GDP相当于1952年的4.71倍，翻了两番之多，年平均增速为6.0%，明显高于1929—1936年1.5%的年均增速，但仍低于这一时期的潜在经济增长率（笔者估计为9.0%）。按1952年GDP为100计算，1958年的GDP指数达到188.9，但受"大跃进"的影响，1962年降至141.1，减少了47.8，直到1964年才恢复至184.3。1967年、1968年连续两年经济负增长，1966—1976年的平均增速为5.2%[2]，远低于笔者估计的9.0%的潜在增长率。从经济增长积累效果看，1978年的实际GDP相当于1952年的4.71倍，若按潜在增长率计算，则应当为7.2～9.5倍[3]。根据安格斯·麦迪森提供的按购买力平价法（1990国际元）计算的数据，中国GDP占世界总量的比重从1957年的5.4%下降至1976年的4.5%[4]。

中国迅速完成工业化的原始积累，创下了历史新纪录。不同于北方国家靠殖民主义、帝国主义侵略战争、掠夺殖民地财富完成原始积累，中国靠本国国家工业化，动员全社会各种力量，自力更生，实现全国资本存量高速增长，从1952年的400亿元上升至1978年的6 430亿元，增长了15.1倍，年均增速高达11.3%，其中国有资本占总资本的比重为80%，国有工业资本占总资本的比重为54.1%。铁路、公路、空运、邮电、城市基础设施和能源生产获得空前的发展，作为一个国家现代化最具有代表性的因素，我国的发电量在1952—1978年的年均增速为13.7%。与此同时，我国的农业生产条件发生显著改变，灌溉面积从3亿亩扩大到6.7亿亩，灌溉比例从15.8%提高至

---

[1] 中共中央党史研究室.中国共产党的九十年：社会主义革命和建设时期[M].北京：中共党史出版社，2011：637-638.
[2] 《辉煌70年》编写组.辉煌70年：新中国经济社会发展成就(1949—2019)[M].北京：中国统计出版社，2019：373.
[3] 胡鞍钢.中国政治经济史论(1949—1976)[M].北京：清华大学出版社，2008：575-576.
[4] Maddison A. Historical Statistics of the World Economy: 1-2008AD [EB/OL].[2021-10-15]. http://www.ggdc.net/MADDISON/oriindex.htm.

45.2%①，在耕地资源占世界总量7%、水资源占世界总量6.5%的条件下养活了世界1/5的人口，粉碎了美国前国务卿艾奇逊关于新中国新政府不能解决中国人吃饭问题的论断，验证了毛泽东预言"根据革命加生产即能解决吃饭问题的真理"②。同时，中国在发展中国家中率先独立自主地建立了大规模的、门类比较齐全的现代科学技术体系、现代教育体系、公共卫生体系，极大地提升了科学技术水平，也极大地提升了全体人民的教育、健康人力资本，劳动年龄人口平均受教育年限从1.0年上升至4.0年，人均预期寿命从不足35岁上升至65.9岁，远远超过印度的52.8岁，也超过了世界平均水平（62.0岁）和中高收入国家平均水平（65.3岁）③。正如邓小平同志所说，社会主义革命使我国大大缩短了同发达资本主义国家在经济方面的差距。尽管我们犯了一些错误，但我们还是在30年间取得了旧中国几百年、几千年所没有取得过的进步④。这初步显示了社会主义制度的优越性和人口最多国家的规模效应。

中国成为世界政治大国之一，恢复了联合国安理会常任理事国的合法席位，拥有了一票否决权，重新跻身于世界大国之列，成为南方国家的代表者，改变了世界政治格局。中国成为当时世界上拥有核武器的国家（美国、苏联、法国和中国）之一，截至1976年9月，共进行了19次核试验和多次导弹试验，发射了6颗人造卫星⑤。对此，邓小平同志在1980年6月作出评价："中国在世界上的地位，是在中华人民共和国成立以后才大大提高的。只有中华人民共和国的成立，才使我们这个人口占世界总人口近四分之一的大国，在世界上站起来，而且站住了。还是毛泽东同志那句话：中国人民从此站起来了。"⑥正如《决议》对社会主义革命和建设时期所作出的历史评价：以毛泽东同志为主要代表的中国共产党人，结合新的实际丰富和发展毛泽东思想，提出关于社会主义建设的一系列重要思想，包括社会主义社会是一个很长的历史阶段，

---

① 胡鞍钢. 中国政治经济史论 (1949—1976)[M]. 北京：清华大学出版社，2008: 564-567.
② 毛泽东. 唯心历史观的破产 [M]// 毛泽东选集：第四卷. 北京：人民出版社，1991: 1512.
③ 世界银行数据库. Life expectancy at birth, total (years)- China, India, Upper middle income, World | Data (worldbank.org) [DB/OL]. [2021-10-15]. https://data.worldbank.org/indicator/SP.DYN.LE00.IN?end=2015&locations=1W-CN-IN&start=1970&view=chart.
④ 邓小平. 坚持四项基本原则 [M]// 中共中央文献编辑委员会. 邓小平文选：第二卷. 北京：人民出版社，1994: 167.
⑤ 杨继绳. 邓小平时代：上卷 [M]. 北京：中央编译出版社，1998: 14.
⑥ 邓小平. 对起草《关于建国以来党的若干历史问题的决议》的意见 [M]// 中共中央文献编辑委员会. 邓小平文选：第二卷. 北京：人民出版社，1994: 299.

严格区分和正确处理敌我矛盾和人民内部矛盾，正确处理我国社会主义建设的十大关系，走出一条适合我国国情的工业化道路①。

（三）改革开放和社会主义现代化建设时期

改革开放和社会主义现代化建设新时期，党面临的主要任务是继续探索中国建设社会主义的正确道路，解放和发展社会生产力，使人民摆脱贫困、尽快富裕起来，为实现中华民族伟大复兴提供充满新的活力的体制保证和快速发展的物质条件②。

党的十一届三中全会以后，以邓小平同志为主要代表的中国共产党人，作出把党和国家工作重心转移到经济建设上来，实行改革开放的历史性决策，确立社会主义初级阶段的基本路线，明确提出走自己的路，建设有中国特色的社会主义③。制定了到21世纪中叶分三步走、基本实现社会主义现代化的发展战略。

在以江泽民同志为主要代表的党中央领导下，我国经济总量从1990年时的世界第11位跃居至2000年的第6位。人民生活总体上实现了由温饱到小康的历史性跨越④，人均GDP（购买力平价，2017国际元）从1990年相当于世界平均水平的14.7%提高到2000年的31.2%，进入中等偏下收入国家行列（1998年）。货物进出口额从世界第16位提高至第8位，成功加入世界贸易组织，外汇储备从第10位提高至第2位⑤。

在以胡锦涛同志为主要代表的党中央领导下，全面建设小康社会，经济总量从世界第6位跃升到第2位。加入世界贸易组织之后，进出口总额从世界第8位跃居第2位，外汇储备量居第1位⑥。社会生产力、经济实力、科技实力迈上一个大台阶，人民生活水平、居民收入水平、社会保障水平迈上一

---

①② 中共中央关于党的百年奋斗重大成就和历史经验的决议[N].人民日报，2021-11-17(1).
③ 邓小平.中国共产党第十二次全国代表大会开幕词[M]//中共中央文献编辑委员会.邓小平文选：第三卷.北京：人民出版社，1993：3.
④ 江泽民.全面建设小康社会，开创中国特色社会主义事业新局面[M]//中共中央文献编辑委员会.江泽民文选：第三卷[M].北京：人民出版社，2006：532.
⑤ 国家统计局.2021中国统计摘要[M].北京：中国统计出版社，2021：208.
⑥ 国家统计局.2014中国统计摘要[M].北京：中国统计出版社，2014：178.

个大台阶，我国人均GDP（购买力平价，2017国际元）到2012年相当于世界平均水平的71.7%，进入中等偏上收入国家行列（2010年）。综合国力、国际竞争力、国际影响力迈上一个大台阶，国家面貌发生新的历史性变化，人民生活水平显著提高，这是我国经济持续发展、民主不断健全、文化日益繁荣、社会保持稳定的时期，是着力保障和改善民生、人民得到实惠更多的时期[1]。

正如《决议》所作出的历史评价："改革开放是党的一次伟大觉醒，是中国人民和中华民族发展史上一次伟大的革命，发出将改革开放进行到底的伟大号召。改革开放和社会主义现代化建设的伟大成就举世瞩目，我国实现了从生产力相对落后的状况到经济总量[2]跃居世界第二的历史性突破，实现了人民生活从温饱不足到总体小康、奔向全面小康的历史性跨越，推进了中华民族从站起来到富起来的伟大飞跃。"[3]

（四）中国特色社会主义新时代

党的十八大以来，中国特色社会主义进入新时代。党面临的主要任务是实现第一个百年奋斗目标，开启实现第二个百年奋斗目标新征程，朝着实现中华民族伟大复兴的宏伟目标继续前进[4]。

党的十八大以来，我国经济发展平衡性、协调性、可持续性明显增强，国内生产总值突破百万亿元大关，人均国内生产总值超过1万美元，国家经济实力、科技实力、综合国力跃上新台阶，我国经济迈上更高质量、更有效率、更加公平、更可持续、更为安全的发展之路[5]。

中国进入经济强国新时代。从国际比较视角看，按照世界银行数据库（购买力平价，2017国际元）计算，2020年我国GDP达到23.01万亿元，相当于2012年的1.64倍，占世界GDP总量的比重提高至18.4%，相当于美国GDP占世界比重（15.8%）的1.16倍，相当于欧盟GDP占世界比重（14.9%）的1.23

---

[1] 胡锦涛.坚定不移沿着中国特色社会主义道路前进，为全面建成小康社会而奋斗[M]//中共中央文献编辑委员会.胡锦涛文选：第三卷[M].北京：人民出版社，2016: 617.
[2] 按综合汇率法计算，编者注。
[3][4][5] 中共中央关于党的百年奋斗重大成就和历史经验的决议[N].人民日报，2021-11-17(1).

倍①，成为世界最大的经济体，也成为世界最大的货物进出口贸易体（2020年占世界总量的比重为14.7%②）。

中国进入经济快速追赶新时代。尽管中国已从高速增长阶段进入中高速增长阶段，但是相对美国、欧盟等北方经济体而言，仍显现经济的加速追赶效应。一是我国人均GDP（购买力平价，2017国际元）从2012年的10 398国际元上升至2020年的16 411国际元，从相当于美国人均GDP水平的18.7%提高至27.2%，从相当于欧盟人均GDP水平的36.8%提高至39.4%③；二是我国劳动生产率（购买力平价，2017国际元）与美国劳动生产率的追赶系数从15.8%上升至24.0%，从相当于欧盟劳动生产率水平的20.5%上升至33.5%④，充分显示了中国处于全面加速追赶发达国家的进程中。

中国进入创新强国新时代。党的十九大报告中明确提出，再用30年时间全面建成富强民主文明和谐美丽的社会主义现代化强国。第一阶段到2035年，基本实现社会主义现代化。届时，我国人均GDP将比2020年翻一番，从2020年的1.64万国际元达到3.2万国际元，由2020年相对OECD国家人均GDP水平的38.8%上升至2035年的70%左右，达到中等发达国家水平。第二阶段到21世纪中叶，把我国建成富强民主文明和谐美丽的社会主义现代化强国。届时，我国人均GDP将达到5万国际元以上，基本接近OECD国家的人均GDP水平。未来30年，按2020年不变价格，我国人均GDP年均增速达到3.8%左右就可以实现这一目标，从历史经验来看，实际结果将会超过我国政府设定的预期经济增长目标⑤。

党的十八大以来，以习近平同志为核心的党中央领导全党、全军、全国

---

① 计算数据来源：世界银行数据库. GDP, PPP(constant 2017 international $)- China, World, United States | Data (worldbank.org) [DB/OL]. [2021-10-15]. https://data.worldbank.org/indicator/NY.GDP.MKTP.PP.KD?locations=CN-1W-US.
② 国家统计局. 2021中国统计摘要 [M]. 北京：中国统计出版社，2021: 206.
③ 计算数据来源：世界银行数据库. GDP per capita, PPP (constant 2017 international $)- China, World, United States, European Union | Data (worldbank.org) [DB/OL]. [2021-10-15]. https://data.worldbank.org/indicator/NY.GDP.MKTP.PP.KD?locations=CN-1W-US.
④ 计算数据来源：世界银行数据库. GDP per person employed (constant 2017 PPP $) -China, World, United States, European Union | Data (worldbank.org) [DB/OL]. [2021-10-15]. https://data.worldbank.org/indicator/SL.GDP.PCAP.EM.KD?locations=CN-1W-US-EU.
⑤ 2002年党的十六大明确提出"国内生产总值到2020年力争比2000年翻两番"，实际结果到2020年我国GDP按不变价格计算相当于2000年的5.28倍，年均增速达到8.7%。见：国家统计局. 2021中国统计摘要 [M]. 北京：中国统计出版社，2021: 10.

各族人民砥砺前行，全面建成小康社会目标如期实现，党和国家事业取得历史性成就、发生历史性变革，彰显了中国特色社会主义的强大生机活力，党心、军心、民心空前凝聚振奋，为实现中华民族伟大复兴提供了更为完善的制度保证、更为坚实的物质基础、更为主动的精神力量①。中国共产党和中国人民以英勇顽强的奋斗向世界庄严宣告，中华民族迎来了从站起来、富起来到强起来的伟大飞跃②。

总之，世界范围的发展模式已经呈现出世界性的现代化竞赛大潮流、新趋势，既反映了经济全球化背景下"不进则退"的法则，又反映了"进慢也是退"的法则。中国呈现加速追赶趋势，并且正在持续不断创新中国式现代化道路，实践已经表明，这是世界上惠及人口最多的成功的新型现代化道路。

三、中国式现代化道路的主要特征

现代化道路并没有固定模式，适合自己的才是最好的③。中国特色社会主义现代化，本质上不同于已经实现现代化的北方国家，道路上也不同于正在现代化进程中的南方国家，是最适合中国国情的现代化道路，即不断探索开拓创新的中国特色社会主义现代化道路。笔者将其总结和概括为十大主要特征。

（一）中国式现代化是中国共产党领导的现代化

中国实现社会主义现代化的根本制度条件是极其独特的。中国共产党成为中国现代化的领导核心力量与最大的发动因素，"坚持党的全面领导，不断完善党的领导"④。党政军民学、东西南北中，党是领导一切的。

20世纪50年代初中国共产党就提出"要在一个相当长的时期里，逐步实现国家的社会主义工业化"的战略目标。党的八大指出："国内的主要矛盾已经是人们对于建立先进的工业国的要求同落后的农业国的现实之间的矛盾，

---

①② 中共中央关于党的百年奋斗重大成就和历史经验的决议[N].人民日报，2021-11-17(1).
③ 习近平.加强政党合作，共谋人民幸福——在中国共产党与世界政党领导人峰会上的主旨讲话[N].河北日报，2021-07-06(2).
④ 习近平.在庆祝中国共产党成立100周年大会上的讲话[N].人民日报，2021-07-02(2).

已经是人民对于经济文化迅速发展的需要同当前经济文化不能满足人民需要的状况之间的矛盾……党和全国人民当前的主要任务，就是要集中力量来解决这个矛盾，把我国尽快地从落后的农业国变成先进的工业国。"①

周恩来在《1964年国务院政府工作报告》中正式提出"要在不太长的历史时期内，把我国建设成为一个具有现代农业、现代工业、现代国防和现代科学技术的社会主义强国，赶上和超过世界先进水平"的"四个现代化战略目标"②。1975年再次重申实现"四个现代化"的"两步走"战略设想："第一步，用十五年时间，即在一九八〇年以前，建成一个独立的、比较完整的工业体系和国民经济体系；第二步，在本世纪内，全面实现农业、工业、国防和科学技术的现代化，使我国国民经济走在世界的前列。"③回头看，第一步战略目标基本实现，第二步战略目标未能全面实现。

1987年4月，邓小平同志第一次明确提出我国经济建设大体分"三步走"的战略目标。党的十三大报告进一步明确："我国经济建设的战略部署大体分三步走。第一步，实现国民生产总值比一九八〇年翻一番，解决人民的温饱问题。这个问题已基本实现。第二步，到本世纪末，使国民生产总值再增长一倍，人民生活达到小康水平。第三步，到下个世纪中叶，人均国民生产总值达到中等发达国家水平，人民生活比较富裕，基本实现现代化。然后，在这个基础上继续前进。"④

2002年11月，江泽民同志在党的十六大报告中明确指出："我们胜利实现了现代化建设'三步走'战略的第一步、第二步目标，人民生活总体上达到小康水平。""我们要在本世纪头二十年，集中力量，全面建设惠及十几亿人口的更高水平的小康社会……在优化结构和提高效率的基础上，国内生产总值到二〇二〇年力争比二〇〇〇年翻两番，综合国力和国际竞争力明显增

---

① 中国共产党第八次全国代表大会关于政治报告的决议 [M]// 中共中央文献研究室.建国以来重要文献选编：第九册 [M]. 北京：中央文献出版社，2011：293.
② 周恩来.发展国民经济的主要任务 [M]// 中共中央文献编辑委员会.周恩来选集 [M]. 北京：人民出版社，1984：439.
③ 周恩来.向四个现代化的宏伟目标前进 [M]// 中共中央文献编辑委员会.周恩来选集 [M]. 北京：人民出版社，1984：479.
④ 沿着中国特色的社会主义道路前进——在中国共产党第十三次全国代表大会上的报告（一九八七年十月二十五日）[EB/OL].(2012-09-25)[2021-10-16].https://fuwu.12371.cn/2012/09/25/ARTI1348562562473415.shtml.

强。"① 有关方面负责人提出,到 2020 年的 20 年间,国内生产总值年均增长率为 7.2% 左右,2020 年我国人均国内生产总值可以达到 3 000 美元以上,城镇化率超过 50%,农业就业从业人员比重从 2000 年的 50% 降到 30% 左右②。

2007 年 10 月,党的十七大报告进一步提出,"实现人均国内生产总值到二〇二〇年比二〇〇〇年翻两番","我国将成为工业化基本实现、综合国力显著增强、国内市场总体规模位居世界前列的国家"③。有关方面负责人提出,到 2020 年我国人均 GDP 约为 5 000 美元,第一产业在就业结构的比重可能降到 30% 左右,城镇化率有可能接近 60%④。

2012 年 11 月,党的十八大报告中明确提出:"实现国内生产总值和城乡居民人均收入比二〇二〇年翻一番。"⑤ 第一次明确提出加快建立生态文明制度的改革目标要求,将生态文明建设与经济建设、政治建设、文化建设、社会建设共同写入报告,在奋斗目标上完整体现了中国特色社会主义事业"五位一体"总体布局的要求⑥。

2017 年 10 月,习近平在党的十九大报告中明确提出:"到建党一百年时建成经济更加发展、民主更加健全、科教更加进步、文化更加繁荣、社会更加和谐、人民生活更加殷实的小康社会,然后再奋斗三十年,到新中国成立一百年时,基本实现现代化,把我国建成社会主义现代化强国。从现在起到二〇二〇年,是全面建成小康社会决胜期。"⑦

总之,中国共产党是领导中国特色社会主义现代化的核心力量,实现社会主义现代化始终是中国共产党的核心目标。经过长时期努力和奋斗,中国

---

① 江泽民.全面建设小康社会,开创中国特色社会主义事业新局面 [M]// 中共中央文献编辑委员会.江泽民文选:第三卷.北京:人民出版社,2006: 542-543.
② 曾培炎.新世纪头二十年经济建设和改革的主要任务 [M]// 十六大报告辅导读本编写组.十六大报告辅导读本 [M].北京:人民出版社,2002: 80.
③ 胡锦涛.高举中国特色社会主义伟大旗帜,为夺取全面建设小康社会新胜利而奋斗 [M]// 中共中央文献编辑委员会.胡锦涛文选:第二卷.北京:人民出版社,2016: 627-628.
④ 林兆木.展望实现 2020 年奋斗目标后的中国 [M]// 十七大报告辅导读本编写组.十七大报告辅导读本.北京:人民出版社,2007: 92-93.
⑤ 胡锦涛.坚定不移沿着中国特色社会主义道路前进,为全面建成小康社会而奋斗 [M]// 中共中央文献编辑委员会.胡锦涛文选:第三卷.北京:人民出版社,2016: 626.
⑥ 张平.全面建成小康社会奋斗目标的新要求 [M]// 十八大报告辅导读本编写组.十八大报告辅导读本.北京:人民出版社,2012: 97.
⑦ 习近平.决胜全面建成小康社会,夺取新时代中国特色社会主义伟大胜利 [M]// 中共中央党史和文献研究院.十九大以来重要文献选编:上.北京:中央文献出版社,2019: 19.

共产党已经全面实现了第一个百年奋斗目标,开启了实现第二个百年奋斗目标的新征程。

(二)中国式现代化的基本国情和条件与西方国家大为不同

中国具有极其特殊的基本国情。与西方发达国家相比,中国开始工业化、现代化的时间较晚,发展起点极其低下,1950年中国人均GDP(购买力平价,1990国际元)仅相当于美国人均GDP的4.7%、西欧人均GDP的9.8%①,是世界上落后的、贫穷的人口大国。1956年毛泽东将中国的基本国情称为"一穷二白":"'穷'就是没有多少工业,农业也不发达。'白'就是一张白纸,文化水平、科技水平都不高。"② 为此,党的八大根据我国社会主义改造基本完成后的形势,提出国内主要矛盾已经不再是工人阶级和资产阶级的矛盾,而是人民对于经济文化迅速发展的需要同当前经济文化不能满足人民需要的状况之间的矛盾,全国人民的主要任务是集中力量发展社会生产力,实现国家工业化,逐步满足人民日益增长的物质和文化需要③。

1979年邓小平同志将中国基本国情概括为:人口多、耕地少、底子薄,80%的人口是农民,仍然是世界上很贫穷的国家之一④。为此,1984年,他提出"中国式现代化"的长远战略目标,即"到本世纪末在中国建立一个小康社会。这个小康社会,叫做中国式的现代化。翻两番、小康社会、中国式的现代化,这些都是我们的新概念"⑤。1987年党的十三大报告对于中国国情的基本判断首次特别加上了"人均国民生产总值仍居世界后列"。

改革开放初期中国国情的基本特征可概括为:一是中国拥有超大规模的人口,1978年为9.56亿人(年中人口),占世界总人口(42.81亿人)的比重为22.3%,接近于OECD国家(36个国家)的总人口(10亿人),这意味

---

① Maddison A. Historical Statistics of the World Economy: 1-2008AD [EB/OL]. [2021-10-15]. http://www.ggdc.net/MADDISON/oriindex.htm.
② 毛泽东.论十大关系[M]//中共中央文献研究室.毛泽东文集:第七卷.北京:人民出版社,1999: 43-44.
③ 中共中央关于党的百年奋斗重大成就和历史经验的决议[N].人民日报,2021-11-17 (1).
④ 邓小平.坚持四项基本原则[M]//中共中央文献编辑委员会.邓小平文选:第二卷.北京:人民出版社,1994: 163-164.
⑤ 邓小平.发展中日关系要看得远些[M]//中共中央文献编辑委员会.邓小平文选:第三卷.北京:人民出版社,1993: 54.

着中国一旦实现现代化，就相当于世界将近1/4的人口进入现代化行列，将根本改变世界现代化版图；二是中国人均主要资源拥有量明显低于OECD国家，人均农业用地不足OECD国家的一半，仅为其43.3%[1]，人均淡水资源仅为OECD国家的26.9%[2]，人均能源消费相当于OECD国家的55.6%[3]，这就意味着中国在人均资源低得多的条件下，必须创新绿色现代化；三是中国现代化发展起点很低，1978年人均国民总收入在世界上有数据统计的188个国家和地区中位居第175位，排在最后7%的位置。

但是中国具有后发优势，发展速度快，属于典型的追赶型现代化模式，到2019年人均国民总收入在世界上有数据统计的194个国家和地区中位居第73位，排在世界前38%的位置[4]；按购买力平价（2017国际元）计算，人均GDP年均增速居世界前列，1990—2020年期间高达8.7%，从1950年相当于美国人均GDP水平的4.7%上升至2021年的27.9%；人口平均预期寿命从1950年相当于美国水平的60.1%提高至2021年的101.3%；人均受教育年限从1950年相当于美国水平的11.9%提高至2020年的80.6%；人口预期受教育年限从1990年相当于美国水平的58.6%提高至2021年的87.1%；人类发展指数从1990年相当于美国水平的55.5%提高至2021年的84.3%（见表1）。这充分反映了中国独辟蹊径开创了独特的现代化模式和独特的现代化道路，尽管人均GDP仍明显低于美国，但是人均预期寿命已与美国相当，人均受教育年限、预期受教育年限已接近美国，实现了持续的高经济增长，经济福祉、人力资本投资水平、社会公平程度、生态文明程度、人民幸福指数等快速提升。根据第六次、第七次全国人口普查数据，全国具有大专及以上受教育程度的

---

[1] 中国农业用地占世界总量的比重为10.9%，OECD国家占世界总量的比重达到25.2%。见：世界银行数据库.农业用地面积(平方公里)-World, China, OECD members[DB/OL]. [2021-10-15]. https://data.worldbank.org.cn/indicator/AG.LND.AGRI.K2?end=2019&locations=1W-CN-OE&start=1981&view=chart.

[2] 中国淡水资源占世界总量比重为6.6%，OECD国家占世界总量比重为24.5%。见：世界银行数据库.可再生内陆淡水资源总量(十亿立方米)-World, China, OECD members [DB/OL].[2021-10-15]. https://data.worldbank.org.cn/indicator/ER.H2O.INTR.K3?end=2019&locations=1W-CN-OE&start=1981&view=chart.

[3] 世界银行数据库.能源使用量(人均千克石油当量)- World, China, OECD members [DB/OL].[2021-10-15]. https://data.worldbank.org.cn/indicator/EG.USE.PCAP.KG.OE?end=2019&locations=1W-CN-OE&start=1981&view=chart.

[4] 国家统计局.2021中国统计摘要[M].北京：中国统计出版社，2021: 208.

人口数量,从 2010 年的 11 964 万人增加至 2020 年的 21 836 万人,具有高中(含中专)以上受教育程度的人口数从 2010 年的 30 763 万人增加至 2020 年的 43 137 万人[①],这已经比世界第三大人口国家美国的总人口(2020 年为 32 948 万人)还多出 1 亿人,相当于美国劳动力总量(2020 年为 1.65 亿人)的 2.61 倍。事实表明:我国的现代化是人口规模巨大的现代化,即 14 亿中国人民可以用更短的时间实现人力资本现代化,进而促进国家现代化从大大落伍到奋起直追,再到大踏步地赶上来。

表 1 中国主要人均指标相对于美国的追赶系数(1950—2021 年) 单位:美国=100%

年份	人均GDP（购买力平价）	平均受教育年限	预期受教育年限	人口平均预期寿命	人类发展指数（HDI）
1950	4.7%	11.9%	—	60.1%	—
1960	5.8%	21.8%	—	62.7%	—
1970	5.2%	29.7%	—	83.4%	—
1980	5.7%	44.3%	58.9%	90.8%	—
1990	3.5%	52.6%	58.6%	91.9%	55.5%
2000	6.9%	61.8%	63.4%	93.2%	65.5%
2010	16.3%	75.6%	75.6%	94.7%	75.9%
2021	27.9%	80.6%（2020年）	87.1%	101.3%	84.3%

注:(1) 1950—1980 年人均 GDP 数据按购买力平价 1990 国际元计算,见: Maddison A. Historical Statistics of the World Economy: 1-2008AD[DB/OL]. https://www.rug.nl/ggdc/historicaldevelopment/maddison/ ; 1990—2020 年按购买力平价 2017 国际元计算,见:世界银行数据库. GDP per capita, PPP (constant 2017 international $) - China, United States[DB/OL].https://data.worldbank.org/indicator/NY.GDP.PCAP.PP.KD?end=2020&locations=CN-US&start=1990。(2) 人口预期寿命数据来自:世界银行数据库. Life expectancy at birth, total (years) -China, United States[DB/OL].https://data.worldbank.org/indicator/SP.DYN.LE00.IN?end=2018&locations=CN-US&start=1960。(3) 1950—2010 年美国人均受教育年限数据引自: Barro R J, Lee J-W. A New Data Set of Educational Attainment in the World,1950-2010[R]. NBER Working Paper No.15902, 2010。(4) 人类发展指标数据来自:联合国计划开发署(UNDP)数据库. Human Development Insights[DB/OL].dr.undp.org/en/indicators/137506。

---

① 2010 年第六次全国人口普查主要数据公报(第 1 号)[EB/OL].(2011-04-28)[2022-10-26]. http://www.stats.gov.cn/tjsj/tjgb/rkpcgb/qgrkpcgb/201104/t20110428_30327.html; 第七次全国人口普查公报(第六号)[EB/OL].(2021-05-11)[2022-10-26].http://www.stats.gov.cn/tjsj/tjgb/rkpcgb/qgrkpcgb/202106/t20210628_1818825.html.

（三）中国式现代化的基本性质是中国特色社会主义现代化

中国最特殊的政治国情是中国的社会主义现代化不同于西方资本主义的现代化。1980年邓小平同志明确指出："我们进行社会主义现代化建设，是要在经济上赶上发达的资本主义国家，在政治上创造比资本主义国家的民主更高更切实的民主，并且造就比这些国家更多更优秀的人才。达到上述三个要求，时间有的可以短些，有的要长些，但是作为一个社会主义大国，我们能够也必须达到。所以，党和国家的各种制度究竟好不好、完善不完善，必须用是否有利于实现这三条来检验。"①笔者将这三条标准称为"邓小平标准"，也就是"中国标准"。衡量中国制度优劣既不是根据所谓"苏联标准"，也不是根据所谓"美国标准"，而是应根据"中国标准"来检验、来比较②。

1992年邓小平同志在南方谈话中明确提出"三个有利于"的标准，即"是否有利于发展社会主义社会的生产力，是否有利于增强社会主义国家的综合国力，是否有利于提高人民的生活水平"，并将其正式写入党的十四大报告③。笔者将这三条标准称为"中国社会主义现代化标准"。

从国家性质来看，中国的现代化是社会主义国家现代化，而不是资本主义国家现代化；从国家治理体系看，中国是中国共产党领导，实行全国人民代表大会制、多党合作政治协商的国家，而不是照搬西方国家的总统制、议会制、两党制或多党制；从国家治国理念看，中国是以全体人民为中心的现代化，而不是以极少数垄断资本集团为中心的现代化；从国家发展任务来看，社会主义的本质是解放生产力、发展生产力，消灭剥削、消除两极分化，最终达到共同富裕④；从国家发展目标看，是实现全体人民共同参与、共同发展、共同富裕、共同分享的全民现代化，而不是社会严重对立、政党政治冲突的现代化；从国家与世界的关系看，是倡导共同构建人类命运共同体，实行共赢主义，而不是实行殖民主义、帝国主义、霸权主义。诚如习近平总书记指出的："治理一个国家，推动一个国家实现现代化，并不只有西方制度模式这一条道路，

---

① 邓小平.党和国家领导制度的改革[M]//中共中央文献编辑委员会.邓小平文选：第二卷.北京：人民出版社，1994: 322-323.
② 胡鞍钢，杨竺松.中国集体领导体制[M].北京：中国人民大学出版社，2013: 5.
③④ 江泽民.加快改革开放和现代化建设步伐，夺取有中国特色社会主义事业的更大胜利[M]//中共中央文献编辑委员会.江泽民文选：第一卷.北京：人民出版社，2006: 219.

各国完全可以走出自己的道路来。"① 中国现代化的道路就是社会主义现代化道路，而不是西方资本主义现代化道路的翻版，正因如此，中国才能够迅速追赶西方国家的工业化、信息化、现代化、城镇化进程并创造中国式现代化道路。

（四）中国式现代化的发展本质是逐步实现全体人民共同富裕

中国具有特殊的社会国情，不仅人口多、民族多、地域辽阔、自然地理条件差异甚大，而且地区发展极不平衡、城乡发展不平衡、居民收入差距巨大。如果实行资本主义制度、走资本主义道路，只能让少数人富裕起来，势必加剧贫富差距、两极分化。新中国成立之时就建立了"一体多元"的民族区域自治制度，即中华人民共和国是统一的多民族国家，坚持实行各民族平等、团结和共同繁荣的原则。这充分体现了中国不仅能够成为世界上人口最多、多民族的统一国家，而且能够建立超大规模的统一的社会主义政治制度，形成现代中国的"大一统"。

中国共产党始终不渝坚持走社会主义共同富裕道路，大致分为三个时期。

第一个时期是社会主义革命和建设时期（1949—1978年），我国基本完成对生产资料私有制的社会主义改造，基本实现生产资料公有制和按劳分配，建立起社会主义基本经济制度，"经过几个五年计划的实施，我国建立起独立的比较完整的工业体系和国民经济体系，农业生产条件显著改善，教育、科学、文化、卫生、体育事业有很大发展"②。

第二个时期是改革开放和社会主义现代化建设新时期（1978—2012年），1978年党的十一届三中全会首次提出鼓励一部分地区和一部分人先富起来，率先突破"贫困陷阱"，解决温饱问题，达到小康水平，集中全国各方面力量，消除农村绝对贫困人口。按2010年农村贫困线标准（每人每年生活水平2 300元，以2010年不变价计算），农村贫困人口从1978年的77 039万人减少至2012年的9 899万人，贫困发生率从97.5%下降至10.2%③，基本公共服务均等化水平显著提高。

---

① 习近平.在省部级主要领导干部学习贯彻十八届三中全会精神全面深化改革专题研讨班上的讲话[EB/OL].[2021-10-15].http://jhsjk.people.cn/article/29583383.
② 中共中央关于党的百年奋斗重大成就和历史经验的决议[N].人民日报，2021-11-17(1).
③ 国家统计局.2021中国统计摘要[M].北京：中国统计出版社，2021：69.

第三个时期是党的十八大以来中国特色社会主义新时代。2020年农村贫困人口全部消除，提前10年实现了联合国可持续发展目标（SDGs）中消除绝对贫困的目标。全国基本医疗保险参保人数达13.61亿人，参保率达95%以上，其中，参加城乡居民基本医疗保险人数为10.17亿人，参加职工基本医疗保险人数为3.44亿人；全国参加城乡居民基本养老保险人数为5.47亿人，参加城镇职工基本养老保险人数为4.67亿人，基本养老保险参保人数总计10.14亿人①。全国基本医疗、基本养老保险参保率均超过90%，构建了世界上最大规模的基本医保、基本养老保障体系，无论受益人口总数还是参保率都已超过了OECD国家的平均水平，如期全面建成惠及十几亿人口的小康社会。党的十九届五中全会向更远的目标谋划共同富裕，首次明确提出了"全体人民共同富裕取得更为明显的实质性进展"的目标。共同富裕本身就是社会主义现代化的一个重要目标，这是中国社会主义现代化与西方资本主义现代化最大的不同之处，也是最大的政治优势所在。实行共同富裕方略始终是中国共产党的执政纲领，党举全国之力，作出长期战略安排，采取有效措施，不断缩小地区发展差距、城乡发展差距、居民收入差距，让发展成果更多更公平地惠及全体人民。诚如习近平总书记所言，中国现代化是全体人民共同富裕的现代化②。

（五）中国式现代化的经济基础是实现工业化、信息化、网络化、数字化

从1953年毛泽东提出"一化三改"开始启动国家工业化，到1956年党的八大提出"用三个五年计划初步实现国家工业化，再用几十年时间接近或赶上世界最发达资本主义国家"的目标③；从1964年提出实现"四个现代化"，建立比较独立完整的工业体系和国民经济体系，到1987年邓小平提出我国社会主义现代化的"三步走"战略；从党的十六大报告提出2020年基本实现工

---

① 中华人民共和国国务院新闻办公室.全面建成小康社会：中国人权事业发展的光辉篇章[N].人民日报，2021-08-13(10).
② 习近平.把握新发展阶段，贯彻新发展理念，构建新发展格局[J].求是，2021(9).
③ 中共中央党史研究室.中国共产党历史(1949—1978)：第二卷[M].北京：中共党史出版社，2011: 397.

业化目标、走新型工业化道路,到"中国制造2025"①计划的提出,都表明这些计划的提出和实施一脉相承。

中国已经成为强大的工业国。按不变价格计算,我国工业增加值从1952年到2020年增长了1 052倍,年均增速高达10.8%,创下了近三百年来世界工业化的历史纪录。中国已经建立了世界上行业最齐全、最完整的强大工业体系,拥有41个工业大类、207个中类、666个小类,是全世界唯一拥有联合国产业分类中全部工业门类的国家②。在世界500多种主要工业产品中,中国大约有220多种产品的产量居世界第一。中国制造业增加值(美元现价)占世界制造业总增加值的比重从2004年的8.6%上升至2019年的28.3%,中国工业增加值(美元现价)占世界工业总增加值的比重从1994年的4.4%上升至2019年的22.1%,相当于美国比重(14.6%)的约1.5倍③。诚如习近平总书记所言:我们用几十年时间走完了发达国家几百年走过的工业化历程④。

中国开创了新型工业化道路。习近平总书记指出:"西方发达国家是一个'串联式'的发展过程,工业化、城镇化、农业现代化、信息化顺序发展,发展到目前用了200多年时间。我们要后来居上……决定了我国发展必然是一个'并联式'的过程,工业化、信息化、城镇化、农业现代化是叠加发展的。"⑤中国不仅是世界上最大的工业增加值国家、最大的制造业增加值国家,而且还是世界上移动电话、固定和移动宽带互联网用户最多的国家,中国移动电话用户占世界总用户数的比重从1995年的4.0%上升至2020年的23.2%⑥,固定和移动宽带互联网用户占世界总用户数的比重从2001年的0.9%上升至

---

① 国务院关于印发《中国制造2025》的通知(国发〔2015〕28号)[EB/OL].(2015-05-08)[2021-10-15].http://www.gov.cn/zhengce/content/2015-05/19/content_9784.htm.
② 中国创工业化奇迹[N].中国新闻,2019-09-27(B16).
③ 计算数据来源:世界银行数据库. Industry(including construction), value added(constant 2015 US$)-World, China[DB/OL].[2021-10-15]. https://data.worldbank.org/indicator/NV.IND.TOTL.KD?end=2019&locations=1W-CN&start=1960&view=chart.
④ 习近平.在庆祝改革开放40周年大会上的讲话[N].人民日报,2018-12-19(1).
⑤ 中共中央宣传部.习近平新时代中国特色社会主义思想学习纲要[M].北京:学习出版社[M].北京:人民出版社,2019:60.
⑥ 计算数据来源:世界银行数据库. Mobile cellular subscriptions-World, China|Data(worldbank.org) [DB/OL].[2021-10-15]. https://data.world-bank.org/indicator/IT.CEL.SETS?locations=1W-CN.

2020年的40.2%①。我国数字经济迅速发展，增加值从2008年的4.8万亿元上升至2020年的39.2万亿元，占GDP的比重从15.2%提高至38.6%②，工业化与信息化、网络化、数字化的并联式、跨越式发展，成为中国经济发展的新动能，也使中国成为第四次工业革命的创新者、引领者。

（六）中国式现代化同步实现城镇化与农业、农村、农民现代化

中国从典型的传统城乡二元结构转变为城乡现代化。一方面，加速城镇化。城镇化率从1949年的10.6%提高至2020年的63.9%③，超过世界平均城镇化率（56.2%）。我国城市人口占世界城市总人口的比重从1960年的10.6%上升至2020年的19.8%④，已建成世界最大规模的现代化城市社会。另一方面，促进农业、农村、农民现代化。中国农业增加值（2010年美元价格）占世界的比重从1970年的14.1%上升至2020年的24.4%⑤；中国农业劳动生产率（2010年美元价格）从1991年相当于世界农业劳动生产率水平的51.4%上升至2019年的112.7%⑥，已高于世界平均水平；中国人均主要农业产品产量和食品消费量均高于世界人均水平⑦，2020年我国人均粮食占有量超过474.7公斤，

---

① 计算数据来源：世界银行数据库. Fixed broadb and subscriptions-World,China|Data(worldbank.org) [DB/OL].[2021-10-15]. https://data.worldbank.org/indicator/IT.NET.BBND?locations=1W-CN.
② 2008年数据来自中国信通院、中商产业研究院，2019年4月26日；2020年数据来自中国互联网协会，中国互联网发展报告2021，2021年9月。
③ 第七次全国人口普查公报（第七号）[EB/OL].(2021-05-11)[2021-10-15]. http://www.stats.gov.cn/tjsj/tjgb/rkpcgb/qgrkpcgb/202106/t20210628_1818826.html
④ 计算数据来源：世界银行数据库. Urban population-World, China[DB/OL]. [2021-10-15]. https://data.worldbank.org/indicator/SP.URB.TOTL?end=2020&locations=1W-CN&start=1981&view=chart.
⑤ 计算数据来源：世界银行数据库. Agriculture, forestry, and fishing, value added (constant 2015 US$) World China Search data e.g.GDP, population, Indonesia Data Bank Microdata Data Catalog Agriculture, forestry, and fishing, value added(constant 2015 US$)-World, China[DB/OL].[2021-10-15]. https://data.worldbank.org/indicator/NV.AGR.TOTL.KD?end=2020&locations=1W-CN&start=1960&view=chart.
⑥ 计算数据来源：世界银行数据库. Agriculture, forestry, and fishing, value added per worker (constant 2015 US$)-World, China[DB/OL].[2021-10-15]. https://data.worldbank.org/indicator/NV.AGR.EMPL.KD?end=2019&locations=1W-CN&start=1960&view=chart.
⑦ 根据联合国粮农组织数据库数据，以2004—2006年为100%，2016年中国农业生产指数为139.2%，世界平均为127.3%，中国食品生产指数为139.8%，世界平均为127.8%。见：国家统计局. 2019中国统计年鉴[M].北京：中国统计出版社，2019: 928.

高于人均400公斤的国际粮食安全标准线[①]；农村居民人均可支配收入从1949年的43.8元上升至2020年的17 131元，相当于每人每日收入为11.2国际元，进入世界银行规定的国际中等收入水平（10～100国际元）的门槛；农村居民家庭恩格尔系数从1954年的68.6%下降至2019年的30.0%，从绝对贫困型向富足型消费结构转变，与同期城镇居民家庭恩格尔系数（27.6%）的差距逐步缩小；截至2020年年底，全国农村卫生厕所普及率超过68%，生活垃圾进行收运处理的行政村比例超过90%，农村生活污水治理水平不断提升，95%以上的村庄开展了清洁行动；自2005年以来，国家实施农村饮水安全工程，2015年年末共解决5.2亿农村居民和4 700多万农村学校师生的饮水安全问题，贫困地区自来水普及率从2015年的70%提高至2020年的83%[②]。通过加速城镇化、城乡一体化、乡村全面振兴，我国有效地实现了城乡同步现代化。

（七）中国式现代化是创新绿色的现代化

中国具有特殊的自然国情，尽管国土面积有960万平方千米，但是大部分国土利用难度较大，生态环境基础脆弱。受自然地理条件限制，耕地面积仅占国土面积的14.1%，林地面积仅占国土面积的26.3%。我国资源总量丰富，但人均资源占有量远低于世界平均水平。2017年，我国耕地保有量居世界第三位，但人均耕地面积不足1.5亩，不到世界平均水平的1/2；2019年，我国人均水资源量为2 048立方米，仅为世界平均水平的约1/4，且时空分布极不平衡；油气、铁、铜等大宗矿产人均储量远低于世界平均水平，对外依存度高；人均森林面积仅为世界平均水平的1/5。人与自然之间的矛盾、发展与资源环境约束的矛盾十分突出。

在上述自然国情约束下，中国不可能走上欧美式的现代化道路，必须不断创新适合中国自然国情的绿色现代化道路。习近平总书记指出："我们建设现代化国家，走美欧老路是走不通的，再有几个地球也不够中国人消耗。"[③]这决定了中国必须创新绿色现代化，即人与自然和谐共生的现代化。

---

①② 中华人民共和国国务院新闻办公室.全面建成小康社会：中国人权事业发展的光辉篇章[N].人民日报，2021-08-13(10).
③ 2012年12月习近平总书记在广东考察时的讲话[M]//中共中央文献研究室.习近平关于社会主义生态文明建设论述摘编.北京：中央文献出版社，2017: 3-4.

中国现代化必须独辟蹊径，从"黑色发展"到"绿色发展"，在相对较低的收入条件下实现生态环境质量持续改善。《中华人民共和国国民经济和社会发展第十一个五年规划纲要》首次设定资源环境约束性指标，明确并强化了政府责任，要求各级政府通过合理配置公共资源和有效运用行政力量，确保实现环保目标。这包括单位国内生产总值能源消耗降低、单位工业增加值用水量减少、农业灌溉用水有效利用系数增大、工业固体废物综合利用率提高、耕地保有量增加、主要污染物排放总量减少、森林覆盖率提高。"十一五"规划、"十二五"规划以及"十三五"规划实施期间，通过实施大气、水、土壤污染防治三大行动，打好蓝天、碧水、净土保卫战等举措，"我国生态环境保护发生了历史性、转折性、全局性变化"[1]。2020年，全国337个地级及以上城市中空气质量达标的城市占59.9%；在1940个国家级地表水考核断面中，水质优良（Ⅰ～Ⅲ类）断面比例为83.4%，劣Ⅴ类断面比例降至0.6%；全国近岸海域优良（一、二类）水质比例提高至77.4%，劣四类水质比例降至9.4%；生活污水处理率达到25.5%[2]；我国水能、风能、太阳能发电装机容量占世界比重分别达到30.8%、29.3%和30.5%[3]。我国已经成为世界最大的绿色能源之国。

我国带头推动签订了应对全球气候变化的《巴黎协定》，承诺"到2030年，中国单位国内生产总值二氧化碳排放将比2005年下降65%以上，非化石能源消费量占一次能源消费量比重将达到25%左右，森林蓄积量将比2005年增加60亿立方米，风电、太阳能发电总装机容量将达到12亿千瓦以上"[4]。中国正成为21世纪世界绿色工业革命、绿色能源革命、绿色创新革命、绿色消费革命的创新者和贡献者，并开始引领21世纪世界绿色现代化。

（八）中国式现代化是中华民族伟大复兴的现代化

中国继承和发扬五千多年来中华民族的优秀传统文化，继承和不断创新

---

[1] 中共中央关于党的百年奋斗重大成就和历史经验的决议[N].人民日报，2021-11-17(1).
[2] 中华人民共和国国务院新闻办公室.全面建成小康社会：中国人权事业发展的光辉篇章[N].人民日报，2021-08-13(10).
[3] 计算数据来源：英国石油公司.BP Statistical Review of World Energy June 2021[EB/OL].(2021-10-24).https://www.bp.com.
[4] 习近平.继往开来，开启全球应对气候变化新征程——在气候雄心峰会上的讲话[N].人民日报，2020-12-12(1).

中国革命、社会主义建设、改革开放所创造的革命文化和社会主义先进文化，推动文化繁荣复兴，不断提高国家文化软实力、国际影响力、感召力、塑造力，不断向世界展现中华文化的独特魅力。"全面贯彻新时代中国特色社会主义思想，坚持把马克思主义基本原理同中国具体实际相结合、同中华优秀传统文化相结合"①，"推动物质文明、政治文明、精神文明、社会文明、生态文明协调发展"②，"创造了人类文明新形态"③，对人类文明作出巨大贡献。

中国式现代化的历史发展过程，本身就是中华民族伟大复兴的万里长征。新民主主义革命的伟大胜利，向世界庄严宣告：中国人民从此站起来，为实现中华民族伟大复兴创造根本社会条件。正如毛泽东同志所预言："夺取全国胜利，这只是万里长征走完了第一步。如果这一步也值得骄傲，那是比较渺小的，更值得骄傲的还在后头。在过了几十年之后来看中国人民民主革命的胜利，就会使人们感觉那好像只是一出长剧的一个短小序幕。剧是必须从序幕开始的，但序幕还不是高潮。"④这为后来的中国式社会主义现代化历史事实所证明。

社会主义革命和建设的伟大胜利，向世界庄严宣告：中国人民不但善于破坏一个旧世界，也善于建设一个新世界，为实现中华民族伟大复兴奠定根本政治前提和制度基础。

改革开放和社会主义现代化建设的伟大胜利，为实现中华民族伟大复兴提供了充满新活力的体制保证和快速发展的物质条件。

党的十八大以来，中国特色社会主义进入新时代，向世界庄严宣告：中国如期实现第一个百年奋斗目标，开启实现第二个百年奋斗目标的新征程，朝着实现中华民族伟大复兴的宏伟目标继续前进。

今后中国共产党"坚持和发展中国特色社会主义，总任务是实现社会主义现代化和中华民族伟大复兴，在全面建成小康社会的基础上，分两步走在本世纪中叶建成富强民主文明和谐美丽的社会主义现代化强国，以中国式现代化推进中华民族伟大复兴"⑤。其中解决台湾问题、实现祖国完全统一，是

---

① ② ③ 习近平.在庆祝中国共产党成立100周年大会上的讲话[N].人民日报，2021-07-02(2).
④ 毛泽东.在中国共产党第七届中央委员会第二次全体会议上的报告[M]//中共中央文献研究室.毛泽东选集：第四卷.北京：人民出版社，1991:1438.
⑤ 中共中央关于党的百年奋斗重大成就和历史经验的决议[N].人民日报，2021-11-17(1).

党矢志不渝的历史任务,是全体中华儿女的共同愿望,更是实现中华民族伟大复兴的必然要求。

(九)中国式现代化开创了世界大国和平发展的道路

西方工业化、现代化,大多通过发动对外侵略战争为本国发动和完成工业化、现代化进行海外原始积累。从殖民主义战争到帝国主义战争,从第一次世界大战到第二次世界大战,中国一直是受害国,"二战"之后,美国成为发动对外战争最多的国家,干涉他国内政,维护世界霸权。与之截然相反,中华人民共和国成立之初就确立了促进世界和平的方略,从20世纪50年代倡导国际关系的"和平共处五项原则"到21世纪走和平发展道路,从反对帝国主义到反对霸权主义。诚如习近平总书记与美国总统拜登视频会谈时指出:"中国人民历来爱好和平,主张和为贵。中华民族血液中没有侵略他人、称王称霸的基因。新中国成立以来,我们没有主动发起过一场战争或冲突,没有侵占过别国一寸土地。"[1]从积极推动经济全球化、贸易自由化,到大力倡导"一带一路",为世界提供重要公共产品[2];从消除绝对贫困,到带头落实联合国2030年可持续发展议程,为发展中国家提供大量援助[3];从支持发展中国家抗疫斗争,到带头倡导构建人类卫生健康命运共同体……均充分体现了中国依靠和平发展富民强国的道路,更加彰显了"中国越强大,世界越受益"的事实。诚如习近平总书记所言,中国现代化是走和平发展道路的现代化[4]。

(十)中国式现代化是人类共发展、共命运的现代化

中国在世界的定位是一以贯之的,从毛泽东提出的中国应当对人类作出较大贡献,到习近平倡导的"中国始终是世界和平的建设者、全球发展的贡献者、国际秩序的维护者","坚持走和平发展道路,推动建设新型国际关系,

---

[1] 习近平同美国总统拜登举行视频会晤[N].经济参考报,2021-11-16(1).
[2] 中华人民共和国国务院新闻办公室.新时代的中国国际发展合作[N].人民日报,2021-01-11(14).
[3] 中国在两年内提供20亿美元国际援助支持受疫情影响的国家,特别是发展中国家抗疫斗争,以及经济社会恢复发展。参见:中华人民共和国国务院新闻办公室.新时代的中国国际发展合作[N].人民日报,2021-01-11(14).
[4] 习近平.把握新发展阶段,贯彻新发展理念,构建新发展格局[J].求是,2021(9).

推动构建人类命运共同体，推动共建'一带一路'高质量发展，以中国的新发展为世界提供新机遇"，"弘扬和平、发展、公平、正义、民主、自由的全人类共同价值"①。这就是中国所倡导的"共赢主义"的世界发展逻辑，中国坚决反对"国强必霸"的西方霸权主义逻辑，推动构建人类共发展、共命运的共同体。

中国进入世界舞台中央，主动向世界提供公共产品。最典型的就是"一带一路"倡议，至今我国已与140个国家和32个国际组织签署了200多份共建"一带一路"合作协议，与沿线国家货物贸易额累计达10.4万亿美元，对沿线国家非金融类直接投资超过1 300亿美元②。促进相关国家政策沟通、设施联通、贸易畅通、资金融通、民心相通，为将"一带一路"打造成为和平之路、繁荣之路、开放之路、绿色之路、创新之路、文明之路、廉洁之路作出积极贡献。根据世界银行发布的《"一带一路"经济学》报告，"一带一路"建设将使沿线国家和地区的实际收入增长1.2%~3.4%，全球实际收入增长0.7%~2.9%，从而促进共同繁荣。"一带一路"倡议的全面实施将使参与国之间的贸易往来增加4.1%，"一带一路"沿线国家和地区的外国直接投资总额将增加4.97%。此外，"一带一路"相关投资可以帮助多达3 400万人摆脱中度贫困，使760万人摆脱极端贫困③。我国已经成为世界重要的对外援助国家，2013—2018年我国对外援助金额为2 702亿元人民币，其中包括无偿援助、无息贷款和优惠贷款④。我国积极推动创立亚洲基础设施投资银行、金砖国家新开发银行等国际合作机构，开展前所未有广度与深度的国际合作、互利共赢。中国通过支持其他发展中国家减贫事业、提升农业发展水平、促进教育公平、改善基础设施、推进工业化进程等，为推动落实联合国2030年可持续发展议程积极贡献力量⑤。

中国式现代化是各民族、各地区全体人民的现代化，而不是少数人群、少数族群、少数地区的现代化；中国式现代化是真正的人民民主、共同富裕、

---

① 习近平.在庆祝中国共产党成立100周年大会上的讲话[N].人民日报，2021-07-02(2).
② 习近平.以高标准可持续惠民生为目标继续推动共建"一带一路"高质量发展[N].人民日报，2021-11-21(1).
③ 王辉耀."一带一路"是构建人类命运共同体的具体实践[N].光明日报，2021-11-21(8).
④⑤ 中华人民共和国国务院新闻办公室.新时代的中国国际发展合作[N].人民日报，2021-01-11(14).

平等、自由、幸福的现代化，而不是假民主、两极分化、极不平等、少数人自由、少数人幸福的现代化；中国式现代化是全方位的现代化，是经济建设、政治建设、文化建设、社会建设、生态文明建设"五位一体"总体布局和协调推进全面建设社会主义现代化、全面深化改革、全面依法治国、全面从严治党"四个全面"战略布局的有机统一。中国始终与人类同呼吸、共发展、共命运，不断为人类发展作出重大贡献。

四、中国式现代化奇迹的历史意义

毛泽东同志在1949年曾预言："世间一切事物中，人是第一个可宝贵的。在共产党领导下，只要有了人，什么人间奇迹也可以造出来。"[①] 那么，什么是中国的人间奇迹呢？中国又是怎样创造人间奇迹的？对整个人类意味着什么？对此做一简要总结。

中国社会主义现代化就是在中国共产党领导下不断创造人间奇迹的历史过程，它始终是当代中国发展的主题，进而以中华民族伟大复兴为根本目标，又是全球性现代化时代的重大创新，更是具有独创性、十分成功的新型现代化道路，正如1949年毛泽东同志所预言的"人间正道是沧桑"[②]，一个旧中国时代的结束，一个新中国时代的开始，直至今日，并至未来。中国共产党作为领导中国社会主义现代化事业的核心力量，正在做前人从来没有做过的极其光荣伟大的事业[③]，经历了百年的奋斗历程并将继续前进：从建党到建军再到新中国成立的28年时间（1921—1949年），从新中国成立到兴国时代的29年时间（1949—1978年），从兴国时代到世界大国时代的34年时间（1978—2012年），从世界大国时代到世界强国时代的38年时间（2012—2050年），

---

① 毛泽东.唯心历史观的破产[M]//毛泽东选集：第四卷.北京：人民出版社，1991: 1512.
② 中共中央文献研究室.毛泽东传(1893—1949)[M].北京：中共中央文献出版社，2004: 962.
③ 1954年9月15日，毛泽东在中华人民共和国第一届全国人民代表大会第一次会议的开幕词中指出："准备在几个五年计划之内，将我们现在这样一个经济上文化上落后的国家，建设成为一个工业化的具有高度现代文化程度的伟大的国家。我们的事业是正义的。正义的事业是任何敌人也攻不破的。领导我们事业的核心力量是中国共产党。指导我们思想的理论基础是马克思列宁主义。我们正在做我们的前人从来没有做过的极其光荣伟大的事业。我们的目的一定要达到。我们的目的一定能够达到。"(毛泽东.为建设一个伟大的社会主义国家而奋斗[M]//中共中央文献研究室.毛泽东文集：第六卷[M].北京：人民出版社，1999: 350.)

从世界强国时代到伟大复兴时代的 50 年时间（2050—2100 年）。中国式现代化十分独特、不断成功的道路，充分反映了中国创新型的现代化模式，不同于北方国家传统型的现代化模式，也不同于南方国家模仿型的现代化模式。

中国的社会主义现代化历史进程，是不断追求和实现不同时期的现代化目标，持续创造发展奇迹，不断开创未来的历程。1956 年毛泽东同志在《论十大关系》中首次提出"中国道路"，1984 年邓小平同志提出"中国式现代化"，2002 年江泽民同志明确提出"全面建设小康社会目标"，2012 年胡锦涛同志提出"全面建成小康社会目标"，2017 年习近平总书记提出"中国式现代化强国的两阶段目标"，这些目标构成了中国特色社会主义现代化道路不同阶段的历史坐标。

中华人民共和国成立 70 多年来，中国走完了发达国家几百年走过的工业化、城镇化、信息化、现代化进程。但是，中国现代化的道路不是西方现代化道路的翻版，而是创新的社会主义现代化道路，超越了西方资本主义现代化，在"一个世界、三个模式"中独辟蹊径、独树一帜、脱颖而出、举世瞩目。中国特色社会主义现代化的持续成功具有越来越明显的世界意义，必然成为 21 世纪全球性新型现代化的典型。"推动物质文明、政治文明、精神文明、社会文明、生态文明协调发展，创造了中国式现代化新道路，创造了人类文明新形态"[①]，充分反映中华民族的文化自信、文明自信。

正如《决议》所总结的，中国共产党百年奋斗的历史经验之一就是："坚持中国道路。方向决定道路，道路决定命运。党在百年奋斗中始终坚持从我国国情出发，探索并形成符合中国实际的正确道路。中国特色社会主义道路是创造人民美好生活、实现中华民族伟大复兴的康庄大道。脚踏中华大地，传承中华文明，走符合中国国情的正确道路，党和人民就具有无比广阔的舞台，具有无比深厚的历史底蕴，具有无比强大的前进定力。只要我们既不走封闭僵化的老路，也不走改旗易帜的邪路，坚定不移走中国特色社会主义道路，就一定能够把我国建设成为富强民主文明和谐美丽的社会主义现代化强国。"[②]

中国式现代化道路的巨大成功具有极其重大的历史意义，集中表现在以下七个方面。

---

① 习近平.在庆祝中国共产党成立 100 周年大会上的讲话[N].人民日报，2021-07-02(2).
② 中共中央关于党的百年奋斗重大成就和历史经验的决议[N].人民日报，2021-11-17(1).

第一,让超过 OECD 国家人口总和的十四亿中国人民共同富裕起来,正如习近平同志所言"我国现代化是人口规模巨大的现代化"①,这本身就是世界前所未有的奇迹,深刻改变了世界现代化的发展趋势和格局。

第二,中国发展速度居世界首位,只用几十年的时间走完了发达国家几百年的现代化过程,实现了快速追赶、创新超越,成为促进世界经济增长、贸易增长、科技创新,减少绝对贫困的火车头,对世界可持续发展作出了巨大贡献。

第三,中国现代化的成功也为占世界总人口 4/5 以上的南方国家实现现代化提供了极其丰富的经验,发展中国家可以依靠坚持改革开放、不断创新,开辟快速走向现代化的崭新道路。

第四,中国特色社会主义现代化的持续成功具有越来越明显的世界意义,成为世界性社会主义现代化实践的引领者,必然成为 21 世纪全球性新型现代化的典型。

第五,中国推动物质文明、政治文明、精神文明、生态文明协调发展,创造了人类文明新形态②,为 21 世纪人类文明的多元化、多样化作出重大贡献。

第六,中国积极参与全球环境与气候治理,作出"力争 2030 年前实现碳达峰、2060 年前实现碳中和的庄严承诺,体现了负责任大国的担当"③,为 21 世纪应对气候变化的最大挑战作出绿色贡献。

第七,中国始终不渝做世界和平的建设者、全球发展的贡献者、国际秩序的维护者④,把促进人类和平与发展的崇高事业、作出新的更大贡献作为历史使命,书写 21 世纪人类共同发展、共同进步、共同繁荣的新篇章。

总之,百年来中国共产党的历史实践证明,中国特色社会主义现代化道路是我们的"人间正道"。正如习近平总书记所言:"历史和实践已经并将进一步证明,这条道路,不仅走得对、走得通,而且也一定能够走得稳、走得好。我们将坚定不移沿着这条光明大道走下去,既发展自身又造福世界。""中国共产党将团结带领中国人民深入推进中国式现代化,为人类对现代化道路的探索作出新贡献。"⑤

---

① 习近平.把握新发展阶段,贯彻新发展理念,构建新发展格局[J].求是,2021(9).
② 习近平.在庆祝中国共产党成立 100 周年大会上的讲话[N].人民日报,2021-07-02(2).
③ 中共中央关于党的百年奋斗重大成就和历史经验的决议[N].人民日报,2021-11-17(1).
④⑤ 习近平.加强政党合作 共谋人民幸福[N].人民日报,2021-07-07(2).

专题研究

中国如何全面建成小康社会：系统评估与重要启示[*]

胡鞍钢

2000年起，我国进入全面建设惠及十几亿人口的小康社会阶段，用20年时间实现了第一个百年奋斗目标。本文按照目标一致法，对全面建成小康社会进行系统评估和总结，包括经济发展、创新驱动、民生福祉、资源环境和文化事业五个主要目标和量化指标。评估的基本结论为：在21世纪的前20年，中国紧紧抓住了极其宝贵的发展战略机遇期，快速发展、全面崛起，实现了历史性、全局性的大发展大变革大进步，使中国快速从世界大国走向世界强国，中华民族伟大复兴与当今世界百年未有之大变局同向同步同行。同时，中国对世界作出消除绝对贫困、促进经济增长、促进工业化发展、促进贸易增长、增加全球投资、促进技术创新、促进科学研究、发展绿色能源和增加森林面积、促进和平发展等九大贡献。最后，总结了五个方面的重要启示。

一、导语：如何评价全面建成小康社会

2020年9月28日，中共中央政治局召开会议，专门研究制定国民经济和社会发展第十四个五年规划和二〇三五年远景目标重大问题。会议强调，

---

[*] 基金项目：本文系中宣部全国哲学社会科学工作办公室国家高端智库专项(20155010298)、清华大学文科"双高"专项(53120600119)的阶段性成果。本文原载于《新疆师范大学学报(哲学社会科学版)》2021年第6期第30-51页，人大复印报刊资料《社会主义经济理论与实践》2022年04期全文转载。

"十三五"时期是全面建成小康社会决胜阶段，面对错综复杂的国际形势、艰巨繁重的国内改革发展稳定任务，特别是面对新冠肺炎疫情的严重冲击，以习近平同志为核心的党中央审时度势、沉着应对，团结带领全党全国各族人民砥砺前行、开拓创新，奋发有为推进党和国家各项事业，决胜全面建成小康社会、决战脱贫攻坚取得决定性成就①。"十三五"规划目标任务即将完成，我国经济实力、科技实力、综合国力跃上新的大台阶②。

习近平总书记在党的十九届五中全会关于《中共中央关于制定国民经济和社会发展第十四个五年规划和二〇三五年远景目标的建议》(以下简称《建议》)的说明中指出："考虑到目前仍是全面建成小康社会进行时，建议稿表述为'决胜全面建成小康社会取得决定性成就'。明年上半年党中央将对全面建成小康社会进行系统评估和总结，然后正式宣布我国全面建成小康社会。"③

2021年7月1日，习近平总书记在庆祝中国共产党成立100周年大会上的讲话中，"代表党和人民庄严宣告，经过全党全国各族人民持续奋斗，我们实现了第一个百年奋斗目标，在中华大地上全面建成了小康社会，历史性地解决了绝对贫困问题，正在意气风发向着全面建成社会主义现代化强国的第二个百年奋斗目标迈进。这是中华民族的伟大光荣！这是中国人民的伟大光荣！这是中国共产党的伟大光荣！"④

为此，本文根据党中央提出的2020年总目标和具体目标，按照目标一致法对2000—2020年推进全面建成小康社会进行第三方系统评估和评价，为国家的相关评估提供参考。

全面建成小康社会是"两个一百年"奋斗目标的第一个一百年奋斗目标，是建设中国社会主义现代化强国历程的关键历史节点，也是中华民族伟大复兴征程上的一座重要里程碑，并将载入历史史册。

什么是全面建成小康社会目标？有哪些内涵和主要指标？如何体现中国

---

①② 中共中央政治局召开会议讨论拟提请十九届五中全会审议的文件审议《中国共产党中央委员会工作条例》中共中央总书记习近平主持会议 [EB/OL].(2020-09-08)[2021-10-16].https://www.12371.cn/2020/09/28/ARTI1601287788363944.shtml.
③ 习近平.关于《中共中央关于制定国民经济和社会发展第十四个五年规划和二〇三五年远景目标的建议》的说明 [N]. 人民日报，2020-11-04(1).
④ 习近平.在庆祝中国共产党成立100周年大会上的讲话 [N]. 人民日报，2021-07-01(1).

特色社会主义现代化的特征？全面建成小康社会有五个基本要素：一是不断增加的现代化要素；二是不断增加的社会主义要素；三是不断增加的中国文化要素；四是不断增加的绿色生态要素；五是党的全面领导的政治要素。这些要素构成了独具中国特色的社会主义现代化的第一个百年奋斗目标，即"全面小康社会"的基本特征和主要目标。那么，中国能否如期实现这一目标？如何使全面建成小康社会得到人民认可、经得起历史检验、获得国际社会认同？对此，本文进行了详细分析。

全文分为七部分：第一部分为导语，阐明本文的主要目的是从第三方视角，对全面建成小康社会进行系统评估，为国家的相关评估提供专业背景分析；第二部分介绍2000年中国发展的历史起点与初始条件，即总体小康水平；第三部分介绍党中央如何构建第一个百年奋斗目标，在制定并实施《国民经济和社会发展第十个五年计划纲要》（简称"十五"计划）的基础上，经过党的十六大、十七大、十八大和十九大四次顶层设计、总体布局，又制定并实施了《中华人民共和国国民经济和社会发展第十一个五年规划纲要》（简称"十一五"规划）、《中华人民共和国国民经济和社会发展第十二个五年规划纲要》（简称"十二五"规划）、《中华人民共和国国民经济和社会发展第十三个五年规划纲要》（简称"十三五"规划），其计四个发展计划和规划，每五年上一个台阶，成功地实现了2020年全面建成小康社会的目标；第四部分采用目标一致法，对四个五年计划和规划执行情况作出评估，分为经济发展、创新驱动、民生福祉、资源环境、文化事业等方面评价；第五部分评价中国全面建成小康社会对世界发展作出的巨大贡献；第六部分是关于实现第一个百年奋斗目标的重要启示，概括为中国共产党的领导是最大政治优势、以人民为中心的执政理论优势、党中央对中国特色社会主义现代化大布局的优势、中国独特的社会主义制度优势和中国特色社会主义道路优势；第七部分是结语，2021年我国将开启实现第二个百年奋斗目标的新征程。

二、历史起点与初始条件：总体小康水平

中国特色社会主义现代化显示出不同的发展阶段。2000年是全面建设小康社会的历史起点，初始条件是人民生活总体上达到小康水平，这成为21世纪中国社会主义现代化、实现第一个百年奋斗目标的新起点。

1987年4月,邓小平根据中国的基本国情明确提出我国现代化发展"三步走"的战略设想。他指出,到20世纪末,中国人均国民生产总值将到达800~1 000美元,看来1 000美元是有希望的①。实际截至2000年年底,中国人均国内生产总值为959现价美元,标志着中国从低收入国家水平开始向中等偏下收入国家水平迈进,达到总体小康水平,实现了中国社会主义现代化第二步走的战略目标。

2002年江泽民同志在党的十六大报告中指出:"经过全党和全国各族人民的共同努力,我们胜利实现了现代化建设'三步走'战略的第一步、第二步目标,人民生活总体上达到小康水平。这是社会主义制度的伟大胜利,是中华民族发展史上一个新的里程碑。"②之所以是全面小康社会,就是"全面建设惠及十几亿人口的更高水平的小康社会,使经济更加发展、民主更加健全、科教更加进步、文化更加繁荣、社会更加和谐、人民生活更加殷实"③。

同时,江泽民同志指出:"必须看到,我国正处于并将长期处于社会主义初级阶段,现在达到的小康还是低水平的、不全面的、发展很不平衡的小康。"④2000年,我国人均国民总收入在世界207个国家和地区中排在第141位,处在世界后32%的位置上。"人民日益增长的物质文化需要同落后的社会生产之间的矛盾仍然是我国社会的主要矛盾。我国生产力和科技、教育还比较落后,实现工业化和现代化还有很长的路要走;城乡二元经济结构还没有改变,地区差距扩大的趋势尚未扭转,贫困人口还为数不少;人口总量继续增加,老龄人口比重上升,就业和社会保障压力增大;生态环境、自然资源和经济社会发展的矛盾日益突出;仍然面临发达国家在经济科技等方面占优势的压力;经济体制和其他方面的管理体制还不完善;民主法制建设和思想道德建设等方面还存在一些不容忽视的问题。巩固和提高目前达到的小康水平,还需要进行长时期的艰苦奋斗。"⑤

此后,党的十六大、十七大、十八大、十九大报告都以全面建设小康社会或全面建成小康社会作为主标题(见表1)。第一个十年可视为全面建设小

---

① 中共中央文献研究室.邓小平文选:第三卷[M].北京:人民出版社,1993: 215.
②③ 江泽民.全面建设小康社会,开创中国特色社会主义事业新局面[M]// 江泽民文选:第三卷.北京:人民出版社,2006: 542.
④⑤ 江泽民.全面建设小康社会,开创中国特色社会主义事业新局面[M]// 江泽民文选:第三卷.北京:人民出版社,2006: 542-543.

康社会阶段，处在中低收入水平阶段；第二个十年可视为全面建成小康社会阶段，处在中高收入水平阶段。四次党的全国代表大会都提出了 2020 年全面建成小康社会、实现社会主义现代化的发展目标。

表 1　四次党的全国代表大会报告题目及目标

党的全国代表大会	年份	报告题目	发展目标	主要理论
十六大	2002	全面建设小康社会，开创中国特色社会主义事业新局面	到 2020 年 GDP 力争比 2000 年翻两番，综合国力和国际竞争力明显增强	"三个代表"重要思想
十七大	2007	高举中国特色社会主义伟大旗帜 为夺取全面建设小康社会新胜利而奋斗	到 2020 年人均 GDP 比 2000 年翻两番，工业化基本实现，综合国力显著增强，国内市场总体规模位居世界前列	科学发展观
十八大	2012	坚定不移沿着中国特色社会主义道路前进 为全面建成小康社会而奋斗	到 2020 年实现国内生产总值和城乡居民人均收入比 2010 年翻一番	科学发展观
十九大	2017	决胜全面建成小康社会 夺取新时代中国特色社会主义伟大胜利	两阶段：到 2035 年基本实现社会主义现代化；到 2050 年建成社会主义现代化强国	习近平新时代中国特色社会主义思想

资料来源：中国共产党历次全国代表大会数据库 [EB/OL]. http://cpc.people.com.cn/GB/64162/64168/index.html。

三、党中央如何制定第一个百年奋斗目标

党中央是如何制定第一个百年奋斗目标的？有哪些量化指标？又是怎么考虑的？研究发现，在不同时期第一个百年的总目标是基本不变的，但是具体量化指标随着发展进程有所调整，具体量化指标先后经过三次调整，体现了实事求是、与时俱进，丰富和优化了第一个百年奋斗目标。

党的十六大首次提出：在优化结构和提高效益的基础上，国内生产总值到 2020 年力争比 2000 年翻两番（年均增速 7.2%），综合国力和国际竞争力明显

增强；基本实现工业化；工农差别、城乡差别和地区差别扩大的趋势逐步扭转；社会就业比较充分，基本普及高中阶段教育，消除文盲。那么，什么是基本实现工业化？对此，时任国家发展计划委员会主任曾培炎提出三个定量指标：到2020年，我国人均国内生产总值可以达到3 000美元以上，大体相当于中等收入国家的平均水平；城镇化率超过50%；农业就业人员比重从2000年的50%降至30%左右[①]。2004年1月，时任国务院总理温家宝指出，我国人均国内生产总值已达1 000美元，按既定的部署和现行汇率计算，到2020年将达到3 000美元[②]。这成为全面建设小康社会的量化目标之一，即达到中等收入水平。

党的十七大第一次调整具体量化指标，明确提出：实现人均国内生产总值到2020年比2000年翻两番（年均增速7.2%）；科技进步对经济增长的贡献率大幅提升，进入创新型国家行列；文化产业占国民经济比重明显提高；中等收入者占多数，绝对贫困现象基本消除；可再生能源比重显著上升；主要污染物排放量得到有效控制；使中国成为工业化基本实现、综合国力显著增强、国内市场总体规模位居前列的国家。对此，国家发展和改革委员会进一步提出工业化基本实现的新的定量指标：2020年经济总量将达到58万亿元，约为7.2万亿美元，人均约为5 000美元，届时我国人均收入相当于进入工业化行列的国家；第三产业在生产、就业结构中的比重将提高到50%和44%左右，第一产业就业比重可能降低到30%左右；城镇化率有可能接近60%，基本达到工业化的要求[③]。实际上从2002年到2011年，我国人均国内生产总值从1 000多美元增加到5 400多美元，一些地区甚至超过了1万美元[④]。

党的十八大第二次调整具体量化指标，明确提出：实现国内生产总值和城乡居民人均收入比2010年翻一番（年均增速7.2%）；科技进步对经济增长的贡献率大幅上升，进入创新型国家行列；工业化基本实现，信息化水平大幅提升；进入人才强国和人力资源强国行列，教育现代化基本实现；收入分配差

[①] 曾培炎.新世纪头二十年经济建设和改革的主要任务[M]//十六大报告辅导读本.北京：人民出版社，2002: 79-80.
[②] 温家宝.提高认识，统一思想，牢固树立和认真落实科学发展观[M]//中共中央文献研究室.十六大以来重要文献选编：上.北京：中央文献出版社，2005: 759.
[③] 林兆木.展望实现2020年奋斗目标后的中国[M]//十七大报告辅导读本.北京：人民出版社，2007: 92-93.
[④] 张平.全面建成小康社会奋斗目标的新要求[M]//十八大报告辅导读本.北京：人民出版社，2012: 89-90.

距缩小，扶贫对象大幅减少；单位国内生产总值能源消耗和二氧化碳排放大幅下降，主要污染物排放总量显著减少；森林覆盖率提高。为什么要提出两个"翻一番"的新目标呢？对此，时任国家发展和改革委员会主任张平作了解释：报告提出到2020年实现国内生产总值比2010年再翻一番，经过9年年均增长7%就可以实现，比较符合实际；另一个"翻一番"，是实现城乡居民人均收入到2020年比2010年翻一番的新要求，这个目标体现了民生优先、惠民富民的政策取向，也顺应了广大人民群众过上美好生活的新期望，今后9年城镇居民人均可支配收入比上年实际增长7%，农村居民人均纯收入实际增长6.7%就可以实现这个目标①。

党的十九大第三次调整具体量化指标，明确提出：决胜全面建成小康社会，坚决打好防范化解重大风险、精准脱贫、污染防治攻坚战，使全面建成小康社会得到人民认可、经得起历史检验。当时我国人均国民总收入已超过8 000美元，属于中等偏上收入国家，到2020年全面建成小康社会时，我国人均国民收入有望达到或超过1万美元，更加接近高收入国家的标准（2016年划分标准为人均12 475美元）②。

根据党的十六大、十七大、十八大对我国经济社会发展作出的战略部署，在"十五"计划的基础上，我国先后制定了"十一五"规划、"十二五"规划、"十三五"规划。用五年计划和规划引导经济社会发展，是党治国理政的一个重要方式。党的十九大报告强调，要创新和完善宏观调控，发挥国家发展规划的战略导向作用，健全财政、货币、产业、区域等经济、政策协调机制。国家发展规划五年规划的定位是：对社会主义现代化战略在规划期内的阶段性作出部署和安排，主要阐明国家战略意图、明确政府工作重点、引导规范市场主体行为，是经济社会发展的宏伟蓝图，是全国各族人民共同的行动纲领，是政府履行经济调节、市场监管、社会管理、公共服务、生态环境保护职能的重要依据。中国通过实施四个五年计划和规划如期实现第一个百年奋斗目标。

从四个五年计划和规划的主要发展指标完成率来看（见表2），主要发

---

① 张平.全面建成小康社会奋斗目标的新要求[M]//十八大报告辅导读本.北京：人民出版社，2012：97-98.
② 韩文秀.决胜全面建成小康社会[M]//十九大报告辅导读本.北京：人民出版社，2017：168.

展指标完成率是逐步改善的,从"十五"计划的86.7%到"十一五"规划的87.0%,再到"十二五"规划的96.4%,由于受到新冠肺炎疫情的冲击,"十三五"规划受到严重影响,关键性指标如GDP增速、全员劳动生产率增速、居民人均可支配收入增速、服务业增加值、单位GDP能耗降低等指标未能如期完成,完成率仅为75%。

表2 四个五年计划和规划主要发展目标、指标及完成率(2000—2020年)

五年计划和规划	规划定位	主要发展目标	主要发展指标	完成率(%)
"十五"计划(2001—2005年)	是我国经济和社会发展的重要时期,是进行经济结构战略性调整的重要时期,也是完善社会主义市场经济体制和扩大对外开放的重要时期	国民经济保持较快发展速度,经济结构战略性调整取得明显成效,经济增长质量和效益显著提高;国有企业建立现代企业制度取得重大进展,社会保障制度比较健全,完善社会主义市场经济体制迈出实质性步伐,在更大范围内和更深程度上参与国际经济合作与竞争;就业渠道拓宽,城乡居民收入持续增加,物质文化生活有较大改善,生态建设和环境保护得到加强;科技、教育加快发展,国民素质进一步提高,精神文明建设和民主法制建设取得明显进展	15个	86.7
"十一五"规划(2006—2010年)	是全面建设小康社会的关键时期	宏观经济平稳运行,产业结构优化升级,资源利用效率显著提高,城乡区域发展趋向协调,基本公共服务明显加强,可持续发展能力增强,市场经济体制比较完善,人民生活水平继续提高,民主法治建设和精神文明建设取得新进展	22个(23个),14个预期性指标,8个约束性指标	86.4(87.0)
"十二五"规划(2011—2015年)	是全面建设小康社会的关键时期,是深化改革开放、加快转变经济发展方式的攻坚时期	经济平稳较快发展,结构调整取得重大进展,科技教育水平明显提升,资源节约环境保护成效显著,人民生活持续改善,社会建设明显加强,改革开放不断深化	24个(28个),12个预期性指标,12个约束性指标	95.8(96.4)

续表

五年计划和规划	规划定位	主要发展目标	主要发展指标	完成率（%）
"十三五"规划（2016—2020年）	是全面建成小康社会决胜阶段	经济保持中高速增长，创新驱动发展成效显著，发展协调性明显增强，人民生活水平和质量普遍提高，国民素质和社会文明程度显著提高，生态环境质量总体改善，各方面制度更加成熟更加定型	25个（33个），12个预期性指标，13个约束性指标	75.0

资料来源："十五"计划（2001年）、"十一五"规划（2006年）、"十二五"规划（2011年）、"十三五"规划（2016年）本文其余表格中的数据除特殊注明时，来源均同此表。

注：括号内数据按实有指标数统计，为百分比。

四、对主要发展目标的评估

在 21 世纪的第一个 20 年，中国如期实现了全面建成小康社会的第一个百年奋斗目标，取得了开拓性、全方位的伟大成就，推动我国经济实力、科技实力、国防实力、综合国力进入世界前列，推动我国国际地位得到前所未有的提升，我国日益走进世界舞台中央，为人类发展作出更大贡献。

笔者根据四个五年计划和规划对 2000—2020 年我国主要发展目标和量化指标进行评估。

（一）经济发展目标的评估（见表 3）

一是经济增长预期目标，我国经济实力大幅跃升。按当年价格计算，GDP 由 2000 年的 10.03 万亿元增长至 2020 年的 101.60 万亿元，相当于 2000 年的 10.13 倍，按不变价计算仅为 5.28 倍，超过原定的 GDP "翻两番"的目标（指年均增速为 7.2%），年均增速为 8.7%，我国对世界经济增长的贡献率达到 30% 左右，成为世界经济发展最大的动力之源。我国人均 GDP 由 2000 年的 7 942 元上升至 2020 年的 72 000 元，相当于 2000 年的 9.07 倍，按不变价格计算为 2000 年的 4.73 倍，年均增速为 8.1%，明显高于世界人均 GDP（购买力平价，2017 国际元）的年均增速（2.3%）。我国全员劳动生产率由 2000 年的 2.40 万元/人，上升至 2020 年的 11.8 万元/人，按不变价格计算为 2000 年的 5.11 倍，年均增速为 8.5%；若按购买力平价 2017 国际元计算，我国全员劳动生产率从2000年的6 175国际元/人上升至2020年30 545国际元/人，平均增速则为8.3%，大大高于世界（2.2%），也高于美国（1.3%）、日本（0.6%）、欧盟（0.9%）的平均增速[1]，成为追赶发达国家的重要途径。

二是城镇化目标，建成世界超大规模的现代化城市群。常住人口城镇化率从2000年的36.22%（低于46.7%的世界平均城镇化率）提高至2020年的63.89%，提高了27.67个百分点，也超过了世界平均城镇化率（2020年为56.15%）。常住城镇总人口从2000年的4.59亿人上升至2020年的9.02亿人，年均增速为3.4%，高于世界城镇人口年均增速（2.1%）。中国城镇人口占世界比重从15.9%上升至19.8%[2]。户籍人口城镇化率从2013年的35.93%提高至2020年的45.4%。1亿人落户任务提前完成，各地取消了农业户口和非农业户口之分，统一登记为居民户口，"农转非"退出了历史舞台[3]。这一时期是中国城镇化加速发展的黄金时期，成为中国经济社会发展的最大动力之一。

表3 经济发展主要指标实现情况（2000—2020年）

指标	2000年	2005年	2010年	2015年	2020年	2000—2020年年均增速（%）或累计变动（百分点）
国内生产总值（GDP）（万亿元）	10.03	18.73	41.21	68.89	101.60	8.7%（按当年价格为10.13倍，按不变价格为5.28倍）
全员劳动生产率（万元/人）	2.40	2.51	5.42	8.91	11.8	8.5%（按不变价格为5.11倍）
常住人口城镇化率（%）	36.22	42.99	49.95	56.10	63.89	27.67百分点

[1] 资料来源：国际劳动组织数据库；计算数据来源：世界银行WDI数据库. GDP per person employed (constant 2017 PPP $)-China, United States, European Union, World, Japan [DB/OL].https://data.worldbank.org/indicator/SL.GDP.PCAP.EM.KD?locations=CN-US-EU-1W-JP.

[2] 计算数据来源：世界银行WDI数据库. 城镇人口-World, China[DB/OL]. https://data.worldbank.org.cn/indicator/SP.URB.TOTL?end=2020&locations=1W-CN&start=2000&view=chart.

[3] 新华社北京2020年10月7日电。

续表

指标	2000年	2005年	2010年	2015年	2020年	2000—2020年年均增速（%）或累计变动（百分点）
常住城镇总人口（亿人）	4.59	5.62	6.91	7.71	9.02	3.4%
户籍人口城镇化率（%）			35.93（2013年）	39.9	45.4	9.47百分点（2013—2020年）
户籍城镇总人口（亿人）				5.48	6.41	3.2%（2015—2020年）
服务业增加值比重（%）	39.8	41.3	44.2	50.8	54.5	14.7百分点

数据来源：国家统计局. 2021中国统计摘要[M]. 北京：中国统计出版社，2021: 18-19, 23, 25, 28-29。

注：国内生产总值、全员劳动生产率增速均按不变价计算。

（二）创新驱动目标的评估（见表4）

2006年制定的《国家中长期科学和技术发展规划纲要（2006—2020年）》明确提出：到2020年，全社会研究开发投入占国内生产总值的比重提高到2.5%以上，力争科技进步贡献率达到60%以上，对外技术依存度降低到30%以下，本国人发明专利年度授权量和国际科学论文被引用数均进入世界前5位。

2000—2020年我国创新驱动目标完成情况如下：

一是研发投入大幅度增长，但未能实现研发强度目标。我国研究与试验发展（简称"研发"）经费支出由2000年的896亿元增加至2020年的24 426亿元，相当于2000年的27.26倍，名义年均增速高达18.0%，居世界首位；研发投入强度从2000年的0.89%提高至2020年的2.40%，已超过欧盟研发投入强度（2018年为2.18%）[①]，但未能实现2020年"全社会研究开发投入占国内生产总值的比重提高到2.5%以上"的预期目标。

---

① 世界银行WDI数据库. Fertility rate, total (births per woman)-World, China, OECD members [DB/OL]. https://data.worldbank.org/indicator/SP.DYN.TFRT.IN?end=2018&locations=1W-CN-OE&start=1985&view=cha.

二是发明专利拥有量大幅度提升，跃居世界第一。我国每万人口发明专利拥有量从 2010 年的 1.4 件上升至 2020 年的 15.8 件，全国（不含港澳台）发明专利总数从 2010 年的 19.1 万件上升至 2020 年的 221.3 万件，相当于 2010 年 11.6 倍，年均增速高达 27.8%，2010 年超过日本，跃居世界第一。2020 年我国专利申请量达到 149.7 万件，连续 10 年稳居世界首位，提前实现 2020 年"本国人发明专利年度授权量进入世界前 5 位"的目标。2020 年我国提交 PCT（专利合作条约）国际专利申请数达到 6.9 万件，超过美国，跃居世界第一。

三是科技进步贡献率大幅度提升，从 2000—2005 年的 43.2% 提高至 2015—2020 年的 60.0%，提高了 16.8 个百分点，反映出我国科技进步贡献率快速提升，创新驱动作用明显提高。农业科技进步贡献率明显上升，从 2010 年的 52% 提高至 2020 年的 60%。全国农作物耕种收综合机械化率超过 70%，主要农作物自主选育品种提高到 95% 以上，极大地促进了我国农业现代化和农业劳动生产率提高。

四是实现互联网普及率目标，整体达到发达国家的平均水平。互联网上网人数从 2000 年的 2 250 万人增加到 2020 年的 98 899 万人，是 2000 年的 44 倍，互联网普及率达到 70.4%。其中，固定宽带家庭普及率从 2015 年的 40% 提高至 2020 年的 96%，超过了"十三五"规划提出的到 2020 年实现固定宽带家庭普及率达 70% 的预期目标，我国固定宽带用户占世界用户总量的比重从 27.0% 提高至 39.6%，相当于美国所占比重（10.1%）的 3.92 倍[1]；移动宽带用户普及率从 2015 年的 57% 提高至 2020 年的 108%，超过了"十三五"规划提出的到 2020 年实现移动宽带用户普及率达 85% 的预期目标，实现了互联网化、移动互联网化以及宽带化。我国已经建成了全球规模最大的光纤网络和 4G 网络，光纤用户和 4G 用户占比分别达 93.4% 和 80%，农村行政村光纤和 4G 网络覆盖超过 98%。根据世界银行的数据，我国固定宽带用户数从 2015 年的 2.77 亿户增至 2020 年的 4.84 亿户，相当于美国总户数（1.21 亿户）

---

[1] 世界银行 WDI 数据库. Fixed broadband subscriptions-China, United States, World [DB/OL].https://data.worldbank.org/indicator/IT.NET.BBND?end=2020&locations=CN-US-1W&start=1990&view=chart.

的4倍①；移动电话用户从2015年的12.92亿户到2019年达到17.46亿户，占世界比重达到21.9%②，为打造世界最大的数字社会、智能社会提供了最重要的用户市场规模基础。联合国计划开发署《2019年人类发展报告》认为，从人类发展能力视角来看，宽带接入属于涉及人的高级能力的基础设施，极高人类发展组的移动蜂窝网络签约率、固定宽带签约率（每百人签约率）分别达到131.0%和28.3%，中国分别为114.38%和32.1%，中国这两个指标跃居世界前列，在全球新一轮的信息化、网络化、数字化革命中成为领先者，极大地提高了全民获得信息的高级能力，明显地缩小了与极高人类发展水平国家的差距，成为世界最大的信息社会、网络社会、数字社会。总体来看，我国圆满地实现了2020年科学技术发展总体目标③。

表4 创新驱动主要指标实现情况（2000—2020年）

指标	2000年	2005年	2010年	2015年	2020年	2000—2020年累计变化量
研究与试验发展经费投入强度（%）	0.89	1.31	1.71	2.07	2.40	1.51百分点
每万人口发明专利拥有量（件）			1.4	6.3	15.8	15.8件
全国（不含港澳台）发明专利总数（万件）	2.5		19.1	86.6	221.3	218.8（2010—2020年）

---

① 世界银行WDI数据库. Fixed broadband subscriptions-China, United States [DB/OL]. https://data.worldbank.org/indicator/IT.NET.BBND?end=2020&locations=CN-US&start=1998&view=chart.

② 世界银行WDI数据库. Mobile cellular subscriptions-China, United States, World [DB/OL].https://data.worldbank.org/indicator/IT.CEL.SETS?end=2020&locations=CN-US-1W&start=1990&view=chart.

③ 到2020年，我国科学技术发展的总体目标是：自主创新能力显著增强，科技促进经济社会发展和保障国家安全的能力显著增强，为全面建设小康社会提供强有力的支撑；基础科学和前沿技术研究综合实力显著增强，取得一批在世界具有重大影响的科学技术成果，进入创新型国家行列，为在本世纪中叶成为世界科技强国奠定基础。见：国务院.国家中长期科学和技术发展规划纲要(2006—2020年)[EB/OL].(2006-02-09). http://www.gov.cn/jrzg/2006-02/09/content_183787.htm.

续表

指标	2000年	2005年	2010年	2015年	2020年	2000—2020年累计变化量
科技进步贡献率（%）		43.2（2000—2005年）	50.9（2005—2010年）	55.1（2010—2015年）	60（2015—2020年）	16.8百分点（2015—2020年）
固定宽带家庭普及率（%）				40	96	56百分点（2015—2020年）
固定宽带家庭用户数（亿户）				2.59	4.90	2.31（2015—2020年）
移动宽带用户普及率（%）				57	108	51百分点（2015—2020年）
移动宽带用户数（亿户）				7.9	15.23	7.33（2015—2020年）

（三）民生福祉目标的评估（见表5）

一是居民人均可支配收入。全国居民人均可支配收入从2000年的3 721元上升至2020年的32 189元，相当于2000年的8.65倍，按不变价格实际为5.46倍，年均增速为8.9%，高于8.1%的人均GDP年均增速。从国际可比较看，按私人消费购买力平价因子计算，每人每日收入从2.75国际元提高到20.9国际元[①]，即从世界最低贫困水平（每人每日支出高于1.9国际元）跨越至中等收入（每人每日收入10～100国际元）。

二是劳动年龄人口（16～59岁）受教育情况。平均受教育年限从2005年的8.5年提高至2020年的10.8年，年均增速1.6%；成人识字率从2000年的90.9%提高至2020年的97.3%，略高于中高收入国家平均水平（95.6%）[②]；初中毛入学率从2000年的88.6%提高至2020年的102.5%；高中阶段毛入学率从2000年的42.8%提高至2020年的91.2%；高等教育毛入学率从2020年

---

① 编者注：在本书第91页按私人消费购买力平价因子换算后为21.1国际元，因文章发表时间不同，换算时数值略有差异。
② 世界银行WDI数据库.识字率，成人总体（占15岁以上人口的百分比）-World, China, Upper middle income[DB/OL]. https://data.worldbank.org.cn/indicator/SE.ADT.LITR.ZS?end=2019&locations=1W-CN-XT&start=1976&view=chart.

的 12.5% 提高至 2020 年的 54.4%，超过了《国家中长期教育改革和发展规划纲要（2010—2020 年）》提出的 2020 年 40% 的目标；普通本科毕业生累计 9 704 万人，研究生毕业累计 496 万人，合计 10 200 万人。我国的高等教育连续实现了从精英教育（不足 15%）到大众教育（大于 15%），再到普及教育（大于 50%）的两次大跨越。接受过高等教育的人口从 2000 年的 4 571 万人增加至 2020 年的 2.18 亿人，相当于 2000 年的 4.77 倍，年均增速高达 8.1%，占总人口的比例从 2000 年的 3.6% 提高至 2020 年的 15.5%，已超过极高人类发展组的平均水平 14.6%。有力地推动我国从人力资源大国向人力资源强国迈进，人力资源成为经济社会发展的第一资源。

三是城镇新增就业人数[①]。从 2000 年到 2020 年，累计新增就业人员达到 22 966 万人，大大超过四个五年计划或规划的目标值（累计 18 000 万人），平均每年新增就业 1 148 万人，占世界每年新增劳动力（3 853 万人）的 29.8%，即中国对全球新增就业的贡献率达到 30% 左右。

四是农村人口脱贫目标。按每人每年 2 300 元（2010 年不变价）的现行农村贫困标准，农村贫困发生率从 2000 年的 49.8% 下降至 2020 年的全部消除贫困人口，农村贫困人口从 46 224 万人下降为 0，区域性整体贫困基本得到解决，全国建档立卡贫困人口人均纯收入由 2016 年的 4 124 元增加到 2020 年的 12 588 元。若按私人消费购买力平价转换因子（分别为 4.103 和 4.176[②]）计算，每人每日收入从 2.75 国际元提高到 8.26 国际元，先后超过了三个国际贫困线即每人每日消费支出 1.9 国际元、3.2 国际元、5.5 国际元，彻底消除了绝对贫困。中国解决了世界性的生态贫困问题，在脱贫攻坚战中，特别是"十三五"时期，全国已有 960 多万贫困户完成异地扶贫搬迁，既超过了 20 世纪 80 年代到 2015 年异地扶贫搬迁的 680 万人口，也超过了三峡工程的百万移民规模。其中，在城镇安置 500 多万人，农村安置约 460 万人，累计投入各类资金达 6 000 亿元，平均每人 6.25 万元，农村建成安置住房 266 万余套，总建筑面积 2.1 亿平方米，户均住房面积 80.6 平方米。累计帮助 358 万易地扶贫搬迁贫

---

① 城镇新增就业人数是指一国城镇新增就业人数减去自然减员（因退休、伤亡等原因）人数的差，是反映经济增长所创造就业岗位的发展性指标。

② 数据来源：世界银行 WDI 数据库. PPP 转换因子，私人消费（每一国际元的本币单位）-World, China [DB/OL].https://data.worldbank.org.cn/indicator/PA.NUS.PRVT.PP?end=2019&locations=1W-CN&start=1990&view=chart.

困劳动力实现就业，子女就学条件改善率达99%，就医条件改善率达99.9%，搬迁群众满意度达100%[①]。2020年，实现农村绝对贫困人口全部脱贫，彻底终结了我国千百年来的绝对贫困问题，创造了人类减贫历史上的奇迹。

五是基本养老保险参保情况。我国基本养老保险参保人员从2000年的1.36亿人增至2020年的9.99亿人，净增加8.63亿人。到2020年年底，全国失业保险参保人员达2.17亿人，工伤保险参保人数达2.68亿人，基本医疗保险参保人数超过13.5亿人，参保率稳定在95%以上，构建了世界上最大规模的基本养老和基本医疗体系。

六是城镇棚户区住房改造目标。2010年我国有4 200万套棚户区住房，到2018年年底，全国城镇保障性安居工程合计开工约7 000万套，其中"十三五"时期全国开工改造各类棚户区2 300多万套，超额完成2 000万套的目标任务，受益居民约5 000万人。截至2019年年底，全国共有3 800多万困难群众住进公租房，有累计近2 200万困难群众领取了公租房租赁补贴；在农村，共有6 200万户居民在中央财政支持下从危房搬进了安全房[②]。

七是人均预期寿命目标。从2000年的71.40岁提高至2020年的77.93岁，累计提高了6.53岁，平均每年提高0.33岁，中国人口预期寿命不仅高于世界平均水平（2019年为72.7岁），也高于中高收入国家的平均水平（2019年为75.9岁）。孕产妇死亡率从2000年的53.0/10万降至2020年的16.9/10万，婴儿死亡率从32.2‰降至5.4‰。全面推进健康中国战略，实现了人人享有基本医疗卫生服务，进而提高了所有人的健康资本水平，我国的人均预期寿命已接近极高人类发展组的78.4岁，力争在"十四五"时期使人均预期寿命达到78.5岁。

八是平安中国建设取得重大进展。截至2020年，全国刑事案件立案总量已连续5年下降，八类主要刑事案件数和查处治安案件数连续6年下降。国家统计局调查显示，全国群众安全感逐年上升，2020年达到98.4%[③]，中国成为世界最安全的社会，实现国泰民安。

---

① 九百六十多万建档立卡贫困群众全部乔迁新居[N]. 人民日报，2020-12-04(2).
② 住房和城乡建设部网站. http://www.mohurd.gov.cn/xwfb/202010/t20201027_247716.html.
③ 凝聚奋进力量谱写壮丽篇章[N]. 人民日报，2021-07-07(14).

表5 民生福祉主要指标实现情况（2000—2020年）

指标	2000年	2005年	2010年	2015年	2020年	2000—2020年年均增速或累计变动
居民人均可支配收入增长率（%）		9.9（2000—2005年）	11.2（2005—2010年）	8.9（2010—2015年）	5.6（2015—2020年）	8.9（5.47倍）
劳动年龄人口平均受教育年限（年）		8.5	9.7	10.23	10.8	2.3（2005—2020年）
城镇新增就业人数（万人）		[4 200]	[5 771]	[6 431]	[6 564]	22 966
农村贫困人口脱贫（万人）	46 224（49.8%）	28 662（30.2%）	16 567（17.2%）	5 575（5.7%）	0（0.0%）	−46 224（−49.8百分点）
基本养老保险参保人数（亿人）	1.36	1.75	3.60	8.58	9.99	8.63
城镇棚户区安居工程建设/住房改造（万套）				[4 013]	[2 449]	6 462（2010—2020年）
人均预期寿命（岁）	71.40	72.95	74.83	76.34	77.93	6.53

注：方括号内数据为5年累计数，农村贫困人口脱贫（万人）一行中括号内数据为该年贫困人口占全国人口的比重。

（四）资源环境目标的评估（见表6）

一是耕地保有量保持不变。我国农业用地资源仅占世界总量的10.9%。2015年，我国耕地20.26亿亩，减去1.61亿亩左右不稳定耕地后，耕地保有量完成了18.65亿亩以上的目标，作为耕地红线。此外，确保15.46亿亩以上永久基本农田特殊保护制度，才能确保我国粮食基本自给，"十几亿人口要吃饭，这是我国最大的国情"[①]。"十三五"时期新增建设用地规模的目标是控制在3 256万亩以内，实际新增3 610万亩。

---

① 2018年9月25日，习近平在黑龙江考察。新华社2018年9月29日讯。

二是万元GDP用水量持续大幅度下降。2010—2019年累计下降66.6%，年平均下降5.8%，其中"十三五"时期下降了26.2%，特别需要指出的是，2015年全国用水总量达到峰值而后下降，与农业用水量达到峰值后下降有很大关系。我国农业用水量占用水总量的61.3%，但是农业增加值占GDP的比重仅为7.1%，农业用水效率仅相当于全国平均水平的11.6%。从国际比较来看，我国用水总量占世界总用水量的6.6%，并保持不变，农业增加值（现价美元）占世界比重却持续提高，从2000年的15.7%提高至2019年的29.1%。我国完成了8亿亩旱涝保收、高产稳产的高标准农田建设，农田灌溉水有效利用系数达到0.559[①]，农业用水效率不断提高，2019年时相当于世界平均水平的4.4倍。

三是单位GDP能源消耗明显下降。2005—2019年累计下降59.8%，提前完成了至2020年累计下降40%～45%的中国气候行动计划目标，能源损耗占GNI（国民总收入）的比重从2008年的高峰4.19%下降至2018年的0.71%[②]，下降了3.48个百分点。

四是非化石能源占一次能源消费的比重大幅度上升。从2010年的8.6%提高至2020年的15.9%，实现了2020年15%的中国气候行动目标。

五是全国碳强度（单位GDP二氧化碳碳排放）提前实现原定目标。2020年比2005年下降了48.4%，超过了下降40%～45%的中国气候行动目标。

六是森林发展速度居世界前列。森林覆盖率从2005年的18.2%提高至2019年的22.96%，森林蓄积量从2005年的125亿立方米提高至2019年的175.6亿立方米，也超过了165亿立方米的中国气候行动目标，其中，80%以上的贡献来自天然林。2009—2019年中国完成造林7 039万公顷，是全球同期森林资源增长最多的国家。

七是空气质量明显改善。地级及以上城市空气质量优良天数比例从2015年的76.7%提高至2020年的87%，提前实现了大于80%的目标。细颗粒物（$PM_{2.5}$）未达标地级及以上城市浓度2015—2020年累计下降28.8%，大大超

[①] 韩长赋.铸就新时代"三农"发展新辉煌[N].人民日报，2020-10-20(9).
[②] 世界银行WDI数据库.调整后的储蓄：能源损耗（占GNI的百分比）-China, United States[DB/OL]. https://data.worldbank.org.cn/indicator/NY.ADJ.DNGY.GN.ZS?end=2018&locations=CN-US&start=1981&view=chart.

过了下降18%的约束性目标。

八是地表水质量进一步改善。我国地表水达到或好于Ⅲ类水体比例从2010年的52.1%上升至2020年的83.4%，大大超过70%的约束性目标，劣Ⅴ类水体比例从2010年的20.8%下降至2020年的0.6%，远远低于5%的约束性目标。

九是主要污染物排放总量大幅减少，化学需氧量、二氧化硫排放总量、氨氮排放总量、氮氧化物排放总量均大幅下降。总体上看，我国实现了经济增长，特别是工业增加值增长与主要污染物排放量彻底脱钩的目标。

特别需要指出的是，我国污染防治攻坚战取得关键进展。其中，包括七大标志性战役：蓝天保卫战、柴油货车污染治理、城市黑臭水体治理、渤海综合治理、长江保护修复、水源地保护、农业农村污染治理（截至2019年11月底，约2.1万个建制村完成环境综合整治，全国固体废物进口量同比减少36%）。中国是世界上治理环境污染力度最大、投入最多、效果最显著的国家之一，正如美国《纽约时报》所评论："中国在短短的时间内实现了美国30年空气质量改善的目标。"如果说中国用几十年走完了发达国家工业化、城镇化、现代化的道路，那么，中国同样用20年的时间走完了发达国家几十年的环境治理道路。根据世界银行提供的数据，以颗粒物排放损害占国民总收入（GNI）的比重为例，中国从2000年的0.50%下降至2018年的0.29%，已经低于中等收入国家的0.34%，但还是高于美国的0.11%[1]。这与中国进入后工业化行列以及城镇化加速的过程相关。

总体来看，我国生态环境保护主要目标任务基本完成，生态环境质量总体改善。正如习近平主席所指出：中国在"过去10年，森林资源增长面积超过7 000万公顷，居全球首位。长时间、大规模治理沙化、荒漠化，有效保护修复湿地，生物遗传资源收集保藏量位居世界前列。90%的陆地生态系统类型和85%的重点野生动物种群得到有效保护"[2]。

---

[1] 世界银行WDI数据库[DB/OL].调整后的储蓄：颗粒物排放损害（占GNI的百分比）- China, United States, Middle income[DB/OL]. https://data.worldbank.org.cn/indicator/NY.ADJ.DPEM.GN.ZS?end=2018&locations=CN-US-XP&start=1981&view=chart.
[2] 习近平.在联合国生物多样性峰会上的讲话[N].人民日报，2020-10-01(1).

表6 资源环境主要指标实现情况（2000—2020年）

指标	2000年	2005年	2010年	2015年	2020年	2000—2020年累计变化量
耕地保有量（亿亩）		18.3	18.18	18.65	19.18（2019年）	0.47（2010—2015年）
新增建设用地规模（万亩）					[3 610]（五年目标为<3 256）	
万元GDP用水量下降（%）				[32]	6.1[26.2]（2019年）	66.6（2010—2019年）
单位GDP能源消耗降低（%）			[19.1]	5.3[18.2]	2.6[13.2]（2019年）	59.8（2005—2019年）
非化石能源占一次能源消费比重（%）			8.6	12	15.9	7.3百分点（2010—2020年）
单位GDP二氧化碳排放降低（%）				[20]	1.0[18.8]	48.4（2005—2020年）
森林覆盖率（%）		18.2	20.36	21.66	22.96（2019年）	4.76百分点（2010—2019年）
森林蓄积量（亿立方米）		125	137	151	175.6（2019年）	50.6（2005—2019年）
地级及以上城市空气质量优良天数比率（%）				76.7	87	10.3百分点（2015—2020年）
细颗粒物（PM$_{2.5}$）浓度未达标地级及以上城市浓度下降（%）					7.5[28.8]	
达到或好于Ⅲ类水体比例（%）			52.1	66	83.4	31.3百分点（2010—2020年）
劣Ⅴ类水体比例（%）			20.8	9.7	0.6	−20.2百分点（2010—2020年）
化学需氧量排放总量减少（%）			[12.45]	[12.9]	3.2[13.8]	
氨氮排放总量减少（%）				[13.0]	3.3[15.0]	

续表

指标	2000年	2005年	2010年	2015年	2020年	2000—2020年累计变化量
二氧化硫排放总量减少（%）			[14.29]	[18.0]	4.4[25.5]	
氮氧化物排放总量减少（%）				[18.6]	3.5[19.7]	

注：方括号内数据为5年累计数。

（五）我国社会主义文化事业日益繁荣兴盛

一是公共文化投入力度持续加大，文化遗产保护成效突出。已有55项世界文化和自然遗产列入《世界遗产名录》，居世界首位，其中，世界文化遗产为37项，再现世界文明大国。二是文化产业快速发展。2019年，我国文化及相关产业产值达到4.44万亿元，占GDP的4.50%，旅游季相关产业增加值达到4.50万亿元，占GDP的4.56%[①]，文化旅游产业已经成为我国新兴支柱性产业，人民群众文化消费水平不断升级。三是构建遍布全国的公共文化体系。2020年年末，全国共有公共图书馆3 212个，文化馆站省地级别392个、县市级2 931个、乡镇街道级40 360个，博物馆5 446个，艺术表演场馆1 208个[②]。全国规模以上文化及相关产业企业营业收入达98 514亿元。

综上所述，中国在20年的时间里，召开了四次党的全国代表大会，制定和实施四个五年计划和规划，连续迈上四个大台阶，如期全面建成惠及14亿人口的世界最大规模小康社会，即中高收入社会。从国际比较来看，2000年中国人均GDP（购买力平价，2017国际元）仅相当于世界人均水平的31.15%，到2020年超过世界人均水平（为100.2%），从2000年相当于美国人均水平的6.9%提高至2020年的27.2%[③]。2000年中国人类发展指数（HDI）为0.591，到2019年上升至0.761，从中人类发展水平发展为高人类发展水平，

---

① 国家统计局.2021中国统计摘要[M].北京：中国统计出版社，2021:13.
② 国家统计局.2021中国统计摘要[M].北京：中国统计出版社，2021:193.
③ 数据来源：世界银行数据库.GDP per capita, PPP (constant 2017 international $)-China, United States, World [DB/OL]. https://data.worldbank.org/indicator/NY.GDP.PCAP.PP.KD?end=2020&locations=CN-US-1W&start=1990&view=chart.

明显高于世界同期增速（见表7）。

表7 我国人类发展指数主要指标实现情况（2000—2020年）

年份	人均GDP（元）	人均GDP（2010美元）	人均GDP（2017国际元）	人口预期寿命（岁）	预期受教育年限（年）	平均受教育年限（年）	人类发展指数（HDI）	农村贫困发生率（%）
2000	7 942	1 768	3 452	71.40	9.6	2.11	0.591	49.8
2005	14 368	2 732	5 335	72.95	11.0	8.10	0.643	30.2
2010	30 808	4 550	8 885	74.83	12.9	9.08	0.702	17.2
2015	49 922	6 500	12 612	76.34	13.8	9.90	0.742	5.7
2019	70 328	8 242	15 978	77.30			0.761	0.6
2020	72 000	8 450	16 297	77.93	13.8	10.8		0
2000—2020年均增速或时期内总变动	12.2%（8.4%）	13.3%（9.0%）	8.1%	6.53	4.2	8.69	0.17（2000—2019年）	-49.8百分点

数据来源：国家统计局、世界银行数据库、UNDP数据库。
注：括号内数据系不变价格。

特别需要指出的是，2020年突如其来的新冠肺炎疫情并未阻断中国如期全面建成小康社会的目标。这是因为中国是世界范围内在最短时间最有效地控制住疫情的国家，显示出社会主义制度的巨大优势；又是世界上第一个大规模向各国提供抗疫援助资金、物资、技术以及检测试剂的国家，显示了中国与世界共同构建人类卫生健康共同体的决心与信心，为全球公共卫生治理贡献出中国方案。

综上所述，在21世纪的前20年，中国紧紧抓住了极其宝贵的发展战略机遇期，快速发展，迎头赶上，实现了历史性、全局性的大发展大变革大进步，使中国快速从世界大国走向世界强国，中华民族的伟大复兴与当今世界百年未有之大变局同向同步同行。

五、中国如何对世界发展作出最大贡献

进入 21 世纪，国际上特别是美国等西方国家对中国的迅速发展、和平发展一直持有几种论点：一是"中国崩溃论"①，显然随着中国发展的大势所趋，这一论点也随之崩溃；二是"中国威胁论"②和"新冷战论"③；三是"遏制中国论"。随着中国的快速发展，这些论点越来越站不住脚。与此同时，"中国贡献论"④的声音越来越响亮，因为一个国家，特别是大国的发展，会产生极大的规模效应和正外部性，大量事实已经表明，进入 21 世纪，中国的发展对人类发展作出了重大贡献。

早在 1956 年，毛泽东同志在《纪念孙中山》一文中就提出了中国贡献论的预言。他指出："再过四十五年，就是二千零一年，也就是进入二十一世纪的时候，中国的面目更要大变。中国将变为一个强大的社会主义工业国。中国应当这样。因为中国是一个具有九百六十万平方公里土地和六万万人口的国家，中国应当对于人类有较大的贡献。"⑤

进入 21 世纪之后，中国是否对人类作出了较大的贡献呢？又是如何作出贡献的？对整个世界意味着什么？这就需要让数据说话，让事实证明，让世界检验"中国贡献论"。

21 世纪初，以加入世界贸易组织为标志，中国全面对外开放、全面参与经济全球化、全面进入世界舞台中心，中国与世界之间的关系发生了巨大变化。总结而言，中国对世界发展作出以下九大贡献。

---

① 章家敦 (Chang G G). The Coming Collapse of China[M]. New York: Random House, 2001; 沈大伟 (David Shambaugh). The Coming Chinese Crackup[J]. Wall Street Journal, 2015-03-07.
② 2017 年发布的《美国国家安全战略报告》指出，中国在全面挑战美国权力、影响与利益，试图削弱美国的安全与繁荣。《2018 美国国防战略报告》将中国定义为"对美国最大的限制威胁"。2020 年 8 月 7 日，美国国务卿蓬佩奥在尼克松总统图书馆发表演讲，公开散布"中国威胁论"。
③ 史蒂芬·李·迈尔斯，保罗·莫祖尔. 陷入"意识"形态螺旋——美国和中国迈向冷战 [N]. 纽约时报.
④ 胡鞍钢. 中国崛起之路 [M]. 北京：北京大学出版社，2007；胡鞍钢. 中国道路与中国梦想 [M]. 杭州：浙江人民出版社，2013.
⑤ 中共中央文献研究室. 毛泽东文集：第七卷 [M]. 北京：人民出版社，1999: 156-157.

（一）中国对世界减贫作出最大贡献

按 1.90 美元 / 日的国际贫困线标准，即低收入国家贫困线标准测算（见表 8），1990 年中国贫困人口高达 7.53 亿人，到 1999 年下降至 5.05 亿人，平均每年减少 2 753 万人；到 2017 年已下降至 416 万人，平均每年减少 2 782 万人。贫困发生率从 1990 年的 66.3% 下降至 1999 年的 40.3%，减少了 26.0 个百分点，平均每年下降 2.9 个百分点；到 2017 年降至 0.3%，减少 40.0 个百分点，平均每年下降 2.2 个百分点。中国贫困人口占世界贫困人口总数的比重从 1990 年的 39.4% 下降至 1999 年的 28.9%，下降了 10.5 个百分点；到 2017 年这一比重下降至 0。1990—2017 年，中国对全球减贫贡献率达到 61.3%，其中 1999—2017 年中国对全球减贫的贡献率达到 47.5%。

根据世界银行估计，受新冠肺炎疫情和全球经济衰退影响，2020 年全球经济下降 5.2%，为过去 80 年来最大降幅，可能导致 2020 年全球贫困发生率增加 1.4 个百分点，达到 9.1%～9.4%，全球贫困人口数增加 1.1 亿～1.5 亿人①。联合国拉丁美洲和加勒比经济委员会（拉加经委会）执行秘书巴尔塞纳认为，中国始终致力于自身消除贫困，积极开展南南合作，中国的脱贫攻坚战大大加速了世界减贫事业发展。据巴尔塞纳介绍，中国至少向 166 个国家和国际组织提供过援助，帮助其他发展中国家减贫。新冠肺炎疫情发生后，中国积极支持二十国集团"暂缓最贫困国家债务偿付倡议"，为最贫困国家提供支持②。

中国对世界的减贫贡献，反映在 2002 年提前实现了 2000 年联合国千年发展目标（MDGs），即减少贫困发生率一半（1990—2015 年）；反映在 2020 年中国贫困人口全部脱贫，意味着中国提前 10 年实现 2030 年联合国可持续发展目标（SDGs），即贫困发生率减少至 3% 以下。正如习近平主席所言："世界上没有哪一个国家能在这么短时间内帮助这么多人脱贫，这对中国和世界都具有重大意义。"③

---

① 路透社华盛顿，2020 年 10 月 7 日电。
② 新华社圣地亚哥，2020 年 10 月 11 日电。
③ 习近平在决战决胜脱贫攻坚座谈会上强调坚决克服新冠肺炎疫情影响坚决夺取脱贫攻坚战全面胜利 [N]. 人民日报，2020-03-07(1).

表 8　中国与世界绝对贫困人口变动情况（1.90 国际元 / 日）（1990—2017 年）

年份	中国		世界		中国贫困人口占世界比重（%）
	贫困人口（万人）	贫困发生率（%）	贫困人口（万人）	贫困发生率（%）	
1990	75 263	66.3	191 139	36.2	39.4
1993	66 818	56.7	189 937	34.3	35.2
1996	50 772	41.7	171 952	29.7	29.5
1999	50 485	40.3	174 397	28.9	28.9
2002	40 589	31.7	161 210	25.7	25.2
2005	24 119	18.5	136 096	20.9	17.7
2008	19 737	14.9	124 327	18.4	15.9
2010	14 982	11.2	110 750	16.0	13.5
2013	2 579	1.9	81 017	11.3	3.2
2015	960	0.7	74 124	10.1	1.3
2016	689	0.5	72 016	9.7	1.0
2017	416	0.3（估计数）	69 083	9.2	0.0
1990—2017 年累计变化量	−74 847	−66.0 百分点	−122 056	−27.0 百分点	−39.4 百分点
1999—2017 年累计变化量	−50 069	−40.0 百分点	−105 314	−19.7 百分点	−28.9 百分点

数据来源：（1）贫困发生率数据来自世界银行数据库. Poverty headcount ratio at $1.90 a day (2011 PPP) (% of population)-World, China [DB/OL].https://data.worldbank.org/indicator/SI.POV.DDAY?end=2017&locations=1W-CN&start=1990&view=chart；（2）总人口数据来自世界银行数据库. Population, total-World, China [DB/OL].https://data.worldbank.org/indicator/SP.POP.TOTL?end=2017&locations=1W-CN&start=1990&view=chart。

注：世界银行数据库，贫困线标准为 1.90 国际元 / 日（2011 年价格）。

按 3.20 美元 / 日的国际贫困线标准，即中低收入国家贫困线标准测算（见表 9），1990 年中国贫困人口高达 10.22 亿人，到 1999 年下降至 8.57 亿人，平均每年减少 1 831 万人；到 2017 年下降至 4 991 万人，平均每年减少 4 483 万人。贫困发生率从 1990 年的 90.0% 下降至 1999 年的 68.4%，减少了 21.6 个百分点，平均每年下降 2.4 个百分点；到 2017 年降至 3.6%，相比 1999 年减少了 64.8 个百分点，平均每年下降 3.6 个百分点。中国贫困人口占世界贫困人口总数的比重从 1990 年的 34.9% 下降至 1999 年的 28.0%，下降了 6.9 个百分点；到 2017 年这一比重下降至 2.8%。1990—2017 年，中国对全球减贫贡献高达 86.7%，其中 1999—2017 年中国的贡献率达到 64.3%。2020 年之前，中国将提前实现国际社会提出的到 2030 年按中贫困线标准贫困发生率小于 3% 的目标。

表 9　中国与世界绝对贫困人口变动情况（3.20 国际元／日）（1990—2017 年）

年份	中国		世界		中国贫困人口占世界比重（%）
	贫困人口（万人）	贫困发生率（%）	贫困人口（万人）	贫困发生率（%）	
1990	102 167	90.0	293 044	55.5	34.9
1993	98 282	83.4	303 456	54.8	32.4
1996	88 759	72.9	300 481	51.9	29.5
1999	85 687	68.4	306 552	50.8	28.0
2002	73 879	57.7	296 701	47.3	24.9
2005	56 321	43.2	275 447	42.3	20.4
2008	45 966	34.7	260 141	38.5	17.7
2010	38 258	28.6	245 034	35.4	15.6
2013	16 424	12.1	208 637	29.1	7.9
2015	9 599	7.0	195 216	26.6	4.9
2016	7 445	5.4	188 577	25.4	3.9
2017	4 991	3.6（估计数）	180 968	24.1	2.8
1990—2017年累计变化量	-97 176	-86.4 百分点	-112 076	-31.4 百分点	-32.1 百分点
1999—2017年累计变化量	-80 696	-64.8 百分点	-125 584	-26.7 百分点	-25.2 百分点

数据来源：（1）贫困发生率数据来自世界银行数据库. Poverty headcount ratio at $3.20 a day (2011 PPP) (% of population)-World, China [DB/OL].https://data.worldbank.org/indicator/SI.POV.LMIC?end=2017&locations=1W-CN&start=1990&view=chart；（2）总人口数据来自世界银行数据库. Population, total-World, China [DB/OL].https://data.worldbank.org/indicator/SP.POP.TOTL?end=2017&locations=1W-CN&start=1990&view=chart。

注：世界银行数据库，贫困线标准为 3.20 国际元／日（2011 年价格）。

按 5.50 美元/日的国际贫困线标准，即中高收入国家贫困线标准测算（见表 10），1990 年中国贫困人口高达 11.16 亿人，到 1999 年下降至 11.14 亿人，平均每年仅减少 24.6 万人；到 2017 年下降至 2.88 亿人，平均每年减少 4 585 万人。贫困发生率从 1990 年的 98.3% 下降至 1999 年的 88.9%，减少了 9.4 个百分点，平均每年下降 1.0 个百分点；到 2017 年降至 20.8%，相比 1999 年减少了 68.1 个百分点，平均每年下降 3.8 个百分点。2020 年，按照这一贫困线，中国贫困发生率下降至 10% 以下，成为中高收入国家中贫困发生率最低的国家之一。中国贫困人口占世界贫困人口总数的比重从 1990 年的 31.4% 下降至 1999 年的 27.5%，下降了 3.9 个百分点；到 2017 年这一比重下降至 8.8%。1990—2017 年，中国对全球减贫贡献高达 296.0%，其中，1999—2017 年中国的贡献率达到 107.3%。数据表明，如果扣除中国的减贫贡献，世界的贫困人口仍在增加。

保守估计，2025 年之前中国可以提前实现国际社会提出的按高贫困线贫困发生率小于 3% 的目标，即到 2030 年之前无论按哪一个国际贫困线标准，中国都将彻底告别千百年来的绝对贫困问题。

表 10 中国与世界绝对贫困人口变动情况（5.50 国际元/日）（1990—2017 年）

年份	中国		世界		中国贫困人口占世界比重（%）
	贫困人口（万人）	贫困发生率（%）	贫困人口（万人）	贫困发生率（%）	
1990	111 589	98.3	355 349	67.3	31.4
1993	113 484	96.3	378 212	68.3	30.0
1996	112 380	92.3	390 221	67.4	28.8
1999	111 368	88.9	404 311	67.0	27.5
2002	103 200	80.6	402 711	64.2	25.6
2005	91 912	70.5	393 961	60.5	23.3
2008	80 407	60.7	382 442	56.6	21.0
2010	71 567	53.5	373 089	53.9	19.2
2013	49 409	36.4	349 878	48.8	14.1
2015	37 297	27.2	339 060	46.2	11.0

续表

年份	中国		世界		中国贫困人口占世界比重（%）
	贫困人口（万人）	贫困发生率（%）	贫困人口（万人）	贫困发生率（%）	
2016	33 088	24.0	334 093	45.0	9.9
2017	28 837	20.8（估计数）	327 395	43.6	8.8
1990—2017年累计变化量	−82 752	−77.5百分点	−27 954	−23.7百分点	−22.6百分点
1999—2017年累计变化量	−82 531	−68.1百分点	−76 916	−23.4百分点	−18.7百分点

数据来源：（1）贫困发生率数据来自世界银行数据库．Poverty headcount ratio at $5.50 a day (2011 PPP) (% of population)-World, China [DB/OL]. https://data.worldbank.org/indicator/SI.POV.UMIC?end=2017&locations=1W-CN&start=1990&view=chart；（2）总人口数据来自世界银行数据库．Population, total-World, China [DB/OL].https://data.worldbank.org/indicator/SP.POP.TOTL?end=2017&locations=1W-CN&start=1990&view=chart。

注：世界银行数据库，贫困线标准为5.50国际元/日（2011年价格）。

（二）中国对世界经济增长作出最大贡献（见表11）

2000年中国GDP（购买力平价，2017国际元）仅相当于美国的30.7%，2000—2020年中国GDP实现了8.7%的年均增速，明显高于世界3.1%的平均增速，对世界经济增长的贡献率高达32.2%，明显高于美国（9.8%）与欧盟（6.4%）的贡献率之和（16.2%），这既充分反映了世界经济增长的不平衡性，又反映了中国快速的经济追赶效应以及明显的溢出规模效应。中国GDP（购买力平价，2017国际元）占世界总量的比重从2000年的6.44%上升至2020年的18.33%，提高了11.89个百分点，平均每年提高0.59个百分点。世界经济格局从21世纪第一个10年的美国、欧盟两个超大经济体格局，演变为第二个10年的中国、美国和欧盟世界三个超大经济体新格局[1]。

---

[1] 笔者在《2020中国：一个新型超级大国》（英文版，美国布鲁金斯学会出版社，2011）一书中预见，到2020年，中国将从世界经济大国成长为世界经济强国、新的超级大国。这意味着美国单极化时代的结束，国际社会明显地向美国、中国、欧盟多极化（至少三极）时代转变，世界进入新的稳定的"大国时代"。

表 11 中国、美国、欧盟及世界 GDP（2000—2020 年）

年份	中国（万亿国际元）	美国（万亿国际元）	欧盟（万亿国际元）	世界（万亿国际元）	中国占世界比重(%)	美国占世界比重(%)	欧盟占世界比重(%)
2000	4.36	14.18	14.89	67.75	6.44	20.93	21.98
2005	6.96	16.10	16.35	81.19	8.57	19.83	20.14
2010	11.89	16.84	17.25	96.20	12.36	17.51	17.93
2015	17.40	18.77	18.17	113.82	15.29	16.49	15.96
2020	23.01	19.85	18.59	125.55	18.33	15.81	14.81
2000—2020年年均增速（%）或累计变化量（百分点）	8.7%	1.7%	1.1%	3.1%	11.89百分点	-5.12百分点	-7.17百分点
2000—2020年对世界贡献率	32.2%	9.8%	6.4%	100.0%			

数据来源：世界银行 WDI 数据库 . GDP, PPP (constant 2017 international $)-World, China, United States, European Union [DB/OL]. https://data.worldbank.org/indicator/NY.GDP.MKTP.PP.KD?end=2019&locations=1W-CN-US-EU&start=2000&view=chart.

注：本表 GDP 数据按购买力平价 2017 国际元价格。对世界贡献率按未四舍五入的原始数据计算而来，后表同。

（三）中国对世界工业化发展作出最大贡献（见表12）

2005—2019 年，中国制造业增加值（现价美元）实现了 12.7% 的名义增速，明显高于世界 4.2% 的名义增速，以及美国 2.2% 和欧盟 1.5% 的增速，充分反映了世界工业化发展的不平衡性以及中国的快速追赶效应；中国对世界制造业增加值增长的贡献率高达 52.6%，明显高于美国的 9.8% 和欧盟的 7.1%，充分反映了中国工业化极大地带动了世界工业化；中国制造业增加值占世界总量的比重从 2005 年的 9.38% 上升至 2019 年的 28.24%，提高了 18.86 个百分点，平均每年提高 1.35 个百分点，实现了《中国制造 2025》的目标，即"到 2020 年，基本实现工业化，制造业大国地位进一步巩固，制造业信息化水平大幅提升"[①]。尽管美国、欧盟、日本等纷纷实施"再工业化"战略，但中国分

[①] 国务院关于印发《中国制造 2025》的通知 [EB/OL].(2015-05-08). http://www.gov.cn/zhengce/content/2015-05/19/content_9784.htm.

别于2007年超过日本，2010年超过美国，2011年超过欧盟，改变了全球制造业竞争格局，形成中国、欧盟、美国新三大制造业经济体的新格局。2019年，中国、欧盟、美国占世界制造业增加值比重分别为28.24%、16.80%、16.51%（见表12），中国制造业增加值占世界比重超过了1997年美国制造业增加值高峰时所占的比重（23.0%），无论美国如何打压中国制造，如采取恶意制裁中国公司等恶劣手段，也无法改变这一基本趋势。

表12 中国、美国、欧盟及世界制造业增加值（2005—2019年）

年份	中国（万亿美元）	美国（万亿美元）	欧盟（万亿美元）	世界（万亿美元）	中国占世界比重（%）	美国占世界比重（%）	欧盟占世界比重（%）
2005	0.73	1.69	1.89	7.78	9.38	21.72	24.29
2010	1.92	1.79	2.11	10.57	18.16	16.93	19.96
2015	3.20	2.12	2.07	12.20	26.23	17.38	16.97
2019	3.90	2.28	2.32	13.81	28.24	16.51	16.80
2005—2019年年均增速（%）或累计变化量（百分点）	12.7%	2.2%	1.5%	4.2%	18.86百分点	-5.21百分点	-7.49百分点
2005—2019年对世界贡献率	52.6%	9.8%	7.1%	100.0%			

数据来源：世界银行WDI数据库.Manufacturing, value added (current US$)-China, United States, European Union, World[DB/OL]. https://data.worldbank.org/indicator/NV.IND.MANF.CD?end=2019&locations=CN-US-EU-1W&start=2000。

注：制造业增加值系现价美元。美国2019年的数据根据2017年数据推算。

（四）中国对世界贸易增长作出最大贡献（见表13）

中国从2000年的世界第八大货物贸易体发展为2020年第一大货物贸易体，我国货物进出口额从4 743亿美元上升至46 260亿美元，增加了8.75倍，年均增速12.7%；占世界贸易总额的比重从3.62%上升至13.13%。我国货物出口额从2000年的2 492亿美元上升至25 906亿美元，增加了9.40倍，年均增速12.4%，从占世界货物出口总额的3.39%上升至14.74%，反映出中国占据世界市场的进程在加速。我国货物进口额从2000年的2 255亿美元上升至

20 556亿美元,增加了8.12倍,年均增速11.7%,从占世界贸易总额的3.62%上升至11.54%,反映了世界市场"中国化"过程在加速。当时党中央对中国加入WTO的总体判断是,加入WTO既为我国带来机遇,也会带来挑战,总体上利大于弊,最大限度地兴利除弊。世界银行的报告认为,加入WTO后,中国正在成为WTO活跃和杰出的成员,迅速扩大了其在世界贸易中的份额[①]。没有人能够预见,中国从世界第八大货物进出口国跃居为世界第一大货物进出口国,也没有人能够预见,中国将成为21世纪经济全球化的最大发动机。2000—2020年,中国对世界货物出口增长的贡献率高达21.0%,远远高于美国5.8%的贡献率;中国对世界货物进口增长的贡献率高达16.2%,高于美国10.3%的贡献率。中国已经是世界240多个国家和地区中一半以上的最大贸易伙伴,成为国际经济体系和循环的最大参与者和推动者。

表13 中国货物进出口占世界比重(2000—2020年)

货物进出口	2000年	2010年	2015年	2020年	2000—2020年累计变化量
进出口总额占世界比重(%)	3.62（第8位）	9.67（第2位）	11.90（第2位）	13.13（第1位）	9.51百分点
出口总额占世界比重(%)	3.39	10.31	13.80	14.74	11.35百分点
进口总额占世界比重(%)	3.62	9.05	10.03	11.54	7.92百分点

数据来源:(1)世界贸易组织数据库;(2)国家统计局.2021中国统计摘要[M].北京:中国统计出版社,2021:206。

注:括号内为中国在世界的排名。

(五)中国对全球投资作出重要贡献(见表14)

中国对全球投资作出的贡献主要包括三方面:一是国内总资本形成总额贡献。中国国内总资本占世界总量的比重从2000年的5.0%上升至2018年的26.8%,成为世界第一大投资国,对世界新增国内总资本形成的贡献率达到

[①] Deepak Bhattasali,李善同,Will Martin.加入世贸组织对中国的关键影响及政策含义[M]//Deepak Bhattasali,李善同,Will Martin.中国与WTO——入世、政策变革和减贫战略.北京:中国财政经济出版社,2004: 1.

39.0%，高于美国贡献率的13.0%。二是中国向世界开放市场，积极吸引外国直接投资。中国已经成为全球第二大外资流入国，2019年获得外商直接投资占世界总量的9.0%。三是中国加速"走出去"，成为世界第二大对外投资国。2019年对外投资占世界比重为10.4%，特别是"一带一路"倡议为沿线国家提供了更多的"中国投资"，2013—2019年，中国企业对沿线国家非金融类直接投资累计超过1 000亿美元，年均增长4.4%；沿线国家对华直接投资超过500亿美元，设立企业超过2.2万家[①]。

表14 中国外商直接投资与对外直接投资（2011—2019年）

年份	外商直接投资（亿美元）	占世界比重（%）	对外直接投资（亿美元）	对外投资占世界比重（%）	对外非金融类直接投资（亿美元）
2011	1 160	7.4	746	4.8	
2012	1 117	7.1	878	6.4	
2013	1 176	8.3	1 078	7.8	
2014	1 196	8.9	1 231	9.8	1 028
2015	1 263	6.6	1 457	9	1 180
2016	1 260	6.7	1 962	13.3	1 812
2017	1 310	9.2	1 246	8.7	1 201
2018	1 350	9.0	1 298	13.2	1 205
2019	1 381	9.0	1 369	10.4	1 171
2011—2019年年均增速（%）或累计变化量（百分点）	2.2%	1.6百分点	7.9%	5.6百分点	2.6%

数据来源：（1）国家统计局.2020中国统计摘要[M].北京：中国统计出版社,2020:104；（2）世界数据来自联合国贸易和发展会议（UNCTAD）数据库.http://unctadstat.unctad.org/wds/TableViewer/tableView.aspx。

（六）中国对世界技术创新作出最大贡献（见表15、表16）

2000年，中国居民专利申请量仅相当于美国的15.4%，2000—2018年中国居民专利申请量实现了24.9%的高速增速，明显高于世界5.9%的平均增速，

---

① 商务部国际贸易经济合作研究院.中国"一带一路"贸易投资发展报告2020[R].2020年9月7日.

对世界专利申请量增长的贡献率高达93.0%，明显高于美国的8.2%，而欧盟则是负贡献，为–0.5%。中国居民专利申请量占世界的比重从2000年的3.07%上升至2018年的60.74%，提高了57.67个百分点（见表15），平均每年提高3.2个百分点。从21世纪初的美国、欧盟两大技术创新体格局，转变为以中国主导（3/5）、美国为辅（1/8）的世界两大技术创新体新格局。

表15 中国、美国、欧盟及世界本国居民专利申请量（2000—2018年）

年份	中国（万件）	美国（万件）	欧盟（万件）	世界（万件）	中国占世界比重（%）	美国占世界比重（%）	欧盟占世界比重(%)
2000	2.53	16.48	9.63	82.31	3.07	20.02	11.70
2005	9.35	20.79	8.30	96.55	9.68	21.53	8.60
2010	29.31	24.20	9.43	116.09	25.25	20.85	8.12
2015	96.83	28.83	8.43	186.42	51.94	15.47	4.52
2018	139.38	28.51	8.96	229.48	60.74	12.42	3.90
2000—2018年年均增速（%）或累计变化量（百分点）	24.9%	3.1%	–0.4%	5.9%	57.67百分点	–7.60百分点	–7.80百分点

数据来源：世界银行WDI数据库.Patent applications, residents-China, United States, European Union, World[DB/OL].https://data.worldbank.org/indicator/IP.PAT.RESD?end=2018&locations=CN-US-EU-1W&start=1990。

中国对国际发明专利的贡献如表16所示。2000年我国提交PCT国际专利申请数仅为701件，相当于美国（36 729件）的1.9%，到2019年中国提交的PCT国际专利申请数已经达到5.90万件，年均增速达到26.3%，2019年首次超过美国，跃居世界第一。中国已经成为向世界提供国际专利的最大贡献之国，从美国、日本两大国际创新中心转变为中国、美国、日本三大国际创新中心。中国在欧洲的专利申请量已从2015年的5 500件增长至2019年的1.2万件。欧洲专利局主席安东尼奥·坎皮诺斯表示："中国专利申请量的大幅提升，反映了中国的科技进步。中国在全球科技领域的地位不断提升，正改变着世界创新版图。"[1] 新任世界知识产权组织总干事邓鸿森评价道："短短几

---

[1] 欧洲专利局主席点赞中国创新发展 [N]. 人民日报，2020-10-10(4).

十年（1984年至今），中国建立了高效的现代知识产权体制，取得了显著的成果。"① 这正是中国成为世界重要的创新之国的根本原因。

表16 中国、日本、美国提交PCT国际专利申请数（2000—2019年）

国家	2000年	2005年	2010年	2015年	2019年	2000—2019年年均增速（%）或累计变化量（百分点）
中国（件数）	701	2 344	12 021	29 084	58 990	26.3%
日本（件数）	9 345	24 131	31 325	42 840	52 660	9.5%
美国（件数）	36 729	44 587	42 626	54 468	57 840	2.4%
中国/美国（%）	1.9	5.3	28.2	53.4	102.0	100.1百分点
中国/日本（%）	7.5	9.7	38.4	67.9	112.0	104.5百分点

资料来源：世界知识产权组织网站 http://www.wipo.int/portal/en/index.html。

（七）中国对世界科学研究作出重大贡献（见表17）

科学研究，特别是基础研究，是创新的源头活水，对经济发展社会进步起到长期性、根本性的影响。根据美国国家科学基金会数据库资料显示，2000年中国科技期刊论文发表数为5.3万篇，相当于美国（30.5万篇）的17.4%。2000—2018年中国科技期刊论文发表数实现了13.6%的高速增速，明显高于世界5.0%的平均增速，对世界科技期刊论文发表数增长的贡献率高达32.0%，明显高于美国的7.9%，也高于欧盟的15.8%。中国科技期刊论文发表数占世界总数的比重从2000年的5.0%上升至2018年的20.7%，提高了15.7个百分点，平均每年提高0.87个百分点。根据中国科学技术信息研究所发布的《2019中国科技论文统计分析》数据显示，2009—2019年（截至2019年10月）我国科技人员共发表国际论文260.64万篇，论文共被引用2 845.23万次，连续三年排在世界第二位，实现了进入世界前五位的目标。世界科学研究中心已经从21世纪初的美国、欧盟两大中心，转变为欧盟、美国、中国三大中心的格局。

---

① 上海知识产权国际论坛上，世界知识产权组织干事这样评价中国[EB/OL].https://baijiahao.baidu.com/s?id=1681082425582197858&wfr=spider&for=pc.

表 17　中国、美国、欧盟科技期刊论文发表数（2000—2018 年）

年份	中国（万篇）	美国（万篇）	欧盟（万篇）	世界（万篇）	中国占世界比重（%）	美国占世界比重（%）	欧盟占世界比重（%）
2000	5.3	30.5	28.9	106.8	5.0	28.6	27.1
2005	16.5	38.5	37.7	148.9	11.1	25.9	25.3
2010	31.3	40.9	47.0	194.4	16.1	21.0	24.2
2015	40.8	43.0	53.4	229.5	17.8	18.7	23.3
2018	52.8	42.3	52.4	255.4	20.7	16.6	20.5
2000—2018 年年均增速（%）或累计变化量（百分点）	13.6%	1.8%	3.4%	5.0%	15.7 百分点	−12.0 百分点	−6.6 百分点

数据来源：Scientific and technical journal articles-United States, China, World, OECD members [DB/OL].https://data.worldbank.org/indicator/IP.JRN.ARTC.SC?end=2018&locations=US-CN-1W-OE&start=2000&view=chart。

（八）中国对世界绿色能源和森林发展作出最大贡献（见表18）

中国大力发展绿色能源，成为世界绿色能源革命的领先者，中国可再生能源消费量占世界可再生能源消费总量的比重从 2000 年的 1.14% 上升至 2019 年的 22.90%，对世界可再生能源消费增长的贡献率高达 25.25%。其中，水电消费量占世界水电消费总量的比重从 8.39% 提高至 30.10%，对世界水电消费量增长的贡献率高达 76.98%。与此同时，中国也是煤炭消费占世界比重最高的国家，从 2000 年的 29.95% 提高至 2019 年的 51.70%，对世界煤炭消费量增长的贡献率高达 70.62%。中国还是世界最大的碳排放国，碳排放量占世界排放总量的比重从 14.20% 上升至 28.80%，超过美国（14.5%）和欧盟（9.7%）的总和（24.2%），这将成为中国发展绿色能源、可再生能源、减少碳排放以及在 2060 年前实现碳中和的国际背景和最大动力。中国作出减少碳排放的政治承诺，将带动世界各国采取更大的行动，例如，欧盟议会多数议员赞成欧盟到 2030 年从减少 55% 的温室气体排放提高至减少 60% 的温室气体排放[1]。由此，中国和欧盟可带动新一轮的全球气候治理和绿色能源革命。

---

[1]　中国减排承诺激励全球气候行动 [N]. 人民日报，2020-10-12(3).

表 18　中国绿色能源及碳排放占世界总量比重（2000—2019 年）单位：%

能源类型	2000 年	2005 年	2010 年	2015 年	2019 年	2000—2019年贡献率
水电消费量	8.39	12.88	20.71	28.69	30.10	76.98
可再生能源消费量	1.14	2.29	8.19	14.49	22.90	25.25
可再生能源发电装机容量	1.42	2.04	9.87	17.16	26.10	28.19
煤炭消费量	29.95	42.59	48.43	50.70	51.70	70.62
碳排放	14.20	21.64	26.20	28.02	28.80	61.61

计算数据来源：BP（英国石油公司）.Statistical Review of World Energy2020（世界能源统计年鉴 2020）[R].2020-06。

中国对世界森林发展作出最大贡献。根据联合国粮农组织提供的数据表明，2000—2016 年中国森林面积增加了 33 万平方千米，经济合作与发展组织（OECD）国家森林面积仅增加了 6.7 万平方千米，而世界森林面积减少了 60 万平方千米。联合国粮农组织《2020 全球森林资源评估报告》显示，在过去 10 年间，中国是全球森林面积年均净增加最多的国家，也是世界碳汇最大的国家之一。2019 年 2 月 14 日，美国航天局（NASA）的卫星数据表明，全球从 2000 年到 2017 年新增的绿化面积中，约 1/4 来自中国，中国的贡献居全球首位。分析显示，中国的贡献中 42% 来自植树造林，32% 来自集约农业，绿化面积和粮食产量都大幅增加。

（九）中国对维护世界和平作出重大贡献

中国作为安理会常任理事国，一直是联合国事业的坚定支持者和全球公共产品的提供者。中国是联合国第二大会费国和维和摊款国，是安理会常任理事国中第一大出兵国，过去 30 年累计派出维和官兵 4 万余人次。2015 年建立了中国—联合国和平与发展基金，2016—2019 年仅在和平安全领域就开展了 52 个项目。联合国秘书长古特雷斯对中国的支持和作用给予高度评价，明确表示有了中国支持，联合国才能更好地履行职责[1]。正像习近平主席所言："大国更应该有大的样子，要提供更多全球公共产品，承担大国责任，展现大国担当。"[2]

---

[1]　国务委员兼外交部长王毅接受中央媒体采访，新华社北京，2020 年 10 月 2 日电。
[2]　国家主席习近平 22 日在第七十五届联合国大会一般性辩论上发表重要讲话 [EB/OL]. (2020-09-22)[2021-10-21]. 人民网官方账号 https://baijiahao.baidu.com/s?id=1678546540223886266&wfr=spider&for=pc.

中国将继续做世界和平的建设者、全球发展的贡献者、国际秩序的维护者。

总之，当今世界正经历百年未有之大变局，和平与发展的时代主题没有变，经济全球化的大趋势没有变，中国和平崛起的大趋势没有变。中国发展的成功就是世界发展的成功。中国与世界成为利益共同体、发展共同体、创新共同体、命运共同体。中国发展，世界共享；中国创新，世界分享；中国强大，世界和平；中国担当，世界受益。这充分体现了中国与世界各国成为前所未有的人类命运共同体，共同创造世界更加美好的未来。

六、实现第一个百年奋斗目标的重要启示

从中国特色社会主义现代化的实践来看，仅用了 20 年的时间从中等偏下收入水平到中等偏上收入水平，从总体小康水平到全面建成小康社会，如期实现第一个百年奋斗目标，创造了当代世界发展的"中国奇迹"。这并非偶然，而是在党的领导下坚持走中国特色社会主义道路的必然趋势，充分显示了我国社会主义国家制度和国家治理体系方面的诸多优势。

第一，充分体现了中国共产党的领导是最大的政治优势。从党的十六大到十九大，所提出的 2020 年总目标要求具有连续性、继承性、创新性，既相互衔接，又与时俱进。在这二十年中，可以分为前后两个十年，第一个十年的主题是"全面建设小康社会"，第二个十年的主题是"全面建成小康社会"。党中央根据国内外形势的新变化，对这一宏大目标进行充实和完善，在之前的基础上对量化指标作增量调整，不断实现发展升级。党的十九大又谋划了 2020 年后 30 年全面建设社会主义现代化强国的战略布局。

第二，充分体现了党中央以人民为中心的执政理念优势。中国不仅是世界上人口最多的国家，更曾是世界上贫困人口最多的国家，实现第一个百年奋斗目标的核心就是全面建成惠及十几亿人口的小康社会，始终坚持共同富裕的社会主义理念，特别是举全国之力，打赢脱贫攻坚战，"决不能落下一个贫困地区、一个贫困群众"[①]，无论是按照国际贫困线低标准（每人每日支出 1.90 国际元）、中标准（每人每日支出 3.20 国际元）、高标准（每人每日支出 5.50

---

① 习近平.在中央扶贫开发工作会议上的讲话 [M]// 十八大以来重要文献选编.北京：中央文献出版社，2018: 50.

国际元），中国都消除了最多的贫困人口，彻底终结了千百年来的绝对贫困问题，提前10年实现了联合国可持续发展目标，消除了绝对贫困，即贫困发生率小于3%。

第三，充分体现了党中央对中国特色社会主义现代化大布局的优势。从党的十六大到十七大、再到十八大，对中国特色社会主义总体布局是不断拓展的，从明确提出社会主义经济建设、政治建设、文化建设"三位一体"到社会主义经济建设、政治建设、文化建设、社会建设"四位一体"总体布局，再到社会主义经济建设、政治建设、文化建设、社会建设、生态文明建设"五位一体"总体布局，协调推进"四个全面"战略布局，我国社会主义现代化的布局更加完善，发展目标更加明确，发展内涵更加丰富，发展格局更加协调，为制定全面建成小康社会目标提供了基本依据，也为制定国家发展规划提供了根本遵循，使我国社会主义现代化取得历史性成就、发生历史性变革。特别是党的十九大基于2020年全面建成小康社会的发展基础，提出2021—2050年30年间分"两步走"的宏伟大战略，分别用两个15年、6个五年规划先后基本实现社会主义现代化和全面建成社会主义现代化强国。

第四，充分体现了中国独特的社会主义制度优势。从"十一五"规划到"十三五"规划，分步骤扎实推进实现第一个百年奋斗目标。一是阐明国家战略意图，如"十三五"规划坚持"五位一体"总体布局和"四个全面"战略布局，坚持五大发展理念，以供给侧结构性改革为主线；二是明确五年经济社会发展主要目标，如"十三五"规划提出七项主要目标；三是制定经济社会发展主要量化指标，建立分类指导的实施机制，采用约束性指标，明确和强化政府责任以保证按期完成，采用预期性指标主要引导市场主体的自主行为实现，如"十三五"规划提出25项量化指标，其中11项预期性指标，14项约束性指标；四是制定重大任务，提出经济社会各领域重大举措，如"十三五"规划提出18大类、70多项具体任务；五是实施重大政策、重大工程、重大项目，把各项目标任务落实到实处，特别是"十三五"规划提出23类160多项国家重大工程、重大项目，超前布局、重点建设，超过历史上任何一个五年规划；六是提出经济社会各领域重大举措，如"十三五"规划提出18大类、70多项举措①；开展规划实施情况年度动态监测和中期评估，依法向全国人民代表大会

---

① 徐绍史.全面建设小康社会决胜阶段的规划蓝图[J].中国经济导刊，2016(16).

常务委员会报告实施情况,接受人大监督。这充分表明坚持全国一盘棋,调动各方面积极性,集中力量办14亿人民的大事、全中国大事的显著优势,即举全国之力,市场与政府、中央与地方、领导与群众、社会与公民,形成全体人民参与国家发展的巨大合力,如期实现全面建成小康社会。

第五,充分体现了中国特色社会主义道路优势。20年前中国人民生活总体上实现了由温饱到小康的历史性跨越,正如党的十六大报告所言:"现在达到的小康水平还是低水平的、不全面的、发展很不平衡的小康,人民日益增长的物质文化需要同落后的社会生产之间的矛盾仍然是我国社会的主要矛盾。"[1] 但是今天,我国社会主要矛盾已经转化为人民日益增长的美好生活需要和不平衡不充分的发展之间的矛盾,其已经成为当前我国经济社会发展的主要制约因素。这就需要着力解决好发展不平衡不充分的问题,更好地推动人的全面发展、社会全面进步、生态文明全面建设,更需要坚持中国特色社会主义现代化道路,一代接着一代,一棒接着一棒,一步接着一步,开启实现第二个百年奋斗目标的新征程。

总之,正如习近平总书记在庆祝中国共产党成立100周年大会上的重要讲话,从历史与现实、理论与实践、国际与国内的比较中,全面总结全面建成小康社会的历史性成就,深刻认识全面建成小康社会的伟大成就和历史意义,这是中国共产党历史、中华人民共和国发展史、中华民族复兴史上的一个重要里程碑,是中华民族的伟大光荣、中国人民的伟大光荣、中国共产党的伟大光荣,充满信心地为实现第二个百年奋斗目标而继续努力[2]。

七、结语:开启第二个百年奋斗目标新征程

中国社会主义现代化就是一部万里长征的历史。1949年,毛泽东同志预言:"夺取全国胜利,这只是万里长征走完了第一步。如果这一步也值得骄傲,那是比较渺小的,更值得骄傲的还在后头。在过了几十年之后来看中国人民

---

[1] 全面建设小康社会,开创中国特色社会主义事业新局面——在中国共产党第十六次全国代表大会上的报告(2002年11月8日)[EB/OL].(2002-11-08)[2021-10-16].https://fuwu.12371.cn/2012/09/27/ARTI1348734708607117.shtml.
[2] 中共中央办公厅发出通知要求认真学习贯彻习近平总书记在庆祝中国共产党成立100周年大会上的重要讲话精神,新华社北京,2021年7月3日电。

民主革命的胜利,就会使人们感觉那好像只是一出长剧的一个短小的序幕。剧是必须从序幕开始的,但序幕还不是高潮。中国的革命是伟大的,但革命以后的路程更长,工作更伟大,更艰苦……我们不但善于破坏一个旧世界,我们还将善于建设一个新世界。"① 这个新世界就是社会主义现代化的中国。

中华人民共和国成立之后,用了30年的时间建立了社会主义的工业体系和国民经济体系;改革开放之后,用了20年的时间,先后实现了社会主义现代化建设"三步走"战略的第一步、第二步目标;21世纪的前20年,实现了第一个百年奋斗目标,这是中国社会主义现代化与中华民族伟大复兴的一个重要的里程碑。

同时也必须看到,我国社会主义现代化程度还不高、还不全面、还不均衡,我国社会的主要矛盾已经转化为人民日益增长的美好生活需要和不平衡不充分的发展之间的矛盾。我国经济已由高速增长阶段转向高质量发展阶段,实现经济现代化任务仍十分繁重;我国的人均国内生产总值等经济社会指标与发达国家仍有很大差距;全国农村低收入、相对贫困人口规模仍很大,估计农村相对贫困人口在 5 400 万～12 400 万人之间②;不同群体间收入差距依然较大,我国居民收入基尼系数高达 0.465;各类民生基本和非基本公共服务供需矛盾仍很突出,劳动年龄人口比例持续下降,城镇新增就业规模年均仍在上千万人,老龄人口比重上升、规模超大,社会保障压力更加突出;城乡二元经济社会结构、地区差距扩大未能根本改变,特别是老少边穷地区经济社会发展还相对落后;我国经济社会人口与生态环境脆弱、自然资源严重不足的长期矛盾更加凸显,如我国石油资源占世界比重为 1.5%、天然气资源占比为 4.2%、林业资源占比为 5.3%、水资源占比为 6.6%、农业用地资源占比为 10.9%,大大低于我国人口占比(2019 年为 18.2%),中国作为世界最大的碳排放国,要力争在 2030 年前达到碳排放峰值,努力争取在 2060 年前实现碳中和。此外,我国日益走进世界舞台中央,在发展、安全领域始终面临霸权主义等诸多挑战,仍须继续提高国防经费占 GDP 的比重,确保我国国防安全和国防现代化。

---

① 毛泽东. 在中国共产党第七届中央委员会第二次全体会议上的报告 [M]// 中共中央文献研究室. 毛泽东选集:第四卷. 北京:人民出版社,1991: 1438-1439.
② 根据李实等人按农村居民中位收入的不同标准 (40%～60%),2018 年全国农村相对贫困发生率为 9.6%～22%。见:李实,李玉青,李庆海. 从绝对贫困到相对贫困:中国农村贫困的动态演化 [J]. 华南师范大学学报 (社会科学版),2020(6): 30-42.

2021年，我国开启了实现第二个百年奋斗目标的新长征。党的十九届五中全会通过的《中共中央关于制定国民经济和社会发展第十四个五年规划和二〇三五年远景目标的建议》明确提出，到2035年基本实现社会主义现代化远景目标，进入"共同富裕社会时代"，即"人民生活更加美好，人的全面发展、全体人民共同富裕更为明显的实质性进展"，使14亿中国人民收入水平更高，人力资本水平更高，健康水平更高，人类发展能力更高，进入中等发达国家水平和极高人类发展水平。

展望2025年和2035年的中国，从经济发展水平的视角来看，中国将从中高收入水平发展到高收入水平，再发展到中等发达水平。从教育发展水平的视角来看，中国将从高等教育普及化（2020年毛入学为54.4%）到2035年实现高度普及化（毛入学率超过75%），学前三年毛入园率（2020年为85.2%）达到95%以上，高中阶段毛入学率（2020年为91.2%）达到97%以上，大大提高人口平均受教育年限。从健康水平的视角来看，中国人均预期寿命将从77.8岁增至79岁，再到80岁以上，同时健康预期寿命不断提高。从实现共同富裕社会的视角来看，在收入分配方面，城乡居民人均收入与人均消费支出差距持续缩小；在公共服务水平方面，城乡居民基本公共服务均等化，非基本公共服务多样化、个性化；在减少相对贫困方面，继续将农村已脱贫人口作为主要对象，对城镇与农村最低生活保障线人群、特别困难家庭和人群进行帮扶，更好地体现社会主义制度的优越性。从人类发展水平的视角来看，我国将从高人类发展水平进入极高人类发展水平的时代，使世界处于极高人类发展水平的14.4亿人口（2017年数据）翻一番，将达到29.44亿人口，比联合国计划开发署（UNDP）预测的15.03亿人多出14.41亿人[1]，这将成为21世纪人类发展的重大事件。

回首过去，展望未来，正如习近平总书记向世界庄严宣告："中华民族迎来了从站起来、富起来到强起来的伟大飞跃，实现中华民族伟大复兴进入了不可逆转的历史进程！"[2]

---

[1] UNDP. Human Development Indices and Indicators. 2018 Statistical Update. Table 7.
[2] 习近平.在庆祝中国共产党成立100周年大会上的讲话(2021年7月1日)[EB/OL].(2021-07-15).http://www.gov.cn/xinwen/2021-07/15/content_5625254.htm.

2020年全面建成小康社会之年

——对我国经济社会发展的评价*

胡鞍钢

2020年是极不平凡的一年，也是中国全面建成小康社会之年。本文对中国2020年的经济社会发展进行评估，内容包括：抗击新冠肺炎疫情取得重大战略成果；率先在世界上实现经济复苏；积极财政政策更加稳健有为；决战脱贫攻坚取得决定性胜利；科技创新取得重大进展；农业现代化取得重要进展；工业综合实力更加凸显；民生保障惠及全体人民；积极扩大国内需求；生态文明建设取得重大成就；对外开放取得重大进展；改革实现重要突破；全面建成小康社会取得伟大历史性成就；未来面临的国内外挑战。研究结果表明，2020年中国如期实现全面建成小康社会目标，取得了历史性成就。

2020年既是中国战胜新冠肺炎疫情的成功之年，为世界各国所瞩目；同时，也是如期实现全面建成小康社会第一个百年奋斗目标之年，足以计入人类社会发展史册。正如习近平总书记在中央政治局于2020年12月召开的民主生活会上所言：2020年是新中国历史上、中华民族历史上，也是人类历史上极不寻常的一年。新冠肺炎疫情突如其来，洪涝灾害多地发生，经济发展

---

* 基金项目：中宣部全国哲学社会科学工作办公室国家高端智库专项项目(20155010298)，清华大学文科"双高"专项项目(53120600119)。本文原载于《北京工业大学学报（社会科学版）》2021年第5期第1-20页。

备受冲击，外部环境风高浪急，来自政治、经济、文化、军事、社会、国际、自然等领域的挑战纷至沓来。在泰山压顶的危难时刻，党中央高瞻远瞩、审时度势，带领全党全军全国各族人民迎难而上、攻坚克难，在这极不寻常的年份创造了极不寻常的辉煌[①]。

2020年，是中国极不平凡的一年，是在新中国历史上创造极不平凡伟业的一年，还是全面建成小康社会的一年。为此，本文对2020年我国经济社会发展进行评估和评价：一是以《中华人民共和国国民经济和社会发展第十三个五年规划纲要》（简称"十三五"规划）提出的2020年经济社会发展主要指标，以及《2020年政府工作报告》提出的2020年主要指标作为评价标准；二是根据国家统计局及有关发布的信息，进行第三方目标实施评估；三是根据世界银行、国际货币基金组织等国际机构提供的国际信息，进行国际比较，评价中国对世界发展作出的贡献。

本文回答的核心问题是，在突如其来的新冠肺炎疫情的强大冲击下，中国如期实现全面建成小康社会，具体表现在哪些方面？从国际视角来看，2020年中国在世界上处在什么地位，发挥什么作用，为世界抗疫之战以及经济复苏作出了哪些贡献？为此，笔者将分别从14个方面进行概括和阐述，以期更加客观地展开详细分析、全面评估、国际比较以及历史评价。

本文的基本结论是，2020年我国如期实现全面建成小康社会目标，取得了伟大的历史性成就。这不仅将载入21世纪中国特色社会主义现代化的历史史册，而且也将载入人类社会发展的历史史册。

一、抗击新冠肺炎疫情取得重大战略成果

2020年之初，新冠肺炎疫情在全球多点暴发之后，党中央将疫情防控作为头等大事来抓，仅用一个多月的时间便初步遏制疫情蔓延势头，用两个月左右的时间将本土每日新增控制在个位数以内，用三个月左右的时间取得武汉保卫战、湖北保卫战的胜利，在控制住几场局部地区集聚性疫情后，进入常态化疫情防控阶段。我国公共卫生系统在抗击新冠肺炎疫情中取得世界最

---

① 中共中央总书记习近平在中共中央政治局召开民主生活会上的讲话[N].人民日报，2020-12-26(1).

好成绩，有效地保护了全体人民的健康和生命安全。

中国成为在抗击新冠肺炎疫情中开展国际合作、国际援助最多的国家，对全球抗疫的贡献最大。截至2021年8月，中国已向150多个国家和13个国际组织提供抗疫援助，向34个国家派出36支医疗专家组。从2020年3月至年底，向世界各国提供2242亿只口罩，相当于中国之外的世界人口人均口罩40只；提供23.1亿件防护服，10.8亿人份检验测试剂盒。2020年10月8日，中国同全球疫苗免疫联盟签署协议，加入"新冠肺炎疫苗实施计划"（COVAX）①，承诺在两年内提供20亿美元的国际援助，支持和资助世界卫生组织等国际抗疫合作，承诺将疫苗作为全球公共产品，倡导和助力构建人类卫生健康共同体。尽管中国在抗击新冠肺炎之战中一直受到来自西方的污名化、妖魔化，但是已经成为世界疫情时代最安全的国家之一，为世界战胜疫情提供了宝贵的经验和最多的国际援助。这些都充分体现了在世界危难之中，中国积极倡导构建人类卫生健康命运共同体的大国担当。

2019年全球卫生安全指数排第一位的美国②，成为世界上累计患病人数、死亡人数最多的国家。而全球卫生安全指数排第51位的中国却是世界上抗疫响应最快、力度最大、效果最好的国家。中国不仅向世界显示了社会主义制度的优越性，而且全面推广了中国的政治形象、社会形象。

二、率先在世界上实现经济复苏

党中央确立了全面统筹疫情防控与经济社会发展的"两手抓"方略。一手抓严格防控疫情，2020年3月下旬，我国在世界上率先实现本土疫情传播基本阻断，牢牢掌握了控制疫情的主动权；一手抓生产，在世界上率先复工、复产、复市、复业，关键时机及时出台"六保"政策，加大宏观经济政策力度，4月中旬，规模以上企业开工率超过90%，在世界上率先实现主要经济

---

① 世界卫生组织 (COVAX) 网站. COVAX: Working for glaobal equitable access to COVID-19 vaccines[EB/OL].https://www.who.int/initiatives/act-accelerator/covax.
② 《2019全球卫生安全指数》对全球195个国家及地区的卫生安全能力进行了全面评估，并根据六个标准对各国进行评估，包括预防、检测和报告、快速响应、卫生系统、遵守国际规范和风险环境。美国位于世界榜首，得分高达83.5分，而中国居第51位，仅为48.2分。2019 Global Health Security Index[EB/OL].(2019-11-13). https://bluesyemre.com/2019/11/13/2019-global-health-security-ghs-index.

指标由负转正，由第一季度的 –6.8%，到第二、三、四季度实现经济增速的正增长，分别达到 3.2%、4.9%、6.5%，其中第四季度比 2019 年同期高出 0.7 个百分点，迅速恢复到增长潜力上（为 6.0% 左右）。2020 年，全年国内生产总值（GDP）增速达到 2.3%，GDP 总量达到了 101.36 万亿元。若按购买力平价 2017 国际元价格计算，相当于 23.04 万亿国际元，中国 GDP 占世界的比重进一步提升，世界最大经济体的地位更加巩固。按汇率法计算的人均 GDP 超过 1 万美元，按购买力平价法计算的人均 GDP 达到 16 488 国际元，相当于 2000 年人均 GDP（3 452 国际元）的 4.78 倍，相当于美国人均 GDP 的 1/4 以上。根据世界银行提供的数据，中国人均 GDP 在世界 225 个经济体中，排位第 79 位，处在世界前 35.1% 的位置[1]，不仅实现了 GDP 总量与人均 GDP 的跨越式发展，也为实现全年经济社会主要目标创造了条件。这实属来之不易，为世界所瞩目！

尤其需要指出的是，我国受到突如其来的疫情冲击影响，2020 年 GDP 增速仅为 2.3%，直接影响了人均 GDP 增速、全员劳动生产率增速（"十三五"目标为 >6.6%）、居民人均可支配收入增速（"十三五"目标为 >6.5%），导致没能实现"十三五"规划提出的 GDP 年均增速大于 6.5% 的预期目标。若假设未暴发疫情，2020 年经济增速以 6% 计算，该年 GDP 总量应达到 104.57 万亿元，但实际只达到 101.36 万亿元，一般公共预算收入与 2019 年相比减少 7 487 亿元，虽然绝对损失很大，但这就是《政府工作报告》所言的"以合理代价取得较大成效"。2021 年，我国经济增速达到恢复性增长的 8.1%，这不仅抵消了 2020 年的部分经济损失（2 万亿元左右），而且也超过了《2021 年政府工作报告》所提出的 6% 以上的预期目标，为实施"十四五"规划良好开局打下坚实基础。

2020 年，从全国 31 个省（自治区、直辖市）来看，只有湖北省的经济增速为负增长（–5.0%）。若没有发生疫情，湖北省经济增速应可以达到 6%，实际经济损失达到 5 040 亿元。我国其他地区的经济都已恢复到正增长或增长潜力轨道上来，其中约有 18 个省（自治区、直辖市）的经济增速超过 2.3% 的全国增速。这不仅反映了我国整体经济具有巨大的规模经济效应和国内发

---

[1] 世界银行数据库. https://data.worldbank.org/indicator/NY.GDP.PCAP.PP.KD?most_recent_value_desc=true(2021 年数据).

展空间巨大，而且反映出我国经济具有强大的抗击冲击能力和恢复能力；同时，也彰显了我国经济规模巨量、发展韧性强大，能够有效地抵御前所未有的新冠肺炎疫情冲击的负面影响。

2020年，我国成为世界上唯一实现经济正增长的主要经济体，世界其他主要经济体经济增速都呈负增长趋势。根据国际货币基金组织《世界经济展望报告》，2020年美国经济增速为 –3.5%，欧元区为 –6.8%，日本为 –5.6%，印度前三季度为 –9.3%。而全球经济增速为 –4.4%[①]，明显超过2009年国际金融危机爆发时的经济下降幅度（全球下降1.7%[②]）。由于中国经济总量实际值已是2009年的2.1倍，只有中国成为阻止2020年世界经济下降的唯一主要经济体，也成为2021年加速世界经济复苏的最大动力源。如果说发展是硬道理，那么在国际上经济实力更是硬道理。

三、积极财政政策更加稳健有为

中国在抗击新冠肺炎疫情的特殊时期采取特殊举措。中央明确提出以更大的宏观政策力度对冲疫情影响，积极的财政政策要更加积极有为。提高财政赤字率，增发抗疫特别国债和地方专项债券，并及时扩大有效投资，这些举措旨在稳定宏观经济，用于保就业、保基本民生、保市场主体，对我国经济快速复苏起到了"及时雨"和"四两拨千斤"的重要作用。

（一）有效控制财政收入下降幅度

2020年，中国财政工作面临的困难之多、挑战之大，是多年未有的。新冠肺炎疫情在全球多点暴发并蔓延时，我国财政收入大幅下滑，收支矛盾异常突出，地方财政运转尤为困难[③]。2020年一季度受疫情暴发蔓延影响，全国财政收入同比下降14.3%，其中2月份下降21.3%，3月份下降26.1%，31个

---

① 国际货币基金组织 (IMF) 网站. 世界经济展望 [R/OL].(2021-03-23).https://www.imf.org/en/Publications/WEO/Issues/2021/03/23/world-eco-nomic-outlook-april-2021.
② 世界银行 (WDI) 数据库. GDP growth (annual %)[DB/OL].https://data.worldbank.org/indicator/NY.GDP.MKTP.KD.ZG.
③ 刘昆. 在全国财政工作会议上的讲话 [EB/OL].(2021-01-20)[2021-03-26].http://www.mof.gov.cn/zhengwuxinxi/caizhengxinwen/202101/t20210120_3646937.htm.

省份中有 30 个收入为负增长；二季度财政收入触底回升，降幅收窄至 7.4%；三季度由负转正，增长 4.7%；四季度增长 5.5%。全年财政收支总量相抵，财政赤字为 37 600 亿元，赤字率为 3.7%。2020 年全国一般公共预算收入 182 895 亿元，比上年减少 7 487 亿元，同比下降 3.9%，占 GDP 总量的比重下降至 18.0%，是 2007 年以来占比最低的一年。其中全年税收收入下降 2.3%，非税收入下降 11.7%[①]。

（二）及时增加财政支出

2020 年，全国一般公共预算支出 245 588 亿元，同比增长 2.8%，与 GDP 名义增长（3.0%）基本同步，相当于 GDP 总量的 23.3%，是 2015 年（为 25.5%）以来最低的[②]。在此基础上，国家发行 1 万亿元抗疫特别国债，增加 1.6 万亿元地方政府专项债券，总额达到 6.36 万亿元。我国在特殊时期采取特殊财政措施既是十分必要的，又是可以承受的，有效地对冲了经济大幅下行，在实现"六稳""六保"政策目标上起到了重要的不可替代的作用。

（三）提高中央对地方转移支付总额

2020 年，全国全年转移支付额高达 8.33 万亿元，占当年一般公共预算支出的 1/3，相当于 GDP 总量的 8.3%，无论是总量还是占 GDP 的比重都是历年最高的，在抗击疫情、复苏经济中起了重大的作用。国家重点向革命老区、民族地区、边疆地区、贫困地区以及受疫情影响较大的地区倾斜，如同"雪中送炭"。全国地方一般公共预算收入下降 0.9%，其中 14 个省（自治区、直辖市）是下降的，湖北下降幅度最大，为 28.4%。这是改革开放以来，全国和地方财政收入首次下降。中央对地方增加转移支付，地方一般公共预算支出增长 3.3%，地方财政赤字达 9 800 亿元，相当于全国总赤字 37 600 亿元的 26.1%。

截至 2020 年，我国各级财政疫情防控资金支出超过 4 000 亿元，占 GDP

---

① 财政部.关于 2020 年中央和地方预算执行情况与 2021 年中央和地方预算草案的报告——2021 年 3 月 5 日在第十三届全国人民代表大会第四次会议上 [N].人民日报，2021-03-14(2).
② 财政部调研小组.2020 年中国财政政策执行情况报告 [EB/OL].(2021-03-06)[2021-03-26]. http://www.mof.gov.cn/zhengwuxinxi/caizhengxinwen/202103/t20210305_3666406.htm.

的 0.4%，主要用于对新冠肺炎患者实行财政兜底免费救治；对参加疫情防控的一线医务人员和防疫工作者给予临时性工作补助，在疫情防控期间，湖北省（含援鄂医疗队）补助标准再提高一倍；对疫情防控重点保障企业给予税费减免，通过优惠贷款贴息等方式提供资金支持；对紧缺的重点医疗物资实施政府兜底收储；积极支持疫情防控科研攻关，推进药物和疫苗研发等。这些举措对全国各地有效迅速控制疫情起到关键作用，同时，地方政府债务余额也控制在了全国人大批准的限额之内。

此外，2020 年，国家先后密集出台了 7 批 28 项有针对性的减税降费措施，为市场主体减负超过 2.6 万亿元，其中减免社保费 1.7 万亿元①，全年减负总额占"十三五"期间全国新增减税降费总规模 7.6 万亿元的 34.2%，全国减税降费力度之大前所未有。此外，支持银行定向增加贷款并降低利率水平，金融系统向实体经济让利 1.5 万亿元②。两项总计达 4.1 万亿元，相当于 GDP 的 4% 以上，极大地促进了市场主体逆势增长。2020 年，我国全年新增市场主体高达 2 500 万户，至年末，市场主体总计达到 1.4 亿户。特别地，国家税务系统实现了便利纳税，90% 的涉税事项、99% 的纳税申报业务都可网上办、线上办、掌上办③。

（四）财政赤字率在世界主要经济体中最低

在新冠肺炎疫情期间，世界各国都相继扩大财政赤字规模，我国也不例外，财政赤字率提高至预期目标 3.6% 以上，但在世界主要经济体中仍是赤字率最低的国家。2020 年，美国财年联邦赤字率高达 15.2%，创 1945 年以来新高④；其他一些国家，日本为 11.3%，英国为 19.4%，欧元区为 9.1%，印度为 7.8%，巴西为 15.9%，阿根廷为 9.2%⑤。

总之，我国积极有为的财政政策与稳健的货币政策，有效地支撑了国家

---

① ② 李克强. 政府工作报告——2021 年 3 月 5 日在第十三届全国人民代表大会第四次会议上 [EB/OL]. (2021-03-05)[2021-03-26].http://www.gov.cn/zhuanti/2021lhzfgzbg/index.htm.

③ 国家税务局: 90% 以上主要涉税服务事项实现网上办理 [EB/OL].(2020-03-05)[2021-03-26].www.chinatax.gov.cn/chinatax/n810219/n810780/c5145616/content.html.

④ 美国财政部. Treasury Borrowing Advisory Committee of the Securities Industry and Financial Markets Association[EB/OL].(2021-02-01)[2021-03-26].https://home.treasury.gov/news/press-releases/jy0012.

⑤ The Economist, 2020-12-12.

在世界主要经济体中率先经济复苏，并实现了保就业（城镇新增就业1 186万人）、保基本民生（基本养老保险参保人达10亿人）、保市场主体（1.4亿户）的宏观经济与社会发展目标。

四、决战脱贫攻坚取得决定性胜利

2020年是我国脱贫攻坚决战决胜之年。"党中央把脱贫攻坚摆在治国理政的突出位置，把脱贫攻坚作为全面建成小康社会的底线任务，组织开展了声势浩大的脱贫攻坚人民战争。"[①]"我们向深度贫困堡垒发起总攻，啃下了最难啃的'硬骨头'。"[②]2020年年初剩余的551万农村贫困人口全部脱贫、52个贫困县全部摘帽；到2020年年底，现行标准下农村贫困人口全部脱贫，832个贫困县全部摘帽，12.8万个贫困村全部出列，960多万贫困人口易地扶贫搬迁任务全部完成，一劳永逸地告别了生态贫困、生存贫困[③]。2020年，贫困地区农村居民人均可支配收入比上年实际增长5.6%，由11 567元上升至12 215元，按购买力平价私人消费因子（2019年为4.176，下同）计算[④]，相当于每人每日收入8.0国际元，已经高于每人每日支出5.5国际元的高贫困线标准，距世界银行界定的中等收入水平（10～100国际元）底线仅有一步之遥。这标志着中国在960万平方千米的大地上率先消除了三类国际绝对贫困线（每人每日支出1.9国际元、3.2国际元、5.5国际元）划分的贫困人口，也彻底消除了区域性整体贫困和绝对贫困。

根据世界银行两年一度的《贫困与共同繁荣报告》（2020年10月7日）预计，2020—2021年全球贫困人口将大幅增加。按每人每日支出1.90国际元的贫困线，2020年国际社会将有8 800万～1.15亿人陷入极端贫困，到2021年，

---

① 习近平：在全国脱贫攻坚总结表彰大会上的讲话(2021年2月25日)[EB/OL].(2021-02-25). http://www.gov.cn/xinwen/2021-02/25/content_5588869.htm.
② 国家主席习近平发表二〇二一年新年贺词[N/OL].(2020-12-31).http://www.xinhuanet.com/politics/2020-12/31/c_1126934359.htm.
③ "十三五"期间，全国累计投入各类资金约6 000亿元，建成集中安置区约3.5万个，建成安置住房266万余套，总建筑面积2.1亿平方米，配套新建或改扩建中小学和幼儿园6 100多所，医院和社区卫生服务中心1.2万多所、养老服务设施3 400余个、文化活动场所4万余个，960多万建档立卡贫困群众已全部乔迁新居。见：近千万人易地扶贫搬迁任务全面完成[N].经济日报，2021-1-29.
④ 世界银行(WDI)数据库.PPP转换因子，私人消费（每一国际元的本币单位）-China, World [DB/OL]. https://data.worldbank.org.cn/indicator/PA.NUS.PRVT.PP?locations=CN-1W.

世界贫困人口总数将会增至1.5亿人，这是20多年来首次上升①。中国已消除全部绝对贫困人口，已不存在这一国际标准下的绝对贫困人口②。

总之，中国提前10年实现了联合国2030年可持续发展目标（SDGs）的消除极端贫困的核心目标，这是全面建成小康社会重大的国际标志。

五、科技创新取得重大进展

（一）研发支出居世界第二

2020年，我国研发支出达到2.44万亿元，按购买力平价2017国际元价格，相当于5 531亿国际元③，远远超过欧盟的研发支出（2018年为4 329亿国际元），相当于美国2019年研发经费支出5 764亿国际元的96.0%，我国研发支出强度达到2.40%，已超过了欧盟平均水平（2018年为2.18%）。2020年，我国基础研究经费支出超过1 500亿元，比2015年增长了1倍，占研发经费支出的6.7%；技术市场合同成交额翻一番，达到28 252亿元，与GDP之比达到2.78%，再次超过研发经费支出，形成研发投入与技术市场成交收入之间良性互动增长趋势。"目前我国全社会研发投入占GDP的比重还不高，尤其是基础研究投入只占到研发投入的6%，而发达国家通常是15%~25%。"④

（二）国内和国际发明专利申请数居世界第一

2020年，全国授予专利权363.9万件，比上年增长40.4%；截至2020年年底，我国（不含港澳台）发明专利有效量221.3万件，每万人口发明专利拥

---

① 世界银行(WDI)网站. COVID-19 to Add as Many as 150 Million Extreme Poor by 2021 [EB/OL].(2020-10-07).https://www.worldbank.org/en/news/press-release/2020/10/07/covid-19-to-add-as-many-as-150-million-extreme-poor-by-2021.
② 根据每人每日消费1.9国际元贫困线标准，2016年中国贫困发生率仅为0.5%。世界银行(WDI)数据库. Poverty headcount ratio at $1.90 a day (2011 PPP) (% of population)-China, World [DB/OL].https://data.worldbank.org/indicator/SI.POV.DDAY?locations=CN-1W.
③ 在本书的《中国科技实力跨越式发展与展望（2000—2035）》一文中，2020年我国研发支出额为5 522国际元，因世界银行对数据的不定时修正，换算时略有差异。其余数据也存在类似情况，不再一一说明。
④ 李克强总理出席记者会并回答中外记者提问 [EB/OL].(2021-03-11). http://www.gov.cn/gongbao/content/2021/content_5593439.htm.

有量达到15.8件，超额完成"十三五"规划提出的至2020年每万人发明专利拥有量12件的预期目标；同时，在国内的有效发明专利中，维持年限超过10年的达到28.1万件，占总量的12.3%。但是，我国有效专利的产业化比例仅为32.9%，国内有效专利许可率仅为5.5%，真正具有技术含量的发明专利不足总量的1/3，实用新型和外观设计专利居多①。

2020年，我国共申请国际专利（PCT）68 720件，同比增长16.1%，占世界总数（27.59万件）的24.9%，相当于美国申请数59 230件的1.16倍②，连续两年居世界首位，并结束了美国自1978年以来PCT申请数世界第一的纪录。我国专利密集型产业增加值占GDP比重达到11.6%（2019年数据）。2020年，全国商标注册576万件，相当于美国49万件的11.8倍。国际商标注册美国为10 005件，德国为7 334件，中国为7 075件（为美国的70.7%）；但是，中国2020年增长率为16.4%，是唯一一个在2020年取得两位数增长的国家③。

我国版权行业增加值占GDP的比重已达7.39%④。从"一张白纸"到世界最大知识产权国，我国仅用不足40年的时间（指1984年制定《中华人民共和国专利法》至今），走完了美国230年（1790年制定第一部《专利法》至今）知识产权的发展道路。2020年，在世界品牌500强中有43个为中国品牌，居世界第四位，排在美国、法国、日本之后⑤。世界知识产权组织发布的全球创新指数显示，我国排名从2015年的第29位跃升至第14位⑥。

（三）重大自主开发科技项目取得极大进展

国家大力建设北京、上海、粤港澳大湾区三大国际科技创新中心，北京

---

① 21世纪经济报道, 2021-03-17(6).
② 世界知识产权组织(WIPO)网站. PCT top 10 countries: Which Countries Are The Biggest Users Of The Pct System?[EB/OL].(2021-03-02).https://www.wipo.int/edocs/infogdocs/en/ipfactsandfigures/.
③ 世界知识产权组织(WIPO)网站. 2020年全球创新指数(摘要版)[R/OL].(2021-03-04). https://www.wipo.int/edocs/pubdocs/zh/wipo_pub_gii_2020.pdf.
④ 国家版权局.加强版权保护，促进创新发展[J]. 求是，2021(3): 32-35.
⑤ 世界品牌实验室(WorldBrandLab).2020年第17届世界品牌500强[EB/OL].(2021-03-04). http://www.worldbrandlab.com/world/2020/.
⑥ 世界知识产权组织(WIPO)网站. 2020年全球创新指数(摘要版)[R/OL].(2021-03-04). https://www.wipo.int/edocs/pubdocs/zh/wipo_pub_gii_2020.pdf.

怀柔、上海张江、安徽合肥三大综合性国家科学中心，以及一批国家实验室，仅中国科学院就已建设了 20 个国家科学数据中心、31 个国家生物种质与实验材料资料库、98 个国家野外科学观测台站[1]。

"天问一号"探测器成功发射、"嫦娥四号"首次登陆月球背面、"嫦娥五号"完成月表采样返回、"奋斗者"号完成万里载人深潜、"北斗"导航全球组网成功、量子计算机原型系统"九章"成功研制、500 米口径球面射电望远镜正式开放运行等科学探测实现重大突破[2]。

我国在高速铁路、深海深空探测等领域取得一系列重大科技成果，已跃居世界前列，并在科技领域的多个方面与美国形成激烈竞争[3]。《中华人民共和国国民经济和社会发展第十四个五年规划和 2035 年远景目标纲要》提出要"研究设立面向全球的科学研究基金，实施科学家交流计划""主动设计和牵头发起国际大科学计划和大科学工程，发挥科学基金独特作用"。

（四）国际科技论文和高被引用论文均居世界第 2 位

根据美国国家科学基金会《论文产出：美国趋势和国际比较》报告（2019 年 12 月）称，中国已经成为世界上最大的科学知识生产国。

2018 年，中国科技期刊文章[4]发表数占世界总量的 20.7%，美国占世界总量的比重为 16.6%[5]。我国在各学科最具影响力的国际期刊上发表的论文数持续上升，连续第 10 年排在世界第 2 位[6]。这标志着我国进入世界科学研究的第一阵营。但是，我国在基础研究和原始创新能力方面与美国等相比，仍有明显差距。"我国基础科学研究短板依然突出"，亟须努力成为世界主要科学中心

---

[1] 白春礼. 强化国家战略科技力量 [J]. 求是，2021(1): 48-52.
[2] 国家统计局. 中国经济景气月报 [M]. 北京：中国统计出版社，2021.
[3] 美国"中国战略组"(China Strategy Group, CSG) 的《非对称竞争：应对中国科技竞争的战略》报告认为，中国正在多个关键领域试图超越美国，对美国在世界科技领域领导地位构成威胁，要与中国进行非对称竞争。这从反面证明中国在形成世界科技领域的领导地位，与美国形成尖锐的矛盾、激烈的竞争。南华早报，2021-01-27.
[4] 科技期刊文章是指在一些领域出版的科学和工程类文章，如物理、生物、化学、数学、临床医学、生物医学研究、工程和技术以及地球和空间科学。
[5] 世界银行 (WDI) 数据库. 科技期刊文章 -World, China, United States [DB/OL].https://data.worldbank.org.cn/indicator/IP.JRN.ARTC.SC?end=2019&locations=1W-CN-US&start=2000&view=chart.
[6] 中国科学技术信息研究所. 2020 年中国科技论文统计结果 [R]. 2020 年 12 月.

和创新高地①。

（五）科技创新已成为我国经济发展新动能

我国科技进步贡献率由 2015 年的 55.1% 增长至 2020 年的 60%，实现了预期目标。2020 年，我国固定宽带家庭普及率达到 96%，超过"十三五"规划提出的 2020 年实现固定宽带普及率达 70% 的预期目标；2020 年，移动宽带用户普及率达到 108%，其中全国行政村通光纤和 4G 网络已覆盖超过 98%，达到了"十三五"规划提出的到 2020 年 98% 的行政村实现光纤通达的预期目标。同时，我国成为世界拥有最多固定和移动宽带互联网用户的国家，正在加速建设"数字中国"。据中商产业研究院预测，2020 年，我国数字经济增加值将突破 40 万亿元大关，占 GDP 比重将达到 39.4%②。

总之，我国科技实力迈上新的大台阶，跃居世界前列，除了研发经费投入强度没有达到 2.5% 以上的目标之外，如期全面实现"十三五"规划和《国家中长期科学和技术发展规划纲要（2006—2020 年）》总体目标和主要量化指标③。

六、农业现代化取得重要进展

我国农业现代化与工业化、城镇化、信息化同步发展取得明显成效。尽管我国农业用地仅占世界总量的 10.9%④，水资源仅占世界的 6.6%，但是已经成为世界主要的农业生产国之一。

2020 年，我国农业增加值达到 77 754 亿元，实际增长 3.0%，占 GDP 总量的 7.7%。我国农业增加值（现价美元）占世界的比重预计由 2019 年的

---

① 习近平. 努力成为世界主要科学中心和创新高地 [J]. 求是，2021(6): 4-11.
② 中国信息通信研究院. 中国数字经济发展白皮书 (2020)[R]. 2020 年 12 月.
③ 到 2020 年，我国全社会研究开发投入占国内生产总值的比重提高到 2.5% 以上，力争科技进步贡献率达到 60% 以上，对外技术依存度降低到 30% 以下，本国人发明专利年度授权量和国际科学论文被引用数均进入世界前 5 位。见：国务院. 国家中长期科学和技术发展规划纲要 (2006—2020 年)[EB/OL].(2006-02-09).http://www.gov.cn/jrzg/2006-02/09/content_183787.htm.
④ 农业用地是指耕地、永久性作物和永久性牧场用地的总和。

29.2% 上升至 2020 年的 30% 以上①。其中，我国农业科技进步贡献率在 2019 年已达到 59.2%；2020 年，农作物耕种收综合机械化达到 71%，小麦耕种收综合机械化率稳定在 95% 以上，水稻、玉米耕种收综合机械化率分别超 85%、90%②，粮食作物良种覆盖率保持在 96% 以上。同时，全国新增高标准农田约 559.4 万公顷（8 391 万亩）③，不仅主要农产品单位面积产量高，而且人均主要农产品生产量均超过世界人均水平，仅有大豆、甘蔗、牛奶、羊毛、水果的人均产量低于世界人均水平。

我国在大灾之年获得大丰收。2020 年，全国多地发生严重的洪涝灾害，平均降雨量为 1961 年以来第二多，751 条河流发生超警以上洪水，长江、太湖发生流域性大洪水。诚如习近平总书记所言："我们还抵御了严重洪涝灾害，广大军民不畏艰险，同心协力抗洪救灾，努力把损失降到了最低。"④2020 年，我国粮食产量取得了丰收，创下了 6 695 亿公斤的最高纪录，连续 6 年超过 6 500 亿公斤。农业综合生产能力上了大台阶。与此同时，我国具有充分利用国际农产品市场的购买能力，实现粮食安全的"双保险"。2020 年，我国粮食进口超 1.4 亿吨，同比增幅 28%，相当于进口了 2 500 万公顷（约 37 500 万亩）的粮食播种面积，其中，大豆进口突破 1 亿吨，玉米进口量首次超过当年进口关税配额。粮食、肉类等农产品进口量分别增加了 28% 和 60.4%⑤。根据海关总署统计，2020 年，我国进口粮食、大豆、肉类总计为 8 399 亿元，占全国进口总额（20 556 亿元）的 40.9%，即便如此，我国仍有 5 350 亿元的贸易顺差⑥。在新冠肺炎疫情和严重洪涝灾害下，我国实现了保证粮食安全，粮食

---

① 世界银行 (WDI) 数据库. https://data.worldbank.org/indicator/NV.AGR.TOTL.CD?locations=CN-US-EU-1W[DB/OL].https://data.worldbank.org/indicator/NV.AGR.TOTL.CD?locations=CN-US-EU-1W.

② 农业农村部：2020 年全国农作物耕种收机械化率高达 71%[N/OL].(2020-12-14). 每日经济新闻 https://baijiahao.baidu.com/s?id=1686063429604516207&wfr=spider&for=pc.

③ 2020 年我国新建成高标准农田 8 391 万亩 [N/OL].(2021-03-21). 央广网 http://finance.cnr.cn/gundong/20210321/t20210321_525441767.shtml.

④ 国家主席习近平发表二〇二一年新年贺词 [N/OL].(2020-12-31).http://www.xinhuanet.com/politics/2020-12/31/c_1126934359.htm.

⑤ 海关总署网站. 2020 年外贸进出口同比增长 1.9%，出口增长 4%——我国外贸规模与份额双创新高 [EB/OL].(2021-01-15).http://www.customs.gov.cn/customs/xwfb34/mtjj35/3513954/index.html.

⑥ 海关总署网站. 2020 年 12 月全国进口重点商品量值表 (人民币值) [EB/OL].(2021-01-14).http://www.customs.gov.cn/customs/302249/zfxxgk/2799825/302274/302275/3511738/in-dex.html.

市场有效供应，价格基本稳定。此外，生猪生产加快恢复，能繁母猪和生猪存栏恢复到 2017 年的 91%，超过预期目标 11 个百分点[①]。我国人均粮食占有量稳定在 470 公斤左右，高于人均 400 公斤的国际安全标准线[②]。

总之，我国以更高水平、更优质量和更优化品种结构供养 14 亿人口的总量需求和多样化消费需求，用事实回答了美国学者莱斯特·布朗提出的"2030 年谁来养活中国"的挑战[③]！中国不仅成功解决了 14 亿人民的吃饭问题，也为全球粮食生产、粮食安全作出了突出贡献！

七、工业综合实力更加凸显

（一）工业生产逆势实现了正增长

2020 年，全国规模以上工业增加值，一季度同比下降 8.4%，之后加快复工、复产步伐，二、三、四季度同比分别增长 4.4%、5.8%、7.1%，全年比上年增长 2.8%。全国规模以上工业高技术制造业增加值比上年增长 7.1%，高于全部规模以上工业增加值增速 4.3 个百分点[④]，有力地支撑了工业增长，其中装备制造业增加值增长 6.6%，对全部规模以上工业增长贡献率高达 70.6%[⑤]。根据联合国工业和发展组织总干事李勇介绍，2020 年，全球约 81% 的国家工业生产平均下降 6%[⑥]。中国的工业则是逆势增长，占世界比重进一步提高，预计我国制造业增加值（现价美元）占世界比重从 2019 年的 28.3% 上升至

---

① 中央农办主任、农业农村部部长唐仁健解读中央农村工作会议精神 [EB/OL].(2021-01-06). https://www.wangjiang.gov.cn/public/19638141/2018301841.html.
② 韩长赋.今年中国粮食丰收已成定局.新华社，2020 年 11 月 12 日电.
③ 1994 年 9 月，美国世界观察研究所所长莱斯特·布朗在《国际论坛先驱报》上发表《2030 谁能养活中国？》。文章预言，到 2030 年，中国将进口 3.84 亿吨粮食，粮食总量至少比 1990 年减少 20%，为 2.67 亿吨，这实际上相当于 1973 年的中国粮食产量。胡鞍钢于 1994 年 10 月在新加坡《海峡时报》发表了《中国能够实现粮食基本自给的长期目标》进行了回击。
④ 赵同录.经济持续稳定恢复总量迈上新台阶 [EB/OL].(2021-01-19). http://www.stats.gov.cn/tjsj/zxfb/202101/t20210119_1812576.html.
⑤ 卢山.工业生产稳定恢复，企业效益持续改善 [EB/OL].(2021-01-19).http://www.stats.gov.cn/tjsj/zxfb/202101/t20210119_1812580.html.
⑥ 联合国工发会将发全球市场准入计划，解决发展中国家出海难题 [N/OL].南方都市报，2020-11-21.https://www.163.com/dy/article/FRVH9N8A05129QAF.html.

2020年的30.9%[1]。我国是世界最大工业（或制造业）国的地位更加巩固，综合国力的工业基础进一步筑牢。

（二）工业经济效益正在改善

2020年，全国规模以上工业利润总额高达64 516亿元，同比增长4.1%，其中私营企业利润总额达到20 262万亿元，增长3.1%，占全国利润总额的31.4%，只有国有控股企业利润总额增速下降，降幅为2.9%。工业出厂价格下降1.8%[2]。

（三）中国制造进入黄金发展期

我国的制造业在全球产业链价值链中的位势明显提升，关键核心技术和重大装备研制取得阶段性突破，突出表现在六大领域：一是移动通信领域。5G国际标准必要专利占比全球领先，基于蜂窝移动网络的车联网无线通信技术成为国际标准并加速产业化，2020年全国新建开通5G基站超过60万个，终端连接数突破2亿，实现全国所有地级以上城市覆盖[3]。5G大规模商用全面启动，居世界首位。二是航空航天领域。载人航天和探月工程取得系列重要成果，"天问一号"火星探测器成功发射，"北斗三号"全球卫星导航系统正式开通，C919大型客机加快研制试飞。三是船舶及海洋工程装备领域。首艘自主建造的极地破冰科考船"雪龙2号"成功交付，"蓝鲸1号"首次成功开采可燃冰，首艘国产航母顺利下水。四是轨道交通领域。"复兴号"动车在世界上首次实现时速350千米自动驾驶功能。五是新能源汽车领域。乘用车量产车型续驶里程达500千米以上，动力电池单体能量密度达270瓦时/千克，处于世界领先水平。六是高端机床装备领域。8万吨模锻压力机、12米级卧式双五轴镜像铣机床、1.5万吨航天构件充液拉深装备等成功研制，配套体系

---

[1] 世界银行(WDI)数据库. Manufacturing, value added (current US$)-China, United States, European Union, World[DB/OL].https://data.worldbank.org/indicator/NV.IND.MANF.CD?locations=CN-US-EU-1W.

[2] 国家统计局. 经济社会发展统计图表：2020年世界前十大经济体主要经济指标情况[J]. 求是，2021(3)：79.

[3] 工业和信息化部网站. 2020年工业和信息化发展情况发布会[EB/OL].(2021-01-26).https://www.miit.gov.cn/gzcy/zbft/art/2021/01/26/art_27e3385cd15647e1904b2aae1853fce3.html.

初步形成。中国正在与美国、德国、日本等发达国家的制造业进行重点竞争、重点创新、重点突破、重点赶超。

（四）工业体系优势在疫情时代得到凸显

中国是全世界唯一拥有联合国产业分类中所列全部工业门类的国家，在抗击新冠肺炎疫情的大战大考中，充分显示了中国制造的优势。一方面，我们依靠完备的产业体系、强大的动员组织和产业转换能力，有效保障了应急防控医疗物资生产在短时间内实现十几倍甚至数十倍的增长；另一方面，不仅满足了国内抗疫需求，而且为全球抗疫提供了有力支持[1]。

总之，我国如期成功实现《中国制造 2025》提出的 2020 年主要目标：基本实现工业化，制造业大国地位进一步巩固，制造业信息化水平大幅提升；掌握一批重点领域关键核心技术，优势领域竞争力进一步增强，产品质量有较大提高；制造业数字化、网络化、智能化取得明显进展；重点行业单位工业增加值能耗、物耗及污染物排放明显下降。

八、民生保障惠及全体人民

（一）实现居民人均可支配收入正增长

2020 年，是我国全面建成惠及 14 亿人口小康社会之年，最重要标志之一就是全体城乡居民收入进入中等收入范围。2020 年我国居民人均可支配收入比上年实际增长 2.1%，突破了 3 万元，为 32 189 元，按世界银行提供的私人消费购买力平价因子计算[2]，相当于每人每日收入 21.1 国际元，符合世界银行提出的中等收入标准（每人每日收入 10～100 国际元），我国成为世界最大规模中等收入国家。其中农村居民收入实际增长 3.8%，快于城镇居民实际增长（1.2%）。2020 年，城镇居民人均可支配收入 43 834 元，相当于每人每日

---

[1] 肖亚庆.制造强国和网络强国建设扎实推进[N].人民日报，2020-10-09(9).
[2] 世界银行提供的私人消费 PPP 转换因子，每一国际元换算人民币为 4.176 元。见：世界银行(WDI)数据库.PPP 转换因子，私人消费（每一国际元的本币单位）-China [DB/OL].https://data.worldbank.org.cn/indicator/PA.NUS.PRVT.PP?end=2019&locations=CN&start=1981&view=chart.

收入 28.8 国际元，农村居民人均可支配收入 17 131 元，相当于每人每日收入 11.2 国际元。特别需要指出的是，2020 年中西部脱贫县农民居民人均可支配收入达到 12 588 元，相当于每人每日收入 8.3 国际元，已高于世界银行高贫困线每人每日支出 5.5 国际元的标准，我国已彻底告别绝对贫困。

（二）实现"保就业""稳就业"核心目标

2020 年，全国城镇调查失业率为 5.6%，低于《2020 年政府工作报告》提出的 6% 左右的预期目标；全年城镇新增就业人数为 1 186 万人，比 900 万人的预期目标多 286 万人，完成率高达 131.8%；年末城镇登记失业率为 4.24%，低于 5.5% 左右的预期目标，但登记失业人数达到 1 160 万人，比 2019 年的 945 万人多出 215 万人。

除了政府政策支持之外，主要是全国新增市场主体创造新的就业。2020 年，全国新设市场主体 2 500 万户左右，年末市场主体总数达到 1.4 亿户，平均每名法人可创造 5.5 个就业岗位，包括注册法人在内。这不仅实现了"保就业""稳就业"，而且也形成了"先就业""后创业"的良性循环，成为市场主体不断创造的创业红利、就业红利。

（三）基本实现教育现代化目标

2020 年是我国实现《国家中长期教育改革和发展规划纲要（2010—2020 年）》目标[①]的最后年份。2020 年，我国学前毛入园率达到 85.2%，超过了 70% 的原定目标，已经超过发达国家 80% 的平均水平，其中公办幼儿园比例（2018 年）为 37.8%。高中教育毛入学率达到 91.2%，进入高度普及化阶段（毛入学率 >90%）。高等教育毛入学率提升到 54.4%，已经高于中高收入国家平

---

① 到 2020 年，我国基本实现教育现代化，基本形成学习型社会，进入人力资源强国行列。其主要量化指标是：学前三年毛入园率达到 70%；九年义务教育巩固率在 95%；普及高中阶段教育，毛入学率达到 90%；高等教育大众化水平进一步提高，毛入学率达到 40%；扫除青壮年文盲；新增劳动力平均受教育年限从 12.4 年提高到 13.5 年；主要劳动年龄人口平均受教育年限从 9.5 年提高到 11.2 年，其中受过高等教育的比例达到 20%，具有高等教育文化程度的人数比 2009 年翻一番。见：国家中长期教育改革和发展规划纲要工作小组办公室.国家中长期教育改革和发展规划纲要(2010—2020 年)[EB/OL].(2010-07-29).http://www.moe.gov.cn/srcsite/A01/s7048/201007/t20100729_171904.html.

均水平（2019年为53%）①，也明显高于世界平均水平（2019年为39%），我国进入高等教育普及化（毛入学率>50%）阶段。如期实现了到2020年建设"双一流"的目标，若干所大学和一批学科进入世界一流行列，若干学科进入世界一流学科前列②。新增劳动力接受过高等教育的比例超过了1/2，平均受教育年限达到13.8年③，相当于大学一年级水平，按劳动年龄人口（15～64岁）9.9亿人、平均受教育年限10.75年计算，总人力资本高达106.43亿人年。我国如期基本实现教育现代化，基本形成学习型社会，进入人力资源强国行列④，这成为我国实现社会主义现代化的最大人力资本红利，有效地对冲不断减少的人口红利。

（四）文化事业取得重大进步

文化体育事业进入繁荣发展期。2020年，全国规模以上文化及相关产业、企业营业收入达到98 514亿元⑤，与GDP之比达到9.7%；全国文化及相关产业增加值达到44 945万元，占GDP的4.43%；旅游及相关产业增加值达到40 628亿元，占GDP的4.01%；体育产业增加值达到10 735亿元，占GDP的1.1%。全国文化、旅游、体育三大产业增加值达到9.63万亿元，占GDP的9.54%，创下历史新高，已经成为我国重要的支柱性服务业（与GDP之比超过7%）。加快文化强国、体育强国建设，大力发展公共文化服务，积极倡导全民健身，更好地满足14亿人民群众日益增长的文化体育需求。

（五）人均预期寿命进一步提高

中国是世界上最早暴发新冠肺炎疫情，也是世界上最早有效控制疫情的

---

① 世界银行(WDI)数据库. School enrollment, tertiary (% gross)-World, Upper middle income, China[DB/OL].https://data.worldbank.org/indicator/SE.TER.ENRR?locations=1W-XT-CN.
② 2017年，教育部、财政部、国家发展和改革委员会联合发布《关于公布世界一流大学和一流学科建设高校及建设学科名单的通知》，确立的首批"双一流"建设高校共计137所，其中世界一流大学建设高校42所(A类36所，B类6所)，世界一流学科建设高校95所；双一流建设学科共计465个(其中自定学科44个)。
③ 孙春兰强调扎实推动"十四五"教育工作开好局起好步，新华社，2021年2月5日电。
④ 国家中长期教育改革和发展规划纲要工作小组办公室. 国家中长期教育改革和发展规划纲要(2010—2020年)[EB/OL].(2010-07-29).http://www.moe.gov.cn/srcsite/A01/s7048/201007/t20100729_171904.html.
⑤ 国家统计局，中国经济景气月报: 2021年第2期[M]. 北京: 中国统计出版社，2021: Ⅲ.

国家，确保了全国人均预期寿命有所提高，预计在 2019 年 77.3 岁的基础上提高至 2020 年的 77.5 岁以上，在世界上排第 86 位①。2020 年，我国总健康人力资本提高 2.8 亿人岁，其中城镇居民人均预期寿命已超过 80 岁，高于美国 2018 年的人均预期寿命 78.6 岁②。根据美国疾病控制和预防中心的报告，在严重的新冠肺炎疫情下，2020 年上半年，美国人预期寿命比 2019 年下降 1 岁，这是其在第二次世界大战以来的最大下滑。

（六）老有所养目标基本实现

我国在中等收入条件下建成了世界上最大规模的现代社会保障体系。全国基本医疗保险参保人数已达 13.6 亿人，参保率稳定在 95% 以上，人均财政医保补贴标准提高至每人每年 550 元，总计高达 7 480 亿元。基本养老参保率超过 90%，覆盖近 10 亿人，基本实现法定人员全覆盖，同时，养老金不断调整提高，按照每年 5% 左右的幅度调整退休人员基本养老金水平，直接惠及 1.2 亿多退休人员，全国社会保障卡持卡人数达到 13.35 亿人③。这充分体现了社会主义社会保障制度的普及型、全民性、公平性及优越性，成为全面建成惠及 14 亿人口小康社会的重大标志之一。此外，我国继续实施残疾人补贴制度，直接惠及 1 153 万困难残疾人和 1 433 万重度残疾人。尽管他们仅占全国总人口的 1.8%，却充分体现了"全面建成小康社会，一个不能少；共同富裕路上，一个不能掉队"④的社会主义制度优越性。

（七）城镇化目标如期实现

2020 年，全国常住人口城镇化率达到 63.89%，超过"十三五"规划设定的 60% 的目标，也已经超过世界城镇化率（2020 年为 56.15%），我

---

① 美国中央情报局网站. https://www.cia.gov/the-world-factbook/field/life-expectancy-at-birth/country-comparison.
② 世界银行 (WDI) 数据库. Life expectancy at birth, total (years)-United States, China [DB/OL].https://data.worldbank.org/indicator/SP.DYN.LE00.IN?end=2018&locations=US-CN&start=1981&view=chart.
③ 曲哲涵，李红梅，李心萍. 织就世界最大的社会保障网 [N]. 人民日报，2021-02-12(1).
④ 习近平. 新时代要有新气象更要有新作为 中国人民生活一定会一年更比一年好 [EB/OL]. (2017-10-25)[2021-03-22].http://jhsjk.people.cn/article/29608726.

国城镇人口数占世界城镇总人口的比重为19.8%[①]。全国户籍人口城镇化率也超过了"十三五"规划提出的45%的目标。到2020年年底，1亿农业转移人口和其他常住人口在城镇落户目标基本实现，城镇棚户区住房改造超过2 100万套[②]，超额实现了2 000万套的"十三五"规划目标，基本实现了"住有所居"的小康目标。2020年全国地级及以上城市污泥无害化处置率超过90%，城市污水资源化利用率达到20%左右，有效改善缺水城市水资源短缺问题。按照国家《环境空气质量标准》二级标准要求，全国337个地级及以上城市达标率从2015年的21.6%增加至2020年的59.9%，成为新型城镇化的重大标志之一。总之，超大规模的新型城镇化成为中国经济社会发展的最大驱动力之一。

九、积极扩大国内需求

（一）积极扩大国内消费需求

2020年，我国消费对经济增长的拉动作用逐季回升，一至四季度消费支出分别拉动GDP增长–4.3、–2.3、1.4和2.6个百分点，全年最终消费支出向下拉动GDP约0.5个百分点[③]。国内销售市场总额增速逐季度从负增长转为正增长，从2020年一季度的–19%，第二季度的–3.9%，再到第三季度的0.9%，直到第四季度的4.6%；全年社会消费品零售总额391 981亿元，比上年下降3.9%，与GDP之比为38.6%；商业模式创新发展，全国网上零售额比上年增长10.9%，其中，实物商品网上零售额增长14.8%，达到97 590亿元，占社会消费品零售总额的24.9%，全国人均消费6 971元；在线上消费快速增长带动下，全年快递业务量超过830亿件，比上年增长超过30%，居世界第一，全国人均59.3件；全国居民人均消费支出达到21 210元，相当于每人每日消费支出13.9国际元，成为世界上拥有最大规模中等收入消费人群的国家，构

[①] 世界银行(WDI)数据库. Urban population-World, China [DB/OL].https://data.worldbank.org/indicator/SP.URB.TOTL?end=2020&locations=1W-CN&start=1981&view=chart.
[②] 李克强. 政府工作报告——2021年3月5日在第十三届全国人民代表大会第四次会议上 [EB/OL]. http://www.gov.cn/zhuanti/2021lhzfgzbg/index.htm.
[③] 赵同录.经济持续稳定恢复总量迈上新台阶 [EB/OL].(2021-01-19). http://www.stats.gov.cn/tjsj/zxfb/202101/t20210119_1812576.html.

成世界最大和最具潜力的消费市场。同时，我国消费结构升级持续发展，除限额以上汽车类商品零售额比上年下降 1.8%① 外，居民每百户家用汽车拥有量为 37.1 辆，比上年增长 5.2%；每百户助力车拥有量为 66.7 辆，比上年增长 4.3%；每百户移动电话拥有量为 253.8 部，比上年增长 0.2%；每百户空调拥有量为 117.7 台，比上年增长 1.8%②。这表明，在有效战胜疫情的条件下，全国 14 亿人口、4.65 亿城乡家庭户的消费需求更加旺盛、更加多元化、更可持续发展。特别需要指出的是，2020 年，中国保持了城乡消费市场的低通胀，全国居民消费价格涨幅仅为 2.5%，低于 3.5% 左右的预期目标。

（二）积极扩大国内投资需求

在疫情严重冲击下，我国不断扩大的国内投资成为稳定经济、迅速恢复并拉动持续增长的主要动力。2020 年，我国固定资产投资（不含农户）增长 2.9%，为 51.89 万亿元，相当于 GDP 的 51.1%，资本形成总额拉动 GDP 增长 2.2 个百分点③，其贡献率高达 95.7%，明显超过应对国际金融危机外部冲击时 2009 年的贡献率（45.5%）、2010—2011 年的贡献率（47.0%）④。其中，四季度资本形成总额拉动 GDP 增长 2.5 个百分点⑤，其贡献率为 38.5%。

从中长期来看，我国积极扩大国内投资为经济持续发展奠定坚实基础。"十三五"规划的 165 项重大工程项目基本完成，在建项目投资总额超过 1 万亿元，各类基础设施的长期投资具有基础性、正外部性、网络性、全局性的投资红利。构建了世界最大规模的现代能源体系，根据英国石油公司《2021 年世界能源统计》，2020 年我国发电量占世界总量的 29.0%，相当于美国占世界比重（16.1%）的 1.80 倍；可再生能源产量占世界总量的 15.6%，超过了美国的这一比重（13.3%）；全国常规水电装机容量达到 3.7 亿千瓦，超过原定 3.4

---

① 董礼华. 消费市场经受住疫情冲击消费结构持续升级 [EB/OL].(2021-01-19). http://www.stats.gov.cn/tjsj/zxfb/202101/t20210119_1812588.html.
② 方晓丹. 全国居民收入比 2010 年增加一倍　居民消费支出稳步恢复 [EB/OL].(2021-01-19). http://www.stats.gov.cn/tjsj/zxfb/202101/t20210119_1812592.html.
③ 赵同录. 经济持续稳定恢复总量迈上新台阶 [EB/OL].(2021-01-19). http://www.stats.gov.cn/tjsj/zxfb/202101/t20210119_1812576.html.
④ 国家统计局. 2020 中国统计摘要 [M]. 北京：中国统计出版社，2020: 34.
⑤ 赵同录. 经济持续稳定恢复总量迈上新台阶 [EB/OL].(2021-01-19). http://www.stats.gov.cn/tjsj/zxfb/202101/t20210119_1812576.html.

亿千瓦。2020年，我国新改建高速铁路投产里程2 521千米，高速铁路通车里程达到3.79万千米，超过"十三五"规划3万千米的目标，覆盖80%以上的大城市；新改建高速公路里程12 713千米，累计通车里程达到15.5万千米，也超过原定15万千米的目标，全部覆盖20万以上人口城市；港口万吨级以上码头泊位新增通货能力30 562万吨/年。网络基础设施进一步优化升级，互联网普及率达到70.4%，提前超额完成规划目标，电信普遍服务圆满完成目标任务[1]。基础设施高质量发展不仅成为促进我国经济复苏的关键性力量，而且也表明我国基础设施现代化达到世界领先水平，成为我国全面建成小康社会的最显著标志之一。

我国正在加快构建以国内大循环为主体，国内国际双循环相互促进的新发展格局。国内大循环是基础，我国拥有世界上超大规模的国内消费市场、国内投资市场。要依托开放的国内大循环，不断吸引全球进出口商品和服务、紧缺能源资源要素、高新技术产品，增强与世界经济的互动联系，提升国内大循环效率和水平，增强国际大循环范围和能力。

十、生态文明建设取得重大成就

（一）资源利用效率不断提高

"十三五"规划确定了2016—2020年全国新增建设用地总量控制在3 256万亩（约217万公顷）以内的约束性指标，确保耕地红线，提出单位GDP建设用地使用面积下降20%的目标。全国用水总量从2015年的6 103亿立方米下降至2019年的6 021亿立方米，低于"十三五"规划提出的用水总量控制在6 700亿立方米的指标，实现了用水总量与经济增长"脱钩"。万元GDP水资源消耗2019年比2015年下降23.7%，超过了"十三五"规划中五年累计下降23%的约束性指标，其中，万元工业增加值水资源消耗2019年比2015年下降26.9%，农田灌溉水有效系数0.559。沙化土地封禁保护面积174万公顷（2 610万亩），全国荒漠化和沙化面积连续三个五年监测器"双减少"，已整治修复海岸线220千米、滨海湿地7 000公顷（10.5万亩），但资

---

[1] 直播回放：2020年工业和信息化发展情况发布会[EB/OL].(2021-01-26).https://www.miit.gov.cn/gzcy/zbft/art/2021/art_27e3385cd15647e1904b2aae1853fce3.html.

源过度开发导致生态环境退化问题仍然突出,重点天然草原平均牲畜超载率达10.2%,全国种植土地(含果树等经济作物)、建设用地(含设施农用地)有所增加,全国草地面积有所减少①。这充分反映了我国人口、经济与资源的矛盾仍十分突出。

(二)生态环境质量明显改善

2020年,全国生态环境质量总体改善。"十三五"规划确定的生态环境主要约束性指标超额完成。全国地级及以上城市空气质量优良天数比例为87.0%(目标为80%以上),$PM_{2.5}$未达标地级及以上城市平均浓度相比2015年下降28.8%(目标为18%)②。全国地表水优良水质断面比例提高到83.4%(目标为70%以上),劣Ⅴ类水体比例下降到0.6%(目标为5%以下)。二氧化硫、氮氧化物、化学需氧量、氨氮排放量和单位GDP二氧化碳排放指标,均在2019年提前完成"十三五"规划目标的基础上继续保持下降。全国地级及以上城市(不含州、盟)黑臭水体消除比例达到98.2%,明显超过了"十三五"规划"黑臭水体控制在10%以内"的约束目标。长江流域、渤海入海河流劣Ⅴ类国控断面全部消劣。共计完成15万个建制村环境整治。受污染耕地安全利用率达到90%左右,污染地块安全利用率达到93%以上。超额完成重点行业、重点重金属污染物下降10%的目标任务。圆满完成2020年年底基本实现固体废物零进口的目标③。全国490家垃圾焚烧厂全部完成"装、树、联"并公开自动监测数据,率先实现全行业稳定达标排放④。全国范围实施轻型汽车国Ⅵ排放标准。全国森林面积达到2.2亿公顷(33亿亩),森林覆盖率达到22.96%,森林蓄积量达到175.6亿立方米,森林植被总碳储量91.86亿吨,其中,人工林面积7 954.28万公顷(119 314.2万亩),是世界上人工林面积最大

---

① 陆昊.全面提高资源利用效率[N].人民日报,2021-01-15(9).
② 生态环境部网站.生态环境部召开2月例行新闻发布会[EB/OL].(2021-02-25).http://www.mee.gov.cn/xxgk2018/xxgk/xxgk15/202102/t20210225_822424.html.
③ 2016年、2017年、2018年和2019年,我国固体废物进口量分别为4 655万吨、4 227万吨、2 263万吨和1 348万吨。截至2020年11月15日,我国固体废物进口总量已降至718万吨。见:赵晨熙.中国即将迈入固体废物"零进口"时代[N].法治日报,2020-12-11(法治周末版).
④ 黄润秋.在2021年全国生态环境保护工作会议上的工作报告[EB/OL].(2021-02-01)[2021-03-26].http://www.mee.gov.cn/xxgk2018/xxgk/xxgk15/202102/t20210201_819774.html.

的国家，全球增绿1/4来自中国，人工林发挥巨大的碳汇效应。全国草原综合植被覆盖率达到56.1%，达到了"十三五"规划56%的预期目标。这标志着"十三五"规划确定的生态环境九项约束性指标圆满超额完成，全国生态环境质量持续改善。

（三）应对气候变化成效显著

2020年12月，习近平主席代表中国政府作出明确承诺：力争2030年前二氧化碳排放达到峰值，努力争取2060年前实现碳中和[①]。

2020年，我国单位GDP能耗比上年下降0.1%，"十三五"时期累计下降13.6%，未能完成下降15%的约束性目标，其中，规模以上工业单位增加值能耗下降0.4%。"十三五"时期，我国煤炭占能源消费比重从2015年的63.7%降至2020年的56.7%，煤炭消费总量已进入高峰期，为2030年前碳排放达峰提供了前提条件；全国非化石能源占一次能源消费比重从2015年的12.1%提高至2020年的15.9%，提高了3.8个百分点，超过了15.0%的约束性目标。

中国成为世界上最大绿色能源生产国和消费国。2019年我国可再生能源消费量占世界的比重为22.9%。2020年年底，发电装机容量超过22亿千瓦，居世界首位，其中，可再生能源装机容量达到9.34亿千瓦，同比增长约17.5%，超过了9亿千瓦的原定目标，占总装机容量比重从2015年年底的34.8%上升至2020年年底的44.8%，提升了10个百分点，水能利用率约96.61%、风能平均利用率97%、光能平均利用率98%[②]。我国水能、风能、太阳能发电装机容量均居世界首位，2019年占世界的比重分别为30.1%、28.4%和30.9%，核电装机容量占世界比重为12.5%，正处在加速发展期[③]。特别需要指出的是，我国煤电装机容量2019年时占世界总装机容量的比重为51.4%，

---

① 习近平.继往开来，开启全球应对气候变化新征程——在气候雄心峰会上的讲话[N].人民日报，2020-12-12(1).
② 国家能源局2021年一季度网上新闻发布会文字实录[EB/OL].(2021-01-30)[2021-10-15]. http://www.nea.gov.cn/2021-01/30/c_139708580.htm.
③ 英国石油公司(BP)世界能源数据库(2020). BP Statistical Review of World Energy(June 2020)[EB/OL]. https://www.bp.com/en/global/corporate/energy-economics/statistical-review-of-world-energy.html.

占全国装机容量的比重从2015年年底的59%下降至2020年年底的49.1%，其中全国超低排放煤电机组累计达9.5亿千瓦，占火力发电装机容量（2019年11.9亿千瓦）的比重为79.8%[①]，有效地减少了煤电碳排放量。与此同时，我国森林蓄积量达到175.6亿立方米，超过了"十三五"规划的约束性目标165亿立方米，意味着碳汇能力增加了6.4%。

十一、对外开放取得重大进展

（一）进出口贸易稳中有进

2020年，我国外贸行业直接吸纳1.8亿人就业，占全国非农业就业人数（5.8亿人）的31%，稳外贸实际上就是稳就业。为此，国家决定自2020年3月20日起，将1 084项产品出口退税率提高至13%，将380项产品出口退税率提高至9%，并简化退税手续，提高通关效率，鼓励支持发展跨境电商国际贸易。2020年，我国跨境电商进出口额高达1.69万亿元，增长了31.1%，相当于外贸总额的5.25%。

自2018年以来，我国四次降低关税税率，关税总水平为7.5%，积极支持扩大对外贸易。根据国家海关总署提供的数据，2020年我国货物贸易进出口总值32.16万亿元，比2019年增长1.9%，创历史新高。其中，出口17.93万亿元，增长4%；进口14.23万亿元，下降0.7%；贸易顺差3.7万亿元，增长27.4%，与GDP之比为3.5%。2020年，我国成为全球唯一实现货物贸易正增长的主要经济体，既充分体现了国家外贸的强大韧性和综合竞争力，也得益于国家超大规模的市场优势和不断提升的企业竞争力。

2020年，受新冠肺炎疫情影响，我国服务贸易进出口总额45 642.7亿元，同比下降15.7%，相当于对外贸易总额（36.81万亿元）的12.4%，没有能够实现"十三五"规划确定的16%以上的预期目标。我国服务贸易的结构得以不断优化，例如虽然旅行服务出口下降52.1%，进口下降44.7%，但知识密集型服务出口增长8.3%，占服务进出口总额的比重达到44.5%，比上年提高9.9

---

① 中国电力企业联合会[N]. 人民日报(海外版)，2021-02-10(11).

个百分点①。

（二）对美国贸易顺差大幅增长

尽管美国特朗普政府对中国发动前所未有的贸易战，但2020年，中国对美国全年贸易顺差达到5 350亿美元（约合3.46万亿元人民币），比2019年（4 215亿美元）增长了27%，为此美国CNN评论道"美国输了"，其主要原因是美国出口额的大幅下降。根据美国商务部数据（2021年2月6日），2020年美国货物和服务出口总值为2.1万亿美元，同比下降15.7%；货物和服务进口总值为2.8万亿美元，同比下降9.5%；进出口逆差额6 787亿美元，同比扩大17.7%②，创下了2008年以来的最高纪录。这充分反映了美国国际贸易竞争能力的明显下降。但是2020年，美国对华商品贸易逆差从2018年的4 195亿美元降至3 108亿美元，表明美中贸易逆差的减少并不能改变美国进出口贸易长期失衡的基本格局。

（三）进出口占世界比重有所提高

根据德国慕尼黑经济研究所数据，2020年中国货物出口额占世界比重增加了1.5个百分点，达到了14.5%，而美国占世界比重则下降0.5个百分点，降至8.5%③。这也证明，美国对中国发动的贸易战基本上是失败的，中国作为世界第一大货物进出口国的地位更加巩固④。

（四）"稳外资"取得重大进展

联合国贸易和发展会议（UNCTAD）发布的《全球投资趋势监测报告》显示，2020年全球外国直接投资（FDI）总额大幅下滑42%，但中国FDI逆

---

① 国家统计局.中国经济景气月报:2021年第2期[M].北京:中国统计出版社，2021: Ⅲ.
② 美国商务部网站. U.S. Economy at a Glance[EB/OL].[2021-02-05].https://www.bea.gov/news/glance.
③ 德国经济周刊网站，引自参考消息网.慕尼黑经济研究所:中国巩固出口世界冠军地位[N/OL].(2021-02-15).https://baijiahao.baidu.com/s?id=1691745603743790645&wfr=spider&for=pc.
④ 海关总署新闻发言人、统计分析司司长李魁文2021年1月14日在国务院新闻办公室新闻发布会上的介绍。

势增长，按美元计算，达到 1 630 亿美元，比上年增长 4%，按人民币计算，达到 1 万亿元，比上年增长 6.2%，中国吸收外资占全球比重大幅提升，高达 19%，超过美国的 1 340 亿美元，成为全球最大外资流入国[①]。这一结果超过了《2020 年政府工作报告》提出的稳住外资基本盘的目标。外资企业对我国经济社会发展作出重大贡献，贡献了全国 1/10 的城镇就业、1/6 的税收、2/5 的进出口，成为构建"双循环"格局内外纽带的通道。

（五）对外开放取得新进展

我国坚持实施更大范围、更宽领域、更深层次的对外开放。全国自由贸易区、自由贸易港建设加快进行。我国先后签署区域全面经济伙伴关系协定、中柬自贸协定、中欧地理标志协定，中欧投资协定也如期完成等，已与 26 个经济体签署了 19 个自贸协议[②]。境外投资总体平稳，中欧班列逆势增长 50%，综合重箱率达到 98.4%[③]。

推进高质量共建"一带一路"。2020 年全年"一带一路"沿线国家出口总额达到 93 696 亿元，比 2019 年增长 1.0%，相当于全国货物进出口总额的 29.1%。截至 2021 年 1 月底，我国累计与 143 个国家和 31 个国际组织签署 205 份共建"一带一路"合作文件；沿线国家非金融类直接投资额 178 亿美元，增长 18.3%。

（六）参与全球治理作出中国贡献

我国积极开展国际抗疫合作，建设人类卫生健康共同体，大力支持联合国、世界卫生组织领导全球抗疫之战，开展了新中国成立以来规模最大的紧急人道主义行动；主动为世界提供研发疫苗全球公共产品，为全球抗疫作出了中国贡献。中国作为世界最大的碳排放国，主动应对全球气候变化，提前实现了 2020 年相对减碳目标，而且带头承诺力争 2030 年前碳达峰，努力争取 2060 年前实现碳中和。中国倡导构建"人类命运共同体"得到国际社会广泛

---

① 2020—2021 年联合国贸发会议《全球投资趋势监测报告》摘要 [N/OL].(2021-02-09). https://www.sohu.com/a/450364979_282707.
②③ 国家统计局.中国经济景气月报:2021 年第 2 期 [M].北京：中国统计出版社,2021:Ⅲ.

认同，更加印证了"得道者多助"的历史逻辑。

十二、改革实现重要突破

2020年，中央深改委部署的50个重点改革任务和其他75个改革任务基本完成，中央和国家机关有关部门完成143个改革任务，各方面出台268个改革方案。自党的十八届三中全会召开至2020年年底，各方面共推出了2 485个改革方案，十八届三中全会提出的改革目标任务总体如期完成。

（一）稳住上亿市场主体

2020年，我国全年新登记市场主体2 502万户，年末，全国登记注册市场主体达到1.4亿户，其中个体工商户8 835万户，实有企业4 111万户，我国成为世界上拥有最大规模市场主体的国家。在受疫情冲击的影响下，我国通过市场化改革激发活力和创造力，针对性扶植不同类型的市场主体，对大中型企业、小微型企业、个体工商户，以及大量的非正规灵活就业人员精准施策。对全国5 000多万户小规模纳税人中的近九成免征增值税，余下600多万户征收税率从3%降为1%。2020年前11个月，不同类型市场主体共计减免增值税911亿元；同时，阶段性减免中小微企业和个体工商户养老、工伤、失业保险费，占三项社保费全部减免额的近90%，下调社会保险费为企业直接减负4 200多亿元。由此，我国市场经济环境得到明显改善。世界银行《2020年全球营商环境报告》显示，我国营商环境排名跃升至第31位，比2019年上升了15个位次，营商环境的改善，也成为我国吸引外国直接投资跃居世界第一的新优势[①]。

（二）实施国有企业改革三年行动（2020—2022年）

国有企业是我国社会主义市场经济的重要组成部分，截至2019年年底，国资系统监管企业资产总额201.3万亿元，与GDP之比达到204%。2019年，

---

① World Bank Group. Doing Business 2020, Comparing Business Regulationin 190 Economies [R/OL]. http://www.go-clee.com/Uploads/file/202008/20200803112259_1508.pdf.

国资系统监管企业实现营业收入 59.1 万亿元，与 GDP 之比达到 59.9%，实现利润总额 3.6 万亿元，与 GDP 之比达到 3.6%。国有企业改革三年行动旨在积极推动国有资本向关系国家安全、国民经济命脉的重要行业和关键领域集中，向提供公共服务、应急能力建设和公益性等关系国计民生的重要行业和关键领域集中，向前瞻性战略性新兴产业集中，加快不具备竞争优势、缺乏发展潜力的非主业、非优势业务剥离，抓好无效资产、低质资产处置，充分发挥国有企业在构建关键核心技术、攻关新型举国体制中的重要作用[①]。

（三）企业兵团迈入世界第一方阵

2021 年 2 月，我国企业数达到 4 457.2 万户[②]，涌现了一批世界级企业。2020 年《财富》世界 500 强榜单中，中国大陆公司数量达到 124 家，比 2016 年增加 23 家，历史上第一次超过美国（121 家）[③]，跃居世界首位，实现了历史性跨越。在 124 家企业中，共计有 94 家国有企业，分别是 48 家中央企业、14 家中央金融保险企业、32 家地方企业。《福布斯》发布的 2019 年全球数字经济百强企业榜单中，我国有 14 家企业上榜[④]。中国企业正在集体加速进入世界第一方阵，实现了历史性跨越，更加显示了"企业兴、国家兴，企业强、国家强"的新格局，企业成为中国进入世界经济舞台的主力军。

十三、全面建成小康社会取得伟大历史性成就

2020 年是新中国历史上极不平凡的一年，也是创造极不平凡之伟业的一年。我国经济实力、科技实力、综合国力再上一个新的大台阶，如期成功实现第一个百年奋斗目标，"交出了一份让人民满意、世界瞩目、可以载入史册的答卷"[⑤]。

---

① 郝鹏.深入实施国企改革三年行动，推动国资国企高质量发展 [J]. 求是，2021(2): 56-61.
② 企查查大数据研究院，中国社科院城市与竞争力研究中心. 2020 中国企业发展数据年报 [R]，2021-03-01.
③ 财富中国网站. 2020 年《财富世界》500 强排行榜 [EB/OL]. http://www.fortunechina.com/fortune500/c/2020-08/10/content_372148.htm.
④ 福布斯中国. 全球数字经济 100 强榜 [EB/OL].https://www.forbeschina.com/lists/1724.
⑤ 中央经济工作会议，新华社，2020 年 12 月 18 日电。

（一）经济实力再上新台阶

2020年我国GDP总量迈入创历史纪录的100万亿元门槛，为101.36万亿元。按购买力平价（2017国际元）计算，由2019年的22.53万亿国际元上升为23.03万亿国际元，占世界的比重从17.3%上升为18.4%[1]；按汇率法美元现价计算，由2019年的14.34万美元上升至2020年的15.10万亿美元，我国的GDP相当于美国的2/3以上，是世界第二大经济体[2]。2020年，我国制造业增加值占世界比重达30%，分别超过美国和欧盟；我国货物进出口贸易总额为32.16万亿人民币元，仍居世界第一位，货物进出口世界第一大国的地位更加巩固；我国外汇储备达到32 165亿美元，仍居世界第一位。

（二）科技实力再上新台阶

我国从事研发活动人员全时当量超过460万人年（为2019年数据），成为世界上规模最大的科技人力资源国家，每万名劳动力中研发人员达到59人，超过了预期目标的43人。我国成为世界上第二大研发经费支出国，按照购买力平价（2017国际元）计算，2020年我国研发经费支出相当于5 531亿国际元。2018年，我国本国居民专利申请量占世界比重已达到60.7%；截至2020年年底，我国已授权并维持有效的发明专利拥有量为221.3万件，位居世界第二位；2020年，我国受理PCT国际专利申请量上升至7.2万件，其中，国内申请人提交6.7万件，连续两年居世界第一。此外，我国已经成为世界上固定宽带和移动互联网用户数最多的国家。

（三）综合国力进入世界前列

我国劳动力资源占世界总量的22.3%，相当于经济合作组织国家劳动力

---

[1] 世界银行(WDI)数据库. GDP, PPP (constant 2017 international $)-China, World[DB/OL]. https://data.worldbank.org/indicator/NY.GDP.MKTP.PP.KD?locations=CN-1W.
[2] 2019年，中国GDP(现价美元)占世界比重为16.3%。见：世界银行(WDI)数据库。GDP (current US$)-China, World[DB/OL].https://data.worldbank.org/indicator/NY.GDP. MKTP.CD?locations=CN-1W. 国家统计局提供的数据是按年平均汇率折算达到14.7万亿美元，占世界经济的比重预计为17%左右。见：宁吉喆.中国经济逆势前行跃上新台阶[J]. 求是，2021(3): 60-65.

占世界比重（为 19.4%）的 1.15 倍[1]，人才资源总量超过 1.8 亿人[2]，居世界第一，这是创造巨大经济财富、社会财富、文化财富、生态财富的劳动力和人才基础。最重要的是，我国国家决策能力、执行能力，即调动运用国家或地方资源和实力的能力，明显超过美国。2020 年，面对新冠肺炎疫情大考交出的答卷就是最好的证明，特别是"十三五"时期举全国之力实施 165 项重大工程项目，成为真正的大国工程、世界工程、世纪工程！

十四、未来面临的国内外挑战

我们在充分肯定国家如期全面建成小康社会目标的同时，也要清醒地看到所面临的国内外深刻复杂的各种困难和重大挑战。

从国际看，世界进入百年未有之大变局的加速演变动荡变革期。新冠肺炎疫情仍处在全球蔓延期、高峰期、反复期，不排除疫情中期化或常态化，这直接使得世界经济复苏举步维艰，各国都面临复工复产复市复学与防控疫情扩散的两难悖论。我国始终面临外防输入和内防反弹的压力，不稳定不确定因素和风险增多，难以独善其身。特别是面对来自以美国为首的西方霸权主义的挑战和威胁，千方百计妖魔化中国、围堵中国、打击中国、遏制中国，外部环境更加复杂。

从国内看，我国经济复苏基础尚不牢固，居民人均消费支出实际下降 4.0%（其中人均服务性消费支出下降 8.6%），全社会消费零售总额下降 4.0%，全社会固定资产投资增长仅 2.7%，也是历年最低的；全国批发和零售业增加值下降 1.3%；交通运输、仓储和邮政业增加值仅增长 0.5%；住宿和餐饮增加值下降 13.1%；租赁和商务服务业增加值下降 5.3%，旅游业下降幅度最大，

---

[1] 世界银行(WDI)数据库.劳动力，总数-China, World, OECD members[DB/OL].https://data.worldbank.org.cn/indicator/SL.TLF.TOTL.IN?end=2020&locations=CN-1W-OE&start=2006.

[2] 《国家中长期人才发展规划纲要(2010—2020 年)》(2010 年 6 月 6 日) 明确提出，到 2020 年，我国人才发展的总体目标是：培养和造就规模宏大、结构优化、布局合理、素质优良的人才队伍，确立国家人才竞争比较优势，进入世界人才强国行列，为在本世纪中叶基本实现社会主义现代化奠定人才基础。其中，我国人才资源总量从现在的 1.14 亿人增加到 1.8 亿人，增长 58%，人才资源占人力资源总量的比重提高到 16%。

国内游客下降52.1%，国内旅游收入下降61.1%①。中小微企业和个体工商户自身应对风险能力差，经营比较困难，尚未恢复到疫情之前的水平。全国一般公共预算收入下降3.9%，财政赤字额上升至3.76万亿元，财政赤字率上升至3.7%，全国社会保险金收入下降13.3%，当年收支缺口达到6 219亿元。中央财政国债余额达到20.89万亿元，地方政府债务余额达到25.66万亿元，中央和地方债务总额相当于GDP的45.8%②。区域间财力不平衡，一些地方财政收支矛盾突出，部分市、县财政收支运行紧张，有的地方债务负担较重③。我国能源自主保障能力保持在80%以上，但能源安全一直面临不小的危胁，其中石油对外依存度达70.8%，天然气对外依存度为43%④。我国仍是主要污染物排放规模最大的国家，这也是危害人民健康的最大威胁因素。同时，我国仍是世界最大的煤炭生产国、消费国和碳排放国。根据英国石油公司《2020年世界能源统计》，2019年我国煤炭生产量和消费量分别占世界总量的47.6%和51.7%，我国与能源相关的碳排放量占世界的28.8%⑤。根据世界银行的计算，2019年中国碳排放损失为3 676亿美元，相当于美国损失额1 738亿元的2.1倍⑥。但我国已进入煤炭消费高峰平台期，我们只有有序减少煤炭消费，才能实现2030年前碳达峰的目标。

总体来看，"我国发展不平衡不充分问题仍然突出，创新能力不适应高质量发展要求，农业基础还不稳固，城乡区域发展和收入分配差距较大，生态环保任重道远，民生保障存在短板，社会治理还有弱项。今后一个时期，我们将面对更多逆风逆水的外部环境，必须做好应对一系列新的风险挑战的准备"⑦。

---

① 国家统计局.中华人民共和国2020年国民经济和社会发展统计公报[EB/OL].(2021-02-28). http://www.stats.gov.cn/tjsj/zxfb/202102/t20210227_1814154.html.
② 财政部：2020年末地方政府债务率93.6% 总体不高[EB/OL].(2021-12-17)[2021-12-30]. https://baijiahao.baidu.com/s?id=1719353258817742216&wfr=spider&for=pc.
③ 财政部.关于2020年中央和地方预算执行情况与2021年中央和地方预算草案的报告——2021年3月5日在第十三届全国人民代表大会第四次会议上[N].人民日报，2021-03-14(2).
④ 中国石油企业协会等.中国油气产业发展分析与展望报告蓝皮书(2019—2020)[M].北京：中国石化出版社，2020.
⑤ 英国石油公司(BP)世界能源数据库(2020).BP Statistical Review of World Energy June 2020[DB/OL].https://www.bp.com/en/global/corporate/energy-economics/statistical-review-of-world-energy.html.
⑥ 世界银行(WDI)数据库.Adjusted savings: carbon dioxide damage (current US$)-China, United States [DB/OL].https://data.worldbank.org/indicator/NY.ADJ.DCO2.CD?locations=CN-US.
⑦ 习近平.正确认识和把握中长期经济社会发展重大问题[J].求是，2021(2): 4-10.

中国与世界百年未有之大变局：
基本走向与未来趋势*

胡鞍钢

我们正处在世界百年未有之大变局和中华民族伟大复兴全局的历史交汇期。习近平总书记对中国与世界格局的重要判断，是认识中国国情与世界世情的基本依据，也是提出世界百年未有之大变局下中国大战略的基本依据。百年未有之大变局的核心是世界经济格局的重大改变。文本实证分析世界经济格局、工业化格局、科学技术格局、贸易格局、城市化格局、现代化格局的重大变化，从量变到质变，南北国家出现前所未有的大趋同，新冠肺炎疫情的暴发无疑加快了世界政治格局、全球治理格局的大变迁。中国本身就是世界百年未有之大变局的最大变量，既是自变量，又是因变量，两者之间的互动形成中国与世界百年未有之大变局，成为中国实现第二个百年奋斗目标的最大天时地利。

一、导语：从"三个世界"到百年未有之大变局

毛泽东同志最早预见中国与世界百年未有之大变局。1962年，他在七千人大会上预言："中国的人口多、底子薄，经济落后，要使生产力很大地发展

---

* 基金项目：本文系中宣部全国哲学社会科学办公室国家高端智库专项(20155010298)、清华大学"文科"双高专项(53120600119)的阶段性成果。本文原载于《新疆师范大学学报(哲学社会科学版)》2021年第5期第38-53页，人大复印报刊资料《中国特色社会主义理论》2022年02期全文转载。

起来，要赶上和超过世界上最先进的资本主义国家，没有一百多年的时间，我看是不行的。三百几十年建设了强大的资本主义经济，在我国，五十年内外到一百年内外，建设起强大的社会主义经济，那又有什么不好呢？从现在起，五十年内外到一百年内外，是世界上社会制度彻底变化的伟大时代，是一个翻天覆地的时代，是过去任何一个历史时代都不能比拟的。处在这样一个时代，我们必须准备进行同过去时代的斗争形式有着许多不同特点的伟大的斗争。"① 这是毛泽东同志特有的中国观、世界观、时代观、未来观，并预言中国可以用 50 年到 100 年的时间建立起强大的社会主义现代化国家，可以赶上并超过世界上最先进的资本主义国家。为此，1964 年 12 月，周恩来同志根据毛泽东同志的社会主义现代化长远战略设想，在第三届全国人大一次会议上正式提出，全面实现农业、工业、国防和科学技术的现代化，使我国经济走在世界的前列②。从此，"四个现代化"成为激励全国各族人民共同奋斗的宏伟目标。

1974 年 2 月，毛泽东同志根据第二次世界大战后国际格局的变化，首次提出"三个世界"划分的战略思想。同年 4 月，邓小平同志在联合国大会上指出："在'天下大乱'的形势下，世界上各种政治力量经过长期的较量和斗争，发生了急剧的分化和改组……从国际关系的变化看，现代世界实际上存在着相互联系又相互矛盾着的三个方面、三个世界。美国、苏联是第一世界。亚非拉发展中国家和其他地区发展中国家是第三世界。处在这两者之间的发达国家是第二世界。"③ 中国属于第三世界，这成为中国在世界格局中的战略定位，即反对两个超级大国称霸世界，第三世界作为主力军在某些点上有同第二世界建立统一战线的基础④。

1975 年 1 月，周恩来同志根据毛泽东同志的指示，在第四届全国人大一次会议上再次提出："在本世纪内，全面实现农业、工业、国防和科学技术的现代化，使我国国民经济走在世界的前列。"⑤

40 余年过去了，我们迎来了新时代。习近平总书记作出重大战略判断："放眼世界，我们面对的是百年未有之大变局。新世纪以来一大批新兴市场国

---

① 毛泽东.毛泽东文集：第八卷[M].北京：人民出版社，1962：302.
② 中共中央文献研究室编辑委员会.周恩来选集：下卷[M].北京：人民出版社，1984：437.
③ 邓小平在联大第六届特别会议上的发言[EB/OL].[2020-10-15].https://news.12371.cn/2015/09/28/ARTI1443384874163974.shtml?from=groupmessage&isappinstalled=0.
④ 徐光春，梅荣政.马克思主义大辞典[M].武汉：崇文书局，2017：805.
⑤ 中共中央文献研究室编辑委员会.周恩来选集：下卷[M].北京：人民出版社，1984：479.

家和发展中国家快速发展,世界多极化加速发展,国际格局日趋均衡,国际潮流大势不可逆转。"①

当前,我国处于近代以来最好的发展时期,世界处于百年未有之大变局,两者同步交织、相互激荡。做好当前和今后一个时期对外工作具备很多国际有利条件②。

我们正处在世界百年未有之大变局和中华民族伟大复兴战略全局的历史交汇期。习近平总书记对中国与世界格局的重要判断,是我们认识中国国情与世界世情的基本依据,也是提出世界百年未有之大变局下中国大战略的基本依据,中国本就是世界百年未有之大变局的最大变量,既是自变量,又是因变量,两者之间的互动形成中国与世界的大发展、大趋势、大变局。

本文从中国与世界经济关系的历史视角、现实视角、未来视角进行量化分析,定性与定量地说明中国与世界经济大变局的历史演变与未来趋势。全文分为五个部分:第一部分为导语,从毛泽东同志对"三个世界"的划分到习近平总书记的"世界百年未有之大变局"论述,笔者进行了简要的梳理;第二部分简述中国与世界经济关系的历史轨迹,从近代中国处于世界边缘,到新中国站起来,再到中国走向世界经济舞台中心;第三部分详细分析中国与世界经济格局大变迁的发展轨迹,并预测未来发展趋势,包括世界经济格局、工业化格局、科学技术格局、贸易格局、城市化格局、现代化格局的重大变化,进一步分析中国对此作出的重要贡献;第四部分分析新冠肺炎疫情如何加速世界经济大变局,2020年中国成为世界唯一实现经济正增长的主要经济体,再次发挥世界宏观经济稳定器的作用;第五部分为结语,就中国如何促进世界经济大变局提出政策建议。

二、中国与世界经济关系的历史轨迹

(一)近代中国处于世界边缘

中国是一个具有五千多年文明史的伟大国家,曾对其他国家的发展产生过深远影响,为人类文明进步作出过不可替代的贡献。近代以后,由于西方

---

① 习近平. 在接见二〇一七年度驻外使节工作会议上的讲话[N]. 人民日报,2017-12-29.
② 习近平. 在中央外事工作会议上的讲话[N]. 人民日报,2018-06-23.

列强的入侵和封建统治的腐败，中国落后了，成为西方眼中的"泥足巨人""沉睡的狮子"。

近代以来，中国长期处于国际体系的边缘地带，不仅在国际上毫无影响力、发言权，而且频遭侵略、备受欺辱。中国经济总量（GDP，购买力平价1990国际元）占世界经济总量的比重从1820年的33.0%下降至1950年的4.6%，达到历史最低点。落后就要挨打，挨打进一步加速了落后。1949年的中国是世界上最落后的国家之一，被毛泽东同志概括为"一穷二白"。

（二）新中国站起来了

1949年中华人民共和国的成立，标志着中华民族开始自立于世界民族之林，为中国在世界上赢得应有的地位奠定了重要基础。

新中国成立后，奉行独立自主的外交政策，从根本上改变了中国和世界关系的基础，为中国和其他国家建立平等互利的新型国际关系开辟了广阔的道路，揭开了中国与世界关系的崭新篇章。

新中国成立初期，对中国产生极其深远影响的重大事件，是赢得了抗美援朝战争的胜利。抗美援朝战争是新中国与美国进行的一场军事、政治、经济、外交的全面较量，中国打破了头号世界强国美国不可战胜的神话。从长期视角看，强大的美国再也不敢明目张胆地侵略中国，为新中国争取了一个长期的国际和平环境[1]，这成为中国重新崛起的最大天时。抗美援朝战争极大地促进了毛泽东同志加快实施国家工业化战略，加快建设正规化、现代化的国防部队的决心[2]。1954年，第一届全国人大首次明确地把建设现代化的国防列为"四个现代化"建设的一项重要内容。没有国防现代化，就没有中国的经济现代化、全面现代化。

由于美国对中国长期进行经济贸易封锁，中国无法参与到第二次世界大战后的经济全球化潮流之中，中国产品出口额（1990年美元价）占世界总量的比重从1950年的1.69%下降至1973年的0.6%[3]，处于历史最低点。但同时也意

---

[1] 徐光春，梅荣政.马克思主义大辞典[M].武汉：崇文书局，2017：803.
[2] 胡鞍钢：中国政治经济史论(1949—1976)[M].北京：清华大学出版社，2007.
[3] 安格斯·麦迪森.世界经济二百年回顾[M].李德伟，益建玲，译.北京：改革出版社，1997：1-11，163，165.

味着中国一旦实施对外开放、融入世界经济、走向世界舞台，就会很快从世界贸易小国（1978年为世界第29位）成为世界最大的商品贸易国（2013年）。

（三）中国走向世界经济舞台中心

1978年党的十一届三中全会以后，中国掀起了改革开放的大潮，在之后的40余年里中国经济社会发展取得了举世公认的辉煌成就。中国的改革开放与全球化蓬勃发展同期展开，在贯彻实施改革开放的过程中，中国与各国、各区域机构、各国际组织的合作与交往不断加强，各方利益也产生不同程度的相互交融。在一定意义上，中国逐渐深度融入世界与国际社会，与各国形成"环球同此凉热"的局面。

今天的世界正面对一个日新月异的中国。中国由国际体系外围进入内核，由国际舞台边缘走向中心区位，从国际管理制度被动的"旁观者"变为主动的参与者、改革者和建设者。在当今世界一切重大事务中，在国际政治经济格局处于历史性变革的时刻，在人类社会发展进步的紧要关头，中国因素的影响和作用正日益显现出来，开始打破长期以来的单极世界格局，重塑世界新格局。

三、中国与世界经济格局大变迁

什么是现代世界的发展规律？列宁曾指出："经济政治发展的不平衡是资本主义的绝对规律。"[①] 安格斯·麦迪森总结，自1820年以来，世界现代经济历史具有三大特征：一是世界经济增长特别迅速，现代经济增长的重要特征是人口增长率较高，经济增长率高于人口增长率，人均收入水平持续增长，贸易增长率高于经济增长率；二是世界各地区和国家之间经济增长存在不平衡性，经济增长模式极不相同，国家和地区之间人均收入差距悬殊；三是世界经济增长并不稳定，既经历了经济繁荣，也经历了经济衰退，呈现出阶段性特点。[②]

21世纪，各国经济政治发展的不平衡仍然是世界的普遍规律，但是与19世纪、20世纪已经截然不同，全球出现了南北国家大变局，全球发生前所未

[①] 列宁.论欧洲联邦口号(1915年8月)[M]//列宁选集:第二卷.北京:人民出版社,1995:709.
[②] 安格斯·麦迪森.世界经济二百年回顾[M].李德伟,益建玲,译.北京:改革出版社,1997:163,165,1-11.

有的大发展,全球发生前所未有的南北国家大趋同,全球发生前所未有的南北大逆转①。"我国处于近代以来最好的发展时期,世界处于百年未有之大变局。"② 为此,我们必须要清楚世界百年未有之大变局"变"在何处,怎么"变","变"的结果是什么,"变"的动力是什么,中国之"变"与世界之"变"有什么关系,又是怎样影响世界格局大变迁的。

上述变化突出体现为中国在改革开放之后迅速崛起,实现经济迅速发展、快速工业化、科技创新、全面对外开放、超大规模城镇化以及现代化,中国不仅先后实现了社会主义现代化建设"三步走"战略目标的第一步、第二步,而且如期实现了第一个百年奋斗目标。由此产生出极大的溢出效应和正外部性,前所未有地带动了南方国家崛起,直接影响和根本改变了世界的经济格局、工业化格局、科学技术格局、贸易格局、城市化格局、现代化格局等。

(一) 世界经济格局发生重大变化

按各国 GDP(购买力平价,1990 国际元、2011 国际元)占世界总量比重的时期变动(见表 1)划分,过去 200 年间的世界经济格局可分为三大阶段:第一阶段为 1820—1950 年,北方国家(发达国家或经济合作与发展组织 OECD 国家)率先崛起,GDP 占比从 1820 年的 29.7% 上升至 1950 的 60.5%,包括中国、印度等在内的南方国家则与此相反,几乎是停滞性发展,占世界经济总量的比重从 70.3% 降至 39.5%,形成了南北国家"四六开"的经济格局;第二阶段为 1950—1990 年,基本上维持了第二次世界大战后的经济格局,保持了南北国家经济总量"四六开"的局面,出现了以美国为首的资本主义和以苏联为首的社会主义二元社会制度和经济体系的对立,即"一球两制";第三阶段为 1991 年冷战结束后,以苏联为首的社会制度和经济体系基本瓦解,随着中国、印度等新兴经济体的快速发展,南方国家 GDP 所占比重由 2000 年的 40.0% 提升至 2015 年的 54.7%,而北方国家则从 60.0% 下降至 45.3%,下降了 14.7 个百分点,平均每年下降一个百分点,到 2020 年降至 40% 左右,南北国家经济总量对比由"四六开"的转变为"六四开",反映了世界经济格

---

① 胡鞍钢,鄢一龙,魏星.2030 中国:迈向共同富裕[M].北京:中国人民大学出版社,2011:5-13,308;胡鞍钢.美国为何衰落[J].学术界,2014(5).

② 习近平.在中央外事工作会议上的讲话[N].人民日报,2018-06-23.

局根本性的大变迁。

表1 南北方国家GDP（1990国际元、2011国际元）占世界总量比重
（1820—2015年） 单位：%

国家/地区	1820年	1870年	1913年	1950年	1973年	1990年	2000年	2010年	2015年
南方国家	70.3	53.1	42.1	39.5	39.9	38.9	40.0	51.0	54.7
中国	33.0	17.1	8.8	4.6	4.6	3.7	7.4	13.9	17.1
印度	16.1	12.2	7.5	4.2	3.1	3.2	4.2	5.9	6.9
俄罗斯	5.4	7.5	8.5	9.6	9.4	6.5	3.3	3.6	3.3
巴西	0.4	0.6	0.7	1.7	2.5	3.3	3.1	3.1	2.8
北方国家	29.7	46.9	57.9	60.5	60.1	61.1	60.0	49.0	45.3
美国	1.8	8.9	18.9	27.3	22.1	19.6	20.5	16.7	15.7
欧盟	23.3	32.0	35.8	27.1	27.1	25.2	23.4	18.8	16.8
英国	2.0	2.5	2.5	2.0	1.4	3.3	3.1	2.5	2.3
日本	3.0	2.3	2.6	3.0	7.8	8.0	6.8	5.0	4.4
中国/美国	1 833.33	192.13	46.6	16.8	20.8	18.9	36.1	83.2	108.9

计算数据来源：（1）Maddison A. Statisticson World Population, GDP and Per Capita GDP, 1-2008AD, 2010[DB/OL].http://www.ggdc.net/MADDISON/oriindex.htm；（2）1990—2015年GDP按购买力平价2011国际元计算，来自世界银行数据库。

注：（1）北方国家指国际货币基金组织2010年定义的发达经济体（Advanced Economies），即经济合作与发展组织（OECD）国家，包括34个国家，其中欧盟包括27个国家；南方国家指北方国家以外的其他国家。（2）1820—1973年GDP按购买力平价1990国际元计算。

进入后冷战经济全球化时代，南方国家开始崛起，形成南北国家的新格局。若按购买力平价2017国际元计算，北方国家GDP占世界经济总量的比重从1990年的63.57%下降至2019年的46.70%，下降了16.87个百分点，其中，美国下降了4.03个百分点。与此同时，南方国家GDP占世界经济总量的比重从36.43%提高至53.30%，超过了北方国家，其中，中国的GDP占世界经济总量的比重提高了14.16个百分点。限于数据收集情况，表2中仅给出2000—2019年的数据。预计到2050年，南方国家经济总量将占世界比重的2/3，中国很大程度上带动了南方国家的崛起，而北方国家经济总量占世界比重将降为1/3，相当于19世纪初的比重，未来30年南北格局将会形成"二一开"的新格局。这将带动世界形成新的"一球两方"，即以中国、印度等为主的新兴经济体及其他南方国家，以美国、欧盟为主的发达经济体及其他北方国家，

使世界南北方朝着更加均衡的方向动态发展，也必然会导致南方国家在世界工业化格局、科学技术格局、贸易格局、城市化格局、现代化格局中发生系统性、根本性的变化。

表2 南北方国家GDP（2017国际元）及所占世界比重（2000—2019年）

国家/地区	2000年	2010年	2019年	2000—2019年变化量
GDP（万亿国际元）				平均增速（%）
北方国家	42.65	50.71	60.72	1.88
美国	14.18	16.84	20.52	1.96
南方国家	25.10	45.49	69.30	5.49
中国	4.36	11.89	22.53	9.03
印度	2.72	5.22	9.23	6.64
世界	67.75	96.20	130.02	3.49
占世界比重（%）				比重增减（百分点）
北方国家	62.95	52.71	46.70	−16.25
美国	20.92	17.51	15.79	−5.13
南方国家	37.05	47.29	53.30	16.25
中国	6.44	12.36	17.33	10.89
印度	4.01	5.43	7.10	3.09

计算数据来源：世界银行数据库 . GDP, PPP (constant 2017 international $)-World, China, United States, OECD members, India [DB/OL].https://data.worldbank.org/indicator/NY.GDP.MKTP.PP.KD?locations=1W-CN-US-OE-IN.

注：GDP数据为四舍五入后的数值，占世界比重数据由未经四舍五入的原始GDP数据计算得出，本文其余表格中占比数据计算方法同此表。

如何看待世界大变局？按照毛泽东同志"三个世界"划分的战略思想，中国的国际定位是世界上最大的发展中国家。但是，随着中国成为世界最大新兴经济体，以及在国际社会中的地位不断提高，作用不断增大，开始改变世界原有的经济政治格局。

进入21世纪，南方国家集体迅速崛起成为最重大的历史事件，特别是2008年国际金融危机爆发以来，以美国为首的发达经济体面临前所未有的政治、经济、社会危机，使国际经济力量对比发生了两个世纪以来最具革命性的质的变化，突出表现为从旧"三个世界"到新"三个世界"的重大转变。不同于国际上按人均GDP水平划分四个收入水平组的传统做法，笔者提出以国家GDP占世界总量比重超过1.0%作为大国标准，这一比重越高，表明其对世界的影响就越直接、越重大、越深远，越能反映世界经济不平衡性真实动态的情况。根据世界银行数据，按购买力平价（2017国际元）计算2017年各大国GDP所占世界比重，可以将其划分为三个世界：第一世界有九大发达经济体，美国GDP占世界经济总量的比重为16.3%、日本为4.3%、德国为3.7%、英国为2.5%、法国为2.5%、意大利为2.1%、韩国为1.8%、西班牙为1.5%、加拿大为1.4%，合计占世界经济总量的36.1%，其经济总量正处在占世界比重持续下降的阶段。第二世界有十大新兴经济体，中国的GDP占世界经济总量的比重为16.4%、印度为6.7%、俄罗斯为3.2%、巴西为2.5%、印度尼西亚为2.4%、墨西哥为2.1%、土耳其为1.9%[①]、沙特阿拉伯为1.3%、伊朗为1.1%、埃及为1.1%，合计占世界经济总量的38.7%，已超过了第一世界国家所占比重，第二世界十大新兴经济体正处在占世界经济总量比重持续上升的阶段。以上十九大经济体绝大部分属于G20国家，两者之间具有高度的重合性。第三世界为其他所有国家（包括中小型发达国家）和地区，其经济总量合计占世界经济总量的25.2%。显然，新"三个世界"的出现绝非偶然，特别是中国、印度等十大新兴经济体同时走上世界舞台，直接影响世界工业化、科学技术、贸易、现代化格局的变化。可以预期，未来新兴经济体与发达经济体的力量对比，还会进一步促进南北大趋同。正如邓小平同志所言，南北问题的核心是发展问题。而中国是解决这一问题的关键国家，既与南方国家成为最大的利益相关者，也与北方国家成为最大的利益相关者。

（二）世界工业化格局发生重大变化

进入21世纪，世界工业化格局发生重大变化。这是引发世界经济格局变化的根本原因，主要为中国、印度等南方国家的工业化加速发展所致。按制造业增加值（现价美元）计算（见表3），北方国家制造业增加值占世界比重从2000年的77.42%下降至2018年的52.19%，下降了25.23个百分点，平均每年下降1.40个百分点，其中，美国占比从2000年的25.17%下降至2017年的16.63%，下降了8.54个百分点；南方国家制造业增加值占世界比重

---

① 2019年，广东省GDP占世界经济总量的比重为1.88%，相当于土耳其所占的经济比重。

从22.58%提高至47.81%，其中，中国从2004年的8.60%提高至2019年的28.21%，提高了19.61个百分点，平均每年提高1.31个百分点，2010年时占比超过美国，2017年已相当于美国的1.59倍。中国工业化的加速带动了世界工业化格局的根本性变化，一方面，得益于北方国家一直在"去工业化"，大量的制造业投资转移到南方国家，特别是对中国的制造业投资；另一方面，中国建立了独特的完整的工业体系和国民经济体系，具有十分丰富的人力资源，以及超大规模的国内市场，既可以吸引大量的北方国家投资，又可以通过"一带一路"倡议走出去，帮助"一带一路"沿线的南方国家发展工业化，这势必会加速改变世界工业化格局。

表3 南北方国家制造业增加值（现价美元）及所占世界比重（2000—2018年）

国家/地区	2000年	2010年	2018年	2000—2018年变化量
制造业增加值（万亿美元）				年均增速（%）
北方国家	4.77	6.37	7.29	2.38
美国	1.55	1.79	2.17（2017年）	2.00（2000—2017年）
南方国家	1.39	4.2	6.69	9.12
中国	0.63（2004年）	1.92	3.90（2019年）	12.92（2004—2019年）
印度	0.07	0.29	0.39（2019年）	9.46（2000—2019年）
世界	6.16	10.57	13.98	4.66
占世界比重（%）				比重增减（百分点）
北方国家	77.42	60.30	52.19	−25.23
美国	25.17	16.93	16.63（2017年）	−8.54（2000—2017年）
南方国家	22.58	29.70	47.81	25.23
中国	8.60（2004年）	18.21	28.21（2019年）	19.61（2004—2019年）
印度	1.14	2.74	2.79（2019年）	1.65（2000—2019年）

计算数据来源：世界银行数据库.制造业，增加值（现价美元）-World, China, United States, OECD members, India [DB/OL].https://data.worldbank.org.cn/indicator/NV.IND.MANF.CD?locations=1W-CN-US-OE-IN.

中国制造业体系门类齐全，在产业分布的广度方面，中国拥有 41 个工业大类、207 个工业中类和 666 个工业小类，是全世界唯一拥有联合国产业分类中全部工业门类的国家。

中国成为世界重要制造业的中心之一，进入世界制造业价值链上游。世界贸易组织《2019 年全球价值链发展报告》表明，在纺织业中，世界上三个供应中心分别是意大利、中国和美国，中国是名副其实的世界加工厂，占据纺织业全球价值链的核心地位；在信息通信产业中，世界的三个供应中心分别是德国、中国和美国，日本、韩国、中国大陆和中国台湾地区共同构成信息通信产业的"亚洲供应中心"，中国大陆已经处于新兴技术产业全球网络的关键节点。

中国成为世界最大的高技术出口额国家。中国高技术出口额从 2007 年的 3 426 亿美元上升至 2018 年的 7 319 亿美元，相当于德国（2 101 亿美元）的约 3.5 倍，美国（1 564 亿美元）的约 4.7 倍，日本（1 110 亿美元）的约 6.6 倍（见图 1）。2017 年，中国高技术产品出口额占世界总量比重为 24.4%。

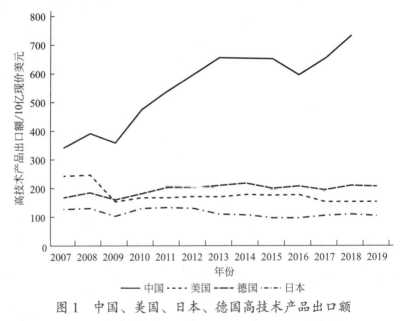

图 1　中国、美国、日本、德国高技术产品出口额

数据来源：世界银行 WDI 数据库. High-technology exports (current US$) - China, Germany, United States, Japan [DB/OL].https://data.worldbank.org/indicator/TX.VAL.TECH.CD?end=2019&locations=CN-DE-US-JP&start=2007.

中国成为世界高技术制造中心。2018 年中国高技术出口额占出口总额的比重为31.4%，明显高于美国（18.9%）、日本（17.3%）和德国（15.8%）的比重（见图2）。中国成为美国最大的竞争对手，必然遭到美国政府"非市场方式"的打压和限制。在核心技术问题上，中国一直面临着被美国等西方国家"卡脖子"的局面，这些核心技术成为今后中国科技创新的重中之重，要以新型举国体制优势破解这一突出难题。

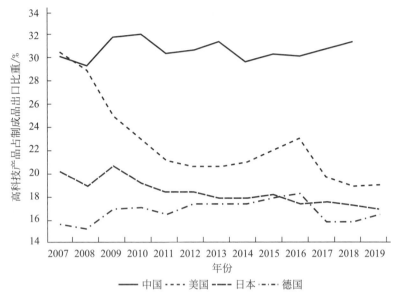

图 2　中国、美国、日本、德国高科技产品占制成品出口比重

数据来源：世界银行WDI数据库. High-technology exports (% of manufactured exports) - Germany, United States, Japan[DB/OL].https://data.worldbank.org/indicator/TX.VAL.TECH.MF.ZS?end=2019&locations=C-N-DE-US-JP&start=2007.

（三）世界科学技术格局发生重大变化

进入21世纪以来，世界科学研究格局发生了重大变化，南北国家之间的巨大知识差距迅速缩小。中国研发支出迅速增长（见表4），从2015年的3 638亿国际元增长至2018年的4 833亿国际元，年均增长率为9.93%，占世界比重从3.37%提高至16.85%，仅次于美国的研发支出（5 605亿国际元）占世界的比重（19.54%），居世界第二位。中国研发人员全时当量迅速增长，从2000年的92.2万人年增长至2019年的461.0万人年[①]，年均增速8.8%，已成为世界第

---

① 国家统计局.中国统计摘要 2020[M].北京：中国统计出版社，2020: 178.

一大研发人员全时当量之国。预计到2035年将突破1000万人年，年均增速在5%以上。

表4 中国和美国研发支出及所占世界比重（2015—2018年）

国家/地区	2015年	2018年	2015—2018年变化量
研发支出与GDP之比（%）			占比增减（百分点）
中国	2.09	2.15	0.06
美国	2.72	2.79	0.07
世界	2.07	2.26	0.19
研发支出（亿国际元）			年均增速（%）
中国	3 638	4 833	9.93
美国	5 099	5 605	3.20
世界	23 789	28 685	6.44
研发支出占世界比重（%）			占比增减（百分点）
中国	15.29	16.85	1.56
美国	21.43	19.54	−1.89
中国/美国	71.35	86.23	14.88

计算数据来源:(1)世界银行WDI数据库. GDP, PPP (constant 2017 international $)-World, United States, China [DB/OL].https://data.worldbank.org/indicator/NY.GDP.MKTP.PP.KD?end=2018&locations=1W-US-CN&start=1990&view=chart；(2)研发占GDP比重(%)[DB/OL].https://data.worldbank.org/indicator/GB.X-PD.RSDV.GD.ZS?end=2018&locations=1W-US-CN&start=1990&view=chart。

从科学研究成果看，根据美国国家科学基金委员会提供的数据（见表5），2000年北方国家发表的科技期刊论文数量占世界比重高达82.46%，而南方国家所占比重仅为17.54%，两者的相对差距明显高于经济、工业化等发展差距。2018年，北方国家和南方国家发表的科技期刊论文占世界比重分别为55.68%和44.32%，北方国家所占比重下降了26.78个百分点，其中，美国占世界的比重从28.54%下降至16.55%，减少了11.99个百分点。而南方国家所占比重则上升了26.78个百分点，其中，中国占世界的比重从4.97%上升至20.68%，提高了15.71个百分点。这表明南北方国家，特别是中国与美国在知识产出方面的差距迅速缩小，2016年中国发表的科技期刊论文数已超过美国，2018年超过欧盟，成为世界三大科学研究中心之一。2000—2018年，世界科技期刊论文数量增长了1.39倍，其中，中国对全球科技期刊论文的增长贡献率高达32.0%，远高于美国7.9%的贡献率。预计到2035年我国科技期刊论文还将大幅度增长，占世界比重将从 2018 年的 1/5 上升至 1/3 左右。我国基础研究取得了显著进步，但与国际先进水平的差距还比较明显。特别是要把原始创新能力提升至较为突出的位置，努力实现更多 "0 到 1" 的突破[①]。我国基础研究短板依然突出，基础研究投入严重不足，2019 年基础研究投入占全国研发投入总额的比重仅为 6.0%[②]，基础研究顶尖人才不足，重大原创性成果缺乏。

表 5　南北方国家科技期刊论文发表量及所占世界比重（2000—2018 年）

国家/地区	2000 年	2010 年	2018 年	2000—2018 年变化量
	论文数（万篇）			年均增速（%）
北方国家	88.06	130.32	142.23	2.70
美国	30.48	40.88	42.28	1.83
南方国家	18.73	64.03	113.21	10.51
中国	5.31	31.25	52.83	13.61
印度	2.18	6.24	13.58	10.70
世界	106.79	194.35	255.44	4.96
	占世界比重（%）			占比变动（百分点）
北方国家	82.46	67.05	55.68	−26.78
美国	28.54	21.03	16.55	−11.99
南方国家	17.54	32.95	44.32	26.78
中国	4.97	16.08	20.68	15.71
印度	2.04	3.21	5.32	3.28

计算数据来源：美国国家科学基金会，世界银行 WDI 数据库. 科技期刊文章 -China, United States, World, OECD members, India[DB/OL].https://data.worldbank.org.cn/indicator/IP.JRN.ARTC.SC?end=2018-&locations=CN-US-1W-OE-IN&start=2000&view=chart。

进入 21 世纪以来，世界技术创新格局发生了重大变化，南北方国家之间巨大的技术差距迅速缩小。这也反映在发明专利的创新成果上（见表 6），根据世界知识产权组织提供的数据显示，按本国居民发明专利申请数，2000 年北方 OECD 国家发明专利申请数占世界比重高达 91.38%，而南方国家所占比重仅为 8.62%，反映出南北最大的发展差距是技术创新的差距，解决问题的关键是作为后发的南方国家能否在对外开放引进和吸收国际技术的同时大力开展自主创新技术。到 2018 年，北方国家和南方国家本国居民发明专利申请

---

① 习近平. 在科学家座谈会上的讲话 [EB/OL].(2020-09-11).http://www.xinhuanet.com/politics/leaders/2020-09/11/c_1126483997.htm.
② 国家统计局，科学技术部，财政部. 2019 年全国科技经费投入统计公报 [EB/OL].(2020-08-27).http://www.stats.gov.cn/tjsj/zxfb/202008/t20200827_1786198.html.

数占世界比重分别为35.90%和64.10%。北方国家的比重下降了55.48个百分点，其中，美国占世界的比重从20.02%下降至12.42%，减少了7.60个百分点，日本减少了35.63个百分点，欧盟减少了7.80个百分点。而南方国家的比重上升了55.48个百分点，其中，中国占世界的比重从3.08%上升至60.74%，提高了57.66个百分点。这表明南北方国家，特别是中国与美国、欧盟、日本的技术创新差距迅速缩小。2005年中国本国居民发明专利申请数超过欧盟，2009年超过美国，2010年超过日本，成为世界最大的技术创新中心之一。在2000—2019年间，世界本国居民发明专利申请数增长了1.79倍，中国对全球发明专利的增长贡献率高达93.0%，远高于美国8.2%的贡献率，而欧盟的贡献率为-0.46%，日本的贡献率为-8.9%。预计到2035年我国居民发明申请数在高基数上仍能增长1.5~2.0倍，世界最大发明专利国（包括PCT专利）的地位更加巩固。

表6 本国居民发明专利申请量及所占世界比重（2000—2018年）

国家/地区	2000年	2010年	2018年	2000—2018年变化量
	发明专利申请量（万件）			年均增速（%）
北方国家	75.22	78.92	82.39	0.5
美国	16.48	24.20	28.51	3.1
日本	38.42	29.01	25.36	-2.3
欧盟	9.63	9.43	8.96	-0.4
南方国家	7.09	37.17	147.09	18.3
中国	2.53	29.31	139.38	21.6
印度	0.22	0.89	1.63	11.7
世界	82.31	116.09	229.48	5.9
	占世界比重（%）			占比增减（百分点）
北方国家	91.38	67.98	35.90	-55.48
美国	20.02	20.84	12.42	-7.60
日本	46.68	24.99	11.05	-35.63
欧盟	11.70	8.13	3.90	-7.80
南方国家	8.62	32.02	64.10	55.48
中国	3.08	25.24	60.74	57.66
印度	0.27	0.77	0.71	0.44

计算数据来源：世界知识产权组织，世界银行WDI数据库.专利申请量，居民[DB/OL]https://data.worldbank.org.cn/indicator/IP.PAT.RESD?end=2019&locatio-ns=CN-US-EU-JP-1W&start=2000&view=chart。

(四)世界贸易格局发生重大变化

两百年来,世界不同地区的国家经济一体化程度持续提高,世界货物出口额占 GDP 的比重从 1820 年的 1.0%,提高至 1992 年的 13.5%。在第一次经济全球化(1870—1913 年)和第二次经济全球化(1950—1990 年)进程中,北方国家一直主导世界贸易。在第三次经济全球化开始之际,北方国家货物出口额占世界比重为 76.08%(1990 年),之后明显下降,到 2019 年已下降至 58.04%。与此同时,南方国家货物出口额占世界比重持续上升,从 1990 年的 23.92% 提高至 2019 年的 41.96%,形成了新的贸易格局。其中,中国货物出口额占世界比重从 1990 年的 1.78% 提高至 2019 年的 13.15%,2009 年超过德国,成为世界第一大货物出口国,世界市场对"中国制造"的依存度明显上升。具体见表 7。

表 7 南北方国家货物出口、进口所占世界比重(1990—2019 年)

国家/地区	1990 年	2000 年	2010 年	2019 年	1990—2019 年变化量(百分点)
货物出口占世界比重(%)					
北方国家	76.08	70.84	59.05	58.04	−18.04
美国	11.35	12.04	8.30	8.66	−2.69
南方国家	23.92	29.16	40.95	41.96	18.04
中国	1.78	3.83	10.24	13.15	11.37
货物进口占世界比重(%)					
北方国家	78.93	75.25	63.45	61.12	−17.81
美国	14.62	18.84	12.69	13.29	−1.33
南方国家	21.07	24.75	36.55	38.88	17.81
中国	1.50	3.36	9.00	10.75	9.25

计算数据来源:世界银行 WDI 数据库,现价美元。

从货物进口额占世界的比重看,南方国家占比从 1990 年的 21.07% 上升至 2019 年的 38.88%,其中中国占比从 1.50% 上升至 10.75%(见表 7),成为世界第二大货物进口国,世界货物进口格局从南北"二八开"逐渐接近"四六开",未来将会发展成"五五开"。

（五）世界城市化格局发生重大变化

进入21世纪，世界城市化格局发生极大变化。北方国家城市人口持续增长，从2000年的9.06亿人提高至2019年的10.99亿人，但是占世界比重从2000年的31.74%下降至2019年的25.71%，下降了6.03个百分点，平均每年下降0.32个百分点，其中，美国从7.81%下降至6.34%。南方国家城市人口迅速增长，从19.48亿人上升至31.75亿人，占世界比重从68.26%提高至74.28%，其中，中国占世界比重从2000年的15.87%提高至2019年的19.72%，提高了3.85个百分点（见表8）。这反映出在全球城市化水平不断高的进程中，南方国家的速度超过北方国家，这也成为南方国家经济增长的最大引擎之一，同时也是南方国家从传统乡村社会转向现代城市社会的必由之路。但是，南方国家的城市化仍面临着人口拥挤、就业不足、环境污染、社会分化、治理失灵等严峻挑战。

表8 南北方国家城市人口及所占世界比重（2000—2019年）

国家/地区	2000年	2010年	2019年	2000—2019年变化量
城市人口（亿人）				年均增速（%）
北方国家	9.06	10.17	10.99	1.02
美国	2.23	2.50	2.71	1.03
南方国家	19.48	25.57	31.75	2.60
中国	4.53	6.58	8.43	3.32
印度	2.92	3.82	4.71	2.55
世界	28.54	35.74	42.74	2.15
占世界比重（%）				占比增减（百分点）
北方国家	31.74	28.45	25.71	-6.03
美国	7.81	6.62	6.34	-1.47
南方国家	68.26	71.54	74.28	-6.02
中国	15.87	18.41	19.72	3.85
印度	10.23	10.69	11.02	0.79

数据来源：世界银行数据库. Urban population - World, China, United States, OECD members, India [DB/OL].https://data.worldbank.org/indicator/SP.URB.TOTL?end=2019&locations=1W-CN-US-OE-IN&start=1990&view=chart。

未来一个时期仍是世界城市化的加速阶段，据联合国《世界城市化前景报告》（2020年4月）数据显示，目前，全球70亿人口中有一半人口生活在城市地区，到2045年，城市人口将超过60亿人。其中，亚洲和非洲的发展速度最快。这些国家面临的主要挑战将是如何为不断增长的城市人口提供基础服务，例如，教育、保健、住房、基础设施、交通、能源和就业[1]。联合国《世界城镇化展望报告》（2016年）预计，到2050年，印度、中国和尼日利亚将分别增加4亿、3亿和2亿城市人口[2]。

（六）世界现代化格局发生重大变化

发电量是衡量一个国家、地区甚至家庭的现代化程度的最重要指标之一。早在100年前，列宁就指出："共产主义就是苏维埃政权加全国电气化。只有当国家实现了电气化，为工业、农业和运输业打下了现代大工业的技术基础的时候，我们才得到最后的胜利。"[3] 由此，可以通过衡量中国、美国、印度、北方国家和世界的通电率（见表9）以及农村通电率（见表10），进行现代化程度的国际比较。进入21世纪，中国迅速实现全国（包括农村）100%通电率。美国在早些时候，OECD国家在晚些时候也完成了全国及农村普及，实现了现代化因素的全覆盖。

表9 中国、美国、印度、世界通电率（1990—2018年）

年份	中国（%）	印度（%）	北方国家（%）	美国（%）	世界（%）
1990	92.2	43.3	98.8	100	71.4
1995	94.4	51.5	99.1	100	74.0
2000	96.9	59.4	99.5	100	77.7
2005	98.3	66.9	99.7	100	80.4
2010	99.7	76.3	99.9	100	83.5
2016	100	84.5	100	100	87.4

---

[1] 联合国.世界城市化前景报告[R].2020年4月.
[2] 联合国.《世界城镇化展望报告》：到2050年世界城镇人口将再添25亿[N/OL].https://news.un.org/zh/story/2014/07/217372.
[3] 中共中央马克思恩格斯列宁斯大林著作编译局.列宁专题文集：论社会主义[M].北京：人民出版社，2009: 181-182.

年份	中国(%)	印度(%)	北方国家(%)	美国(%)	世界(%)
2018	100	95.2	100	100	89.6
变化（百分点）	7.8	51.9	1.2		18.2

数据来源：世界银行 WDI 数据库. Access to electricity (% of population) - United States, World, China, India[DB/OL].https://data.worldbank.org/indicator/EG.ELC.ACCS.ZS?end=2018&locations=US-1W-CN-IN&sta-rt=1990。

表10 中国、印度、美国、北方国家、世界农村电力覆盖率（1990—2018年）

年份	中国(%)	印度(%)	美国(%)	北方国家(%)	世界(%)
1990				98.5	
1995		37.5		97.5	
2000	95.2	47.7	100.0	98.7	65.6
2005	97.2	57.7	100.0	99.1	67.6
2010	99.4	68.4	100.0	99.2	71.6
2016	100.0	85.4	100.0	99.6	79.5
2018	100.0	92.9	100.0	100.0	82.0
2000—2018年变化（百分点）	4.8	45.2	0.0	1.3	16.4

数据来源：世界银行 WDI 数据库. Access to electricity, rural (% of rural population) - United States, World, China, India, OECD members [DB/OL].https://data.worldbank.org/indicator/EG.ELC.ACCS.RU.ZS?end=2018&locations=US-1W-CN-IN-OE&start=1990。

采用现代化因素的发电量实物指标（见表11），实际上比采用GDP（购买力平价）指标更能体现一个国家乃至一个家庭的现代化程度和水平。中国的发电量已经超过美国，2014年时中国的发电量为美国的1.33倍，2022年时已为美国的1.94倍。这直接反映了具有现代化因素的中国实物经济相当于美国的1.94倍，明显地高于GDP（购买力平价）的倍数。

表11 中国、印度、美国、世界发电量（2014—2035年）

年份	中国	印度	美国	世界
发电量（10亿千瓦小时）				
2014	5 794.5	1 262.2	4 363.3	24 029.8
2015	5 814.6	1 317.3	4 348.7	24 266.8
2016	6 133.2	1 401.7	4 347.9	24 922.9
2017	6 604.4	1 473.8	4 302.5	25 643.0

续表

年份	中国	印度	美国	世界
2018	7 166.1	1 551.4	4 457.4	26 652.7
2019	7 503.4	1 558.7	4 401.3	27 004.7
2035	15 173.8	2 919.4	4 508.13	37 656.5
2014—2019年年均增速（%）	5.31	4.30	0.17	2.36
发电量占世界比重（%）				
2014	24.11	5.25	18.16	100.00
2015	23.96	5.43	17.92	100.00
2016	24.61	5.62	17.45	100.00
2017	25.76	5.75	16.78	100.00
2018	26.89	5.82	16.72	100.00
2019	27.79	5.77	16.30	100.00
2035	40.30	7.75	11.97	100.00

数据来源：（1）2014—2019年数据来自BP（英国石油公司）.Statistical Review of World Energy2020（世界能源统计年鉴2020）[R].2020年6月；（2）2035年数据系作者预测。

综上所述，中国实现了经济起飞、迅速崛起，走向世界舞台中心。我国多项经济总量指标相继进入世界前三位，在17个主要指标中已有12个指标居世界首位（见表12），标志着我国经济实力、科技实力、国际竞争力、国际影响力、综合国力跃居世界前列，与世界格局大变迁同时发生、同向发展、同步演进。特别是带动南方国家兴起，极大地推动了南方国家的经济发展、工业化、科技进步、贸易增长、城市化和现代化进程，对世界大变局影响之深远、之宽度、之重大前所未有。中国作为世界最大的新兴经济体，对世界格局的大变迁发挥着"领头羊"的作用，也证明了中国越强大，世界越繁荣，显示了中国的发展具有巨大的溢出效应和正外部性，新的"一球两方"更加均衡、更加公平、更可持续。

表12 中国主要指标位居世界第三、第二、第一的年份

序号	主要指标	第三位	第二位	第一位	数据来源
1	GDP（汇率法，现价美元）	2007年	2010年		世界银行
2	GDP（购买力平价，2017国际元）	1994年	1999年	2017年	世界银行
3	农业增加值（现价美元）		1994年	1995年	世界银行
4	工业增加值（现价美元）	1999年	2006年	2011年	世界银行

续表

序号	主要指标	第三位	第二位	第一位	数据来源
5	商品出口（现价美元）	2004年	2007年	2009年	世界贸易组织
6	商品进口（现价美元）	2003年	2009年		世界贸易组织
7	服务出口（现价美元）	2011年			国际货币基金组织
8	服务进口（现价美元）	2011年	2013年		国际货币基金组织
9	外汇总储备（现价美元）	1995年	1996年	2006年	国际货币基金组织
10	本国居民发明专利申请数	2003年	2009年	2010年	世界知识产权组织
11	本地居民直接提交的商标申请数		1997年	2001年	世界知识产权组织
12	科技期刊文章数		2004年	2016年	美国国家科学基金会
13	铁路客运量（百万乘客—千米）			1995年	世界银行
14	航空运输，客运量（人次）	1993年	2004年		国际民用航空组织
15	能源消费	1985年	1993年	2009年	BP世界能源统计
16	发电量	1994年	1996年	2011年	BP世界能源统计
17	可再生能源发电量，不包括水电（千瓦时）	2005年	2008年	2016年	BP世界能源统计

注：外汇总储备，不包括黄金储备。

四、新冠肺炎疫情加速大变局

习近平总书记指出："当前，新冠肺炎疫情全球大流行使这个大变局加速变化，保护主义、单边主义上升，世界经济低迷，全球产业链供应链因非经济因素而面临冲击，国际经济、科技、文化、安全、政治等格局都在发生深刻调整，世界进入动荡变革期。"①

新冠肺炎疫情对世界经济、国际贸易、国际投资、国际金融、国际交往（国际旅游）等造成前所未有的巨大冲击。疫情有可能短期化（2~3年）、中期化（5年）②、长期化（10年左右），将进一步加剧主要经济体的分化态势，进一步

---

① 习近平.在经济社会领域专家座谈会上的讲话[EB/OL].(2020-08-25).http://www.gov.cn/xinwen/2020-08/25/content_5537101.htm.
② 世界银行首席经济学家卡门·赖因哈特预计，就人均国内生产总值而言，全球经济要从新冠病毒引发的危机中完全恢复可能需要等到2025年。路透社马德里，2020年9月17日电。

促进全球经济格局多极化趋势，经济全球化再次受到严重冲击，全球产业链、供应链受到严重干扰，全球产业分工格局发生重大变化。

（一）世界经济已经进入深度衰退期

根据国际货币基金组织（IMF）《世界经济展望》报告（2020年10月13日）预测，2020年在世界主要经济体中只有中国是唯一实现经济正增长的国家，相对于6月时的预测，IMF上调了对中国2020年经济增速的预期，从0.9%提高至1.9%，预测中国2021年将实现全球最快的8.2%的增速[①]。该报告指出，中国的经济复苏快于预期，2月初中国逐步开始复工复产，经济活动正常化的速度快于预期。在政府政策支持和出口弹性的支撑下，中国第二季度经济出现正增长。中国比世界其他国家做得更好。IMF预测2020年世界经济增长将下降4.4%，2021年反弹至5.2%，美国分别为-4.3%和3.1%，欧元区分别为-8.3%和5.2%，日本分别为-5.3%和2.3%，印度分别为-10.3%和8.8%，东盟五国分别为-3.4%和6.2%。这将进一步加剧世界经济格局大变局。

（二）世界失业率上升，将创下历史新高

由于疫情防控措施不可避免地带来工作场所的关闭和需求的下降，严重影响了各类就业岗位。国际劳工组织（ILO）预计（2020年4月7日），33亿就业人口中超过81%的工作场所受到影响而完全或部分关闭，涉及26.7亿人。ILO第二次估计（2020年4月29日），约有16亿非正规经济部门的从业者即将失去生计，约占全球劳动力总数的一半。仅一个月时间，全球20亿非正规部门从业者工资已平均下降约60%。预计在第二季度总工作时间将比这场危机暴发前减少10.5%，相当于3.05亿个全职雇员失业。2020年全球失业率的最终增长在很大程度上将取决于世界经济在2020年下半年的表现。其中美国创下了失业高峰，到2020年4月25日，首次申请领取失业救济人数累计增至3030万人，在一个多月的时间里，几乎每5个劳动者中就有1人失去工作。美国第一季度新增失业人数至少高达2 600万人，预计第二季度经济下滑之势将更加

---

① 根据国家统计局发布的《中华人民共和国2021年国民经济和社会发展统计公报》，2021年全国国内生产总值比上年增长8.1%。

严重。根据 ILO 报告（2020 年 6 月 30 日），2020 年第二季度全球的工作时间减少了 14%，相当于损失 4 亿个全职工作，占世界劳动力 33 亿人的 12.1%。

（三）世界贸易已经进入严重衰退期

根据世界贸易组织报告（2020 年 10 月 6 日）预测，2020 年全球贸易将下降 9.2%，2021 年将增长 7.2%，比 2009 年全球金融危机期间的降幅（12.8%）小（根据世界银行的数据，2009 年全球商品出口增长率为 –22.3%，其中中国商品出口增长率为 –16.0%；2020 年 1—8 月按人民币计算，中国出口交货值下降 3.2%，实际低于 2009 年的情景）。预计世界贸易依存度将进一步下降。

（四）世界贫困发生率呈现上升趋势

根据世界银行每人每日支出不足 1.9 国际元的贫困线计算，全球贫困发生率从 1990 年的 28.6% 下降至 2015 年的 10.0%，全球贫困人口从 17.26 亿人下降至 2015 年的 7.34 亿人，减少了近 10 亿贫困人口。但是新冠肺炎疫情暴发以后，改变了这一下降趋势，世界银行预计 2020 年因疫情冲击将增加 8800 万至 1.1 亿贫困人口。2030 年世界贫困发生率降至 3% 的目标难以如期实现[①]。

（五）未来最大的挑战是气候变化

中国是世界最大的碳排放国，根据英国石油公司（BP）《2020 年世界能源统计》，2005 年中国超过美国成为世界上最大的碳排放国，中国碳排放量占世界总量的比重从 2005 年的 21.6% 提高至 2019 年的 28.8%，已经大大高于我国总人口占世界的比重（18.2%），达到 98.258 亿吨碳当量，是美国比重（14.5%）的 1.99 倍，人均能源消费量为美国的 34.4%。2008—2018 年，世界碳排放年均增速为 1.1%，中国为 2.6%，属于世界高排放增速国家。

---

① Yonzan N, Lakner C, Mahler D G.Projecting global extreme poverty up to 2030: How close are we to WorldBank's 3% goal? [EB/OL].(2020-01-09).https://blogs.worldbank.org/opendata/projecting-global-extreme-poverty-2030-how-close-are-we-world-banks-3-goal.

2020年12月，习近平主席在气候雄心峰会上代表中国政府向世界公开承诺："中国提高国家自主贡献力度，采取更加有力的政策和措施，力争2030年前二氧化碳排放达到峰值，努力争取2060年前实现碳中和。"这是中国最雄心勃勃的减排行动，为实现应对气候变化《巴黎协定》确定的目标作出更大努力和中国贡献。中国将在"十四五"时期编制国家气候专项规划，制定二氧化碳排放达峰行动计划，加快推进全国碳市场建设，积极参与全球气候治理[①]。

中国的减排承诺意味着，欧盟用60年的时间（1990—2050年）减少碳排放、实现碳中和，而中国必须用40年时间（2020—2060年）实现这一目标。这既是挑战也是机遇，到2060年中国需要制定8个五年规划，分目标、分阶段、分步骤地实现这一核心目标，将不可能变成可能。

（六）中国成功应对疫情冲击

中国在世界上率先有效控制新冠肺炎疫情，率先实现经济复苏，率先实现经济增长，并为国际社会积极抗疫贡献力量。2020年中国经济增速为2.3%，2021年为8.1%，按购买力平价2017国际元计算，2021年中国GDP约占世界GDP总量的19%，对世界经济复苏发挥了重要作用，并将超过2008—2010年的贡献率。

从总体上看，全球大变局更加凸显了我国坚持和平发展、互利共赢、全球命运共同体理念的价值，国际社会也更加需要中国在国际治理和国际发展中发挥积极作用，不会改变中国走进世界舞台中心的大趋势。我国在世界上的大国地位、作用和国际影响力也将继续增强，成为创造世界和平、发展、合作的最大的积极因素，是全球发展继续创造"天时"和"地利"的最大的积极力量。

五、结语：中国如何促进世界经济大变局

中国从来没有像今天这样与世界息息相关，世界也从来没有像今天这样与中国紧密联系。中国与世界构成了新型人类命运共同体，既改变了中国，

---

① 韩正在生态环境部召开座谈会研究部署生态环境保护有关重点工作[EB/OL].(2020-10-13).http://www.gov.cn/guowuyuan/2020-10/13/content_5551067.htm.

也改变了世界。中国的改革开放始终与世界格局大变迁同时发生、同向发展、同步演进。为此，中国更需要促进世界经济格局大发展、大变局、大趋势。

第一，始终坚持中国的世界定位，即做世界和平的建设者、全球发展的贡献者、国际秩序的维护者。

第二，在中国与世界百年未有之大变局背景下，中国需要继续把握和创造战略机遇期，实行党的十九大提出的"两步走"战略，第一步到2035年基本实现社会主义现代化，第二步到21世纪中叶把我国建成富强民主文明和谐美丽的社会主义现代化强国。

第三，中国需要继续为世界特别是南方国家创造"中国机遇"，包括推动全方位对外开放，大力促进贸易和投资自由化便利化，坚决维护经济全球化和以世贸组织为核心的多边贸易体制，推动共建"一带一路"，为世界提供"中国技术""中国创新""中国制造""中国投资""中国市场""中国服务""中国质量""中国品牌"等。打造以国内大循环为主体、国内国际双循环相互促进的新发展格局，为中国经济发展开辟空间，为世界经济复苏和增长增添动力。

第四，中国需要为世界提供更多的全球公共产品，承担大国责任，展现大国担当。坚持走多边主义道路，维护以联合国为核心的国际体系，例如，中国将落实好两年提供20亿美元国际援助的承诺，深化农业、减贫、教育、妇女儿童、气候变化等领域的国际合作，助力各国经济社会恢复发展[①]。

第五，中国始终坚持走和平发展、开放发展、合作发展、共同发展的道路。中国永远不称霸，也坚决反对霸权主义；中国永远不扩张，也坚决反对扩张主义；中国坚持共赢主义，也坚决反对利己主义。

总之，一个越来越强大的中国，一个为人类作出重大贡献的中国，始终"坚守和平、发展、公平、正义、民主、自由的全人类共同价值，推动构建新型国际关系，推动构建人类命运共同体，共同创造世界更加美好的未来！"[②]

[①][②] 习近平.在第七十五届联合国大会一般性辩论上的讲话[N].人民日报，2020-09-23.

新型举国体制：时代背景、基本特征与适用领域[*]

谢宜泽　胡鞍钢

新型举国体制是面向国家和人民重大战略需求，在党的领导下多元主体共同参与，综合运用政府和市场等资源配置手段，凝聚各方力量以完成既定任务的一种组织模式和运行机制。它是制度优势转化为治理效能的重要渠道，是集体主义价值逻辑、社会主义制度逻辑、长期实践历史逻辑和"两个大局"现实逻辑的有机统一。新型举国体制是传统举国体制在新时代的适应性转型，在领导力量和价值取向方面，二者一脉相承；在资源配置、参与主体和外部环境方面，新型举国体制则呈现市场化、多元化和开放化等鲜明特征。在国家竞争日益加剧和民族复兴胜利在望的关键时期，应坚持需求导向和问题导向，主动探索新型举国体制的实现方式，尤其在前沿科技、民生建设、军民融合、应急管理等领域，充分发挥新型举国体制的积极作用，推动国家治理体系和治理能力现代化。

党的十九届四中全会指出，我国国家制度和国家治理体系具有多方面的显著优势，其中之一即是"坚持全国一盘棋，调动各方面积极性，集中力量

---

[*] 基金项目：中宣部全国哲学社会科学工作办公室国家高端智库专项 (20155010298)。本文原载于《深圳大学学报（人文社会科学版）》2021 年第 4 期第 18-26 页，人大复印报刊资料《中国特色社会主义理论》2021 年第 10 期全文转载。清华大学公共管理学院博士生刘东浩对本文亦有贡献。

办大事的显著优势"①。作为这一显著优势的集中体现，举国体制曾经在我国社会主义经济建设、科技攻关、抢险救灾等领域发挥过不可替代的重要作用，也是中国取得当今发展成就的制度法宝之一。比如，新中国成立之后，我国曾在短时间内取得"两弹一星"等重大科技成果，以及在"一穷二白"的极低初始条件之下迅速建立起独立的、比较完整的工业体系和国民经济体系；改革开放尤其是党的十八大之后，我国在航空航天、高速铁路等领域的飞速发展，以及在对口支援、脱贫攻坚、疫情防控等民生工程和应急管理方面的巨大成功，也都是举国体制发挥作用的生动写照。

然而，目前关于举国体制的认识，不仅理论研究落后于实践探索，而且还有不少人对其存在偏见和误解。比如，将举国体制等同于计划经济体制，认为举国体制意味着一刀切、不计成本、劳民伤财、不惜一切代价、政府大包大揽，与市场经济体制格格不入；或者认为举国体制是特殊阶段的特殊手段，是在安全面临威胁和资源相当有限的情况下不得已的非常举措，它具有一定的历史合理性，如今时代发生改变，举国体制的老派做法已经不合时宜。诚然，不可否认，举国体制过去确实存在体制运行效率递减、聚合协同能力薄弱、市场和社会参与不足、多元综合功能发挥不畅等不容忽视的问题②。但是，举国体制作为一种植根中国大地、彰显制度优势的组织协调机制，它并不简单地对应于计划经济体制或市场经济体制，也不简单地对应于某个时代，它的存在显然有着更深刻的合理性。因此，当前的关键在于坚持制度自信的同时与时俱进，创新举国体制的应用场景和实现方式。

那么，如何创新举国体制，将举国体制的社会主义制度优势进一步转化为治理效能？2019年习近平总书记在会见"嫦娥四号"探月工程参研参试人员代表时曾指明了一个方向，"'嫦娥四号'任务，坚持自主创新、协同创新、开放创新，是探索建立新型举国体制的又一生动实践"。除此之外，2020年习近平总书记在京考察新冠肺炎防控科研攻关工作时再次强调，"要完善关键核心技术攻关的新型举国体制，加快推进人口健康、生物安全等领域科研力量布局"③。其中，新型举国体制是中国特色社会主义新时代历史方位下创新举国

---

① 中共中央关于坚持和完善中国特色社会主义制度 推进国家治理体系和治理能力现代化若干重大问题的决定[N].人民日报，2019-11-06(1).
② 鲍明晓.构建举国体制与市场机制相结合新机制[J].体育科学，2018(10):3-11.
③ 习近平.协同推进新冠肺炎防控科研攻关 为打赢疫情防控阻击战提供科技支撑[N].人民日报，2020-03-03(1).

体制的发展目标,也是坚持和完善中国特色社会主义制度、推进国家治理体系和治理能力现代化的重要组成部分。作为一项基础工作,如何认识新型举国体制成为当下亟须认真面对的重要课题。比如,为什么提出新型举国体制,它的时代背景是什么?它与传统举国体制有什么异同,它的基本特征是什么?应当如何运用新型举国体制,它的适用领域是什么?针对上述问题,本文试图进行探讨。

一、新型举国体制的时代背景

举国体制的做法早在农业社会时期便已存在,长城等军事防御工程以及京杭大运河等水利漕运工程即是典型案例。不过,由于生产资料私有制与举国体制实践所必须的广泛社会动员和分工协作存在着天然矛盾,因此,漫长农业社会时期的举国体制实践只零星地发生在大型工程修建等个别领域。

新中国成立尤其是1956年社会主义基本制度全面确立之后,生产资料私有制转为社会主义公有,与之相伴的政治、社会、文化体制也相应地发生改变[①],举国体制的普遍实践才具备与之相适应的制度基础。当然,即便都发生在社会主义背景之下,不同历史时期的举国体制实践也存在着明显区别。新中国成立至改革开放前,属于计划经济占主导的时期,举国体制实践也附带着高度集中的计划经济特点;党的十八大之后,市场在资源配置中起决定性作用,举国体制实践则是社会主义市场经济活动的一个组成部分。为了加以区别,可称前者为传统举国体制,目前正在形成且不断完善和创新的后者为新型举国体制。改革开放后至党的十八大之间,是社会主义市场经济确立、发展和不断完善的时期,也是举国体制实践与社会主义市场经济不断磨合的时期,可称作传统举国体制向新型举国体制转变的过渡期。

虽然举国体制的实践早已存在,不过,举国体制的概念却出现得较晚。有研究指出,"举国体制"一词起源于20世纪80年代洛杉矶奥运会之后,国家体委对我国优势体育项目迅速崛起的经验总结,尔后逐渐演化成为我国体育体制的代名词[②]。除了在体育领域,科技创新、危机管理、超大规模工程项

---

① 萧冬连.筚路维艰:中国社会主义路径的五次选择[M].北京:社会科学文献出版社,2014:62-72.
② 鲍明晓.关于建立和完善新型举国体制的理论思考[J].天津体育学院学报,2001(4):48-51.

目建设等领域随后也出现了举国体制的提法。举国体制主要是指以国家利益为最高目标，充分调动各方的积极性，给予政策倾斜、资源倾斜和精神支持，动员和运用全国财力、物力、人力达成国家既定目标的运行机制和制度安排。

随着时代的发展，国家一方面继续肯定举国体制的重要价值，另一方面又创造性地提出新型举国体制的概念。2009年国家提出"把社会主义集中力量办大事的优势和市场配置资源的竞争优势有机结合，探索健全市场经济条件下的新型举国体制"[1]。2015年习近平总书记在党的十八届五中全会中首次明确提出"发挥市场经济条件下新型举国体制优势"的重要思想[2]。为何此时国家如此重视新型举国体制的制度安排？除了它契合中华民族优秀传统文化集体主义的价值逻辑、社会主义集中力量办大事的制度逻辑以及举国体制长期实践的历史逻辑之外，笔者认为，更重要的是，它还契合时代发展的现实逻辑，即深刻反映了当前我国所处的严峻国际发展环境以及国家发展阶段的时代要求。因此，只有以国家竞争的国际视野和民族复兴的历史视野，才能充分认识和理解新型举国体制的必要性与重要性。

（一）新型举国体制是顺应时代发展潮流、积极参与全球治理、有效应对大国竞争的客观要求

当今世界正面临百年未有之大变局，新一轮科技革命深入发展，全球治理体系深刻重塑，国际政治经济格局加速演变。2008年国际金融危机之后，全球范围内出现了两股大趋势：一是以美国、英国等传统发达国家为代表的北方国家加速衰落，以中国、印度等新兴市场国家为代表的南方国家加速崛起，世界经济格局由南北大趋异走向南北大趋同。仅以中国和美国GDP（购买力平价，2017国际元）占世界总量的比重为例，1990年中国和美国所占的比重分别为3.16%和19.75%，中国与美国的差距达到16.59个百分点；经过20余年的持续发展，2019年中国这一比重已经上升至17.36%，超出美国（15.81%）

---

[1] 刘延东.健全体制机制　加强统筹协调　高质量高效率推进重大专项组织实施工作[N].人民日报，2009-11-26(2).
[2] 习近平.关于《中共中央关于制定国民经济和社会发展第十三个五年规划的建议》的说明[J].求是，2015(22).

1.55 个百分点①。事实表明，中国已经进入世界经济舞台中心，成为影响全球经济增长举足轻重的国家。二是以人工智能、虚拟现实、量子通信、生物技术、清洁能源为代表的第四次工业革命加速兴起，成为新一轮科技革命和产业变革的重要驱动力量。已有研究指出，新工业革命将重塑国家间竞争格局，为后发国家的竞争与赶超提供窗口期②。在两股历史趋势汇合的时代大潮之下，诚如习近平总书记所言，未来10年，将是世界经济新旧动能转换的关键10年，将是国际格局和力量对比加速演变的10年，将是全球治理体系深刻重塑的10年③。机遇千载难逢，稍纵即逝，能否抓住未来10年大有可为的时代机遇，强化基础研究和应用研究，抢占新一轮工业革命的制高点，改变关键技术被美国等西方发达国家"卡脖子"的局面，实现整体科技实力从量的积累到质的飞跃，领跑世界科技前沿，进而在大国竞争中率先取得优势地位，推动国际秩序和全球治理体系朝着更加公正合理的方向发展，已经成为决定未来中国前途命运的分叉口。因此，创新举国体制，以新型举国体制的制度创新适应第四次工业革命发展的需要，以科技创新和制度创新双轮驱动我国迈向世界科技强国，引导资源和要素流向关乎国家竞争大局、国计民生事业的领域，是我国抢占经济新旧动能转换先机、应对国际力量演变和参与全球治理重塑的必然选择。

（二）新型举国体制是充分利用后发优势、推动产业转型升级、确保中华民族伟大复兴顺利实现的重要制度保障

当今中国正处在中华民族伟大复兴的关键时期，也处于经济由高速增长向高质量发展的转换时期以及全面建设社会主义现代化国家的启动阶段。在民族复兴伟业胜利在望之际，我国依旧长期面临转变发展方式、优化经济结构、转换增长动力、优化营商环境、推动乡村振兴等系列难题。仅以乡村振兴为例，共同富裕是社会主义的本质要求，在决战脱贫攻坚取得决定性胜利

---

① 数据来源：世界银行数据库. GDP, PPP (constant 2017 international $)-China, United States, World[DB/OL]. https://data.worldbank.org/indicator/NY.GDP.MKTP.PP.KD?locations=CN-US-1W.
② 谢伏瞻. 论新工业革命加速拓展与全球治理变革方向[J]. 经济研究，2019(7): 4-13.
③ 习近平. 顺应时代潮流实现共同发展——在金砖国家工商论坛上的讲话[N]. 人民日报，2018-07-26(2).

之后,如何巩固脱贫攻坚成果、缓解相对贫困,成为下一步"三农"工作的重点。作为脱贫攻坚的有效衔接,乡村振兴成为新时代继续推动农村繁荣发展的主导战略。然而,与脱贫攻坚类似,若要实现乡村产业、乡村人才、乡村文化、乡村生态和乡村组织的全面振兴,特别是基础设施建设、人居环境改善、传统村落保护、社会保障救助等,仅仅依靠市场力量或者慈善公益组织等社会力量,无法在全国范围内大规模开展,必须继续发挥政府在对口帮扶、资金支持、土地规划、政策倾斜、制度安排等方面的引领推动作用,动用全国力量强化以工补农、以城带乡的体制机制,形成工农互促、城乡互补的良好局面。总的来看,目前我国依然是世界上最大的发展中国家,仍处于社会主义初级阶段,发展仍是第一要务,是解决一切问题的总钥匙。当前我国还面临着许多目标明确、不得不做、时间紧迫、必须自力更生而无法寄希望于他国、影响全国发展大局和未来发展方向的大事,新型举国体制是解决当前特殊发展阶段众多难题的制度法宝。

二、新型举国体制的基本特征

新型举国体制是举国体制在中国特色社会主义新时代的历史传承与时代创新,从组织理论的视角可视之为一次组织域的变革。它不仅需要继承传统举国体制的优点,而且应当契合社会主义市场经济、共赢主义经济全球化等时代大势(见表1)。

表1 传统举国体制与新型举国体制的基本特征和运用领域

维度	传统举国体制	新型举国体制
领导核心	中国共产党	中国共产党
价值取向	全心全意为人民服务	以全体人民为中心
资源配置方式	计划经济体制	社会主义市场经济体制
参与主体	政府、工人、农民、知识分子	政府、市场、企业、社会、个人等
外部环境	"冷战"两极格局、美国制裁封锁	世界多极化、经济全球化、美国遏制中国
运用领域	"两弹一星"、扫除文盲、防治传染病、重大灾害、重大基础设施等	前沿科技、民生工程、扶贫脱贫、军民融合、应急管理、生态文明建设、国家重大项目和工程、竞技体育等

（一）坚持党的领导是新型举国体制传承传统举国体制的领导核心特征

举国体制作为一种强大国家能力的体现，它根本上解决的就是"团结"的问题，或者说是在复杂环境下的网络协作问题[①]。团结的首要现实问题就是由谁来领导和组织的问题。1949 年之前的旧中国曾经长期处于"一盘散沙""四分五裂"的状态，最终历史和人民选择了中国共产党，其中一个重要原因就是中国共产党可以整合广大中国人民的伟大力量。办好中国的事情，关键在党。如今在波诡云谲的国际环境和日趋复杂的国内环境面前，只有中国共产党可以坚定全国人民的信心，也只有中国共产党具备"总揽全局、协调各方"的领导权威和领导能力，进而统筹协调动员全国的物力、财力和人力，调动中央政府和地方政府两个治理主体的积极性，使全国人民共同朝着一个目标持续奋进。因此，关于举国体制的领导和组织核心问题，新型举国体制和传统举国体制一脉相承。

（二）坚持人民至上是新型举国体制传承传统举国体制的价值取向特征

发展依靠人民的重要前提是发展必须为了人民、发展成果必须由人民共享。社会主义制度之所以可以集中力量办大事、发挥人民的主体地位，关键在于始终坚持人民至上的价值取向。"两弹一星"、月球探测等科技工程，南水北调、脱贫减贫等民生工程，抗击"非典"、抗震救灾等应急工程，凡举国体制所办之事无一不是与广大人民的切身利益、长远利益和整体利益密切相关。任何发展方式都是手段，人的自由和全面发展才是最终目的。增进人民福祉、促进人的全面发展既是举国体制的出发点，也是它的落脚点。举国体制的最终目的乃是举国受益，脱离了这一原则，任何形式的举国体制将丧失最坚实的合法性基础。因此，对于举国体制办人民之大事这一根本性问题，无论是新型举国体制"以人民为中心"的价值取向，还是传统举国体制"全心全意为人民服务"的价值取向，都是人民至上价值理念的充分展现。

---

① Doyle B. Lessons on Collaboration from Recent Conflicts: The Whole-of-Nation and Whole-of-Government Approaches in Action[J].Inter Agency Journal, 2019, 10(1): 105-122.

（三）充分适应社会主义市场经济是新型举国体制区别于传统举国体制的资源配置方式特征

改革开放之前，举国体制资源配置的主要方式是计划经济的行政指令，政策目标更多遵循的是政治逻辑。在特殊情况下，基于强烈的历史使命感，国家甚至不时打破制度、常规和专业分际，强力动员国家所需要的社会资源[1]，形成运动式治理特征。1992年党的十四大提出了建立社会主义市场经济体制的改革目标，经过20余年的不断发展和完善，市场已经在资源配置中起决定性作用。作为社会主义独特的政治制度和市场机制相结合的产物，新型举国体制必然要求突破传统举国体制以计划为主的资源配置方式，转向以市场为主的资源配置方式，在政策目标上兼顾政治逻辑和经济逻辑，更加尊重经济规律、科学规律和市场规律。以举国体制的资源动员能力弥补市场机制的无秩序和盲目性短板，以市场机制的资源配置能力弥补举国体制的弱激励和低效率短板，扬长避短，实现举国体制与市场机制的优势互补。实践也表明，有为政府与有效市场的两手合力优于市场一只手之力。因此，尊重经济运行的客观规律、充分发挥市场的资源配置作用是新型举国体制不同于传统举国体制最显著的特征。

（四）充分发挥市场主体和社会组织力量是新型举国体制区别于传统举国体制的参与主体特征

传统举国体制的参与主体比较单一，主要是政府以及政府动员下的农民、工人和知识分子等个人。组织域的中心化程度很高，政府同时扮演了生产者、组织者和监管者的多重身份。改革开放之后，我国企业、个体工商户、农民专业合作社等市场主体以及社会团体、社会服务机构、基金会等社会组织蓬勃发展。其中，各类市场主体数量从改革开放初期的49万户，增长至2020年7月底的1.32亿户，增长了268倍。其中，企业4 110.9万户，个体工商户8 834.8万户。截至2020年年底，各类社会组织总数达到899 759个，民政部

---

[1] 冯仕政.中国国家运动的形成与变异：基于政体的整体性解释[J].开放时代，2011(1)：73-91.

登记的社会组织数量达到 2 276 个[①]。一言以蔽之，当前组织域结构逐渐走向分散，政府的网络协调成本大幅度增加。因此，在新形势下，新型举国体制必然要求充分发挥市场和社会的力量，在中国共产党的领导下，实现组织域的适度去中心化，重点突出政府的核心职能，形成政府组织、市场生产、社会监督、个人参与等多元主体协同配合的参与格局，最大限度地调动和激发各方主体的积极性和创造性。

（五）充分融入经济全球化进程是新型举国体制区别于传统举国体制的外部环境特征

第二次世界大战之后，美苏形成两极对峙的"冷战"格局。因此，传统举国体制面对的是一个相对封闭的外部环境，展现了在极其艰难的特殊历史时期全国人民为保卫国家安全和政权独立而自力更生、艰苦奋斗的民族斗志和精神风貌。20世纪90年代苏联解体、东欧剧变之后，和平发展大势不可逆转，世界政治经济格局走向多极化，经济全球化成为不以人的主观意志为转移的历史大势，我国融入世界的深度和广度不断加深和扩展。2009年我国超过德国成为世界第一大货物出口国之后，2013年进一步超过美国成为世界第一大货物贸易国。除此之外，自"一带一路"倡议提出以来，截至2020年年底，已经得到全球138个国家和31个国际组织的积极响应[②]，成为逆经济全球化时代背景之下推动合作共赢新型经济全球化的重要平台。国内外要素合力显然优于国内单要素之力。外部环境的重大变化，使得新型举国体制可以在充分融入经济全球化的过程中利用国内国际两种资源、两种市场，以打破资源、技术、人才等要素的瓶颈和制约，呈现出与传统举国体制不同的开放发展特征。

总而言之，新型举国体制是对传统举国体制的扬弃，是面向国家和人民重大战略需求，在党的领导下多元主体共同参与，综合运用政府和市场等资

---

① 市场主体数量数据来源：郝鹏.激发各类市场主体活力[M]//《中共中央关于制定国民经济和社会发展第十四个五年规划和二〇三五年远景目标的建议》辅导读本.北京：人民出版社，2020: 258；社会组织数量数据来源：中国社会组织政务服务平台.https://chinanpo.mca.gov.cn/.

② 中国一带一路网.中国已与138个国家、31个国际组织签署共建"一带一路"合作文件[N/OL].(2020-11-14).https://www.yidaiyilu.gov.cn/xwzx/gnxw/155114.htm.

源配置手段，凝聚各方力量以完成既定任务的一种组织模式和运行机制。在领导力量和价值取向等根本性和前提性问题方面，新型举国体制与传统举国体制一脉相承；在资源配置方式、参与主体和外部环境方面，新型举国体制进行适应性变革，呈现出与传统举国体制不同的时代特征。

三、新型举国体制的适用领域

新型举国体制是成就中国现代化伟业的国之利器，是强大国家意志和国家能力的有机结合。新时代我们在坚持和发扬它的同时，还必须特别重视对方向和边界的合理把握。已有研究指出，举国体制虽在理论上拥有一般协作的社会劳动生产力属性，但它并非适用于所有治理领域，正确识别它的应用对象是其决策重点和成功前提[1]。依本文之见，新型举国体制作为一种特殊的组织制度安排，主要解决的是市场经济广泛存在的市场失灵问题，主要提供的是具有巨大外部性、巨国规模效应和提升国际竞争力的基础性、尖端性、长远性、公益性和重大性公共产品，它主要适用于以下领域。

（一）涉及国家发展战略的前沿科技领域

当前国家竞争的主战场已经转移到科技竞争，科技创新能力不仅是企业竞争的核心能力，更是国家参与全球竞争的核心能力。然而，随着科学研究所需要的资源投入规模不断扩大，许多前沿科技创新早已不是凭借某个个人或独立机构可以完成的事业，国家在科技创新领域所扮演的角色日益重要。从科技发展规律来看，"二战"后科技发展模式逐渐从传统欧洲式的"自由探索"模式演变为以国家为主体的"大科学工程"模式与以市场为主体的"需求牵引"模式相结合[2]。从各国科技发展实践来看，许多人或许认为只有社会主义国家或者发展型国家才有举国体制，而宣扬分权制衡和新自由主义的欧美发达资本主义国家不存在举国体制。事实并非如此，在航天航空方面，欧

---

[1] 谢富胜，潘忆眉. 正确认识社会主义市场经济条件下的新型举国体制[J]. 马克思主义与现实，2020(5): 156-166.
[2] 刘天星. 科技发展亟须构建新型举国体制[N]. 学习时报，2019-07-07(6).

洲航天局和美国国家航空航天局就是典型的举国体制机构设置[①]。为了完善国家创新体系，加快建设科技强国，党的十九届五中全会提出强化国家战略科技力量，健全社会主义市场经济条件下新型举国体制[②]。因此，面向世界科技前沿和国家重大需求，当前必须牢牢掌握科技创新的主动权，以新型举国体制构建政府、企业、高校、科研机构、国家实验室等多元主体协同参与的国家科技发展体系，加强基础研究和原始创新，打好关键核心技术的攻坚战，积极引入民间资本探索各类政府与社会资本合作（PPP）模式，在战略必争领域打破重大关键核心技术受制于人的被动局面，引领世界科技发展潮流。

（二）涉及普惠兜底性质的民生工程领域

党的十九大报告指出："中国特色社会主义进入新时代，我国社会主要矛盾已经转化为人民日益增长的美好生活需要和不平衡不充分的发展之间的矛盾。"其中，普惠性、基础性、兜底性的教育、养老、医疗、就业、住房等民生工程就是发展不平衡不充分的重要体现。根据卡尔·波兰尼的"双重运动"理论，市场社会包含了两种对立的力量，即自由放任的运动以扩展市场，以及反向而生的社会保护运动以防止经济脱嵌[③]。如何在发展过程中保护脆弱的个体免遭自由放任市场经济的侵害，让改革发展成果更公平地惠及全体人民，关键是以国家的力量构建覆盖全民、统筹城乡的社会保障体系，在发展中保障和改善民生。在计划经济时期，针对民生领域的突出短板，举国体制的积极作用突出表现在开展扫盲运动、迅速降低文盲率，开展爱国卫生运动、防治各类传染病、推行农村医疗合作、提供基本卫生服务等方面，为改革开放之后经济的快速发展奠定了人口红利、健康红利和人力资本红利。在社会主义市场经济时期，民生问题的解决假若单纯依靠市场力量进行补救不仅不会

---

① 欧洲航天局 (European Space Agency) 成立于1975年，是欧洲20余个国家参与、致力于探索太空的政府间组织，总部设在法国巴黎。美国国家航空航天局 (National Aeronautics and Space Administration) 成立于1958年，是美国联邦政府负责制定的实施民用太空计划和开展航空科学研究的机构。
② 本书编写组.《中共中央关于制定国民经济和社会发展第十四个五年规划和二〇三五年远景目标的建议》辅导读本 [M]. 北京：人民出版社，2020: 24.
③ 卡尔·波兰尼. 巨变：当代政治与经济的起源 [M]. 黄树民，译. 北京：社会科学文献出版社，2013: 31.

得到弥合反而可能会有所扩大，只有继续发挥举国体制的积极作用，创新举国体制的形式，运用新型举国体制形成合力，才有可能在短时间内相对高效地补齐重大民生短板，为实现共同富裕奠定坚实基础。

（三）涉及国家国防安全的军民融合领域

国防安全是最典型的公共产品，它的非排他性和非竞争性特征使得国家成为国防安全的天然垄断者和唯一供给者。何虎生认为，新型举国体制以实现国家发展和国家安全为最高目标[①]。党的十八大以来，我国经济实力、科技实力、国防实力与综合国力进入世界前列。不过，从国际比较看，相对我国经济实力、科技实力而言，国防实力还显不足，为此，党中央明确提出强军目标，要求建设世界一流军队。实现这一目标，有赖于有效地将我国经济实力、科技实力和综合国力转化为国防实力，努力走出一条国家主导、需求牵引、市场运作相统一的军民深度融合之路[②]。那么，如何实现军民之间的深度融合？关键是利用独特的新型举国体制优势，有效整合军队和市场的力量，打破军用系统和民用系统相互封闭的隔离状态，促进科技系统、经济系统和军事系统的跨区域跨领域协同合作，形成"军转民""民参军"和"军民通用"的军民融合渠道。习近平总书记在视察战略支援部队时特别指出："要扭住军民融合不放松，善于在社会主义市场经济条件下发挥举国体制优势。"[③]新型举国体制在军民融合领域不仅应当有所作为，而且完全可以大有作为，从而在国家安全环境深刻变化的国际环境之下，推动新时代强国强军目标更快更好地实现。

（四）涉及人民生命财产安全的应急管理领域

偶然性和突发性的自然灾害、事故灾难、公共卫生事件和社会安全事件是人民生命健康和财产安全的直接威胁，它们具有高度危险性、高度紧急性、高度不确定性以及信息不完整、不准确、不及时等特点，与它们的抗争是人类社会发展的永恒主题。无数的实践证明，举国体制是独具中国特色并行之

---

① 何虎生.内涵，优势，意义：论新型举国体制的三个维度[J].人民论坛，2019(32): 56-59.
② 胡鞍钢，王洪川，谢宜泽.强国强军的战略逻辑[J].清华大学学报(哲学社会科学版)，2017(5): 141-150.
③ 习近平.努力建设一支强大的现代化战略支援部队[N].人民日报，2016-08-30(1).

有效的应急管理手段。仅以 2019 年年末暴发的新冠肺炎疫情为例，其传播速度之快、感染范围之广、防控难度之大史无前例，属于对广大人民的生命安全和身体健康以及国家的经济发展和社会稳定产生重大影响的突发紧急公共卫生事件。正是依靠举国体制的制度优势，在党中央的领导下，我国迅速形成了政府主导、社会参与、部门协调、专业救治的"全政府—全社会"联防联控、群防群控防疫模式。举全国之力对口支援湖北和武汉防疫工作，外防输入、内防扩散，不仅以中国速度、中国规模、中国效率促使疫情防控形势向积极向好的态势转变，而且还为世界其他国家抗击疫情争取了时间和积累了经验。在疫情防控的同时，为了统筹推进经济社会建设，保证经济运行在合理区间，国家综合运用积极的财政政策和稳健的货币政策等逆周期调节措施，全力支持和推动非疫情防控重点地区企事业单位有序复工复产。事实一再表明，举国体制在短时间内防范化解重大安全风险、及时应对处置各类突发性灾害事故方面具有制度优势，它可以最大限度地保护人民生命财产安全，最大限度地降低原生或次生灾害损失。新型举国体制作为举国体制在新时代的延续和升级，它理所应当而且完全可以在突发事件的应急管理中继续发挥重大作用。

（五）涉及国家可持续发展的重大生态文明建设领域

绿色发展是中国新发展理念的重要组成部分，是永续发展的必要条件和人民对美好生活追求的重要体现。在中国的绿色发展生态文明实践过程中，举国体制的制度优势发挥了重要作用，尤其是在举国受益的重大生态工程建设方面。以"三北"防护林工程为例，它从 1978 年开始启动，计划持续至 2050 年，覆盖北方 13 个省级单位，建设总面积 407 万平方千米。目前"三北"工程已累计完成造林保存面积 3 014.3 万公顷，森林覆盖率由 5.05% 提高到 13.57%，被英国《经济学人》杂志称为迄今为止世界上最大的植树工程[①]。在诸多国家重大生态工程的共同作用下，2019 年全国森林覆盖率达到 22.96%[②]，比 1978 年（12.7%）提高了 10.26 个百分点。不过，从世界范围看，人均资

---

① 重大工程彰显中国力量 [N]. 人民日报 (海外版)，2019-09-26.
② 全国绿化委员会办公室. 2019 年中国国土绿化状况公报 [EB/OL].[2020-03-11]. http://www.forestry.gov.cn/main/4170/20200610/113554381804671.html.

源紧缺、生态环境脆弱依然是当前我国的基本国情，绿色发展之路任重而道远。针对绿色发展的薄弱环节和突出问题，党的十九届五中全会明确要求，加快推动绿色低碳发展，持续改善环境质量[①]。为了顺应绿色工业革命的世界趋势，寻求中国特色的绿色发展道路，在全局性、基础性、公益性的生态工程建设方面，借鉴历史经验，依然可以合理地采用新型举国体制模式，协同住建、交通、水利、教育、气象等系统，广泛吸收"蚂蚁森林"项目、腾讯和京东网络募捐平台等社会力量，在全社会倡导绿色低碳理念，实现绿色发展、绿色投资、绿色消费、绿色创新，为下一个5年乃至未来更长时期的经济社会生态永续发展夯实基础。

（六）涉及体育强国目标的竞技体育领域

体育强国梦是中华民族伟大复兴中国梦的重要组成部分。2019年习近平总书记在会见中国女排代表时曾指出："实现体育强国目标，要大力弘扬新时代的女排精神，坚持举国体制和市场机制相结合。"举国体制的概念最早出自于竞技体育领域，竞技体育也是举国体制运用最充分、最系统、最悠久、最成功的领域之一。我国参加的历届亚运会、奥运会等国际体育竞技赛事证明，举国体制在为国争光、振奋民族自信心方面发挥了不可替代的重要作用。除此之外，英国过去20多年的奥运历程也充分说明了新型举国体制的重要价值。1996年亚特兰大奥运会英国仅摘得一枚金牌，世界排名第36位，处于历史最低位次。次年英国以财政拨款和博彩基金为资金支持成立国家级的高水准体育管理机构，即英国体育协会（UK Sport），将举国体制和市场机制相结合，动员全民力量发展竞技体育项目。在随后的悉尼、雅典、北京、伦敦和里约奥运会，英国竞技体育实现重大突破，分别取得11枚（第10位）、9枚（第10位）、19枚（第4位）、29枚（第3位）、27枚（第2位）金牌，英国竞技体育的巨大成功也带动了群众体育的推广和普及。面对体育强国建设的新征程，钟秉枢认为，新型举国体制优势至少可以在体教融合、全民健身、科学训练、大型赛事举办等方面发挥重要作用[②]。因此，未来应当立足本国国情和

---

① 本书编写组.《中共中央关于制定国民经济和社会发展第十四个五年规划和二〇三五年远景目标的建议》辅导读本[M].北京：人民出版社，2020: 258-265.
② 钟秉枢.新型举国体制：体育强国建设之保障[J].上海体育学院学报，2021(3): 1-7.

国际经验，遵循体育运动的客观发展规律，以重大体育赛事为契机，运用新型举国体制推动竞技体育发展，通过竞技体育带动校园体育、群众体育和体育产业，发展体育运动，增强人民体质。

四、结语

实践是认识的来源，是认识发展的动力。关于举国体制的实践，它早在古代农业文明时期就已经开始。新中国成立之后，凭借社会主义集中力量办大事的独特制度优势，在科技发展、民生改善和国防建设等方面，举国体制更是作出了不可磨灭的历史贡献。对于人口规模巨大和国土面积广袤的"广土巨族"而言，举国体制可谓极富中国特色符合中国国情的制度安排和治国智慧，是社会主义制度优势转化为国家治理效能的重要渠道，也是在发挥后发优势实现跨越式发展方面可供广大发展中国家借鉴的中国方案。然而，对于举国体制的认识，理论界的讨论却大都停留在竞技体育领域，不仅落后于现实丰富实践的需要，甚至陷入了对举国体制的认识误区。事实证明，举国体制仍然没有过时，举国体制过去的弊端不在于其本身，而在于没有因时制宜、与时俱进，受制于所处的特殊时代，缺乏对市场的有效运用和对边界的合理把握。党的十八大以来，习近平总书记在不同场合多次提到举国体制的概念，对举国体制的制度优势及其取得的实际效果予以了充分肯定和高度认可，并提出了探索建立新型举国体制的时代任务，赋予了举国体制新的时代内涵。

新型举国体制是传统举国体制在新时代的转型升级，它不仅契合集体主义的价值逻辑、社会主义的制度逻辑和长期实践的历史逻辑，还契合中华民族伟大复兴战略全局和世界百年未有之大变局国内国际"两个大局"的现实逻辑。在领导力量和价值取向方面，新型举国体制继承了传统举国体制的优良基因；在资源配置、参与主体和开放发展方面，新型举国体制根据社会主义市场经济和经济全球化的时代转变，又呈现出不同于传统举国体制的重要特征。简言之，新型举国体制的"新型"最主要体现在资源配置市场化、参与主体多元化和外部环境开放化方面。在当今国家竞争日益加剧和民族复兴胜利在望的关键时期，在理论层面，应当更加坚定中国特色社会主义道路自信、理论自信、制度自信和文化自信，站在大国竞争的国际格局和民族复兴的历史纵深的角度来认识新型举国体制的制度价值和独特优势;在实践层面,应当坚持需求导向和问题导向,主动探索新型举国体制的发展模式,尤其是在涉及国家重大战略需求和人民生命健康安全的前沿科技、民生改善、军民融合、应急管理、重大生态工程以及竞技体育等领域,应当充分发挥新型举国体制的积极作用,推动国家治理体系和治理能力现代化。

中国式绿色现代化：回顾与展望*

胡鞍钢

世界已进入第四次工业革命时代，中国成为创新绿色现代化的引领者、实践者。中国的基本国情决定了中国式现代化道路，同时也决定了实现中国式现代化道路必须选择绿色现代化，即人与自然和谐共生的现代化。中国绿色现代化发展理论的三大来源是中国古代的"天人合一"传统智慧、马克思主义的自然辩证法、当代可持续发展理论，进而构成了人与自然和谐共生现代化的理论基础。根据国家"十二五"规划、"十三五"规划及第三方评估，本文阐释了党的十八大以来，中国努力建设人与自然和谐共生现代化的理论创新和重大进展，在发展中人口大国中走出一条生产发展、生活富裕、生态良好的文明发展道路，实现了历史性、转折性、全局性绿色发展。在此基础上，前瞻性地展望了2035年中国式绿色现代化的目标与基本趋势。中国式绿色现代化是与人类共发展、共命运的现代化，是符合中国国情、适应新发展阶段的现代化，也为发展中国家探索新型现代化道路提供了宝贵经验。

---

* 基金项目：国家社会科学基金项目(2021MZD016)；教育部人文社会科学专项项目"中国式现代化的内涵、实践与创新研究"；清华大学文科"双高"专项项目(53120600122)；清华大学文科建设"双高"计划项目(2021TSG08303)。本文由《北京工业大学学报(社会科学版)》于2022年9月14日网络首发http://kns.cnki.net/kcms/detail/11.4558.G.20220913.0922.002.html。

一、问题提出

人类进入工业化时代以来，环境既是最大的公共物品，也是最容易受到损害的物品。自 18 世纪中叶始，人类历史上先后经历了三次工业革命，均发源于西方国家及衍生国家，并由其创新所主导：以蒸汽机被广泛使用为标志的第一次工业革命开创了"蒸汽时代"（1750—1850 年）；19 世纪中期的第二次工业革命使人类进入"电气时代"（1850—1950 年）；两次世界大战之后的第三次工业革命使人类进入"信息时代"（1950—2000 年）。进入 21 世纪，人类面临空前的全球能源与资源危机、生态与环境危机、碳排放与气候变化危机的多重挑战，由此引发第四次工业革命，人类进入"绿色工业革命时代"。

中国作为世界性工业革命的后来者，在 21 世纪初发动和创新的第四次绿色工业革命中，第一次与发达国家站在同一起跑线上。正如习近平总书记所言，中国"仅用几十年时间就走完发达国家几百年走过的工业化历程，创造了经济快速发展和社会长期稳定两大奇迹"[①]。与此同时，中国正在创造绿色工业革命的第三个奇迹：中国式现代化是基于自己国情的现代化，更是人与自然和谐共生的现代化——绿色现代化。

中国面临的一个突出问题是，随着经济社会的快速发展，人口与资源、环境的矛盾日益凸显。目前，中国总人口占世界的比重约为 18.0%[②]，而耕地资源占世界的比重仅为 8.5%[③]，可再生内陆淡水资源占世界总量的 6.6%[④]，石油储量占世界总量的 1.5%，天然气储量占世界总量的 4.5%，煤炭储量占世界

---

① 中共中央关于党的百年奋斗重大成就和历史经验的决议 (2021 年 11 月 11 日中国共产党第十九届中央委员会第六次全体会议通过)[EB/OL].(2021-11-17)[2022-06-29].http://jhsjk.people.cn/article/32284363.
② 世界银行 (WDI) 数据库. Population, total-China, World [DB/OL].https://data.worldbank.org/indicator/SP.POP.TOTL?locations=CN-1W.
③ 联合国粮农组织定义的耕地 (以公顷计)，包括短期作物用地 (双季作物土地仅计算一次)、供割草或放牧的短期草场、供市场的菜园和自用菜园，以及暂时闲置的土地，因转换耕作方式而休闲的土地不包括在内。计算数据来源：世界银行 (WDI) 数据库. 耕地 (公顷数)-China, World [DB/OL].https://data.worldbank.org.cn/indicator/AG.LND.ARBL.HA?locations=CN-1W&most_recent_value_desc=true.
④ 可再生内陆淡水资源是指某国国内的可再生资源 (内陆河流及降雨产生的地表水)。计算数据来源：世界银行 (WDI) 数据库. 可再生内陆淡水资源总量 (十亿立方米)-China, World [DB/OL].https://data.worldbank.org.cn/indicator/ER.H2O.INTR.K3?locations=CN-1W.

总量的 13.3%①。同时，中国又是世界上经济增长速度最快的经济体，1952—2020 年，国内生产总值（Gross Domestic Product，GDP）年均增速为 8.0%，按购买力平价 2017 年国际元计算，2021 年的 GDP 占世界的比重为 18.6%②。目前，中国正在经历人类历史上规模最大的工业化——2020 年制造业增加值（现价美元）占世界比重达 29.8%③，城镇化——2020 年占世界城镇人口比重达 19.8%④，信息化——2020 年移动宽带用户占世界的 20.8%⑤、固定宽带用户占世界 39.4%⑥。这些发展为中国实现绿色现代化创造越来越有利的条件。

生态环境与发展的关系始终是中国现代化发展模式及进程的核心问题之一。中国生态环境十分脆弱，面临着巨大的生态环境压力。为此，习近平总书记明确提出："中国用生态文明理念指导发展。从道法自然、天人合一的中国传统智慧，到创新、协调、绿色、开放、共享的新发展理念，中国把生态文明建设放在突出地位，融入中国经济社会发展各方面和全过程，努力建设人与自然和谐共生的现代化。"⑦ 这就是中国式绿色现代化⑧。

党的十九大报告把坚持人与自然和谐共生作为基本方略，明确指出："建设生态文明是中华民族永续发展的千年大计。必须树立和践行绿水青山就是金山银山的理念，坚持节约资源和保护环境的基本国策，像对待生命一样对

---

① 计算数据来源：BP Statistical Review of World Energy July 2022.
② 计算数据来源：世界银行 (WDI) 数据库.按购买力平价 (PPP) 衡量的 GDP(2011 年不变价国际元)- China, World [DB/OL].https://data.worldbank.org.cn/indicator/NY.GDP.MKTP.PP.KD?locations=CN-1W&most_recent_value_desc=true.
③ 计算数据来源：世界银行 (WDI) 数据库. Manufacturing, value added (current US$)-China, World [DB/OL].https://data.worldbank.org/indicator/NV.IND.MANF.CD?locations=CN-1W.
④ 计算数据来源：世界银行 (WDI) 数据库. Urban population-China, World [DB/OL].https://data.worldbank.org/indicator/SP.URB.TOTL?locations=CN-1W.
⑤ 计算数据来源：世界银行 (WDI) 数据库. Mobile cellular subscriptions-China, World [DB/OL].https://data.worldbank.org/indicator/IT.CEL.SETS?end=2020&locations=CN-1W&most_recent_value_desc=true&start=1981&view=chart.
⑥ 中国固定宽带用户相当于美国总用户的 4 倍。计算数据来源：世界银行 (WDI) 数据库. Fixed broadband subscriptions-China, World, United States [DB/OL].https://data.worldbank.org.cn/indicator/IT.NET.BBND?end=2020&locations=CN-1W-US&most_recent_value_desc=true&start=1981&view=chart.
⑦ 习近平.在联合国生物多样性峰会上的讲话 [EB/OL].(2020-09-30)[2022-05-22].http://jhsjk.people.cn/article/31881876.
⑧ 未来几十年，中国还将发生翻天覆地的变化，最重要的发展方向就是绿色现代化，逐步进入全面生态盈余时代。中国将成为世界最大的森林盈余之国，建成世界最大的绿色能源之国，建成人水和谐之国，建成碧水蓝天之国，成为中华民族青山、绿水、蓝天的美好家园。见：胡鞍钢.中国创新绿色发展 [M].北京：中国人民大学出版社，2012: 5.

待生态环境，统筹山水林田湖草系统治理，实行最严格的生态环境保护制度，形成绿色发展方式和生活方式，坚定走生产发展、生活富裕、生态良好的文明发展道路，建设美丽中国，为人民创造良好生活环境，为全球生态安全作出贡献。"[1] 新时代，中国共产党加强了对生态文明建设的全面领导，把生态文明建设摆在全局工作的突出位置，作出一系列重大战略部署[2]。

一方面，中国的基本国情（自然国情、人口国情等）决定了中国不可能复制西方现代化，必须创新符合中国国情和发展阶段的中国式现代化，即人与自然和谐共生的现代化——绿色现代化；另一方面，世界的工业革命背景也决定了中国不可能在西方现代化的道路上亦步亦趋，必须走创新绿色发展道路；唯有这样，中国才能逐步实现14多亿人口与自然和谐共生的现代化。目前，中国已进入绿色工业革命新时代，特别是党的十八大以来，努力建设人与自然和谐共生的现代化取得理论创新和重大进展，通过制定和实施绿色发展规划，实现了历史性、转折性、全局性绿色发展，中国成为世界绿色创新、绿色发展、绿色能源、绿色消费的创新者、引领者，进而为人类绿色发展作出中国的绿色贡献。

本文围绕中国式绿色现代化，以中国绿色发展实践为佐证，力图探究和总结中国绿色发展道路，并将推进绿色发展作为建设美丽中国的基本要求，形成绿色发展方式和生活方式，进而从绿色经济体系、绿色技术创新体系、清洁能源体系、资源节约循环利用、绿色生活方式等方面阐明绿色发展的主要内容，以彰显中国伟大的绿色创新，展望未来实现绿色现代化的主要目标和基本趋势。

二、世界进入绿色工业革命时代

什么是现代化？在20世纪40年代，著名经济学院张培刚先生曾指出，通过启动国民经济中"一系列基要生产函数组合方式发生连续变化"[3]，以此就能发动工业化的进程，并推动经济长期持续增长、促进社会生产力发生变革、

---

[1] 习近平.决胜全面建成小康社会，夺取新时代中国特色社会主义伟大胜利——在中国共产党第十九次全国代表大会上的报告[M]//中共中央党史和文献研究院.十九大以来重要文献选编：上.北京：中央文献出版社，2019：2.
[2] 习近平.努力建设人与自然和谐共生的现代化[J].求是，2022(11)：4-9.
[3] 张培刚.农业与工业化：农业国工业化问题初探[M].武汉：华中科技大学出版社，2002.

进而促进社会经济结构发生根本性的转变。

什么是中国式现代化？顾名思义，中国式现代化是社会主义现代化，是最适合中国国情的社会主义现代化道路。从本质上看，中国式现代化所走的道路，既不同于国际社会已经实现现代化的北方国家——经济合作与发展组织（Organization for Economic Co-operation and Development，OECD）国家，也不同于正在进行现代化的发展中的南方国家——非OECD国家。

笔者曾将中国式现代化概括为五大因素与五大优势，其中的五大因素分别为：中国共产党的领导、不断增加的现代化因素、社会主义因素、中国文化因素、绿色生态因素。在五大因素中，中国共产党的领导是核心因素，并极大地促进了五大因素相互关联、相互作用、相互促进、相辅相成，共同构成了中国特色社会主义道路[1]，而绿色现代化就是人与自然和谐共生的现代化。

中国作为世界人口最多的国家，又是现代化的后来者，创新主导绿色现代化绝非偶然的。人类历史上不同类型工业革命的发生，本质上是基于不同基要生产函数组合方式发生变化的必然结果[2]。中国曾是第一次工业革命"蒸汽时代"（1750—1850年）的落伍者，也是第二次工业革命"电气时代"（1850—1950年）的落伍者、挨打者。新中国成立之后，赶上了两次世界大战之后的第三次工业革命"信息时代"（1950—2000年），先是大规模地推进了工业化，补上和加速第一次、第二次工业革命，并经过20世纪七八十年代的改革开放，发动和追赶第三次工业革命。

21世纪伊始，人类开始了第四次工业革命，进入"绿色工业革命时代"。笔者受张培刚先生启发，将绿色工业革命定义为，一系列基要生产函数的组合方式由以自然要素投入为特征转变为以绿色要素投入为特征的跃迁进程，绿色生产函数逐步占据支配地位，并普及至整个社会，而这一过程的后果是经济发展逐步与自然要素消耗脱钩。这包括几个方面的含义：绿色工业革命是绿色要素替代传统黑色要素的过程，也是要素组合绿色化的过程；是从一些先导部门的基要生产函数开始绿色变革，并引起其他部门被诱导的生产函数的变革；是一个从量变到局部质变，再到突变的过程，并有其发动因素和限制因

---

[1] 胡鞍钢. 2050中国：全面建设社会主义现代化强国[M]. 杭州：浙江人民出版社，2018：9-12.
[2] 张培刚. 农业与工业化：农业国工业化问题初探(1949)[M]. 武汉：华中工学院出版社，1984：70-71.

素;同时,从世界范围和未来趋势看,绿色发展和绿色工业革命将是一个长期的基本趋势,是各类生产要素不断被绿化或者绿色组合多样化的进步趋势。

为此,笔者在学者们研究的基础上,总结了1750年以来世界四次工业革命的主要特征(详见表1),其中第四次工业革命——绿色工业革命最重要的标志之一是"全面脱钩"。绿色工业革命的核心目标是,既要实现经济增长与碳排放的"脱钩",又要在碳排放"脱钩"的基础上,促使经济增长与生态资本相关要素(土地、水资源、生态环境资源等)的"全面脱钩";绿色工业革命的作用和本质是,努力使经济发展和自然财富的消耗全面脱钩。由此,人类社会将从生态赤字扩大向生态赤字缩小转变,从生态赤字缩小向局部生态盈余转变,从局部生态盈余向全面生态盈余转变,根本地扭转长期以来生态环境恶化的趋势①。

中国不仅要同时完成追赶前三次工业革命进程的任务,并且还将成为第四次工业革命与绿色现代化的创新者、实践者、引领者。这正是习近平总书记所倡导的中国"并联式"工业革命,即"我国进入了新型工业化、信息化、城镇化、农业现代化同步发展、并联发展、叠加发展的关键时期"②。这表明,中国可以同步同时进行四次工业革命,并将改变世界工业革命格局。

表1 1750—2050年世界四次工业革命的主要特征

类别	第一次工业革命(1750—1850年)	第二次工业革命(1850—1950年)	第三次工业革命(1950—2000年)	第四次工业革命(2000—2050年)
世界总人口(亿人)	8~11	11~25	25~61	61~96
世界GDP(万亿国际元)	0.5~0.7	0.7~5.3	5.3~36.7	68~300
主导国家	英国	美国、英国、苏联	美国、日本、欧洲、苏联	中国、美国、欧盟、日本、印度
跟随国家和地区	美国、法国、德国	德国、法国、日本、澳大利亚、俄罗斯	四小龙、中国内地(大陆)、印度、印度尼西亚	其他发展中国家

---

① 胡鞍钢.中国创新绿色发展[M].北京:中国人民大学出版社,2012:45.
② 习近平.在中国科学院第十七次院士大会、中国工程院第十二次院士大会上的讲话[EB/OL].(2014-06-09)[2022-05-22].http://jhsjk.people.cn/article/25125270.

续表

类别	第一次工业革命（1750—1850年）	第二次工业革命（1850—1950年）	第三次工业革命（1950—2000年）	第四次工业革命（2000—2050年）
主导产业	农业生产力大幅提高，工业迅速发展	工业，通信、交通产业	信息经济兴起，服务业开始占主导	服务业主导，知识经济、绿色经济兴起
主要技术	蒸汽机、棉纺织品、铁器、瓷器	各种新型产品和消费品	信息通信技术、核能技术	绿色能源、绿色技术、绿色建筑、绿色交通
经济组织	商业公司出现	"大企业"出现，国际经济合作开始紧密	跨国公司及中小企业迅速发展	跨国公司、中小公司、网络企业、虚拟公司
主要能源	煤炭	石油、天然气	石油、天然气、核能	非化石能源比重迅速上升、化石能源消费比重下降
利用资源效率	低下	有所提高	提高	明显提高
消费方式	消费增长	消费增长	高消费、过度消费	适度消费、合理消费
环境质量	开始恶化	持续恶化	严重恶化	开始改善
碳排放	开始增长	持续增长	迅速增长	开始脱钩，甚至下降
人与自然间的差距	开始扩大	不断扩大	急剧扩大	开始缩小

数据来源：（1）1750—1950年世界总人口数据来自Angus Maddison数据库.Historical Statistics of the World Economy: 1-2008 AD[DB/OL].http://www.ggdc.net/maddison/Maddison.htm；（2）1950—2050年世界总人口数据来自联合国人口数据库.http://esa.un.org/unpd/wpp/unpp/p2k0data.asp；（3）1750—2000年世界GDP（购买力平价1990国际元）数据来自Angus Maddison数据库.Historical Statistics of the World Economy: 1-2008 AD.http://www.ggdc.net/maddison/Maddison.htm；（4）2000—2021年世界GDP（购买力平价2017国际元）数据来自世界银行数据库.https://data.worldbank.org/indicator/NY.GDP.MKTP.PP.KD?end=2021&locations=1W&start=1990&view=chart；（5）2050年世界GDP数据为作者预测。

注：（1）前三次工业革命资料整理来自托马斯·K.麦克劳.现代资本主义：三次工业革命中的成功者（中文版）[M].南京：江苏人民出版社，2006；（2）第四次工业革命资料系作者整理。

三、绿色现代化与中国绿色发展理念

党的十八大以来，中国进入绿色现代化时代。习近平总书记多次强调："加强党对生态文明建设的全面领导，把生态文明建设摆在全局工作的突出位置，并作出一系列重大战略部署。在'五位一体'总体布局中，生态文明建设是其中一位；在新时代坚持和发展中国特色社会主义的基本方略中，坚持人与自然和谐共生是其中一条；在新发展理念中，绿色是其中一项；在三大攻坚战中，污染防治是其中一战；在到本世纪中叶建成社会主义现代化强国目标中，美丽中国是其中一个。"①

绿色发展是实现人与自然和谐共生现代化的基本途径②。2015年10月，党的十八届五中全会创造性地提出创新、协调、绿色、开放、共享的新发展理念，指出"必须坚持节约资源和保护环境的基本国策，坚持可持续发展，坚定走生产发展、生活富裕、生态良好的文明发展道路，加快建设资源节约型、环境友好型社会，形成人与自然和谐发展现代化建设新格局，推进美丽中国建设，为全球生态安全作出新贡献"③。

2016年3月，《中华人民共和国国民经济和社会发展第十三个五年规划纲要》（简称"十三五"规划）颁布，提出的经济社会发展主要目标之一是："生态环境质量总体改善。生产方式和生活方式绿色、低碳水平上升。能源资源开发利用效率大幅提高，能源和水资源消耗、建设用地、碳排放总量得到有效控制，主要污染物排放总量大幅减少。主体功能区布局和生态安全屏障基本形成。"④ 同时，"十三五"规划将绿色发展扩展到促进人与自然和谐共生、加快建设主体功能区、推动低碳循环发展、全面节约和高效利用资源、加大环境治理力度和筑牢生态安全屏障六个方面。为此，"十三五"规划中确定的这一时期经济社会发展主要指标中资源环境指标有10项，均为约束性指标。该规划可视为中国式绿色现代化和绿色发展规划，也成为本文第三方评估中

---

① 习近平.努力建设人与自然和谐共生的现代化[J].求是，2022(11): 4-9.
② 夏光.绿色发展：迈向人与自然和谐共生的现代化[J].中国经济报告，2021(2): 46-52.
③ 中国共产党第十八届中央委员会第五次全体会议公报[EB/OL].(2015-10-29)[2022-06-29].https://news.12371.cn/2015/10/29/ARTI1446118588896178.shtml.
④ 全国人大财政经济委员会，国家发展和改革委员会.2016—2020《中华人民共和国国民经济和社会发展第十三个五年规划纲要》解释材料[M].北京：中国计划出版社，2016: 7.

国绿色发展的基本依据。

2021年3月,《中华人民共和国国民经济和社会发展第十四个五年规划和2035年远景目标纲要》(简称"十四五"规划)颁布,擘画了中国开启全面建设社会主义现代化国家新征程的宏伟蓝图,并将"生态文明建设实现新进步"作为"十四五"时期经济社会发展主要目标之一,列出了绿色生态5个约束性指标,第十一篇"推动绿色发展 促进人与自然和谐共生"还专门设计了重要生态系统保护和修复工程(8项)、环境保护和资源节约工程(6项)[①]。本文将"十四五"规划视为展望未来的中国绿色发展规划,是实现中国式绿色现代化的建设蓝图和施工图。

2021年4月,习近平总书记在第十九届中央政治局第二十九次集体学习时,专题发表了《努力建设人与自然和谐共生的现代化》一文,高度阐明了"生态文明建设在党和国家事业发展全局中的重要地位",要"站在人与自然和谐共生的高度来谋划经济社会发展",全面"推动建设人与自然和谐共生的现代化"[②]。

2021年11月,党的十九届六中全会审议通过《中共中央关于党的百年奋斗重大成就和历史经验的决议》(简称《决议》),回顾党走过的百年奋斗历程,着重阐释党的十八大以来党和国家事业取得的历史性成就、发生的历史性变革,明确"十个坚持"的宝贵经验,对实现第二个百年奋斗目标提出明确要求[③]。《决议》将生态文明建设作为新时代十三个方面重要成就之一进行总结概括,强调坚持人与自然和谐共生,协同推进人民富裕、国家强盛、中国美丽[④]。

2022年7月,习近平总书记指出:"在新中国成立特别是改革开放以来的长期探索和实践基础上,经过党的十八大以来在理论和实践上的创新突破,我们成功推进和拓展了中国式现代化。世界上既不存在定于一尊的现代化模

---

① 中华人民共和国国民经济和社会发展第十四个五年规划和2035年远景目标纲要[EB/OL].(2021-03-13)[2022-06-29].http://www.gov.cn/xinwen/2021/03/13/content_5592681.htm.
② 习近平.努力建设人与自然和谐共生的现代化[J].求是,2022(11):4-9.
③ 中共中央关于党的百年奋斗重大成就和历史经验的决议(2021年11月11日中国共产党第十九届中央委员会第六次全体会议通过)[EB/OL].(2021-11-16)[2022-06-29].http://www.gov.cn/zhengce/2021-11/16/content_5651269.htm.
④ 孙金龙.深入学习贯彻习近平生态文明思想 加快构建人与自然和谐共生的现代化[J].环境保护,2022,50(Z2):8-10.

式,也不存在放之四海而皆准的现代化标准。"[①]

新时代中国特色社会主义,最重要的标志之一就是,进入绿色工业革命的新时代,进入中国特色绿色现代化的新时代,进入人与自然和谐共生的新时代,进入中国对人类发展作出绿色贡献的新时代。

四、中国进入绿色工业革命新时代

党十八大以来,中国进入绿色工业革命新时代,生态文明建设取得了历史性、转折性、全局性变化。为此,本文根据国家"十一五"规划、"十二五"规划、"十三五"规划的资源环境目标指标进行绿色发展评估。表2中主要给出了2010—2020年我国资源环境主要指标实现情况,下文中会根据笔者所获取数据情况及国家规划中确定的相应目标限定时间予以分析。

表2 2010—2020年中国不同五年规划时期资源环境主要指标实现情况

指标	2010年	2015年	2020年	2010—2020年变化量
耕地保有量(亿亩)	18.18	18.65	19.179 (目标18.65)	[1.00]
新增建设用地规模 (万亩)			3 610 (目标<3 256)	
万元GDP用水量 下降(%)		[32]	[26.2] (目标为23)	[66.6]
单位GDP能源消 耗降低(%)	[19.1]	[18.2]	0.1[13.2] (目标为15)	[33.2]
非化石能源占一次 能源消费比重(%)	8.6	12	16.6 (2021年)	[8.0百分点] (2010—2021年)
单位GDP二氧化 碳排放降低(%)		[20]	1.0[18.8]	[48.4] (2005—2020年)
森林覆盖率(%)	20.36	21.7	23.04 (目标>23)	[2.68百分点] (2010—2020年)
森林蓄积量(亿立 方米)	137	151	175.6 (目标为165)	[24.6] (2015—2020年)

[①] 习近平在省部级主要领导干部"学习习近平总书记重要讲话精神,迎接党的二十大"专题研讨班上发表重要讲话[H].人民日报,2022-07-28(2).

续表

指标	2010年	2015年	2020年	2010—2020年变化量
地级及以上城市空气质量优良天数比例（%）		76.7	87.0（目标>80）	[10.3百分点]（2015—2020年）
细颗粒物（PM$_{2.5}$）未达标地级及以上城市浓度下降（%）			7.5[28.8]（目标18）	[28.8]（2015—2020年）
达到或好于Ⅲ类水体比例（%）	52.1	66	83.4（目标70）	[31.3百分点]
劣Ⅴ类水体比例（%）	20.8	9.7	0.6（目标为5）	[-20.2百分点]
化学需氧量排放总量减少（%）	[12.45]（1 238万）	[12.9]（2 224万）	3.2[13.8]（目标为10）（2 565万）	[28.5]
氨氮排放总量减少（%）	（120万）	[13.0]（230万）	3.3[15.0]（目标为10）（98万）	[24.1]
二氧化硫排放总量减少（%）	[14.29]（2 185万）	[18.0]（1 859万）	4.4[25.5]（目标为15）（318万）	[61.4]（2005—2020年）
氮氧化物排放总量减少（%）	（1 852万）	[18.6]（1 852万）	3.5[19.7]（目标为15）（1 020万）	[36.3]

数据来源：《2022中国统计摘要》；《〈中华人民共和国国民经济和社会发展第十三个五年规划纲要〉实施总结评估报告》；《环境统计年报》（2010年、2015年），《中国生态环境统计年报》（2020年）。

注：方括号内为累计数；括号内为实际排放量。

（一）资源目标的评估

1. 耕地保有量基本保持不变

2015年，中国保有耕地20.26亿亩（13 506万公顷），减去1.61亿亩（1 073万公顷）左右不稳定耕地后，稳定耕地为18.65亿亩（12 433.33万公顷），以此作为耕地红线并确保15.46亿亩（10 306万公顷）以上永久基本农田特殊保护制度，才能确保我国粮食基本自给。中国农业用地资源仅占世界总量的11.0%①，要养活占世界18.0%的人口②。为此，国家继续实行最严格的节约用地制度，实行建设用地质量和强度双控行动，"十三五"规划专门设定新增建设用地规模控制在3 256万亩（217.07万公顷）以内的约束性指标，实际新增建设用地规模为3 610万亩（240.67万公顷）。第三次全国国土调查显示，中国保有耕地19.179亿亩（12 786.19万公顷），从全国层面看，实现了"十三五"规划确定的耕地保有量目标。需要指出的是，全国耕地地类在过去10年还是减少了1.13亿亩（753.33万公顷），在非农建设占用耕地严格落实了占补平衡的情况下，耕地地类减少的主要原因是农业结构调整和国土绿化。全国建设用地总量6.13亿亩（4 086.67万公顷），较第二次全国国土调查时增加1.28亿亩（853.33万公顷），增幅26.5%。同期，国内生产总值增长109.4%，常住人口城镇化率从48.34%提高到62.71%③，与2010年相比增加了2.32亿人。由此可知，中国人口多、耕地有限的基本国情没有根本改变。

2. 万元GDP用水量持续大幅度下降

中国水资源的基本国情是，可再生内陆淡水资源总量占世界的比重为6.6%④，明显低于人口、经济总量占世界的比重，"人多水少，人均水资源占有量仅为世界平均水平的28%，水资源短缺成为制约生态环境质量和经济社会发展的重要因素"⑤。为此，国家在五年规划中将"万元GDP用水量下降"作为约束性指标，这综合反映了三次产业在生产过程中用水效率的提高，尤其是对农业用水量的控制，2010—2021年累计下降66.6%，年平均下降5.8%。

---

① 数据来源：世界银行(WDI)数据库.农业用地面积（平方公里）-OECD members, Word, China[DB/OL].https://data.worldbank.org.cn/indicator/AG.LND.AGRI.K2?end=2021&locations=OE-1W-CN&start=1960.
② 数据来源：世界银行(WDI)数据库. Population, total[DB/OL].https://data.worldbank.org/indicator/SP.POP.TOTL?end=2021&locations=1W-CN&start=1960.
③ 国务院第三次全国国土调查领导小组办公室，自然资源部，国家统计局.第三次全国国土调查主要数据成果发布[EB/OL].(2021-08-26)[2022-02-25].http://www.gov.cn/xinwen/2021-08/26/content_5633497.htm.
④ 世界银行(WDI)数据库.可再生内陆淡水资源总量(十亿立方米)-China, OECD members, World[DB/OL].https://data.worldbank.org.cn/indicator/ER.H2O.INTR.K3?end=2020&locations=CN-OE-1W&start=1981&view=chart.
⑤ 中共水利部党组织理论学习中心组.为建设人与自然和谐共生的现代化贡献力量[J].求是，2022(11): 29-30.

2015年，全国用水总量达到峰值6 103亿立方米，而后下降，到2021年降至5 921亿立方米，完成了"十三五"规划确定的至2020年控制在6 400亿立方米以内的目标；其中，农业用水量持续下降，从2012年3 903亿立方米的高峰降至2020年的3 612亿立方米，农业用水量占用水总量的比重从2012年的63.7%下降至2020年的61.3%[1]。同时，完成了8亿亩（5 333.33万公顷）旱涝保收、高产稳产的高标准农田建设，占耕地总面积的44%，农田灌溉水有效利用系数从2010年的0.501提高至2021年的0.568[2]，农业用水效率不断提高。2021年，全国万元GDP用水量、万元国内增加值用水量比2015年分别下降32.2%、43.8%[3]。

从国际比较看，中国用水效率（指2015美元价格），从2007年的每立方米10.0美元提高至2017年的每立方21.3美元，提高了113%，年均提高7.9个百分点，高于中等收入国家的平均数（每立方18美元）[4]，仍有进一步提高的空间。

中国在农业用水总量下降的同时，实现了农业增加值持续增长，按不变价格计算，2021年比2012年增长了41.9%；同时，农业增加值（2015年美元价格）占世界比重也持续提高，从2010年的27.8%增长至2021年的30.9%，相当于OECD国家占世界比重（20.5%）的1.51倍[5]。2018年，OECD国家农业用地面积相当于中国的2.30倍，淡水资源占世界总量的比重为26.1%，相当于中国的3.95倍。中国不仅以仅占世界11.0%的农业用地面积[6]、6.6%的

---

[1] 国家统计局.2022中国统计摘要[M].北京：中国统计出版社，2022.
[2] 水利部.2021年度《中国水资源公报》[EB/OL].(2022-06-15)[2022-06-29].http://www.mwr.gov.cn/sj/tjgb/szygb/202206/t20220615_1579315.html.
[3] 中共水利部党组织理论学习中心组.为建设人与自然和谐共生的现代化贡献力量[J].求是，2022(11): 29-30.
[4] 计算数据来源：世界银行(WDI)数据库.水的生产率，总(2015年不变件美元GDP每立方米的总的淡水撤出)-China[DB/OL].https://data.worldbank.org.cn/indicator/ER.GDP.FWTL.M3.KD?locations=CN&most_recent_value_desc=true.
[5] 计算数据来源：世界银行(WDI)数据库. Agriculture, forestry, and fishing, value added (constant 2015 US$)-OECD members, World, China [DB/OL].https://data.worldbank.org/indicator/NV.AGR.TOTL.KD?end=2021&locations=OE-1W-CN&start=1960.
[6] 计算数据来源：世界银行(WDI)数据库.农业用地面积(平方公里)-OECD members, World, China[DB/OL].https://data.worldbank.org.cn/indicator/AG.LND.AGRI.K2?locations=OE-1W-CN.

淡水资源养活了世界近20%的人口,而且取水强度①从2002年的40.328上升至2012年的高峰43.733,而后下降至2017年的43.222,在有统计数据的全球178个国家中位于第40位。在如此用水压力下,中国不仅创造了农业发展的奇迹,也创造了世界绿色农业奇迹。

3. 单位GDP能源消耗明显下降

2005—2019年中国单位GDP能源消耗累计下降59.8%,提前完成了至2020年下降40%~45%的中国气候行动计划目标,能源损耗占总国民收入(GNI)比重从2008年高峰时的4.19%下降至2018年的0.71%,下降了3.48个百分点,但仍高于OECD国家的0.2%②,还有进一步下降的空间。

(二)气候变化目标的评估

1. 非化石能源占一次能源消费比重大幅度上升

中国非化石能源占一次能源消费比重从2010年的8.6%提高至2020年的15.9%,也实现了2020年时降至15%的中国气候行动目标,天然气、水电、风电、核电等清洁能源消费占能源消费比重从2010年的13.4%提高至2021年的25.5%。中国天然气消费量占世界比重从2010年的3.4%提高至2021年的9.4%,水电消费量占世界比重从2010年的20.8%提高至2021年的30.4%,风能消费量占世界比重从2010年的2.9%提高至2021年的31.7%,核电消费量占世界比重从2010年的2.7%提高至2021年的14.6%③。中国已成为世界最大的绿色能源生产国和消费国,并引领世界绿色能源革命。

2. 碳强度(单位GDP碳排放)提前实现原定目标

2020年全国碳强度比2005年下降了48.4%,超额完成下降40%~45%

---

① 取水强度是指淡水提取量占可用淡水资源的比例,是指在考虑环境用水需求后,所有主要部门提取的淡水总量与可再生淡水资源总量之间的比。根据国际标准产业分类(ISIC)体系的定义,主要部门包括农业、林业和渔业、制造业、电力工业以及服务业。
② 世界银行(WDI)数据库.调整后的储蓄:能源损耗(占GNI的百分比)-China, OECD members[DB/OL].https://data.worldbank.org.cn/indicator/NY.ADJ.DNGY.GN.ZS?end=2020&locations=CN-OE&start=1981&view=chart.
③ 计算数据来源:BP Statistical Review of World Energy July 2022。

的中国气候行动目标。但是,中国仍是世界最大的碳排放国,碳排放量占世界比重从 2010 年的 26.2% 提高至 2020 年的 31.1%[1],尚未实现碳排放与经济发展脱钩,这成为未来最大的发展挑战之一,力争到 2030 年前碳排放达峰的任务仍很艰巨。

3. 森林发展速度居世界前列

2009—2020 年中国完成造林 7 039 万公顷,森林覆盖率从 18.2% 提高至 23.04%,森林蓄积量从 125 亿立方米提高至 175.6 亿立方米,也超过了 165 亿立方米的中国气候行动目标。根据联合国粮农组织(Food and Agriculture Organization of the United Nations,FAO)数据显示,世界森林面积进入持续下降时期,由 1990 年的 4 128.2 万平方千米下降至 2016 年的 3 995.8 万平方千米,净减少 132.5 万平方千米,平均每年减少 5.1 万平方千米。但同期中国净增加森林面积 55.3 万平方千米,OECD 38 个国家净增加 14.4 万平方千米,中国净增加森林面积相当于 OECD 国家的 3.8 倍;南方国家[2](不包括中国)则净减少森林面积 202.2 万平方千米,成为世界森林面积持续下降的主要因素。中国和 OECD 国家对世界森林面积增加作出巨大贡献,贡献率分别为 41.7% 和 10.9%[3]。

(三)环境目标的评估

1. 空气质量明显改善

中国 337 个地级及以上城市空气质量优良天数比例,从 2015 年的 76.7% 提高至 2022 年 3 月的 87.2%,实现了大于 80% 的目标,细颗粒物($PM_{2.5}$)未达标地级及以上城市浓度 2020 年比 2015 年下降了 28.8%,大大超过了下降 18% 的约束性目标。中国的年平均 $PM_{2.5}$ 浓度,从 2011 年的 71 微克/立方米下降到 2017 年的 53 微克/立方米,年均下降 3 微克/立方米,明显快于世界平均浓度下降幅度(从 2011 年的 51 微克/立方米到 2017 年的 46 微克/立

---

[1] 计算数据来源:BP Statistical Review of World Energy July 2022。
[2] 南方国家指非经济合作与发展组织 (OECD) 国家。
[3] 刘珉,胡鞍钢. 人与自然和谐共生的现代化——中国林业绿色发展之路 (1949—2060)[J]. 海南大学学报 (人文社会科学版),2022,40(5): 70-79.

方米,年平均下降 0.83 微克/立方米)①。

2. 地表水质量进一步改善

中国地表水达到或好于Ⅲ类水体的比例从 2010 年的 52.1% 上升至 2020 年的 83.4%,超过 70% 的约束性目标,劣Ⅴ类水体比例从 2010 年的 20.8% 下降至 2020 年的 0.6%,达到低于 5% 的约束性目标。

3. 主要污染物排放总量大幅度减少

2010—2020 年中国化学需氧量累计减少 28.5%,氨氮排放总量累计减少 24.1%,氮氧化物排放总量累计减少 36.3%,2005—2020 年二氧化硫排放总量累计减少 64.1%,实现了经济增长与主要污染物排放量彻底脱钩的目标。

从国际比较看,中国空气环境指标有明显改善。根据世界银行提供的数据,以颗粒物排放损害占国民总收入(GNI)比重为例,中国从 2000 年的 0.50% 下降至 2018 年的 0.29%,已经低于中等收入国家的 0.34%,但还是高于美国的 0.11%②。这与中国进入后工业化以及城镇化加速的过程是相关的,我国工业增加值增速从 2011 年的 10.9% 降至 2018 年的 6.1%,城镇化率从 2011 年的 51.8% 上升至 2018 年的 61.5%③。

中国污染防治攻坚战取得关键进展,包括七大标志性战役——蓝天保卫战、柴油货车污染治理、城市黑臭水体治理、渤海综合治理、长江保护修复、水源地保护、农业农村污染治理。据统计,"十三五"期间,我国 15 万个行政村完成农村环境综合整治,超额完成"十三五"规划目标④。21 世纪初,中国还是世界上排放各类污染物规模最大的国家,实际经济损失创下了历史纪录,但是,与此同时也是世界上治理环境污染力度最大、投入最多、效果最

---

① 世界银行 (WDI) 数据库. PM$_{2.5}$ air pollution, mean annual exposure (micrograms per cubic meter)-China, World[DB/OL].https://data.worldbank.org.cn/indicator/EN.ATM.PM25.MC.M3?end=2020&locations=CN-1W&most_recent_value_desc=true&start=1981&view=chart.
② 世界银行 (WDI) 数据库. 调整后的储蓄:颗粒物排放损害(占 GNI 的百分比)-China, United States, Middle income[DB/OL].https://data.worldbank.org.cn/indicator/NY.ADJ.DPEM.GN.ZS?end=2018&locations=CN-US-XP&start=1981&view=chart.
③ 国家统计局. 2022 中国统计摘要 [M]. 北京:中国统计出版社,2022: 19, 27.
④ 光明时政网."十三五"期间我国 15 万个行政村完成农村环境综合整治 [N/OL].(2021-08-18)[2022-06-29].https://politics.gmw.cn/2021-08/18/content_35090996.htm.

显著的国家。这正如美国《纽约时报》评论所言,"中国短短的时间内实现了美国30年空气质量改善的目标"①。改革开放后,中国不仅用40年时间走完了发达国家工业化、城镇化、现代化的道路,而且用更短的时间走完了发达国家上百年的环境污染治理的道路。

根据《〈中华人民共和国国民经济和社会发展第十三个五年规划纲要〉实施总结评估报告》②,污染防治攻坚战阶段性目标胜利完成。大气污染防治成效显著,化学需氧量、氨氮、二氧化硫、氮氧化物等主要污染物排放总量分别累计减少13.8%、15.0%、25.5%、19.7%,细颗粒物($PM_{2.5}$)未达标地级及以上城市浓度累计下降28.8%,地级及以上城市空气质量优良天数比例达到87%。③正如习近平总书记所指出的:中国"过去10年,森林资源增长面积超过7000万公顷,居全球首位。长时间、大规模治理沙化、荒漠化,有效保护修复湿地,生物遗传资源收集保藏量位居世界前列。90%的陆地生态系统类型和85%的重点野生动物种群得到有效保护"④。

特别需要指出的是,"十二五"规划和"十三五"规划先后实施了绿色发展重点国家工程,如"十二五"时期节能重点工程(4项)、循环经济重点工程(7项)、环境治理重点工程(4项)、生态保护和修复重点工程(14项)、水利和防灾减灾重点工程(3项),合计32项;"十三五"时期资源节约集约循环利用重大工程(5项)、环境治理保护重点工程(6项)、山水林田湖生态工程(8项),合计19项。中国用两个五年规划,共实施了51项国家重点工程,投资规模之大、建设效益之高,不仅创下了当代中国绿色投资、绿色发展的纪录,也创下了当代世界绿色投资、绿色发展的纪录。仅以可再生能源为例,2009—2019年中国年均增速高达28.9%,占世界总量的比重从2009年的6.5%上升至2020年的24.6%,对世界的贡献率高达31.8%,均居世界首位⑤。

---

① 求是网.【中国稳健前行】绘就全面小康的生态底色[N/OL].(2020-08-26)[2022-06-29]. http://www.qstheory.cn/wp/2020-08/26/c_1126415142.htm.
② "十三五"规划实施总结评估报告-生态环境篇[EB/OL].(2021-07-28)[2022-06-29]. https://www.ndrc.gov.cn/xxgk/jd/wsdwhfz/202107/t20210728_1291933.html?code=&state=123.
③ 习近平.在全国生态环境保护大会上的讲话.[EB/OL].(2018-05-18)[2022-02-22].http://jhsjk.people.cn/article/30603656.
④ 习近平.在联合国生物多样性峰会上的讲话[EB/OL].(2020-09-30)[2022-05-22].http://jhsjk.people.cn/article/31881876.
⑤ 计算数据来源:BP Statistical Review of World Energy July 2021.

总体来看,中国在"十二五"时期和"十三五"时期,生态环境保护主要目标任务基本完成,生态环境质量总体改善。习近平总书记指出:"生态环境保护和经济发展是辩证统一、相辅相成的,建设生态文明、推动绿色低碳循环发展,不仅可以满足人民日益增长的优美生态环境需要,而且可以推动实现更高质量、更有效率、更加公平、更可持续、更为安全的发展,走出一条生产发展、生活富裕、生态良好的文明发展道路。"① 这就是中国创新绿色现代化的道路。

五、2035年中国基本实现绿色现代化

中国实现绿色现代化标志着国家进入绿色创新、生态投资、生态盈余的新时代,形成人与自然和谐发展的绿色现代化新格局。这是中国式现代化的核心目标和显著特征之一。笔者曾提出,到2050年,中国式现代化主要体现在三个方面:一是高度发达的现代化,拥有世界上所有的现代化因素;二是社会主义的现代化,为全体人民所分享;三是生态文明的绿色现代化,在较低的不可再生资源和能源消耗、污染物排放水平上的现代化,又是生态资产不断增值、生态盈余不断扩大的人与自然和谐的现代化②。

2018年,习近平总书记在全国生态环境保护大会提出:"确保到2035年节约资源和保护环境的空间格局、产业结构、生产方式、生活方式总体形成,生态环境质量实现根本好转,生态环境领域国家治理体系和治理能力现代化基本实现,美丽中国目标基本实现。"③ 这是到2035年基本实现绿色现代化的宏大目标,也是本文展望2035年基本实现绿色现代化的基本依据。

《中华人民共和国国民经济和社会发展第十四个五年规划和2035年远景目标纲要》(简称"十四五"规划)提出了2025年绿色生态主要量化指标(5项)、次优先指标(9项)④。"十四五"规划既与"十二五"规划和"十三五"规划有机衔接,又与2035年远景目标相支撑。这是笔者量化分析2035年基

---

① 习近平.努力建设人与自然和谐共生的现代化 [J].求是,2022(11):4-9.
② 胡鞍钢.中国创新绿色发展 [M].北京:中国人民大学出版社,2012:237.
③ 习近平.在全国生态环境保护大会上的讲话.[EB/OL].(2018-05-18)[2022-02-22].http://jhsjk.people.cn/article/30603656.
④ 全国人大财政经济委员会,国家发展和改革委员会.中华人民共和国国民经济和社会发展第十四个五年规划和2035年远景目标纲要 [M].北京:中国计划出版社,2021:218.

本实现绿色现代化的重要依据。为此，本文对中国 2025 年、2035 年的目标和指标趋势进行中长期展望[1]，凸显中国式绿色现代化的发展趋势和主要特点。

（一）清洁低碳、安全高效的能源体系基本建立

一是严格控制能源消费总量。据预计，中国能源消费总量将从 2020 年的 40.7 亿吨标准煤达到 2025 年的 46 亿吨标准煤以上[2]，"十四五"时期年均增速达到 2.5%，到 2035 年达到 60 亿吨标准煤，有效支撑 5% 左右的经济增长率[3]，其中总体能源自给率保持在 80% 以上，基本保障我国能源总体安全。

二是能源利用效率达到国际先进水平[4]。根据"十四五"规划，到 2025 年，中国单位 GDP 能耗比 2020 年降低 13.5%，预计到 2035 年累计下降 46% 以上，力争下降 50% 以上；同时，实施全民节能行动计划，全面推进各产业节能，大力构建节能型社会。

三是严格控制煤电碳排放总量。中国已建成全球最大的清洁高效煤电供应体系，2019 年全国百万千瓦超超临界燃煤发电机组有 111 台在运行[5]，发电用煤占煤炭消费的比重将从 55% 提高至 2025 年的 60% 以上，到 2035 年将提高至 75% 以上，大大降低煤炭发电碳排放压力。

四是因地制宜开发水电。中国常规水电装机容量将从 2020 年的 3.7 亿千瓦上升至 2025 年的 4.0 亿千瓦左右[6]。

五是积极安全有序发展核电。中国核电发展进入快车道，2009—2019 年核电发电量增速高达 17.4%，大大高于世界平均增速（0.4%）；2020 年，我国核电发电量占世界比重为 14.6%，排在美国（29.3%）后，略高于法国

---

[1] 2035 美丽中国建设目标的有关量化分析，可参看：万军，王金南，等.2035 年美丽中国建设目标及路径机制研究 [J]. 中国环境管理，2021,13(5):29-36.
[2] 国家发展和改革委员会，国家能源局."十四五"现代能源体系规划 [EB/OL].(2022-01-29)[2022-03-12].http://www.gov.cn/zhengce/zhengceku/2022/03/23/content_5680759.htm.
[3] "十三五"时期我国能源弹性系数为 0.475，"十四五"时期为 0.500 左右，实际执行还将低于"十三五"时期。
[4] 韩正.到二〇三五年基本实现社会主义现代化远景目标 [N]. 人民日报，2020-11-19(03).
[5] 谢克昌.让煤炭利用清洁高效起来 [N/OL].(2020-09-22)[2022-06-29].http://env.people.com.cn/n1/2020/0922/c1010-31870590.html.
[6] 根据《"十四五"现代能源体系规划》(2022 年 1 月)，到 2025 年，中国常规水电装机容量达到 3.8 亿千瓦左右，实际上 2021 年已经达到 3.9 亿千瓦，占总装机容量的 16.4%。见：国家统计局.2022 中国统计摘要 [M]. 北京：中国统计出版社，2022: 78.

（13.5%）①，堪称"核电第二大国"。今后中国核电发展有很大潜力，根据《"十四五"现代能源体系规划》，到 2025 年，核电运行装机容量将达到 7 000 万千瓦左右②。

六是能源消费结构加速绿色化。中国非化石能源占能源消费总量的比重持续提高，将从 2020 年的 15.9% 提高至 2025 年的 20% 左右，到 2030 年将提高到 25%③，到 2035 年进一步提高至 30% 以上。中国将率先在世界能源消费大国④中，实现可再生能源发电成为主体电源，即实现能源绿色化、电力绿色化，基本建成现代绿色电能体系，到 2035 年成为世界绿色能源、绿色电力革命的发动者、领先者。

（二）节水型社会建设取得显著成绩

中国基本的水情是，淡水资源总量占世界的比重为 6.6%，居世界第五⑤，但是用水量占世界用水总量的比重高达 17.5%，居世界第二位（居印度之后）⑥，GDP（购买力平价，2017 国际元）占世界比重为 18.6%⑦，水资源与人口、经济发展之间的矛盾十分突出。我们必须率先实现水利现代化，为基本实现社会主义现代化提供重要支撑。

---

① 数据来源：BP Statistical Review of World Energy July 2022.
② 国家发展和改革委员会，国家能源局."十四五"现代能源体系规划 [EB/OL].(2022-01-29)[2022-03-12].http://www.gov.cn/zhengce/zhengceku/2022-03/23/content_5680759.htm.
③ 全国人大财政经济委员会，国家发展和改革委员会.《中华人民共和国国民经济和社会发展第十四个五年规划和 2035 年远景目标纲要》释义 [M]. 北京：中国计划出版社，2021: 238.
④ 2021 年，世界能源消费大国占世界能源消费比例超过 3% 以上的国家有：中国 (26.5%)、美国 (15.6%)、印度 (6.0%)、俄罗斯 (5.3%)、日本 (3.0%)。数据来源：BP Statistical Review of World Energy July 2022.
⑤ 计算数据来源：世界银行 (WDI) 数据库.可再生内陆淡水资源总量 (十亿立方米)-China, World[DB/OL].https://data.worldbank.org.cn/indicator/ER.H2O.INTR.K3?locations=CN-1W&most_recent_value_desc=true.
⑥ 计算数据来源：世界银行 (WDI) 数据库.年度淡水抽取量，总量 (10 亿立方米)-China, World[DB/OL].https://data.worldbank.org.cn/indicator/ER.H2O.FWTL.K3?end=2021&locations=CN-1W&most_recent_value_desc=false&start=1990&view=chart.
⑦ 计算数据来源：世界银行 (WDI) 数据库. GDP, PPP (constant 2017 international $)-China, World[DB/OL].http://data.worldbank.org/indicator/NY.GDP.MKTP.PP.KD?end=2021&locations=CN-1W&most_recent_value_desc=ture&start=1984&view=chart.

一是水资源利用效率争取达到国际先进水平①，中国实现水资源消耗与经济增长彻底脱钩。首先，有效控制用水总量，2025年全国用水总量预计控制在6 400亿立方米以内，2035年控制在7 000亿立方米以内；其次，促进用水总量持续下降，全国实际用水总量、人均用水量已达到峰值平台，将持续下降；最后，实现水资源与发展脱钩。这就意味着在经济增长、农业增长、工业增长的情况下，水利现代化的重大标志就是与用水资源总量，特别是与农业工业用水量彻底脱钩②，其累计效果和效益规模十分巨大。

二是实施发展水利工程建设。到2035年，我国节水总量力争达到521亿立方米以上，单位GDP用水量下降累计达到48%以上。特别是节水农业的发展，在"十四五"期间将优先推进实施纳入国务院确定的150项重大水利工程建设范围的30处新建大型灌区，优选124处已建大型灌区实施续建配套和现代化改造③。

三是生态用水占总用水量比重增加④。全国人工生态环境补水从2016年的143亿立方米提高至2021年的316.9亿立方米，生态用水量占用水总量的比重将从2.4%提高至2025年的5.4%⑤。

四是建成与高质量发展相适应的节水制度体系、技术支撑体系和市场机制，形成水资源利用与发展规模、产业结构和空间布局等协调发展的现代化新格局⑥。

五是加强水安全保障能力，确保水安全。到2025年，中国水旱灾害防御能力、水资源节约集约安全利用能力、水资源优化配置能力、河湖生态保护

---

① 韩正.到二〇三五年基本实现社会主义现代化远景目标[N].人民日报，2020-11-19(03).
② 2016年中国农业用水量达到3 768亿立方米，2021年农业用水量为3 644亿立方米，已经进入平台下降期。见：中国政府网.2021年度《中国水资源公报》发布[EB/OL].(2022-06-16)[2022-06-29].http://www.mwr.gov.cn/xw/slyw/202206/t20220616_1579606.html.
③ 水利部 国家发展改革委正式印发实施"十四五"重大农业节水供水工程实施方案[EB/OL].(2021-08-16)[2022-06-29].http://www.gov.cn/xinwen/2021-08/16/content_5631540.htm.
④ 2021年中国水资源公报[R/OL].(2022-06-15)[2022-06-29].http://www.mwr.gov.cn/sj/tjgb/szygb/202206/t20220615_1579315.html.
⑤ 水利部.2021年度《中国水资源公报》发布[EB/OL].(2022-06-16)[2022-06-29]. http://www.mwr.gov.cn/xw/slyw/202206/t20220616_1579606.html.
⑥ 国家发展和改革委员会，水利部，住房城乡建设部，等."十四五"节水型社会建设规划[EB/OL].(2021-11-09)[2022-02-26].http://www.gov.cn/zhengce/zhengceku/2021-11/09/5649875/files/146d1a6fcb7c42f3a4aad9dca6104719.pdf.

治理能力将进一步加强，国家水安全保障能力明显提升①。

六是基本实现水利现代化。到2035年，中国将基本实现水利现代化，水资源节约集约利用达到世界先进水平，实施全民节水行动，基本建成世界最大的节水型社会。

（三）环境质量实现根本好转

一是大气质量明显改观。"十四五"规划确定了到2025年全国地级及以上城市的空气质量平均优良天数比例87.5%的目标，2021年实际已达到87.5%②，预计至2025年，可达到90%以上。2020年，全国未达标地级及以上城市$PM_{2.5}$平均浓度较2015年下降了28.8%，达标城市已增加到202个；2021年，全国339个地级及以上城市中，218个城市环境空气质量达标，占比64.3%③；到2025年，未达标城市比例预计比2020年再下降10个百分点，$PM_{2.5}$平均浓度约下降3.3微克/立方米；到2035年，所有地级及以上城市均将达到国家标准，重污染天气基本消除。

二是水质量明显改观。全国地表水优良（Ⅰ~Ⅲ类）水质断面比例将从2022年5月的83.5%提高至2025年的95%④，近岸海域水质优良（一、二类）比例2025年将达到79%左右，地表水劣Ⅴ类断面比例2025年控制在1%以内，2022年5月实际为1.3%⑤，城市黑臭水体基本消除。

三是主要环境指标明显改善。全国土壤污染风险得到有效管控，固体废物和新污染物治理能力明显增强，生态系统质量和稳定性持续提升；主要污染物排放总量持续减少，到2025年，化学需氧量、氨氮排放总量将分别比2020年下降8%，二氧化硫、氮氧化物排放量累计下降15个百分点；城镇污泥无害化处理率达到90%，地级及以上缺水城市污水资源化利用率超过25%⑥。

---

① 中国政府网."十四五"水安全保障规划印发实施(2022年1月)[EB/OL].(2022-01-12)[2022-06-29].http://www.gov.cn/xinwen/2022/01/12/content_5667722.htm.
②③ 生态环境部.2021中国生态环境状况公报[EB/OL].(2022-05-28)[2022-06-20].http://www.gov.cn/xinwen/2022-05/28/content_5692799.htm.
④⑤ 中国环境监测总站.2022年全国地表水水质月报(5月)[EB/OL].(2022-06-24)[2022-06-29].http://www.cnemc.cn/jcbg/qgdbsszyb/202206/P020220624365477675232.pdf.
⑥ 全国人大财政经济委员会，国家发展和改革委员会.《中华人民共和国国民经济和社会发展第十四个五年规划和2035年远景目标纲要》释义[M].北京：中国计划出版社，2021: 242-243.

四是农业面源污染得到初步管控。全国农村环境基础设施建设稳步推进，农村生态环境持续改善[①]。

五是环境风险得到有效控制，确保全社会环境安全。

到 2035 年，中国主要环境保护指标力争达到中等发达国家水平，这是实现生态环境根本好转、美丽中国目标的重要国际标志。

（四）绿色发展方式基本形成

一是绿色发展的生产方式基本形成。中国将建成体系完整、结构优化的绿色循环低碳发展产业体系，如第一产业的绿色农业、绿色林业、绿色草业，第二产业的绿色矿业、绿色能源与节能产业、绿色制造业、环保产业、循环经济、绿色建筑业，第三产业的绿色商业、绿色交通运输业、绿色旅游业等产业，将成为国民经济支柱性产业。实现经济与产业、行业与企业、技术与产品、销售与服务的绿色转型，创造世界最大规模的绿色就业岗位。

二是绿色发展的生活方式基本形成。制定绿色消费服务标准，促进绿色消费、绿色饮食、绿色购物、绿色出行、绿色居住、绿色办公，全民环境保护意识更加强烈。

三是绿色发展体制机制基本建成。中国绿色发展的法律和政策体系将基本形成，绿色金融、绿色投资成为投融资主体，绿色标准和标志在全国基本普及。

（五）生态文明建设取得明显成效

中国生态文明建设正处在压力叠加、负重前行的关键期，已进入提供更多优质生态产品以满足人民日益增长的优美生态环境需要的攻坚期，也到了有条件、有能力解决生态环境突出问题的窗口期[②]。这意味着中国将从生态赤

---

① "十四五"土壤、地下水和农村生态环境保护规划 (2021 年 12 月)[EB/OL].[2022-06-29]. http://www.gov.cn/zhengce/zhengceku/2022-01/04/5666421/files/3bf48f0ca40e4bca9e9bf14853edefe3.pdf.

② 习近平.努力建设人与自然和谐共生的现代化 [J]. 求是，2022(11): 4-9；习近平.论把握新发展阶段、贯彻新发展理念、构建新发展格局 [M]. 北京：中央文献出版社，2021: 543.

字走向生态恢复，进而走向生态盈余的新时代。

一是严守耕地红线。"十三五"规划确定了到 2020 年全国耕地保有量不少于 18.65 亿亩（12 433.33 万公顷），确保建成 8 亿亩（5 333.33 万公顷）、力争建成 10 亿亩（6 666.67 万公顷）高标准农田的目标，并要求全面划定永久基本农田[①]。国土资源部 2018 年印发的《关于全面实施永久农田特殊保护的通知》要求，确保到 2020 年全国永久基本农田保护面积不少于 15.46 亿亩（10 306 万公顷）。"十四五"规划则提出了"建成 10.75 亿亩集中连片高标准农田"的目标。

二是大力提升内陆水体水质。中国重要江河湖泊水功能区水质达标率预计由 2020 年的 80% 左右提高到 2035 年的 90% 左右，实现主要水体区域的生态可持续发展。

三是大力提升草原生态功能。中国草原植被覆盖度明显提高，全国草原植被覆盖度从 2020 年的 56.1% 到 2035 年力争达到 70% 以上，实现草原生态功能和经济功能良性循环。

四是建成世界最大的绿色林业产业。2021 年，中国经济林面积保持在 4 000 万公顷以上，生态旅游游客量达 20.93 亿人次，同比增长超过 12%[②]。这充分体现了"绿水青山就是金山银山"的绿色发展新理念，中国林业现代化走在世界的前列。

五是重大生态保护和修复工程取得重要进展。中国草原综合植被盖度将从 2018 年的 55.7% 提高至 2035 年的 70% 以上，生物多样性下降势头得到根本控制，国家重点保护野生动植物种群数量总体保持稳定，外来物种入侵得到严格控制，生态系统稳定性明显增强。

六是生态环境领域国家治理能力现代化基本实现。中国形成与自然规律相适应的责任主体和追究制度，形成完善的生态环境管理体系。

---

① 国家"十一五"规划提出，我国耕地红线保持 18 亿亩(12 000 万公顷)，"十二五"规划上升为 18.18 亿亩(12 120 万公顷)，"十三五"规划明确保持在 18.65 亿亩(12 433.33 万公顷)。全国人大农业与农村委员会主任委员陈锡文介绍，18 亿亩(12 000 万公顷)是综合经济发展、人口状况、粮食单产等因素测算划定的，考虑到复种指数，18 亿亩(12 000 万公顷)耕地对应每年的农作物播种面积为 24 亿亩(16 000 万公顷)。其中，粮食播种面积约 17 亿亩(11 333.33 万公顷)，其余用于棉、油、糖、菜等种植。见：耕地问题调查[N].经济日报，2022-02-14(01).

② 全国绿化委员会办公室.2021 年中国国土绿化状况公报[EB/OL].(2022-03-11)[2022-06-29].https://www.forestry.gov.cn/main/4461/20220311/234931556552081.html.

（六）生态安全屏障体系基本建立

一是建立全国统一的空间规划体系。中国生态功能保障基线，包括禁止开发区生态红线、重要生态功能区生态红线和生态环境敏感区、脆弱区生态红线；环境质量安全底线，包括环境质量达标红线、污染物排放总量控制红线和环境风险管理红线；自然资源利用上线，包括促进资源能源节约，保障能源、水、土地等资源高效利用，不应突破最高限值。

二是全国主体功能区规划目标基本实现。以"两横三纵"为主体的城市化战略格局基本形成，主要城市化地区集中全国大部分人口和经济总量。以"七区二十三带"为主体的农业战略格局基本形成，农产品供给安全得到切实保障；以"两屏三带"为主体的生态安全战略格局基本形成，生态安全得到有效保障；海洋主体功能区战略格局基本形成，海洋资源开发、海洋经济发展和海洋环境保护取得明显成效。

三是充分利用国内外两种资源。中国的基本国情仍然是人口基数大，耕地等资源严重不足，人均生态资源少，环境压力大，生态基础薄弱。为此，在对外开放的背景下，中国作为世界最大的贸易体和外汇储备国，应充分利用国内外两种资源，大力增加初级产品进口，以补充国内资源不足。2021年，中国初级产品进口额达到63 135亿元，相当于GDP的5.5%[①]，极大地补充了国内各类资源产品，还需要进一步降低初级产品关税税率（2020年平均为2.0%，高于美国的1.4%）[②]，以更有效地利用国际初级产品资源。

四是开拓两个市场、使用两种技术、吸引两种人才。中国将实现自主全面对外开放，同时要确保国家食物安全、能源安全、资源安全、环境安全、生态安全。

（七）2030年前实现碳排放达峰

实施碳排放消费总量和强度"双控"是中国减缓气候变化的主要思路，

---

① 国家统计局.2022中国统计摘要[M].北京：中国统计出版社，2022：23，93.
② 数据来源：世界银行(WDI)数据库.初级产品加权平均适用税率(%)-China, Hong Kong SAR, China, United States [DB/OL].https://data.worldbank.org.cn/indicator/TM.TAX.TCOM.WM.AR.ZS?locations=CN-HK-US&most_recent_value_desc=false.

把碳排放总量与碳排放强度作为经济社会发展重要约束性指标，建立指标分解落实机制，通过建立世界最大规模的碳排放市场①，促进市场主体、高碳行业企业实行碳排放报告制度，入市与绿色能源企业直接交易，发挥以减少污染协同带动降低二氧化碳排放的作用。根据中国工程院评估，《大气污染防治行动计划》和《蓝天保卫战三年行动计划》的实施累计带动二氧化碳减排14.1亿吨②。这成为统筹应对气候变化和生态环境保护的创新减碳组合。

中国积极参与全球气候治理③，降低碳排放强度，支持有条件的地方率先达到碳排放峰值，加快落实国家《2030年前碳达峰行动方案》④，未来碳排放的基本趋势是由2005—2020年的相对减排期过渡到2020年之后的高峰平台期，在2030年之前实现碳达峰，而后进入绝对减排期。

中国实现这一目标的主要途径主要体现在几个方面：一是继续消减煤炭消费总量；二是大力推进煤炭清洁化；三是大幅度提高清洁能源比重。预计碳排放将从2020年的98.9亿吨碳当量下降至2035年的85亿吨碳当量以下，按照2030年单位GDP二氧化碳排放比2005年下降65%以上的新承诺目标倒推，"十四五"时期单位GDP二氧化碳排放量预计下降18%⑤，"十五五"时期单位GDP二氧化碳排放进一步下降⑥。单位GDP碳排放累计下降近60%，年均下降5.3%，提前实现碳排放的"双下降"，进而带动世界碳排放总量进入下降

---

① 截至2021年12月31日，全国碳市场已累计运行114个交易日，碳排放配额累计成交量1.79亿吨，累计成交额76.61亿元；按履约量计，履约完成率为99.5%；2021年12月31日，收盘价54.22元/吨；按2021年人民币对美元平均汇率(6.45)计算，平均每吨仅为8.4美元，明显低于欧盟地区碳交易价格(48欧元/吨)。见：秦炎.欧洲碳市场发展现状与碳价走势分析[R].中央财经大学绿色金融国际研究院，2021-05-06.
② 国务院关于印发大气污染防治行动计划的通知[EB/OL].(2013-09-10)[2022-06-29]. http://www.gov.cn/zhengce/content/2013-09/13/content_4561.htm；打赢蓝天保卫战三年行动计划[EB/OL].(2018-06-27)[2022-06-29].http://www.gov.cn/zhengce/content/2018-07/03/content_5303158.htm.
③ 国务院副总理韩正在生态环境部召开座谈会[N].新华社北京，2020-10-13.
④ 2030年前碳达峰行动方案[EB/OL].(2021-10-24)[2022-06-29].http://www.gov.cn/zhengce/content/2021-10/26/content_5644984.htm.
⑤ 国家发展和改革委员会，国家能源局."十四五"现代能源体系规划[EB/OL].(2022-01-29)[2022-03-12].http://www.gov.cn/zhengceku/2022-03/23/content_5680759.htm.
⑥ 全国人大财政经济委员会，国家发展和改革委员会.《中华人民共和国国民经济和社会发展第十四个五年规划和2035年远景目标纲要》释义[M].北京：中国计划出版社，2021: 231.

期①，对全球应对气候变化具有决定性意义。

（八）构建绿色低碳循环发展的现代化经济体系

中国应完善顶层设计，筑牢保障支撑，从经济体系的生产、分配、交换和消费环节着手，强化运行环节，以助推绿色低碳循环发展的现代化经济体系建设。我们要构建绿色低碳循环发展的现代化经济体系，具体体现为：在生产环节，从源头和全过程降低资源消耗，降低污染物排放，实现减量化、资源化和再利用；在分配环节，坚持市场在配置资源过程中发挥基础性作用，让市场来左右交换与分配；在交换环节，加快谋划构建"通道+枢纽+网络"流通格局，促进资源交换的绿色低碳循环高效；在消费环节，多渠道、多种形式宣传绿色、低碳消费理念，推动绿色生活方式和消费模式②。

总之，中国式现代化进入到全面建设社会主义现代化国家的新时代。到2025年，中国生态文明建设将实现新进步，绿色现代化取得新进展，生产生活方式绿色转型成效显著，能源资源配置更加合理、利用效率大幅提高，生态环境持续改善，生态安全屏障更加巩固，城乡人居环境明显改善。到2035年，中国将广泛形成绿色生产生活方式，碳排放达峰后稳中有降，生态环境根本好转，美丽中国建设目标基本实现③。

六、中国全面建设绿色现代化

自新中国成立时始，中国共产党就坚定不移地把实现工业化与现代化作为国家发展长远战略目标。毛泽东等中央领导同志逐出提出实现四个现代化目标，邓小平同志提出社会主义现代化"三步走"发展战略，江泽民和胡锦涛同志提出实现第一个百年奋斗目标，习近平总书记提出实现第二个百年奋斗目标的"两阶段"战略。

中国作为世界上人口最多的国家，又是人均自然资源较低的国家，因而，

---

① 2011—2021年，中国碳排放年均增速为1.8%，明显高于世界年均增速的0.6%，对世界碳排放增长的贡献率高达87.4%。计算数据来源：BP Statistical Review of World Energy July 2022。
②③ 吕指臣，胡鞍钢.中国建设绿色低碳循环发展的现代化经济体系：实现路径与现实意义[J].北京工业大学学报(社会科学版)，2021，21(6): 35-43.

中国式现代化道路必须独辟蹊径，寻求一种符合中国国情的新的长期发展模式[1]。习近平总书记明确指出："我国建设社会主义现代化具有许多重要特征，其中之一就是我国现代化是人与自然和谐共生的现代化，注重同步推进物质文明建设和生态文明建设。'十四五'时期，我国生态文明建设进入了以降碳为重点战略方向、推动减污降碳协同增效、促进经济社会发展全面绿色转型、实现生态环境质量改善由量变到质变的关键时期。"[2]

生态文明建设是关系中华民族永续发展的根本大计。为此，习近平总书记提出了建设美丽中国的宏大目标，带领14亿全体中国人民，全面推动建设人与自然和谐共生的现代化，不仅在中华大地继续创造"经济快速增长奇迹""社会长期稳定奇迹"，正在发展中国家率先创造"生态绿色奇迹"，也为发展中国家实现绿色现代化提供了"中国经验""中国案例"，更为21世纪人类可持续发展创造了"中国模式""中国道路"。

本文首先从人类历史发展的视角总结了四次工业革命的时代背景、主要特征，中国曾是前三次工业革命的后来者、落伍者及追赶者，不仅"用几十年的时间走完了发达国家几百年走过的发展历程"[3]，而且带头发动世界第四次工业革命，不但超越了传统的西式现代化，而且正在创新绿色现代化，即人与自然和谐共生的现代化。在此基础上，总结了中国绿色现代化的理念和内涵，根据国家"十一五"规划、"十二五"规划和"十三五"规划中资源环境目标指标进行绿色发展第三方评估，特别是党的十八大以来，中国生态文明建设与绿色发展取得了历史性成就，发生了转折性、全局性的重大变迁，标志着中国在世界9个上亿人口发展中大国[4]中率先从"生态赤字"走向"生态盈余，从"环境污染"走向"环境治理"，从"高碳经济"走向"低碳经济"。

同时，本文前瞻性地展望了2035年基本实现绿色现代化的发展趋势、重

---

[1] 胡鞍钢. 中国：走向21世纪[M]. 北京：中国环境科学出版社，1991: 146.
[2] 习近平. 努力建设人与自然和谐共生的现代化[J]. 求是，2022(11): 4-9.
[3] 习近平. 不断开拓当代中国马克思主义政治经济学新境界[J]. 求是，2020(16): 4-9.
[4] 2021年，中国年中人口数为14.12亿人，印度为13.93亿人，印度尼西亚为2.76亿人，巴基斯坦为2.25亿人，巴西为2.13亿人，尼日利亚为2.11亿人，墨西哥为1.30亿人，菲律宾为1.11亿人，埃及为1.04亿人，共计9个发展中国家。数据来源：世界银行(WDI)数据库. 人口，总数 -India, Indonesia, Pakistan, Brazil, Nigeria, Mexico, Philippines, Egypt, Arab Rep., China [DB/OL].https://data.worldbank.org.cn/indicator/SP.POP.TOTL?end=2021&locations=IN-ID-PK-BR-NG-MX-PH-EG-CN&start=1990&view=chart.

大目标与重要约束性指标。其主要目标是：清洁低碳、安全高效的能源体系基本建立；节水型社会建设取得显著成绩、环境质量实现根本好转；绿色发展方式基本形成；生态文明建设取得明显成效；生态安全屏障体系基本建立；2030年前实现碳排放达峰；构建绿色低碳循环发展的现代化经济体系。在此基础上，进行了量化分析和趋势预测，以供决策部门参考，作为日后第三方独立跟踪评估。

中国一直是世界人口劳动力最多的国家[①]，当今已成为世界最大的经济体（按购买力平价GDP）[②]、贸易体[③]、制造业国[④]、技术发明国[⑤]、绿色能源国[⑥]，不仅有强烈的政治意愿，而且有强大的国家能力。到2035年，将基本实现社会主义现代化，实现"节约资源和保护环境的空间格局、产业结构、生产方式、生活方式，统筹污染治理、生态保护、应对气候变化，促进生态环境持续改善，努力建设人与自然和谐共生的现代化"[⑦]即绿色现代化。

---

① 据预测，在2030年之前，印度总人口将超过中国，但是2021年时中国劳动力总数为7.92亿人，印度为4.71亿人，中国相当于印度的1.68倍，中国女性劳动参与率为69%，印度仅为22%。数据来源：世界银行(WDI)数据库.劳动力, 总数-China, India [DB/OL].https://data.worldbank.org.cn/indicator/SL.TLF.TOTL.IN?locations=CN-IN&most_recent_value_desc=false; 劳动力参与率，女性（占15~64岁女性人口的百分比）（模拟劳工组织估计）- China, India [DB/OL].https://data.worldbank.org.cn/indicator/SL.TLF.ACTI.FE.ZS?locations=CN-IN&most_recent_value_desc=false.

② 2021年，中国GDP（购买力平价，2017国际元）达到24.86万亿国际元，占世界总量的18.6%，美国GDP为20.93万亿国际元，占世界的比重为15.6%。数据来源：世界银行(WDI)数据库.劳动力参与率，女性（占15~64岁女性人口的百分比）（模拟劳工组织估计）-China, India [DB/OL].https://data.worldbank.org/indicator/NY.GDP.MKTP.PP.KD?end=2021&locations=1W-CN-US&start=1990&view=chart.

③ 2021年，中国货物进出口总额为60 515亿美元，占世界总量的13.5%。见：国家统计局.2022中国统计摘要[M].北京：中国统计出版社，2022: 212.

④ 2021年，中国制造业增加值为4.87万亿美元，占世界总量的29.8%。数据来源：世界银行(WDI)数据库. Manufacturing, value added (current US$)-World, China, United States [DB/OL].https://data.worldbank.org/indicator/NV.IND.MANF.CD?end=2021&locations=1W-CN-US&start=1990&view=chart.

⑤ 2020年，中国专利申请量占世界总量的58.4%。数据来源：世界银行(WDI)数据库. Patent applications, residents-World, China, United States [DB/OL].https://data.worldbank.org/indicator/IP.PAT.RESD?end=2021&locations=1W-CN-US&start=1990&view=chart.

⑥ 2021年，中国可再生能源占世界总量的比重为31.3%。数据来源：BP Statistical Review of World Energy June 2022.

⑦ 习近平.努力建设人与自然和谐共生的现代化[J].求是，2022(11): 4-9.

中国式科技现代化：从落伍国到科技强国*

胡鞍钢

本文探究中国式科技现代化的发展机制、成长历程和重要成果。新中国成立70多年来，中国式科技现代化经历了从快速追赶到创新超越的转变，突出反映在"创新是引领发展的第一动力"，具体体现为三大能力（科技引进能力、科技模仿能力、科技自主创新能力）与两大效应（巨国市场规模效应、世界市场规模效应）的综合集成及其相互作用，由此形成对外开放、加速追赶、后来居上、自主创新、不断超越的独特道路，助力中国实现了从"一穷二白"的科技空白国、落伍国，成长为世界科技创新之国。中国拥有世界上最大规模的综合性高素质科技队伍，成为世界最大研发经费支出国之一、世界第二大数字经济之国、世界知识产权使用费进出口大国，成为世界最大的科技期刊发表国、发明专利申请国、高技术出口国、谷物生产国等。中国科技进步贡献率持续提高，科技自立、自强能力显著提高，进入世界创新型大国之列；到2025年，中国科技现代化将迈上新的大台阶，进一步改变未来世界科学技术发展版图，成为世界三大科技中心之一，为世界科技发展作出巨大贡献。

我国建设社会主义现代化具有许多重要特征。习近平总书记指出："世界上既不存在定于一尊的现代化模式，也不存在放之四海而皆准的现代化标

---

* 基金项目：国家社会科学基金项目（2021MZD016）；清华大学文科"双高"专项项目（53120600122）；清华大学文科建设"双高"计划项目（2021TSG08303）。本文由《北京工业大学学报（社会科学版）》于2022年8月25日网络首发 http://kns.cnki.net/kcms/detail/11.4558.g.20220823.1503.004.html。

准。"① "我们所推进的现代化，既有各国现代化的共同特征，更有基于国情的中国特色。"② 邓小平曾多次提出："我们搞现代化，是中国式的现代化。我们建设的社会主义，是有中国特色的社会主义。"③

本文旨在探究中国式科技现代化的发展机制、成长历程和重要成果，其具体体现为三大能力——科技引进能力、科技模仿能力、科技自主创新能力，两大效应——巨国市场规模效应、世界市场规模效应的综合集成以及相互作用。中国式科技现代化也为发展中国家实现科技现代化提供了重要借鉴和具体路径。

一、中国式科技现代化的发展机制

中国式科技现代化是中国式现代化的重要组成部分之一，始终与国家现代化同向、同步且同行。中国作为世界最大的发展中国家，如果没有科技的现代化，就很难实现国家的现代化；同样，没有国家的现代化，也不可能实现科技现代化。为此，中国共产党和中国政府始终把实现中国式科技现代化作为实现国家现代化最重要的治国理政目标与方式之一。

科技现代化如何体现？中国式科技现代化的发展机制有何特色？中国式科技现代化能够成功实现先追赶、再创新、后跨越，迈入世界创新型大国之列，其后原因何在？这是本研究要回答的问题。

科技现代化是指一系列现代科技要素及组合不断现代化的过程，科技生产函数逐步占据支配地位，"科学技术是第一生产力"④ 并成为经济社会发展的第一驱动力。任何一个国家的科技现代化都经历了从量变到部分质变、继续量变再到质变的长期发展过程，并与国家现代化形成良性互动关系。世界各国的科技发展在经济全球化背景下，既相互关联、分享科技成果，又相互竞争、甚而引发科技战。

---

① 习近平在省部级主要领导干部"学习习近平总书记重要讲话精神，迎接党的二十大"专题研讨班上发表重要讲话 [H]. 人民日报，2022-07-28(1).
② 习近平. 习近平谈治国理政：第四卷 [M]. 北京：外文出版社，2022: 123.
③ 邓小平. 路子走对了，政策不会变 [M]// 邓小平文选：第三卷. 北京：人民出版社，1993: 29.
④ 邓小平. 科学技术是第一生产力 [M]// 邓小平文选：第三卷. 北京：人民出版社，1993: 275.

联合国计划开发署（The United Nations Development Programme，UNDP）根据技术成就指标（technology achievement index，TAI），以及一个国家或地区科技现代化所处的不同发展过程和不同阶段，将该国家参与网络时代的能力进行了分类，依次为：（1）技术领导者（leaders）；（2）潜在领导者（potential leaders）；（3）积极采纳者（dynamic adopters）；（4）边缘化者（marginalized）[①]。该指标也是本文分析中国式科技现代化发展机制、成长历程与国际比较的重要参考，为发展中国家科技现代化提供了"中国实践""中国经验"。

1949年之前，中国是典型的科技现代化的边缘化者，可谓"一穷二白"；新中国成立之后，国家先后启动了"四个现代化"，科技现代化就是其中之一；改革开放之后，中国成为世界科技现代化的采纳者，积极采用国际先进技术；21世纪的新时代，主动倡导技术创新，继而大力实施创新驱动战略，由潜在的创新者、领导者成长为世界科技创新的领先者、领导者。

（一）中国科技能力构成及其动态变化

中国作为科技现代化的后来者、落伍者，究竟是如何实现科技现代化，如何由追赶者成为创新者、领先者的？由于世界各国国情差异甚大，科技资源禀赋各不相同，科技发展有先有后，国际社会并没有给中国提供现成的答案。为此，笔者根据中国科技发展历史和实践历程，对中国的科学技术能力构成及其动态变化进行概要的分析和总结，以期找到问题的答案。一个国家能否实现科技的现代化主要取决于该国的科学技术能力（简称为 T^a），即实现国家科技现代化目标能力的总和。

具体地讲，中国科技能力集（T^a）由三种能力构成的，用公式（1）表示：

$$T^a = T_1 + T_2 + T_3 \qquad (1)$$

其中，T_1 为科技引进能力；T_2 为科技再创新能力（包括科技引进创新、模仿创新、集成创新能力）；T_3 为科技自主创新能力。

从科技发展的速度角度看，后进国家的科学技术能力变化量可用公式（2）表示：

---

① 联合国计划开发署.2001年人类发展报告：让新技术为人类发展服务（中文版）[M].北京：中国财政经济出版社，2001：46.

$$\frac{dT_1^a + dT_2^a + dT_3^a}{dt} \gg \frac{dT^b}{dt} \qquad (2)$$

公式（2）反映了科技后进国家（a）追赶先进国家（b）的基本路径和不同发展阶段，其中至少有三种科技能力和追赶效应。

1. 对外开放，科技引进能力（T_1）

后发国家因为科技基础十分低下，科技投入（人力、财力、基础设施）能力严重不足，与发达国的科技水平差距悬殊，科技创新的成本远高于引进科技的成本，科技创新应用于商业化的时间也远多于科技引进应用于商业化的时间。后发国家作为发展中国家，虽然科学技术十分落后，但是可以实行对外开放，引进国外的先进科学技术。科技引进能力（T_1）不仅可以直接降低创新总成本（包括人力资本），还可以节约新产品进入国内市场的时间，且扩散较快；同时期本国的科技创新主要为在本国市场引进新技术、创造新产品（特别是高技术产品）、建立新市场、满足新需求服务。其具体量化指标包括：吸引外国直接投资额（含有技术转移）、高技术产品进口额、知识产权使用费支付额等。

2. 引进消化，科技再创新能力（T_2）

科技再创新能力（T_2）是指在引进技术（T_1）基础上的本国市场再创新。这就是人们通常所说的在引进、消化、吸收基础上的再创新，如本地化、本国化，进而利用吸引外资、发挥国内比较优势、促进高技术产品出口，以扩大海外市场和全球市场份额，进入全球产业链、价值链上游。其具体量化指标包括：高技术产品出口额、知识产权使用费接收额等。科技再创新能力是中国通过对外开放提高国家再创新能力的关键。

3. 加快追赶，科技自主创新能力（T_3）

当后发国家具有科技自主创新能力（T_3）时，就可以加快科技追赶步伐。正是在这种条件下，后发国才能实现技术追赶，进而提高劳动生产率，促进经济追赶，缩小与发达国家的经济与科技差距。具体量化指标包括：从事研究与试验发展活动（简称"研发"）人员数、研发支出额[①]及其与国内生产总值（GDP）之比、本国居民申请发明专利与国际专利（PCT）拥有量、本国重大科技项目和工程、信息通信普及率（互联网、智能手机等）以及对外投资额等。科技自主创新能力是中国走向世界对外投资、对外出口并扩散科技创新的关键。

在科技引进能力、科技再创新能力、科技自主创新能的基础上，中国式科技现代化的实现有赖于巨大的国内市场规模和对外开放产生的世界市场规模。

4. 中国独特的巨国市场规模效应（T_4）

中国具有独特的巨国市场规模效应（T_4）优势。任何一类技术创新，无论是技术引进（T_1），消化吸收、技术模仿（T_2），还是自主创新（T_3），都受益于这一规模优势：使用技术的普及率和用户规模扩大，进而使创新与生产成本大幅度降低；同时，任何一类技术创新，若享有中国这样超大的国内市场规模效应，都会极大地降低技术创新的经济成本，降低技术创新扩散和应用的交易成本，尤其是依赖大量投入的重大工程技术、国防科学技术[②]。中国不仅拥有超大规模的高度完整的科技创新体系，以及规模宏大、持续扩大的科技人才资源，而且拥有14亿人口、5亿家庭户的消费市场。这正是中国能够用短短的40多年时间追赶世界发达国家，继而与美国和欧盟（27国）相媲美，成为世界三大创新中心的基本条件之一。

5. 中国深度融入全球经济产生的世界市场规模效应（T_5）

中国对外开放深度融入世界经济时，会产生巨大的世界市场规模效应（T_5）优势。这突出表现为，中国高技术产品出口额占世界市场份额在1980年时仅为0.03%，2000年上升至3.6%[③]，2011年上升至25.1%，2019年保持在世

[①] 研发经费投入可综合反映科技创新能力，一般用研发经费投入增长或研发经费投入强度(研发经费支出占GDP比重)来衡量。见：全国财政经济委员会，国家发展和改革委员会.《中华人民共和国国民经济和社会发展第十四个五年规划和2035远景目标纲要》释义[M].北京：中国计划出版社，2021: 222.

[②] 胡鞍钢，鄢一龙. 中国国情与发展[M]. 北京：中国人民大学出版社，2016: 354-355.

[③] 计算数据来源：IHS Global Insight, World Industry Service database; National Science Foundation (NSF), Science and Engineering Indicators 2010。

界市场份额的1/4，是美国的4.65倍①。这一成果已经超过了邓小平曾经作出的中国高科技"在世界高科技领域占有一席之地"②的设想。与此同时，世界银行（WDI）数据库显示，中国知识产权使用支出费从2000年的12.8亿美元上升至2021年的468.5亿美元，相当于2000年的36.6倍，位居爱尔兰（1 327.4亿美元）之后，与美国（468.5亿美元）持平③。这一数据的科技与贸易政策的含义是：一方面，中国不仅要强化自主创新能力，也要充分利用国际知识产权市场，不断提高知识产权的使用支出费规模；另一方面，中国只有更充分地利用世界，特别是发达国家的知识资源，积极向爱尔兰等国家学习，创新知识资源，才能进而增加知识产权使用收入。中国知识产权使用收入额虽已从2000年的0.8亿美元上升至2021年的117.4亿美元，相当于2000年的146.8倍，但在世界仅排第9位，相当于美国收入额1 248亿美元的9.4%④。这表明，中国在增加知识产权使用收入额方面尚有很多发展潜力，还有待大力挖掘。

综上所述，本文将中国科技创新能力概括为五个方面的能力集（T），可由公式（3）表示：

$$T=T_1+T_2+T_3+T_4+T_5 \tag{3}$$

其中，T_1为科技引进能力（高技术产品进口、知识产权使用费），T_2为科技再创新能力（包括引进创新、模仿创新、集成创新能力），T_3为科技的自主创新能力（发明专利等知识产权），T_4为巨国市场规模效应（消费水平、消费人口、消费总量、消费结构），T_5为世界市场规模效应（高技术产品出口及占世界市场比重）。

由此，中国经过几十年的自主创新发展，成为世界三大科技中心之一。

---

① 世界银行(WDI)数据库. High-technology exports (current US$)-China, World, United States [DB/OL].https://data.worldbank.org/indicator/TX.VAL.TECH.CD?end=2020&locations=CN-1W-US&start=2007&view=chart.
② 邓小平文选：第三卷[M]. 北京：人民出版社，1993: 279.
③ 世界银行(WDI)数据库. 知识产权使用费，支付(国际收支平衡，现价美元)-World, China [DB/OL].https://data.worldbank.org.cn/indicator/BM.GSR.ROYL.CD?end=2021&locations=1W-CN&most_recent_value_desc=true&start=2000.
④ 世界银行(WDI)数据库. 知识产权使用费，接收(国际收支平衡，现价美元)-China, United States, World [DB/OL].https://data.worldbank.org.cn/indicator/BX.GSR.ROYL.CD?end=2021&locations=CN-US-1W&most_recent_value_desc=true&start=2000.

（二）中国式科技现代化与世界科技现代化的相互作用

中国科技现代化与国家现代化发展的进程是相互作用的，同时与世界科技现代化也是相互作用的。中国作为科技现代化的后来者，从世界现代经济发展的历史看，实现科技追赶和超越先后经历了4个不同又相互衔接的发展阶段。

1. 边缘化阶段

第一阶段是边缘化阶段。后发国家处于极低科技水平且被西方封锁的条件下，若仅通过自主方式来实现本国科技发展，与发达国家的科技差距有可能反而会扩大。因为后发国家的自主创新能力远不如发达国家，若在全球化的浪潮中自我封闭必然成为落伍者，而落后必然挨打，挨打则必须奋起。新中国成立前，我国一直处于世界科技舞台的边缘，新中国成立后一直致力自主创建中国式科技现代化。

2. 对外开放阶段

第二阶段是对外开放阶段，是后发国家通过对外开放，积极引进和采用发达国家技术的阶段。新中国的对外开放主要有两个阶段。第一次是20世纪50年代初期实行的对外开放，体现为"一边倒"地对苏联开放，以156个重大工程项目为骨干重点建设，"一五"时期经济增速高达9.2%。但是，60年代初，苏联单方面撤走援华专家，对中国经济建设和国防工业等发展带来一定的影响，这一开放阶段被迫中断。第二次是20世纪七八十年代，改革开放以后，中国实行对外开放，尤其是对西方开放，积极吸引外国直接投资，主要通过技术引进、技术扩散效应来实现科技追赶。在这一开放阶段，中国经济起飞，实行对外开放政策效应使得科技创新速度不仅高于发达国家，而且与其科技差距不断缩小，实现了10%左右的经济增速。

3. 潜在领导者阶段

第三阶段是潜在领导者阶段。后发国家在这一阶段的技术扩散效应速度变慢，通过采用积极引进和技术模仿相结合的战略来实现科技追赶，进一步缩小与发达国家之间的差距，但同时也会受到来自以美国为首的西方国家的科技霸权的各种限制和打压。进入21世纪后的第一个10年，中国就已经提出自主创新的科技战略，成为发展中国家中最大的创新国。

4. 领导者阶段

第四阶段是领导者阶段。后发国家由于在这一阶段与发达国家的科技差距已经较小，并开始接近技术前沿，科技扩散效应很小，主要通过自主创新来实现与发达国家的科技发展趋同，最终成长为世界技术的领先者与领导者[①]；与此同时，更会受到西方国家的科技封锁，甚至引发科技战。从世界科技发展的历史来看，21世纪的第二个10年，中国作为后发国家实现了从追赶者到创新者，再到超越者、成功者的转变。

近代以来，中国曾是世界性工业革命、科技革命的落伍者。新中国成立之后，开始进行了亘古未有的工业化和科技现代化，逐步成为工业革命、科技革命两大革命的参加者、追赶者、创新者。在70多年的发展历程中，中国先后提出"向科学进军""科技现代化战略""科学技术是第一生产力"等，实行"科教兴国战略""人才强国战略""建设创新型国家"，以及"创新驱动发展战略""科技强国战略"等。中国此举即是最为典型的5T战略路径，即 $T_1+T_2+T_3+T_4+T_5$，而其中自主创新能力（T_3）是最为核心、最为基础、最为重要的能力，使中国式科技现代化成功实现跨越式发展。中国也正是在此基础上，才能对内建立统一的国内大市场发挥巨国规模效应（T_4），对外开放开拓世界市场发挥全球规模效应（T_5）。下文笔者将从历史实证的视角总结中国式科技现代化的发展历程，中国式科技现代化逐步形成了对外开放、加速追赶、后来居上、自主创新、不断超越的独特道路。

二、中国式科技现代化成长历程

中国式科技现代化的历史起点就是典型的"一穷二白"。中华人民共和国成立之初，正如毛泽东同志在1956年所言："'穷'，就是没有多少工业，农业也不发达。'白'，就是一张白纸，文化水平、科学水平都不高。从发展的观点

---

① 胡鞍钢，鄢一龙. 中国国情与发展[M]. 北京：中国人民大学出版社，2016: 355-356.

看，这并不坏。穷就要革命，富的革命就困难。科学技术水平高的国家，就骄傲得很。我们是一张白纸，正好写字。"① 中国通过发动工业革命、科技革命，可以在一张白纸上不断描绘自主创新、实现科技现代化的宏伟蓝图。

（一）新中国成立至 20 世纪 70 年代初：中国式科技现代化体系的创建与发展

从新中国科技现代化的初始条件看，20 世纪 50 年代初，全国仅有 30 多个专门研究机构，科学技术人员不超过 5 万人②。知识基础设施十分落后，是一个信息相当封闭的传统农业社会。当时，全国的公共图书馆仅有 55 个，博物馆只有 21 个，邮政所计 2.6 万个③。周恩来曾指出："我们所接收的旧中国满目疮痍，是一个破烂摊子。在科学技术方面，我们从国民党反动派手中接收了什么遗产呢？他们留给我们什么科学器材、设备和资料呢？太少了。"④ 显然，当时的中国现代科学技术人力资源十分匮乏、科技基础设施十分落后，几乎是"一片空白"⑤。

为此，中国正是在极低的收入水平条件下，发动了一场前所未有的轰轰烈烈的国家工业化进程。国家第一个五年计划明确指出：中国实现现代化需要"自力更生为主、争取外援为辅"的方针⑥。20 世纪 50 年代，中国的外援主要是依靠苏联，在相对短的时间内，建立了国家现代工业体系，实现了高速发展，1952—1957 年，中国国内生产总值年均增速高达 9.3%，其中工业增加值年均增速高达 19.7%⑦；同时，逐步建立了现代科学技术体系，全国从事科技工作的专业技术人员由 1952 年的 34.1 万人增长到 1955 年的 99.89 万人⑧；到 1957 年，海外留学归国人员已经达到 3 000 多人，其中的大多数成为新中国各个领

---

① 毛泽东文集：第七卷 [M]. 北京：人民出版社，1999：43-44.
② 中华人民共和国科技部：科技历程 [EB/OL].http://www.most.gov.cn/kjfz/kjlc.
③ 李小军. 数读中国 60 年（1949—2009）[M]. 北京：社会科学文献出版社，2009：6.
④ 周恩来选集：下卷 [M]. 北京：人民出版社，1984：21-30.
⑤ 胡鞍钢，鄢一龙. 中国国情与发展 [M]. 北京：中国人民大学出版社，2016：359-360.
⑥ 胡绳. 中国共产党的七十年 [M]. 北京：中共党史出版社，2004：330-331.
⑦ 《辉煌 70 年》编写组. 辉煌 70 年——新中国经济社会发展成就（1949—2019）[M]. 北京：中国统计出版社，2019：373，375.
⑧ 王树岩，等. 全国专业技术人员统计资料汇编（1951—2001）》[M]. 北京：党建读物出版社，2003.

域科学技术发展的奠基人或开拓者①。

1956年1月,毛泽东在最高国务会议第六次会议上讲话指出:"我国人民应该有一个远大的规划,要在几十年内,努力改变我国在经济上和科学文化上的落后状况,迅速达到世界水平。"②当时,国家首次组织600多名科学家和专家,并邀请了16位苏联专家来华指导规划工作。1956年12月,制定了新中国第一个科学技术发展规划《1956—1967年科学技术发展远景规划纲要》(简称《12年科技规划》)③,经中共中央、国务院批准后颁布实施。这是新中国成立以后的第一个科技规划,是中国式科技现代化的基础,也是中国现代科技发展历史上的重要里程碑,开启了中国式科技现代化的伟大历程。

《12年科技规划》指出,我国的自然科学和技术,比世界上科学技术最先进的国家落后了几十年,强调要实现社会主义工业化的目标。中国要完成社会主义工业化这样一个伟大的建设任务,亟须建立一个强大的科学建设力量,这是绝对不可或缺的。中国在参考世界各科学技术先进国家,特别是在学习苏联发展科学技术的经验和我国工业建设初期发展技术的经验上,提出了国家发展科学必须执行"重点发展,迎头赶上"的方针,拟定了13个方面、57项重大任务④。当时,以美国为首的西方发达国家对中国实行全面封锁,我国科技发展的先进技术主要来自苏联,特别是"一五"时期开展的156个重大项目,均获得苏联专家的指导和技术援助。这是新中国第一次超大规模的技术引进,为国家开启工业化、科技现代化奠定了坚实基础。

1957年2—3月,毛泽东在《关于正确处理人民内部矛盾的问题》一文中,明确提出中国式现代化的目标是"将我国建设成为一个具有现代工业、现代农业和现代科学文化的社会主义国家"⑤。科学技术现代化是中国式现代化的重要组成部分,没有科学技术现代化,就没有中国式现代化。

1963年12月,中共中央、国务院批准了《1963—1972年科学技术发展

---

① 《辉煌70年》编写组.辉煌70年——新中国经济社会发展成就(1949—2019)[M].北京:中国统计出版社,2019: 215.
② 毛泽东文集:第七卷[M].北京:人民出版社,1999: 2.
③ 中共中央文献研究室.建国以来重要文献选编:第九册[M].北京:中央文献出版社,2011: 364-459.
④ 中共中央文献研究室.建国以来重要文献选编:第九册[M].北京:中央文献出版社,2011: 374-376.
⑤ 毛泽东文集:第七卷[M].北京:人民出版社,1999: 207.

规划》（简称《十年规划》）。《十年规划》认为我国当时的科学技术的水平，与国家建设需要和世界先进水平比较，差距尚大，为了实现赶上世界先进科学技术水平的宏伟目标，提出动员和组织全国的科学技术力量，自力更生地解决我国社会主义建设中的关键科学技术问题，迅速壮大"又红又专"的科学技术队伍，在重要的急需的方面掌握20世纪60年代的科学技术，力求在接近和赶上世界先进科学技术水平的道路上，实现大跃进。《十年规划》首次提出了"科学技术现代化是实现农业、工业、国防现代化的关键"的重要论断，还特别强调注意引进国外技术，建议组成一个领导小组，统一领导引进技术方面的活动，集中全国科技力量办全国大事①。

同月，毛泽东在听取时任国务院副总理兼国家科学技术委员会主任聂荣臻关于十年科学技术规划问题的汇报时指出："搞上层建筑、搞生产关系的目的就是解放生产力。现在生产关系改变了，就要提高生产力。不搞科学技术，生产力无法提高。"他还提出"科学技术这一仗，一定要打，而且必须打好""科学研究有实用的，还有理论的。要加强理论研究……要培养一批懂得理论的人才"②。这是毛泽东首次提出科学技术就是解放生产力、提高生产力的重要论断，将革命战争的重要经验运用于重大科学技术攻关，如组织"两弹一星"工程等，成为中国特色举国体制办国之大事的国家重点工程。

1964年12月，周恩来在第三届全国人民代表大会大第一次会议上所做的《国务院政府工作报告》中指出，我国的科学技术队伍显著壮大。从1957年到1963年，各类科学技术人员由120多万人增加到230万人以上，科学研究水平和技术水平有了很大提高，有些研究成果已经达到或者接近世界的先进水平。现在，我们已经有一批世界第一流的科学家和工程师。他还特别强调，我国人民在自力更生的道路上大大地跃进了一步，科学技术已经达到一个新的水平，我国第一颗原子弹的成功爆炸，就是我们自己研究，自己设计，自己制造出来的③。这使中国在美国长期科技封锁、苏联撤走援华专家的国际背景下，通过举国体制成功地成为世界核大国之一。自此，中国有了保卫国家、

---

① 中共中央文献研究室.建国以来重要文献选编：第十七册[M].北京：中央文献出版社，2011：421，427，433，438.
② 毛泽东文集：第八卷[M].北京：人民出版社，1999：351.
③ 中共中央文献研究室.建国以来重要文献选编：第十九册[M].北京：中央文献出版社，2011：410，413.

保卫人民的"盾牌",不仅打破了帝国主义的核垄断和核讹诈,保卫了国家安全,奠定了世界大国地位,而且对我国科技进步和经济发展起到巨大推动作用①,成为发展中国家中独一无二的自主创新典范。

根据毛泽东的提议,周恩来在《1964年国务院政府工作报告》中,正式提出中国式"四个现代化"的战略目标。明确指出,我们今后发展国民经济的主要任务,"就是要在不太长的历史时期内,把我国建设成为一个具有现代农业、现代工业、现代国防和现代科学技术的社会主义强国,赶上和超过世界先进水平"。并设想第一步,建立一个独立的、比较完整的工业体系和国民经济体系;第二步,全面实现农业、工业、国防和科学技术的现代化,使我国经济走在世界前列②。为此,毛泽东率先提出了中国实行技术革命跨越式发展的重要思路,即我们不能走世界各国技术发展的老路,跟在别人后面一步一步地爬行,必须打破常规,尽量采用先进技术,在一个不太长历史时期内,把我国建设成为一个社会主义的现代化的强国③。这是中国式科技现代化最早的国家追赶战略,并不同于大多数发展中国家跟在西方国家后面,亦步亦趋地沿袭"爬行主义"的科技现代化路线,而是独辟蹊径,开创中国式科技现代化。周恩来在《1964年国务院政府工作报告》中还特别强调:"这绝不是说,我们已经完全掌握了社会主义建设的客观规律,我们对于这些客观规律的认识过程已经完结了。事实上,在我们面前,仍有很多个很大的未被认识的领域,还有很多很多不熟悉的事务……我们要在今后建设工作中,进一步认识建设的客观规律,以便利用这些规律为我们的社会主义事业服务,尽快地把我们的国家建设成为强大的社会主义国家。"④

20世纪五六十年代,一方面,从外部因素看,以美国为首的西方国家长期封锁中国,后又有苏联单方面中断了双边经济科技合作,使得中国没有更多机会获得世界先进的科学技术;另一方面,从内部因素看,中国十年"文化大革命",使党、国家和人民遭到了严重的挫折和损失,具有极大的机会成本。

---

① 《辉煌70年》编写组.辉煌70年——新中国经济社会发展成就(1949—2019)[M].北京:中国统计出版社,2019: 215.
② 周恩来选集:下卷[M].北京:人民出版社,1984: 439, 441.
③ 毛泽东文集:第八卷[M].北京:人民出版社,1999: 341.
④ 中共中央文献研究室.建国以来重要文献选编:第十九册[M].北京:中央文献出版社,2011: 418-419.

相关统计数据显示，全国科学研究支出在 1965 年为 27.17 亿元，相当于 1956 年 5.23 亿元的 5.2 倍，年均增速达到 20.1%，到 1976 年增长至 39.25 亿元[①]，相当于 1965 年的 1.44 倍，年均增速仅为 4.2%，未能实现原定赶上和超过世界科技先进水平的宏大目标。

（二）20 世纪七八十年代至新时代：中国式科技现代化的自主创新

20 世纪七八十年代，中国基本建成独立的、比较完整的工业体系和国民经济体系，初步建立了一系列新兴科学技术部门[②]，并成为改革开放的发轫之基，但仍是世界科技革命的"落伍者"。对此，邓小平作为改革开放的总设计师，以超人胆识胸襟推动国家和民族前行。1978 年，他先后四次共出访八个国家，充分意识到中国科学技术水平与发达国家之间差距拉大的现状[③]。中国究竟是如何缩小这一差距，在中国特色社会主义道路上大步迈进，成为世界科技革命的"新加入者"，并逐步成为"快速追赶者"，取得举世瞩目的成就的呢？

20 世纪七八十年代，中国已经有了一支门类比较齐全的科技队伍，分为"五路大军"，即中国科学院、地方科研队伍、中央部委科研队伍、国防工业和科研体系以及高等院校科研队伍，这在所有发展中大国中是独一无二的。邓小平曾言："社会主义革命已经使我国大大缩短了同发达资本主义国家在经济发展方面的差距。我们尽管犯过一些错误，但我们还是在三十年间取得了旧中国几百年、几千年所没有取得过的进步。我们的经济建设曾经有过较快的发展速度……现在我们总结了经验，纠正了错误，毫无疑问将来会比任何

---

① 国家统计局国民经济综合统计司. 新中国五十年统计资料汇编 [M]. 北京：中国统计出版社，1999: 15.
② 叶剑英指出：我们在旧中国遗留下来的"一穷二白"的基础上，建成了独立的比较完整的工业体系和国民经济体系。原子弹、氢弹、导弹的试验成功，人造地球卫星的发射和回收，牛胰岛素的人工合成，集中地标志着我国科学技术的成就。见：叶剑英. 在庆祝中华人民共和国成立三十周年大会上的讲话 (1979 年 9 月 29 日)[M]// 中共中央文献研究室. 三中全会以来重要文献选编：上. 北京：人民出版社，1982: 212-213.
③ 邓小平后来回忆说：历史在前进，我们却停滞不前，就落后了。他认为，就中国来说，50 年代在技术方面与日本差距也不是那么大。但我们封闭了 20 年，没有把国际市场竞争摆在议事日程上，而日本却在这个期间变成了经济大国。见：邓小平. 科学技术是第一生产力 [M]// 邓小平文选：第三卷. 北京：人民出版社，1993: 274.

资本主义国家发展得都快，并且比较稳定而持久。"①笔者将这一预言称为"邓小平预言"，已为改革开放40多年取得举世瞩目的成就所验证。

邓小平非常务实地提出，我国以对外开放式的"拿来主义"实现科技追赶。1978年5月，邓小平明确提出，世界上最先进的成果都要学习，引进作为基础，主张对外国先进技术采取"拿来主义"的做法②。1978年10月，他告诉来访的外宾，中国要实现四个现代化，就要善于学习，大量取得国际上的帮助，要引进国际上的先进技术、先进装备，作为我们发展的起点③。这一政策就是对外开放，积极进口并采用外国先进技术，实际上就是充分利用后进国的后发优势，选择相对高的发展起点，开启技术追赶的第一阶段，即技术后进国技术引进能力明显高于技术领先国技术创新速度。这是新中国第二次大规模持续技术引进，主要是从西方发达国家引进技术，为中国加速科技现代化奠定了基础。

改革开放后，中国式科技现代化进入了长期的黄金发展时期。最重要的标志就是，1978年3月邓小平在全国科学大会开幕式上发表讲话，重申并系统阐述"科学技术是生产力"④这一论断。全国科学大会还审议了《关于1978—1985年全国科学技术发展规划纲要（草案）》⑤，按照"全面安排，突出重点"的方针，明确了1978—1985年科学技术工作的奋斗目标，确定了8个发展领域和108个重点研究项目。《1978—1985年全国科学技术发展规划纲要》成为改革开放时期第一个中国式科技现代化的顶层设计、系统规划，并且开启了一个"摸着石头过河"的科学技术逐步迭代、优化、升级的过程，以较低的科技成本获得了较高的科技创新收益，进而成为促进经济高速增长的重要来源。

---

① 邓小平文选：第二卷 [M]. 北京：人民出版社，1994: 167.
② 邓小平文选：第三卷 [M]. 北京：人民出版社，1993: 211.
③ 邓小平文选：第二卷 [M]. 北京：人民出版社，1994: 132-133.
④ 邓小平文选：第二卷 [M]. 北京：人民出版社，1994: 89.
⑤ 《关于1978—1985年全国科学技术发展规划纲要（草案）》明确指出：科学技术是生产力。四个现代化的关键在于科学技术现代化。我们必须充分掌握现代科学技术发展的特点和趋势，以当代世界先进水平为起点，密切结合我国经济建设和国防建设的需要，制订一个先进的、高速度的、为实现四个现代化服务的科学技术长远发展规划，动员和组织全党全军全国各族人民，向科学技术现代化进军。见：中华人民共和国科学技术部网站. 1978—1985年全国科学技术发展规划纲要（草案）[EB/OL]. [2022-07-09]. https://www.most.gov.cn/ztzl/gjzcqgy/zcqgylshg/200508/t20050831_24438.html.

1982年年底，国务院批准了国家计委、国家科委《关于编制十五年（1986—2000年）科学技术发展规划的报告》[①]，强调实事求是，不再片面追求"赶超"（发达国家），而是根据我国的实际情况，着眼于"赶上"的务实主义目标，发展具有中国特色的科学技术体系。

1984年3月，第六届全国人民代表大会常委会第四次会议通过了《中华人民共和国专利法》（简称《专利法》）[②]，《专利法》的颁布实施，相比美国在1790年建立的专利制度整整晚了194年。1985年，中国发明专利申请数仅为4 065件，占世界比重仅为0.6%，美国发明专利申请量为63 673件，相当于中国的15.7倍[③]。2009年，中国本国居民专利申请数[④]超过美国，2010年超过日本，跃居世界第一[⑤]。中国用20多年的时间走完了美国119年的历程。

《专利法》的实施不仅成为中国技术创新最重要的制度安排，而且最终实现了中国由"专利空白之国"到"世界最大专利之国"的历史性飞跃。这也表明，必须走自主创新的中国式科技现代化新路，才能够加速缩小与美国等发达国家的科技发展差距。

1985年3月，《中共中央关于科学技术体制改革的决定》（简称《体制改革决定》）发布，明确提出，我们应当按照经济建设必须依靠科学技术、科学技术工作必须面对经济建设的战略方针，尊重科学技术发展规律，从我国的实际出发，对科学技术体制进行坚决的有步骤的改革；对基础研究和部分应用研究工作，逐步试行科学基金制，基金来源主要靠国家预算拨款；正式设立国家自然科学基金会和其他科学技术基金会。这对稳定我国基础研究队伍，培

---

① 中华人民共和国中央人民政府网站. 共和国7个科技规划回放[EB/OL].(2006-03-21)[2022-07-09].http://www.gov.cn/test/2006-03/21/content_232531.htm.
② 全国人民代表大会网站. 中华人民共和国专利法[EB/OL].(2020-11-19)[2022-07-09]. http://www.npc.gov.cn/npc/c30834/202011/82354d98e70947c09dbc5e4eeb78bdf3.shtml.
③ 世界银行(WDI)数据库. Patent applications, residents-China, United States, World[DB/OL].https://data.worldbank.org/indicator/IP.PAT.RESD?locations=CN-US-1W.
④ 专利申请是指在世界范围通过《专利合作条约》程序或向国家专利部门提交的专利申请，目的是对一项发明(即提供一种新的做事方法或对某个问题提供一种新的技术解决方案的产品或程序)拥有专有权。专利权在有限的期限内为专利所有者的发明提供保护，一般为20年。见：世界知识产权组织(WIPO). 2021年全球创新指数(第十四版)[EB/OL].https://www.wipo.int/publications/zh/details.jsp?id=4564&plang=ko.
⑤ 世界银行(WDI)数据库.专利申请量，居民-China, United States, Japan[DB/OL].https://data.worldbank.org.cn/indicator/IP.PAT.RESD?end=2018&locations=CN-US-JP&start=1984&view=chart.

养中青年科学家，起到了重要作用。到2021年，国家自然科学基金项目经费已达291.5亿元，按购买力平价因子（4.19）计算，相当于69.6亿国际元，同年美国国家科学基金会（NSF）的预算为63.28亿美元。《体制改革决定》首次提出技术成果的商品化，开拓技术市场，以适应社会主义商品经济的发展①，对我国加速发展技术市场起到了极大的催化作用②。

1988年9月，邓小平进一步提出"科学技术是第一生产力"③。这一论断既反映了当代世界科学技术发展的新形势和新趋势，也反映了中国共产党对现代化建设的新认识和新要求，明确缩小中国与发达国家之间的现代化巨大差距，关键所在就是缩小与他们之间的科技差距。同年，邓小平高瞻远瞩，敏锐地指出："世界上一些国家都在制订高科技发展计划，中国也应制订高科技发展计划。21世纪是高科技发展的世纪。过去也好，今天也好，将来也好，中国必须发展自己的科技，在世界高科技领域占有一席之地。"④当时，中国作为发展中国家尽管与发达国家有很大差距，如1991年研发经费支出仅为143亿元，研发经费投入强度仅为0.6%⑤，但这一重大决策，使得中国首次在高科技方面与发达国家同时起步。

1995年5月，江泽民在全国科学技术大会上指出："作为一个独立自主的社会主义大国，我们必须在科技方面掌握自己的命运。我国已经具有一定的科技实力和基础，具备相当的自主创新能力，必须在学习、引进国外先进技术的同时，坚持不懈地着力提高国家的自主研究开发能力。"⑥这相当于中国式科技现代化的T_1+T_3模式。同年，中共中央、国务院作出《关于加速科学技术进步的决定》，首次提出科教兴国战略，并指出："科教兴国，是指全面落实科学技术第一生产力的思想，坚持教育为本，把科技和教育摆在经济、社会发

---

① 中共中央关于科学技术体制改革的决定[M]//十二大以来重要文献选编：中.北京：人民出版社，1986: 664-666.
② 全国技术市场成交额从1991年的95亿元，到2021年达到37 294亿元，年均增速高达22.0%，与GDP之比从1991年的0.4%上升至2021年的3.3%，已经高于研发支出与GDP之比的2.44%。见：国家统计局.2022中国统计摘要[M].北京：中国统计出版社，2022: 167, 177.
③ 邓小平文选：第三卷[M].北京：人民出版社，1993: 274.
④ 邓小平文选：第三卷[M].北京：人民出版社，1993: 279.
⑤ 《辉煌70年》编写组.辉煌70年——新中国经济社会发展成就(1949—2019)[M].北京：中国统计出版社，2019: 218.
⑥ 江泽民文选：第一卷[M].北京：人民出版社，2006: 432.

展的重要位置，增强国家的科技实力及将科学技术向现实生产力转化的能力，提高全民族的科学文化素质，把经济建设转移到依靠科技进步和提高劳动者素质的轨道上来，加速实现国家的繁荣昌盛。"同时，首次提出中国科学技术发展到 2000 年的目标①和 2010 年的战略目标②。

《关于加速科学技术进步的决定》提出了一个关键性的量化指标：到 2000 年全社会研究开发经费占国内生产总值的比例达到 1.5%③。从后评估的角度来看，实际上，全社会研究开发经费占国内生产总值的比例从 1996 年的 0.56% 提高至 2000 年的 0.89%，相当于原定目标的 59.3%④，只提高了 0.33 个百分点，平均每年提高 0.08 个百分点；从国际比较看，中国全社会研究开发经费投入强度高于中等收入国家的 0.65%，但与世界平均投入强度 2.05% 相比仍有很大差距⑤。虽然研发经费的投入强度有待提高，但我国在科技发展的诸多领域取得了长足的进步。我国研究与实验发展人员全时当量从 1996 年的 80.40 万人年上升至 2000 年的 92.21 万人年⑥。按每百万人口研发人员数，全国从 1996 年的 438 人上升至 2000 年的 539 人，也超过了中等收入国家的 480 人。本国居民申请专利数从 1996 年的 11 628 件，上升至 2000 年的 25 346 件，相当于 1996 年的 2.18 倍，占世界总数的比重从 1996 年的 1.64% 上升至 2000 年

---

① 到 2000 年的目标是：初步建立适应社会主义市场经济体制和科技自身发展规律的科技体制；在工农业科学研究与技术开发、基础性研究、高技术研究等方面取得重大进展；科技进步对经济发展的贡献率有显著提高；经济建设、社会发展基本转向依靠科技进步和提高劳动者素质的轨道。参见：十四大以来重要文献选编：中 [M]. 北京：人民出版社，1997: 1345.

② 到 2010 年的战略目标包括：使基本建立的新型科技体制更加巩固和完善，实现科技与经济的有机结合；繁荣科技事业，培养、造就一支高水平的科学技术队伍；全民族科学文化素质有显著提高；重大学科和高技术的一些领域的科技实力接近或达到国际先进水平；大幅度提高自主创新能力，掌握重要产业的关键技术和系统设计技术；主要领域的生产技术接近或达到发达国家 21 世纪初的水平，一些新兴产业的生产技术达到国际先进水平。这些将为建成社会主义现代化强国奠定坚实的基础。参见：十四大以来重要文献选编：中 [M]. 北京：人民出版社，1997: 1344-1345.

③ 十四大以来重要文献选编：中 [M]. 北京：人民出版社，1997: 1359.

④ 计算数据来源：国家统计局. 2022 中国统计摘要 [M]. 北京：中国统计出版社，2022: 177.

⑤ 世界银行 (WDI) 数据库. 研发支出 (占 GDP 的比例)-China, World, Middle income[DB/OL].https://data.worldbank.org.cn/indicator/GB.XPD.RSDV.GD.ZS?end=2020&locations=CN-1W-XP&start=1996&view=chart.

⑥ 国家统计局社会科学科技和文化产业统计司，科学技术部战略规划司. 2019 中国科技统计年鉴 [M]. 北京：中国统计出版社，2019: 4.

的 2.89%，在有统计数据的 56 个中等收入国家中居首位①。中国通过实施国家"973"计划、"863"计划等重大科技攻关计划，在许多重要领域取得大量创新成果，其中高新技术产业在国民经济中所占比例由 10 年前的 1% 左右提高到 15%，科技实力总体上已居于发展中国家前列②。

1999 年 8 月，江泽民指出："我国是一个发展中的社会主义大国，在一些战略性、基础性的重大科技项目上，必须依靠自己，必须有自主创新能力和自主知识产权。""现在，我们已具备在一些领域实现技术跨越式发展的基础和条件。关键是要在学习、消化、吸收外国先进技术的同时，加强自主创新，加强人才培育，加强创新基地建设，提高企业创新能力，掌握科技发展的主动权，在更高水平上实现技术发展的跨越。"③ 这就形成了中国式科技现代化跨越发展的战略思路，而不是亦步亦趋地跟在发达国家后面。

2002 年 11 月，党的十六大报告指出："走新型工业化道路，必须发挥科学技术作为第一生产力的重要作用。加强基础研究和高技术研究，推进关键技术创新和系统集成，实现技术跨越式发展。鼓励科技创新，在关键领域和若干科技发展前沿掌握核心技术和拥有一批自主知识产权。""推进国家创新体系建设。""完善知识产权保护制度。"④

2003 年 3 月，胡锦涛提出实施"人才强国战略"。这既是全面建设小康社会、开创中国特色社会主义事业新局面的必然要求，也是增强党的执政能力、巩固党的执政地位的必然要求。中国"就是要努力造就数以亿计的高素质劳动者、数以千万计的专门人才、一大批拔尖创新人才，建设规模宏大、结构合理、素质较高的人才队伍"⑤。

2006 年 1 月，胡锦涛明确提出建设创新型国家。其总体目标是，到 2020 年，我国的自主创新能力显著增强，科技促进经济社会发展和保障国家安全能力显著增强，基础科学和前沿技术研究综合实力显著增加，取得一批在世界具

---

① 世界银行 (WDI) 数据库. Patent applications, residents-World, China, OECD members[DB/OL].https://data.worldbank.org/indicator/IP.PAT.RESD?end=2020&locations=1W-CN-OE&start=1996&view=chart.
② 林兆木.取得重大历史性成就的十三年[M]// 十六大报告辅导读本.北京：人民出版社，2002: 33，41.
③ 江泽民文选：第二卷[M].北京：人民出版社，2006: 369.
④ 江泽民文选：第三卷[M].北京：人民出版社，2006: 545-546.
⑤ 胡锦涛文选：第二卷[M].北京：人民出版社，2016: 123-125.

有重大影响的科学技术成果，进入创新型国家行列，为全面建设小康社会提供强有力的支撑。他明确提出："实施正确指导方针，努力走中国特色自主创新道路。""核心就是要坚持自主创新、重点跨越、支撑发展、引领未来的指导方针。""应坚持把提高自主创新能力摆在突出位置，大幅度提高国家竞争力。"他还特别指出，我国"科技人力资源总量和研发人员总数位居世界前列，建立了比较完整的学科体系，部分重要领域研究开发能力已跻身世界先进行列。我们已经具备了建设创新型国家的重要基础和良好条件"；"努力培养一批德才兼备、国际一流的科技尖子人才、国际级科学大师、科技领军人物，特别是要抓紧培养造就一批中青年高级专家"；"要加大引进人才、引进智力工作的力度，尤其是要积极引进海外高层次人才，吸引广大出国留学人员回国创业"①。

2006年2月，国务院发布了《国家中长期科学和技术发展规划纲要（2006—2020年）》，首次提出了到2020年创建创新型国家的总体目标，并给出了十分清晰的路线图②，即从"世界科技大国"到"世界科技强国"，最终目的是增强中国的综合国力和国际竞争力。《国家中长期科学和技术发展规划纲要（2006—2020年）》制定了"自主创新、重点跨越、支撑发展、引领未来"的方针，大力推进自主创新，并且提出了2020年多项关键性量化科技发展指标，即"到2020年，全社会研究开发投入占国内生产总值的比重提高到2.5%以上，力争科技进步贡献率达到60%以上，对外技术依存度降低到30%以下，本国人发明专利年度授权量和国际科学论文被引用数均进入世界前5位"③。

根据《国家中长期科学和技术发展规划纲要（2006—2020年）》，"十一五"规划提出了到2010年研究与试验发展经费支出占国内生产总值比重达到2%的预期性指标，比2005年的1.3%提高0.7个百分点，预计"十一五"时期

---

① 胡锦涛文选：第二卷[M].北京：人民出版社，2016: 402-404，408-409.
② 到2020年，中国科学技术发展的总体目标是：自主创新能力显著增强，科技促进经济社会发展和保障国家安全的能力显著增强，为全面建设小康社会提供强有力的支撑；基础科学和前沿技术研究综合实力显著增强，取得一批在世界具有重大影响的科学技术成果，进入创新型国家行列，为在本世纪中叶成为世界科技强国奠定基础。见：国务院.国家中长期科学和技术发展规划纲要(2006—2020年)[EB/OL].(2006-02-09)[2022-07-09].http://www.gov.cn/gongbao/content/2006/content_240244.htm.
③ 胡鞍钢，鄢一龙.中国国情与发展[M].北京：中国人民大学出版社，2016: 366.

研究与试验发展经费支出年均增速达到17.1%[①]。到2010年，实际的研究与试验发展经费支出占国内生产总值的比重仅为1.71%。2011年，"十二五"规划提出，到2015年研究与试验发展经费支出占国内生产总值比重达到2.2%[②]。到2015年，实际的研究与试验发展经费支出占国内生产总值比重为2.06%[③]。2016年，"十三五"规划提出，到2020年研究与试验发展经费支出占国内生产总值比重达到2.5%。[④]到2020年，实际的研究与试验发展经费支出占国内生产总值的比重为2.40%[⑤]，但该支出总额已相当于2015年的1.72倍。"十三五"规划还提出了科技进步贡献率从2001—2006年的44%提高至2015—2020年的60%的预期目标，并且首次提出每万人口发明专利拥有量从2015年的6.3件提高至2020年的12件[⑥]。至2020年我国实际每万人发明专利拥有量为15.8件，总数达到223万件。中国专利拥有量连续10年位居世界第一。根据世界知识产权组织（WIPO）信息显示，中国本国居民专利申请量占世界比重已从2005年的9.0%上升至2020年的58.4%[⑦]。

对此，本文对我国在不同时期的科技发展规划做了前期背景研究、跟踪性的中期评估和后期评估，结果显示，在不同发展阶段，我国基本上实现了主要目标和量化指标，这也标志着中国式科技现代化正在进入世界前列。

三、中国式科技现代化正迈入世界前列

本部分依据《国家中长期科学和技术发展规划纲要（2006—2020年）》提出的2020年科技目标，充分利用世界银行等数据库，定量评估2000—2020年中国科技现代化进程；同时，笔者按"目标一致法"作出的第三方评估的基本结论是，中国科技现代化实现了跨越式发展，从科技追赶型进入科技创新

---

① 马凯.《中华人民共和国国民经济和社会发展第十一个五年规划纲要》辅导读本[M]. 北京：北京科学技术出版社，2006: 88.
② 国家发展和改革委员会.《中华人民共和国国民经济和社会发展第十二个五年规划纲要》辅导读本[M]. 北京：人民出版社，2011.
③ 国家统计局. 中国统计摘要2017[M]. 北京：人民出版社，2017: 173.
④⑤ 全国财政经济委员会，国家发展和改革委员会. 2016—2020《中华人民共和国国民和经济发展第十三个五年规划纲要》解释材料[M]. 北京：中国计划出版社，2016.
⑥ 国家统计局. 中国统计摘要2021[M]. 北京：人民出版社，2021: 180.
⑦ 数据来源：世界银行数据库. 专利申请量，居民 - World, China [DB/OL]. https://data.worldbank.org.cn/indicator/IP.PAT.RESD?end=2020&locations=1W-CN&most_recent_value_desc=true&start=1985&view=chart.

型行列，从世界科技第二方阵进入第一方阵，从量的积累迈向质的飞跃，取得了历史性的跨越式发展①，形成了中国、美国、欧盟三大世界科技中心的新格局。根据"十四五"规划的总体要求，中国创新能力显著提升，全社会研发经费年均投入增长7%以上、力争投入强度高于"十三五"时期的实际（2020年为2.40）②。在此基础上，我们可以进一步展望，到2025年中国科技现代化将再上一个大台阶，进一步改变未来世界科技版图，为世界科技发展作出巨大贡献。

（一）拥有世界上最大规模的综合性高素质科技队伍

按照研发人员全时当量口径，我国研发人员从2000年的92.2万人年上升至2021年的562万人年，相当于2000年的6.1倍，年均增速9.0%③。我国科技工作者人数实现超高速增长，2000年，全国国有企事业单位专业技术人员为2 165万人，到2020年，我国科技工作者按全口径数量达到9 100万人，居世界首位，占全就业总数的比例从2000年的3.0%上升至2020年的12.1%④。按每百万人口研发人员口径，2019年中国和美国分别为1 471人、4 821人⑤，研发人员数分别为222.2万人和158.6万人，中国是美国的1.40倍。预计到2025年，我国研发人员全时当量将达到700万人年以上，年均增速达到5.6%，我国科技工作者按全口径将达到9 600万人以上，其中，每年研究生毕业生为80万~100万人，普通本专科毕业生达到800万人⑥，再加上学成留学生回国人员⑦，每年新增科技工作者将超过100万人，到2025年全国科技

---

① 胡鞍钢.中国科技实力跨越式发展与展望(2000—2035年)[J].北京工业大学学报(社会科学版)：2022，22(4): 1-15.
② 中华人民共和国国民经济和社会发展第十四个五年规划和2035远景目标纲要[EB/OL].(2021-03-13) [2022-07-09].http://www.gov.cn/xinwen/2021/03/13/content_5592681.htm.
③ 国家统计局.2022中国统计摘要[M].北京：中国统计出版社，2022: 177.
④ 王志刚.从百年奋斗征程汲取智慧和力量，自觉担当科技自立自强时代使命[N].光明日报，2021-06-10(06).
⑤ 世界银行(WDI)数据库. Researchers in R&D (per million people)-China, United States[DB/OL].https://data.worldbank.org/indicator/SP.POP.SCIE.RD.P6?end=2020&locations=CN-US&start=1996&view=chart.
⑥ 国家统计局.中国统计摘要2021[M].北京：人民出版社，2021: 185.
⑦ 国家科技部部长王志刚介绍：2020年留学生学成回国77.7万人，2021年回国就业学生估计达到104.9万人。见：官方数据!2021年留学生回国人数首次破百万![N/OL].(2022-07-19)[2022-07-20].https://www.163.com/dy/article/HCL7FHAR05523EYQ.html.

工作者占全国就业总数①比例将上升至13%②,在中国人口红利、劳动力红利持续下降的背景下③,"人才多、力量大"的超大规模科技人才优势正在凸显。这其中,中国式教育现代化发挥了最大的长期性、基础性作用④。

(二)成为世界最大研发经费支出国之一

我国研发经费支出与GDP之比,已从2000年的0.89%上升至2021年的2.44%。按购买力平价2017国际元计算,研发经费支出总额从2000年的388亿国际元上升至2021年的6 066亿国际元,年均增速高达14.2%。2020年,美国研发经费支出占GDP比重为3.45%,研发总支出从2000年的3 724亿国际元上升至2020年的6 834亿国际元,年均增速为3.1%⑤。按同比口径,中国相当于美国的比例已从2000年的10.4%上升至2020年的80.8%。预计到2025年,根据"十四五"规划创新驱动发展预期性指标"研发经费支出年均增速达到7%以上"的要求,我国研发经费支出将达到7 951亿国际元以上,与GDP之比将从2021年的2.44%上升至2025年的2.6%,加速赶超美国研发支出总额(7 961亿国际元)。其中,根据"十四五"规划的要求,基础研究经费投入占研发经费投入的比重将提高到8%以上⑥,从2021年的400亿国际元上升至2025年的700亿国际元,年均增速为15.0%,明显高于GDP增

---

① 2014年全国就业总数达到了最高峰为76 349万人,到2021年下降至74 652万人,平均每年下降242万人。见:国家统计局.2022中国统计摘要.北京:中国统计出版社,2022:41.
② 国家统计局.2022中国统计摘要.北京:中国统计出版社,2022:41.
③ 中国15~64岁人口比重,从2015年的73.0%下降至2021年的68.3%;15~64岁人口总数,从2015年的100 978万人下降至2021年的96 481万人。见:国家统计局.2022中国统计摘要.北京:中国统计出版社,2022:20.
④ 基于人口预测模型、全球经济增长模型和核算方法,笔者对到2035年我国人口和经济趋势进行科学测算,教育事业为经济社会发展作出更大贡献的关键路径有:创造更大规模总人力资本、促进劳动生产率持续提高、缩小教育发展差距促进共同富裕、以更高投入保障人的发展能力提升。见:王洪川,胡鞍钢.建设教育强国的战略趋势与路径选择——基于第七次全国人口普查数据的分析[J].教育研究,2021,42(11):17-26.
⑤ 数据包括GDP及研发支出占GDP比重。世界银行(WDI)数据库. GDP, PPP (constant 2017 international $)-China, United States[DB/OL].https://data.worldbank.org/indicator/NY.GDP.MKTP.PP.KD?end=2021&locations=CN-US&start=2000;Research and development expenditure (% of GDP)-China, United States[DB/OL].https://data.worldbank.org/indicator/GB.XPD.RSDV.GD.ZS?end=2021&locations=CN-US&start=2000.
⑥ 中华人民共和国国民经济和社会发展第十四个五年规划和2035远景目标纲要[EB/OL].(2021-03-13)[2022-07-09].http://www.gov.cn/xinwen/2021/03/13/content_5592681.htm.

速与研发经费总支出增速,使我国基础研究再迈上一个新的特大台阶。从研发支出构成来看,市场主体(企业)已成为研发投资主体,2020年企业研发资金占全社会研发经费支出总额的比重为77.4%,政府资金仅占19.8%[①]。

(三)成为世界最大的科技期刊文章发表国

2000年,我国科技期刊文章[②]数占世界比重为5.0%,排世界第五位。到2018年,已上升至20.7%,排世界第一位。我国科技期刊文章数相当于美国的比重从17.5%上升至124.7%[③]。根据《2021年中国科技论文统计报告》[④],2020年我国高被引论文、热点论文数量,继续保持世界排名第二,提前实现2020年"国际科学论文被引用数均进入世界前5位"的目标。截至2021年9月,中国高被引论文数为4.29万篇,占世界份额为24.8%,世界排名保持在第二位。中国的热点论文数为1 515篇,占世界总量的36.3%,世界排名保持在第二位。按国际论文被引用次数统计,2011—2021年中国有10个学科产出论文量超过世界该学科论文总数的20%,材料科学、化学、计算机科学和工程技术4个领域论文的被引次数排名世界第一位,农业科学、生物与生物化学、环境与生态学等10个领域论文的被引用次数排名世界第二位。国际合著论文占中国发表论文总数的26.2%,中国作者为第一作者的国际合著论文占中国全部国际合著论文的69.3%,合著者涉及169个国家(地区)。中国科技核心期刊的影响因子平均值为0.869,科技期刊学术影响水平有了明显提升。到2025年,中国将全面缩小与美国、欧盟的科技差距,特别是科学研究的相对差距,成为世界三大科学研究中心之一。

---

① 国家统计局.中国统计年鉴2021[M].北京:中国统计出版社,2021: 638.
② 科技期刊的文章是指在相关领域出版的科学和工程类文章,如物理、生物、化学、数学、临床医学、生物医学研究、工程和技术,以及地球和空间科学。来源:美国国家科学基金会(NSF)《科学工程指标》。
③ 世界银行(WDI)数据库. Scientific and technical journal articles-China, United States[DB/OL].https://data.worldbank.org/indicator/IP.JRN.ARTC.SC?end=2020&locations=CN-US&start=2000&view=chart.
④ 中国科学技术信息研究所. 2021年中国科技论文统计报告 [EB/ OL].(2021-12-27)[2022-07-15]. https://www.istic.ac.cn/ isticcms/html/1/284/338/6905.html.

（四）成为世界最大的发明专利申请国

我国本国居民专利申请量[①]，从2000年的2.5万件增加至2021年的142.8万件，相当于2000年的57.1倍，年均增速为21.2%[②]。我国本国居民发明专利申请量占世界比重从2000年的2.9%上升至2020年的58.3%，相当于美国占世界比重（11.7%）的约5倍，对世界发明专利申请量增长贡献率高达92.3%[③]。这表明，从1984年正式制定《专利法》，我国仅用了不到40年的时间就成为世界名副其实的技术创新中心。中国专利合作条约（PCT）申请数从2000年的701件上升至2021年的69 540件，年均增速达到24.5%，明显超过同期美国增速（2.4%），2021年占世界总量比重达到25.05%，相当于美国的1.16倍[④]。中国正处在发明专利爆发增长期，每万人口发明专利拥有量从2015年的6.3件上升为2020年的15.8件[⑤]，超过原定12件的目标，全国发明专利拥有总数从87.1万件上升为223.1万件，年均增速为20.5%。到2020年，我国已经提前实现了本国人发明专利年度授权量进入世界前5位的预期量化指标，专利密集型产业[⑥]增加值占GDP的比重从2010年的9.2%[⑦]上升至2020年的11.97%[⑧]，已经成为中国重要支柱性产业。中国在改革开放的40多年的时间中，已经走出了一条中国特色知识产权发展之路，有力地保障了创新型

[①] 专利申请是指在世界范围通过《专利合作条约》程序或向国家专利部门提交的专利申请，目的是对一项发明(即提供一种新的做事方法或对某个问题提供一种新的技术解决方案的产品或程序)拥有专有权。专利权在有限的期限内为专利所有者的发明提供保护，一般为20年。来源：世界知识产权组织（WIPO），世界知识产权指标和wipo.int。
[②] 国家统计局. 2022中国统计摘要[M]. 北京：中国统计出版社，2022: 177.
[③] 世界银行(WDI)数据库.Patent applications, residents-China, United States, World[DB/OL]. https://data.worldbank.org/indicator/IP.PAT.RESD?end=2020&locations=CN-US-1W&start=2000&view=chart.
[④] 世界知识产权组织网站，http://www.wipo.int/portal/en/index.html。
[⑤] 每万人口发明专利拥有量指一国每万人口拥有的、仅国家知识产权官方机构授权、在有效期内的发明专利数，反映原创性科技成果的产出能力。见：全国财政经济委员会，国家发展和改革委员会.《中华人民共和国国民经济和社会发展第十四个五年规划和2035远景目标纲要》解释材料[M]. 北京：中国计划出版社，2016: 24.
[⑥] 专利密集型产业，指发明专利密集度、规模达到规定的标准，依靠知识产权参与市场竞争，符合创新发展导向的产业集合。
[⑦] 国家知识产权局. 中国专利密集型产业主要统计数据报告(2015)[EB/OL].(2016-10-28)[2022-07-09].https://www.cnipa.gov.cn/art/2016/10/28/art_88_40231.html.
[⑧] 国家统计局，国家知识产权局. 2020年全国专利密集型产业增加值数据公告，2021年12月[EB/OL].(2021-12-30)[2022-07-09].http://www.gov.cn/xinwen/2021/12/30/content_5665342.htm.

国家建设和全面建成小康社会目标的实现①。为此,"十四五"规划首次提出每万人口高价值发明专利拥有量②从2020年的6.3件提高至2025年的12件,总拥有量从2020年的89万件上升至2025年的171万件,相当于2020年的1.92倍。可以预见,中国高价值发明专利第一大国的地位将更加巩固。

(五)成为世界知识产权使用费③进出口大国

我国知识产权使用费支出额从2000年的12.8亿美元(现价),上升至2021年的468.5亿美元,平均年增速为18.7%,从2000年的世界第14位上升至2021年的世界第2位,与美国(2021年为468.5亿美元)同居世界第2位,排在爱尔兰(1 327.4亿美元)之后④。同期,我国知识产权使用费接收额从2000年的8 035万美元(现价),上升至2021年的117.4亿美元,平均年增速为26.5%,从世界第23位上升至世界第9位,但仅相当于美国(2021年为1 248.3亿美元)的9.4%⑤。根据《知识产权强国建设纲要(2021—2035年)》,到2025年,我国专利密集型产业增加值占GDP比重将达到13%,版权产业增加值占GDP比重将达到7.5%⑥。

---

① 中共中央国务院印发《知识产权强国建设纲要(2021—2035年)》[EB/OL].(2021-09-23)[2022-07-09].https://www.cnipa.gov.cn/art/2021/9/23/art_2742_170305.html.
② 每万人口高价值发明专利包括:战略性新兴产业的有效发明专利;在海外有同族专利权的有效发明专利;维持年限超过10年的有效发明专利;实现较高质押融资金额的有效发明专利;获得国家科学技术奖或中国专利的有效发明专利。参见:全国财政经济委员会,国家发展和改革委员会.《中华人民共和国国民经济和社会发展第十四个五年规划和2035远景目标纲要》释义.北京:中国计划出版社,2021: 223.
③ 知识产权使用费接收额是指版税与许可费,是指居民和非居民之间为在授权的情况下使用无形、不可再生的非金融资产和专有权利(例如,专利、版权、商标、工业流程和特许权),以许可的形式使用原创产品的复制真品(例如,电影和手稿)而进行的付款和收款。来源:国际货币基金组织的《国际收支统计年鉴》。
④ 世界银行(WDI)数据库.知识产权使用费,支付(国际收支平衡,现价美元)-China, United States [DB/OL].https://data.worldbank.org.cn/indicator/BM.GSR.ROYL.CD?end=2021&locations=CN-US&most_recent_value_desc=true&start=2000&view=chart.
⑤ 世界银行(WDI)数据库.知识产权使用费,接收(国际收支平衡,现价美元)-China, United States [DB/OL].https://data.worldbank.org.cn/indicator/BX.GSR.ROYL.CD?end=2021&locations=CN-US&most_recent_value_desc=true&start=2000&view=chart.
⑥ 中共中央国务院印发《知识产权强国建设纲要(2021—2035年)》[EB/OL].(2021-09-23)[2022-07-09].https://www.cnipa.gov.cn/art/2021/9/23/art_2742_170305.html.

（六）成为世界最大的高技术出口国

2011年中国高技术出口额（现价美元）①占世界比重为25.1%，相当于美国的3.24倍；到2019年，中国仍保持在25.1%的水平，相当于美国占世界比重（5.3%）的4.73倍，也相当于欧盟（不包括英国）占世界比重（23.5%）的1.06倍②。中国通过积极吸引外资特别是美欧高技术企业在华投资，进而出口海外市场，成为世界重要的高技术进口国。

2020年，我国高新技术产品进口额为6 821亿美元，占全国进口总额的33.2%③，成为世界进口高新技术产品大国之一。我国充分利用世界高科技资源，大幅度增加国内高科技产品存量，反过来又进一步增加高技术出口，形成良性互动"双循环"。

（七）成为世界最大的谷物生产国

我国农业资源占世界比重明显低于我国人口占世界比重，农业现代化的关键是农业科技现代化。2018年我国农业用地④占世界比重为11.0%⑤，谷耕物地⑥占世界比重为13.7%⑦，但是谷物产量⑧占世界比重达到20.6%，居世界

---

① 高科技出口产品是指具有高研发强度的产品，例如，航空航天、计算机、医药、科学仪器、电气机械。数据按现价美元计。来源：联合国商品贸易统计（Comtrade）数据库。
② 世界银行（WDI）数据库. High-technology exports (current US$)-China, World, United States, European Union [DB/OL].https://data.worldbank.org/indicator/TX.VAL.TECH.CD?end=2020&locations=CN-1W-US-EU&start=2007.
③ 国家统计局.中国统计年鉴2021[M].北京：中国统计出版社，2021: 638.
④ 农业用地指耕地、永久性作物和永久性牧场用地的比例。联合国粮农组织定义的耕地包括短期作物用地（种植双季作物的土地只计算一次）、供割草或放牧的短期草场、供应市场的菜园和自用菜园，以及暂时休闲的土地。因转换耕作方式而休闲的土地不包括在内。多年生作物用地是种有长期生长作物而无须在每次收割后再进行种植的土地，此类作物包括可可树、咖啡树和橡胶树。此类土地包括生长开花灌木、果树、坚果树和葡萄树的土地，但不包括木材林用地。多年生牧场是五年以上生长草（包括野生饲草和人工种植饲草）的土地。数据来源：联合国粮农组织。
⑤ 世界银行（WDI）数据库.农业用地面积（平方公里）-World, China [DB/OL].https://data.worldbank.org.cn/indicator/AG.LND.AGRI.K2?end=2018&locations=1W-CN&start=1963&view=chart.
⑥ 谷物耕地面积是指收获面积，不过有些国家只公布播种或耕作面积。谷物包括小麦、水稻、玉米、大麦、燕麦、黑麦、小米、高粱、荞麦、杂粮。数据来源：联合国粮农组织。
⑦ 世界银行（WDI）数据库.谷物耕地（公顷）-World, China [DB/OL].https://data.worldbank.org.cn/indicator/AG.LND.CREL.HA?end=2018&locations=1W-CN&start=1963&view=chart.
⑧ 谷类生产数据与收获后仅用作干燥谷物的作物相关。数据来源：联合国粮农组织。

首位，相当于美国谷物产量的 1.31 倍，印度的 1.92 倍①。

我国农业科技进步贡献率从 2010 年的 52% 到 2020 年突破了 61.5%，农作物良种覆盖率稳定在 96% 以上，农作物耕种收综合机械化率从 2010 年的 52.3% 提高至 2020 年的 71%，基本实现了农业现代化；自主选育品种面积占比超过 95%，粮食产量连续稳定在 1.3 万亿斤以上；主要畜禽种核心种源自给率达到 75% 以上。

中国农业科技国际竞争力明显提高，整体水平从第二方阵进入第一方阵②，涌涌现出一批农业科技标志性成果，整体研发水平与发达国家差距逐步缩小③。农业劳动力从 2010 年的 2.79 亿人下降至 2020 年的 1.77 亿人，减少了 1 亿人；每个农业劳动力供养人口数持续提高，从 2010 年的 4.8 人提高至 2020 年的 8.0 人；第一产业增加值 2020 年比 2010 年增长了 44.1%，而同期农业劳动力总数则下降了 36.6%，农业劳动生产率增长了 96.8%，平均年增速达到 7.0%④。

（八）成为世界第二大数字经济之国

习近平总书记就发展数字经济指出："近年来，互联网、大数据、云计算、人工智能、区块链等技术加速创新，日益融入经济社会发展各领域全过程，各国竞相制定数字经济发展战略、出台鼓励政策，数字经济发展速度之快、辐射范围之广、影响程度之深前所未有，正在成为重组全球要素资源、重塑全球经济结构、改变全球竞争格局的关键力量。"⑤为此，"十四五"规划首次提出加速发展数字经济的指标，即数字经济核心产业⑥增加值占 GDP 比重从

---

① 世界银行 (WDI) 数据库. 谷物产量（公吨）-World, China, India, United States[DB/OL]. https://data.worldbank.org.cn/indicator/AG.PRD.CREL.MT?end=2018&locations=1W-CN-IN-US&most_recent_value_desc=true&start=1963&view=chart.
② 马爱平. 十年创新科技进步筑牢大国粮仓 [N]. 科技日报，2022-08-18(08).
③ 农业农村部关于印发《"十四五"全国农业农村科技发展规划》的通知 [EB/OL].(2021-12-24) [2022-07-09].http://www.gov.cn/zhengce/zhengceku/2022-01/07/content_5666862.htm.
④ 国家统计局. 2022 中国统计摘要 [M]. 北京：中国统计出版社，2022: 28，41.
⑤ 习近平. 不断做强做优做大我国数字经济 [J]. 求是，2022(2): 4.
⑥ 数字经济核心产业包括：计算机、通信和其他电子设备制造业全部小类；机电器材制造；电子设备制造；电信、广播电视和卫星传输服务业全部小类；互联网服务；软件和信息技术服务业全部小类；文化数字内容服务。参见：全国财政经济委员会，国家发展和改革委员会.《中华人民共和国国民经济和社会发展第十四个五年规划和 2035 远景目标纲要》释义 [M]. 北京：中国计划出版社，2021: 223.

2020年的7.8%上升至2025年的10%①，预计将从2020年的1.79万亿国际元上升至2025年的3万亿国际元左右，成为进入数字经济社会的重大标志。

（九）科技进步贡献率持续提高

科技进步贡献率是指一国科技进步对经济增长的贡献份额，其反映了包括科技、制度和管理在内的广义技术进步对经济增长的贡献率。根据国家科技部测算，我国科技进步贡献率2000—2005年为43.2%，2005—2010年达到50.9%，2010—2015年达到55.3%②，2015—2020年超过60%③。这表明，中国如期实现"十三五"规划确定的到2020年科技进步贡献率达到60%以上的预期量化指标。

（十）我国科技自立自强能力显著提高

新时代，随着中国科技创新力和实力持续提高，美国基于霸权主义的本性，对中国发动了一系列有针对性的科技战。以习近平同志为核心的党中央明确提出实现国家科技自立自强，加快科技强国建设，做出了一系列重大战略部署，包括强化国家战略科技力量，制定科技强国行动规划，系统谋划到2035年和2050年的科技强国建设时间表和路线图，明确我国科技创新主攻防方向，完善国家创新体系总体布局，加强国家战略科技力量与市场创新主体的统筹协调。为此，"十四五"期间将实施一批具有前瞻性、战略性的国家重大科技项目，"十四五"规划制定了科技前沿领域攻关重大项目（7项）；制定实施基础研究十年行动方案，明确要求基础研究经费投入占研发费用投入比重提高至8%以上；建设国家重大科技基础设施（4类，即战略导向型、应

---

① 全国财政经济委员会，国家发展和改革委员会.《中华人民共和国国民经济和社会发展第十四个五年规划和2035远景目标纲要》释义[M].北京：中国计划出版社，2021：223-224.
② 全国财政经济委员会，国家发展和改革委员会.2016—2020《中华人民共和国国民和经济发展第十三个五年规划纲要》解释材料[M].北京：中国计划出版社，2016：24.
③ 全国财政经济委员会，国家发展和改革委员会.《中华人民共和国国民经济和社会发展第十四个五年规划和2035远景目标纲要》释义[M].北京：中国计划出版社，2021：178.

用支撑型、前瞻引领型、民生改善型）①；组建一批国家实验室，以国家目标和战略需求为导向，瞄准国际科技前沿，开展战略性、前瞻性、基础性科技创新②；实施更大力度的研发费用加计扣除、高新技术企业税收扣除等普惠性政策，明确要求确保中央国有工业企业研发支出年增长明显超过全国平均水平③。笔者预计，到2025年，中国科技现代化将再迈上新的大台阶，科技现代化走在世界前列。

（十一）迈入世界创新型大国行列

从国际视角看，根据世界知识产权组织（WIPO）发布的《2021年全球创新指数报告》，我国全球创新指数排名十年上升了22位，跃居世界第12位（54.8分），在世界前30个最具创新的国家和地区中是唯一的中高收入国家，在东亚、东南亚地区排第三位。美国仍然是创新集群最多的国家，中国居第二位，其中，中国在专利申请、商标申请、工业设计、高新技术出口、创意产品出口和国内市场规模等9项指标中排名第一④。中国成为中高收入国家中唯一的世界创新型大国。

中国式科技现代化实现了历史性、跨越性的发展，如期全面实现了《国家中长期科学和技术发展规划纲要（2006—2020年）》提出的科学技术发展的总体目标，即"自主创新能力显著增强，科技促进经济社会发展和保障国家安全的能力显著增强，为全面建设小康社会提供强有力的支撑；基础科学和前沿技术研究综合实力显著增强，取得一批在世界具有重大影响的科学技术成果，进入创新型国家行列，为在本世纪中叶成为世界科技强国奠定基础"⑤。

党的十八大以来，提出实施创新驱动发展战略，强调科技创新是提高社

---

① 中华人民共和国国民经济和社会发展第十四个五年规划和2035远景目标纲要[EB/OL].(2021-03-13)[2022-07-09].http://www.gov.cn/xinwen/2021/03/13/content_5592681.htm.
② 全国财政经济委员会，国家发展和改革委员会.《中华人民共和国国民经济和社会发展第十四个五年规划和2035远景目标纲要》释义[M].北京：中国计划出版社，2021：265.
③ 中华人民共和国国民经济和社会发展第十四个五年规划和2035远景目标纲要[EB/OL].(2021-03-13)[2022-07-09].http://www.gov.cn/xinwen/2021/03/13/content_5592681.htm.
④ 世界知识产权组织.2021年全球创新指数 第十四版[R/OL].https://www.wipo.int/publications/zh/details.jsp?id=4564&plang=ko.
⑤ 国务院.国家中长期科学和技术发展规划纲要(2006—2020年)[EB/OL].(2006-02-09)[2022-07-09].http://www.gov.cn/gongbao/content/2006/content_240244.htm.

会生产力和综合国力的战略支撑，必须将其摆在国家发展全局的核心位置。2016 年，中共中央、国务院印发《国家创新驱动发展战略纲要》，制定了"三步走"战略目标：第一步，到 2020 年进入创新型国家行列，基本建成中国特色国家创新体系，有力支撑全面建成小康社会目标的实现；第二步，到 2030 年跻身创新型国家前列，发展驱动力实现根本转换，经济社会发展水平和国际竞争力大幅提升，为建成经济强国和共同富裕社会奠定坚实基础；第三步，到 2050 年建成世界科技创新强国，成为世界主要科学中心和创新高地，为我国建成富强民主文明和谐的社会主义现代化国家、实现中华民族伟大复兴的中国梦提供强大支撑[1]。这成为中国式科技现代化的"三步走"大战略。

党的十九届五中全会提出，"把科技自立自强作为国家发展的战略支撑"的重要方针[2]，以习近平同志为核心的党中央为实现国家科技自立自强，推进科技强国建设，高屋建瓴地提出一系列重大理论观点与实践方针，筹谋了具体政策与工作思路和措施。

四、中国式科技现代化从快速追赶到创新超越

新中国用 70 多年的时间实现了中国式科技现代化，从落伍者到追赶者，从模仿者到创新者。中国式科技现代化突出反映在"创新是引领发展的第一动力"，充分体现在国家科技创新能力，即实现科技现代化目标的能力集。

本文将中国科技创新能力集（T）概括为五个方面：一是提高科技引进能力（特别是增加高技术产品进口、支付知识产权使用费）T_1，我国作为科技现代化的后来者，必须通过对外开放，获取世界最新技术，特别是高技术，充分利用中国比较优势、劳动力资源优势、科技人才资源优势，积极吸引外国直接投资；二是全面对外开放，提高科技再创新能力 T_2，包括引进创新能力、模仿创新能力、集成创新能力，充分利用世界科技资源、科技人力资源，深度参与全球知识产权治理，打造国际科技创新中心，即世界科学研究中

---

[1] 中共中央 国务院印发《国家创新驱动发展战略纲要》[EB/OL].(2016-05-19)[2022-07-09]. http://www.gov.cn/zhengce/2016-05/19/content_5074812.htm.
[2] 中共中央关于党的百年奋斗重大成就和历史经验的决议 (2021 年 11 月 11 日中国共产党第十九届中央委员会第六次全体会议通过)[EB/OL].(2021-11-16)[2022-07-09].http:// www.news.cn/politics/2021-11/16/c_1128069706.htm.

心、全球创新经济高地和国际创新生态标杆[①]，特别是按照"十四五"规划要求，支持北京、上海、粤港澳大湾区形成国际科技创新中心；三是提高科技自主创新能力 T_3，建立健全专利、商标、知名品牌、版权、商业秘密、优良植物新品种、优质地理标志、高价值知识产权等知识产权制度，形成技术投资（研发投资）—技术成果（知识产权）—技术市场（交易额）—技术收益（私人与社会收益）的良性循环；四是充分发挥中国特有的巨国市场规模效应 T_4，消除地区封锁、行业限制、市场垄断，确保任何一项发明创造都能获得地区市场规模收益、全国市场规模收益；五是通过对外开放，特别是加入世界贸易组织，获得越来越大的世界市场规模效应 T_5。由此，形成中国特有的科技创新能力集（T），即 $T=T_1+T_2+T_3+T_4+T_5$，从而解释了70多年来中国式科技现代化如何从快速追赶到创新超越的发展过程。

中国科技现代化已进入世界第一方阵。正如习近平总书记所指出："我国科技实力正在从量的积累迈向质的飞跃、从点的突破迈向系统能力提升。""立足新发展阶段、贯彻新发展理念、构建新发展格局、推动高质量发展，必须深入实施科教兴国战略、人才强国战略、创新驱动发展战略，完善国家创新体系，加快建设科技强国，实现高水平科技自立自强。"[②]

展望未来，"中国要强盛、要复兴，就一定要大力发展科学技术，努力成为世界主要科学中心和创新高地"。"我们比历史上任何时期都更接近中华民族伟大复兴的目标，我们比历史上任何时期都更需要建设世界科技强国！"[③] 中国式科技现代化将不断迈上新的大台阶，进而改变未来世界科学技术版图，为世界科学技术和人类可持续发展作出巨大贡献。

---

① 陈玲. 汇聚全球资源创新发展 [N]. 人民日报，2022-5-24(18).
② 习近平. 加快建设科技强国，实现高水平科技自立自强 [J]. 求是，2022(9): 4-15.
③ 习近平. 努力成为世界主要科学中心和创新高地 [J]. 求是，2021(6): 4-11.

中国科技实力跨越式发展与展望
（2000—2035年）*

胡鞍钢

科技实力作为实现国家科技战略目标的能力，既是国家综合国力的重要组成部分，也是不断提高综合国力的科技创新基础。本文定量评价2000—2020年我国科技实力的跨越式发展，从科技追赶型进入科技创新型行列，从世界科技第二方阵进入第一方阵，从量的积累迈向质的飞跃，取得了历史性的跨越式发展；充分彰显了党的全面领导政治优势、国家创新驱动发展战略优势、社会主义市场经济体制下新型举国体制优势与科技人力资源优势等。根据我国坚持把科技自立自强作为国家发展战略支撑的要求，以及未来发展多方面的优势和有利条件，对国家科技创新目标、强化国家战略科技力量、实施创新驱动发展战略提出了政策建议；进而对2025年以及2035年我国科技远景目标进行展望，即科技实力大幅跃升，进入世界创新型国家前列。

2020年10月，党的十九届五中全会通过的《中共中央关于制定国民经济和社会发展第十四个五年规划和二〇三五年远景目标的建议》指出：我国的经济实力、科技实力、综合国力和人民生活水平跃上新的大台阶，全面建成小康社会取得伟大历史性成就。2021年5月28日，习近平总书记在中国科学

---

* 基金项目：中宣部全国哲学社会科学工作办公室国家高端智库专项项目(20155010298)；清华大学文科"双高"专项项目(53120600119)。本文原载于《北京工业大学学报（社会科学版）》2022年第4期第1-15页。

院第二十次院士大会、中国工程院第十五次院士大会、中国科协第十次全国代表大会上对我国科技实力作出了总体评价，强调我国科技实力正在从量的积累迈向质的飞跃、从点的突破迈向系统能力提升，科技创新取得新的历史性成就①。

本文全面评价我国科技实力在过去20年（2000—2020年）的跃升。科技实力就是实现国家科技战略目标的能力，既是国家综合国力的重要组成部分，也是不断提高综合国力的科技创新基础。中国科技实力不断提高，经过四个五年计划和规划连续迈上了四个大台阶，已经从不断量变到飞跃质变，从科技追赶型进入科技创新型行列，从世界科技第二方阵进入第一方阵，并与美国不可避免地形成前所未有的科技竞争大较量。为此，中国科技发展今后更需要坚持创新驱动发展，采取"非对称"赶超战略，全面塑造科技发展新优势，以此大力推进我国科技自立自强。

本文主旨是总结和阐析我国实现科技实力过去20年跨越式发展与未来15年的发展展望，包括四个部分：第一，从历史和国际方面对我国主要科技总量指标进行比较分析；第二，在量化和计算基础上对我国科技实力与信息实力展开具体分析，特别是国家有效实施中长期科技创新规划起到的关键性指导性推动作用；第三，对我国实现"十四五"国家科技创新目标及主要指标，大力推进科技自立自强提出政策建议；第四，对2035年我国科技创新远景目标、科技实力再上新台阶，以及面临的机遇与挑战进行分析展望。

一、我国主要科技总量指标跃居世界前列

（一）科技实力

科技实力，是指一个国家实现科技发展目标的综合能力。这不同于科技发展水平指标，如人均主要科技指标，或者科学与技术创新前沿水平，而是指一个国家科学技术发展的总量投入要素（人力、资金、信息等）和收益（科研知识、技术、成果应用与普及率、技术市场交易以及其他社会收益）。本文采用的是科技总量指标，其作为一个国家的科技实力，也视为一个国家综合

---

① 习近平. 在中国科学院第二十次院士大会、中国工程院第十五次院士大会、中国科协第十次全国代表大会上的讲话 [N]. 人民日报，2021-05-29(1).

国力的科技基础，也是国家综合国力的重要组成部分。在经济全球化背景下，国家之间的科技竞争就是国家创新能力的竞争，可用科技总量指标来表示和进行国际比较。

笔者曾采用 5 个指标，即一个国家的国际科技刊物论文数、居民发明专利申请量、个人电脑用户数、互联网用户数、研究与试验发展（简称研发，即"R&D"）经费支出等战略性科技资源总量占世界总量的比重，来衡量一国科技总实力。研究结果表明，中国科技在 1980—2004 年经历了"跨越式"发展，由世界新科技革命的"落伍者"转变成为"世界科技大国"，而对外开放和科技全球化、市场、政府导向与经济高速增长的拉动，则是中国科技快速发展的四大驱动力。当时笔者预计，到 2020 年，中国有望由"世界科技大国"跻身于"世界科技强国"之列[1]。在此，科技强国是一个总量的概念，而不是人均的指标[2]。

因而，笔者认为对我国过去 20 年（2000—2020 年）的科技实力大变迁展开量化评估和历史性总结是非常必要的。同时，将根据《中华人民共和国国民经济和社会发展第十四个五年规划和 2035 年远景目标纲要》（简称"十四五"规划）中"创新能力显著提升，全社会研发经费投入年均增长 7% 以上，力争投入强度高于'十三五'时期实际"的要求，对 2025 年中国科技实力进行展望。

本文采用国际上通行的科技指标进行实证分析与国际比较，对我国主要科技指标进行量化分析，目前科技实力最好的比较对象为美国。一方面，美国是世界公认的科技实力强国；另一方面，近年来，美国对中国发动了前所未有的科技战，企图扼制中国科技实力显著提升的趋势。本文指标的计算数据来源主要是世界银行数据库、世界知识产权数据库等，以便于进行同口径国际比较。中美主要科技信息发展指标占世界比重情况见表 1。

---

[1] 胡鞍钢，熊义志. 对中国科技实力的定量评估 (1980—2004)[J]. 清华大学学报 (哲学社会科学版)，2008(02): 104-119, 160.
[2] 笔者认为，由于中国人口众多、经济总量大，提高科技总实力并赶超发达国家是完全有实力的，但从人均指标上很难超过发达国家，这是由我们的国情决定的。党中央提出十分清楚、明确的科技强国发展目标，不仅十分必要，而且鼓舞人心，震撼中国科技界，震撼全国人民，也会震撼世界。见：胡鞍钢. 中国：新发展观 [M]. 杭州：浙江人民出版社，2004: 176.

表1 中美主要科技信息发展指标占世界比重（2000—2020年）

主要指标	2000年	2010年	2020年	2000—2010年变化量（百分点）	2000—2020年变化量（百分点）
本国居民发明专利申请数占世界比重（%）					
中国	3.1	25.2	58.4	22.1	55.3
美国	20.0	20.8	11.7	0.8	−8.3
中国/美国	15.5	121.2	499.1		
科技期刊文章数占世界比重（%）					
中国	5.0	16.1	20.7（2018年）	11.1	15.7（2000—2018年）
美国	28.6	21.0	16.6（2018年）	−7.6	−12.0（2000—2018年）
中国/美国	17.5	76.7	124.7（2018年）		
研发支出（购买力平价，2017国际元）占世界比重（%）					
中国	2.8	10.5	19.1	7.7	16.3
美国	26.6	23.7	19.2	−2.9	−7.4
中国/美国	10.5	44.3	99.5		
移动电话用户占世界比重（%）					
中国	11.5	16.2	20.8	4.7	9.3
美国	14.8	5.4	4.2	−9.4	−10.6
中国/美国	77.7	300.0	495.2		
固定宽带用户占世界比重（%）					
中国	0.9	23.8	39.4	22.9	38.5
美国	34.5	15.9	9.8	−18.6	−24.7
中国/美国	2.6	149.7	402.0		

计算数据来源：世界银行数据库、世界知识产权组织、美国国家科学基金会。

注："中国/美国"系列数据由本表中的中国、美国占世界比重数据相除而来，并非由原始数据计算所得，在精确度上有损失。

（二）我国已拥有世界上最大规模的科技队伍

1. 科技人才优势

我国科技实力最大的优势就是超大规模、持续增长的科技人才优势。本文的分析采用四类口径,即研发人员①全时当量、研发人员总数、每万名就业人中研发人员数、世界银行每百万人口研发人员数。第一,我国研发人员全时当量口径,从2000年的92.2万人年上升至2020年的509.2万人年,相当于2000年的5.5倍,年均增速8.9%②。第二,我国全社会研发人员总数口径,从2000年69.4万人上升至2020年的712.93万人③,相当于2000年的10.3倍,年均增速为12.4%,我国研发人员总量连续8年稳居世界首位④。第三,我国每万名就业人中研发人员数口径,从2000年的9.6人上升至2020年的62人,年均增速为9.8%。第四,按世界银行每百万人口研发人员数口径,我国从2000年的539人上升至2018年的1307人,相当于2000年的2.4倍,年均增速为5.0%,明显低于以上三种口径平均增速,中国研发人员占世界总数比重从2000年的10.4%上升至2010年的13.4%,2020年提高至17.2%,相当于美国所占比重(12.9%)的1.33倍。进入21世纪,我国科技人才按四个口径的年均增速都明显超过总人口年均增速(0.5%),也明显超过总就业人数年均增速(0.2%),这也意味着,虽然我国人口红利自2010年达到最高峰后有所下降,但是人才红利持续大幅上升,特别是研发人员所创造的研发红利大幅上升。

2000—2020年我国科技工作者人数实现超高速增长。2000年,全国国有企事业单位专业技术人员为2 165万人,到2020年,我国科技工作者按研发人员全时当量口径,数量达到9 100万人,居世界首位,占全国就业总数的比例从2000年的3.0%上升至2020年的12.0%。究其原因,一是全国研究生毕业生累计1 293万人、大专本科毕业生累计10 471万人;二是出国留学回国人员累计623万人;三是我国女性科技工作者超过4 000万人,占总数的44.0%;四是公立高等院校和科研院所数量持续发展,超过3 450家;五是非公立研发机构大幅增长⑤。

---

① 根据联合国教科文组织(UNESCO)统计研究所的定义,R&D研究人员是指参与新知识、新产品、新流程、新方法或新系统的概念形成或创造,以及相关项目管理的专业人员。包括参与R&D的博士研究生(ISCED97第6级)。
② 国家统计局. 2021中国统计摘要[M]. 北京:中国统计出版社,2021: 180.
③ 国新办就为全面建成小康社会提供强大科技支撑有关情况举行发布会[EB/OL].(2021-07-27). http://www.china.com.cn/zhibo/content_77652105.htm#fullText.
④ 国家统计局. 国家统计局新闻发言人就2021年上半年国民经济运行情况答记者问[EB/OL].(2021-07-15).http://www.stats.gov.cn/tjsj/sjjd/202107/t20210715_1819497.html.
⑤ 王志刚. 从百年奋斗征程汲取智慧和力量,自觉担当科技自立自强时代使命[N]. 光明日报,2021-06-10(6).

2. 现代化高等教育体系

我国之所以拥有最大规模的科技人才队伍，最重要的原因就是建立了世界最大规模的现代化高等教育体系。第一，我国高等教育毛入学率已从2000年的13.3%跃升至2020年的54.4%[①]，实现了高等教育从精英型（毛入学率小于15%）到大众型（2002年之后毛入学率大于15%），再到普及化阶段（2019年之后毛入学率大于50%）的转变，比2010年国务院发布的《国家中长期教育改革和发展规划纲要（2010—2020年）》[②]的高等教育毛入学率预期目标（40%）高出了14.4个百分点；全国高等学校在校生总规模达到4 183万人，比预期目标（3 550万人）多了633万人。中国堪称世界最大的高等教育之国，实现了党的十七大提出的建设人力资源强国的目标[③]。第二，我国研究生毕业生人数从2000年的5.9万人提高至2020年的72.9万人，年均增速高达13.4%。第三，我国普通本专科毕业生从95.0万人提高至近800万人，年均增速11.2%[④]，其中1/2以上是理工科毕业生，有效地促进了我国科技队伍特别是研发人员规模的迅速扩大并跃居世界首位。第四，我国全面启动"双一流"大学建设，包括42所大学加快建设世界一流大学，95所大学加快建设世界一流学科。第五，留学回国人员大幅度增长，从2000年的9 121人上升至2018年的51.94万人[⑤]，年均增速高达25.2%；自改革开放以来，留学回国人员累计达365.14万人[⑥]，其规模之大为历史空前，居世界首位，使我国人才队伍国际化水平不断提高。这些科研后备人才不仅成为促使我国科技人才大军迅速发展的主要来源，而且也成为推动我国主要科技总量指标跃居世界前列的科技人力资本因素，从而充分显示了"着力实施人才强国战略，聚天下英才

[①] 国家统计局.2021中国统计摘要[M].北京：中国统计出版社，2021：108，180，186，187.
[②] 国家中长期教育改革和发展规划纲要工作小组办公室.国家中长期教育改革和发展规划纲要(2010—2020年)[EB/OL].(2010-07-29).http://www.moe.gov.cn/srcsite/A01/s7048/201007/t20100729_171904.html.
[③] 胡锦涛.高举中国特色社会主义伟大旗帜为夺取全面建设小康社会新胜利而奋斗——在中国共产党第十七次全国代表大会上的报告(2007年10月5日)[M]//胡锦涛文选：第二卷.北京：人民出版社，2016：642.
[④][⑤] 国家统计局.2021中国统计摘要[M].北京：中国统计出版社，2021：186.
[⑥] 人力资源和社会保障部.2018年度人力资源和社会保障事业发展统计公报[EB/OL].(2019-06-11)[2021-07-21].http://www.mohrss.gov.cn/SYrlzyhshbzb/zwgk/szrs/tjgb/201906/t20190611_320429.html.

而用之,充分激发广大科技人员积极性、主动性、创造性"①的巨大优势。

(三)我国研发总支出跃居世界前列

1. 研发经费高速增长

研发经费总投入可综合反映一个国家的科技创新能力,有效地增加该国知识总量,以及运用知识去创造新的应用活动,包括基础研究、应用研究、试验发展三类活动。进入21世纪,我国研发支出进入超高速增长阶段。2000—2020年,我国国内生产总值(GDP)年均增速保持在8.7%;与此同时,按人民币现价计算,我国研发支出从2000年的896亿元增长至2020年的24 426亿元②,相当于2000年的27.3倍,年均增速高达18.0%,创下世界纪录;研发支出与GDP之比从0.89%上升至2.40%,相当于国防经费占GDP比重(2020年为1.27%)的近2倍,但没有达到《国家中长期科学和技术发展规划纲要(2006—2020年)》提出的"2020年研发经费投入强度达到2.5%以上"的目标要求,仍低于美国的水平(2.84%,2018年数据③);按购买力平价2017国际元计算,我国研发支出总额从2000年的388亿国际元上升至2020年的5 522亿国际元,相当于2000年的14.2倍,年均增速高达14.2%,已经与美国5 550亿国际元的支出水平相当,预计很快将超过美国④,成为世界研发支出第一大国。我国研发投入(2017国际元)占世界的比重从2000年

---

① 习近平.在中国科学院第二十次院士大会、中国工程院第十五次院士大会、中国科协第十次全国代表大会上的讲话[N].人民日报,2021-05-29(01).
② 国家统计局.2021中国统计摘要[M].北京:中国统计出版社,2021: 180.
③ 数据来源:世界银行数据库. Research and development expenditure (% of GDP)-United States[DB/OL]. https://data.worldbank.org/indicator/GB.XPD.RSDV.GD.ZS?end=2018&locations=US&start=1996&view=chart.
④ 据联合国教科文组织《2021年科学报告》提供的信息,按购买力平价(PPP)计算,2018年美国在研发领域投资为4 606亿美元;中国则为4 390亿美元,全球占比为24.5%。(UNESCO Science Report: the race against time for smarter development)。据美国国家科学基金会(NSF)《科学与工程指标报告》(2020年),按购买力平价(PPP)计算2019年数据表明,中国的科研支出已经超过美国。根据美国人文与科学院报告,按购买力平价(PPP)计算,2020年中国的研发投入首次超过美国。(美国《华尔街日报》网站,2021-03-02) 美国经济学家理查德·邓肯指出,自2001年以来,中国在研发上的投入,年平均增速达到17%,而美国仅为4%。中国将在2021年超过美国,到2030年中国在研发上的投入将比美国多40%。(法国《世界报》网站,2021-05-12) 这些信息都表明,按购买力平价(PPP)计算中国研发支出将超过美国。

的 2.8% 上升至 2020 年的 19.1%①，提高了 16.3 个百分点，平均每年提高 0.82 个百分点（见表 1）。

我国已经形成以企业投入为主的研发经费支出良性增长机制。2019 年，各类企业研发经费支出 16 887 亿元，占全国研发支出（22 144 亿元）的 76.3%②。企业成为研发投入主体，不仅成为研发总支出高速增长的最大投入者，而且有利地驱动我国研发活动及创新成果的涌现。

2. 重大科技项目获大幅度支持

国家财政大幅度支持重大科技项目。2020 年国家财政用于科学技术支出 10 717.4 亿元，约占 GDP 的 1.0%③，创下历史纪录，有效地支持了国家重大科研领域、重大专项、前沿技术以及基础研究。其中，"十一五"规划支持重大科技专项与重大科技基础设施 14 项；"十二五"规划支持重大科技专项 14 项、科学研究及设施 2 项、知识创新工程 8 项、技术创新工程 6 项；"十三五"规划支持重大科技项目 6 项、重大工程 9 项。国家三个五年规划共计支持重大科技项目 59 项。这充分反映了中国科技创新的新型举国体制优势，特别是科技战略前沿突破能力的大幅跃升。我国在深海、深空、深地、深蓝等领域不断取得重大进展，开启了科学探测宇宙标志性的重大突破，捷报频传。例如，中国航天员首次进驻自己的空间站，"天问一号"成功着陆火星，"嫦娥四号"首次登陆月球背面，"嫦娥五号"实现地外天体采样，"奋斗者号"成功坐底，"天鲲号"首航成功④，等等。

---

① 笔者根据世界银行数据库"中国与世界 GDP(国际元)，研发支出与 GDP 之比"计算。见：世界银行数据库. GDP, PPP (constant 2017 international $)-World, China [DB/OL].https://data.worldbank.org/indicator/NY.GDP.MKTP.PP.KD?end=2020&locations=1W-CN&start=1990&view=chart; 世界银行数据库. Research and development expenditure (% of GDP)-World, China [DB/OL]. https://data.worldbank.org/indicator/GB.XPD.RSDV.GD.ZS?end=2020&locations=1W-CN&start=1990&view=chart.
② 国家统计局. 2020 中国统计年鉴 [M]. 北京：中国统计出版社，2020: 262.
③ 国家统计局. 2021 中国统计摘要 [M]. 北京：中国统计出版社，2021: 108，180，186，187.
④ 国新办就为全面建成小康社会提供强大科技支撑有关情况举行发布会 [EB/OL].(2021-07-27). http://www.china.com.cn/zhibo/content_77652105.htm#fullText.

（四）我国科技创新成果取得跨越式发展

1. 基础研究和原始创新取得重要进展

我国在基础研究、应用研究方面已跃居世界前列，科学与工程论文发表数实现了大幅增长，占世界比重明显提升。根据美国国家科学基金会（NSF）数据库提供的信息，我国科技期刊论文发表数占世界比重从 2000 年的 5.0% 提高至 2018 年的 20.7%，已经超过美国所占比重（2018 年 16.6%）（详见表 1），跃居世界第一。为此，美国国家科学基金会在《论文产出：美国趋势和国际比较》（2019 年 12 月）中提到中国在 2018 年已经成为世界最大的科学知识生产国；中国在农业科学、化学、计算机与信息科学、工程、材料科学、自然资源与保护、物理学等领域，已经显示出最大的专业化和影响力[①]。日本文部科学省科学技术与学术政策研究所根据英国调查公司（Clarivate）的数据，计算和分析了主要国家 3 年间进入全世界前 10% 的"受关注论文"的平均篇数，其中，中国在 2018 年（2017—2019 年平均）为 42 190 篇，超过美国的 37 124 篇；中国占世界比重从 2007—2009 年的 7.6%，上升至 2017—2019 年的 24.8%，跃居世界首位，而美国占世界比重则从 34.9% 降至 22.9%；在 8 个领域中，中国在材料科学、化学和工学等 5 个领域位居首位。该报告认为，在世界学术研究竞争中，中国开始与美国并驾齐驱[②]。根据中国科学技术信息研究所《2021 年中国科技论文统计报告》，截至 2021 年 9 月，中国高被引论文数为 4.29 万篇，占世界的份额为 24.8%，数量比 2020 年增加了 15.5%，世界排名保持在第 2 位；中国的热点论文数为 1 515 篇，占世界总量的 36.3%，比 2020 年增加了 10.2%，世界排名保持在第 2 位；按国际论文被引用次数统计，中国在材料科学、化学、计算机科学、工程技术 4 个领域排名世界第 1 位，农业科学、生物与生物化学、环境与生态学等 10 个领域论文的被引用次数排名世界第 2 位[③]。中华人民共和国科技部部长王志刚认为，我国基础研究水平大幅提升，化学、材料、物理等学科处在世界前列，取得了以量子通信、铁

[①] NSF & NSB Science and Engineering Indicators. Publications Output: U.S. Trends and International Comparisons[EB/OL]. https://ncses.nsf.gov/pubs/nsb20206/data#table-block.
[②] 日经中文网.日本调查：中国论文数量跃居世界首位[N/OL].(2021-08-11).https://mp.weixin.qq.com/s/xDAyQ-EJSMEHE1tUjnd0PA.
[③] 中国科学技术信息研究所.2021 年中国科技论文统计报告[N].光明日报，2021-12-27.

基超导、干细胞为代表的一批重大原创性科技成果;科技的战略前沿突破能力大幅跃升,在深海、深空、深地、深蓝等领域不断取得重大进展①。

2. 专利质量不断提升

我国专利质量不断提升。一是本国居民发明专利申请数实现了超高速增长,占世界比重大幅提升。根据世界知识产权组织数据库,在2000—2019年间,中国本国居民专利申请数(不包括香港、澳门、台湾地区)年均增速高达24.9%,大大超过美国的增速(3.1%)和经济合作与发展组织(OECD)国家的增速(0.5%),中国占世界总数的比重从3.1%上升至58.0%,提高了54.9个百分点;中国专利申请数于2009年超过美国,于2015年超过OECD国家②。二是中国本国居民发明专利授权量占世界比重从1985年的0.02%跃升至2019年的25.45%。三是中国专利合作条约(PCT)申请量从2000年的701件上升至2020年的68 720件,年均增速达到25.8%,明显超过同期日本(8.8%)和美国(2.4%)的增速(见表2);2020年,中国PCT占世界总量比重达到24.91%③。世界知识产权组织总干事弗朗西斯·高锐认为,中国已经从技术使用者转变为技术生产者,世界技术创新的中心正在从欧美向中日韩等东亚国家转移。此外,笔者基于专利转让次数、专利被引次数、专利存续期等反映专利质量的指标进行计算发现,我国发明专利质量在不断上升④。

表2 中国、日本、美国的专利合作条约(PCT)申请数(2000—2020年)

国家	2000年	2005年	2010年	2015年	2020年	2000—2020年年均增速(%)
中国(件数)	701	2 344	12 021	29 084	68 720	25.8
日本(件数)	9 345	24 131	31 325	42 840	50 520	8.8
美国(件数)	36 729	44 587	42 626	54 468	59 230	2.4

---

① 国新办就为全面建成小康社会提供强大科技支撑有关情况举行发布会[EB/OL].(2021-07-27). http://www.china.com.cn/zhibo/content_77652105.htm#fullText.
② 世界银行数据库. Patent applications, residents-World, China, OECD members, United States[DB/OL].https://data.worldbank.org/indicator/IP.PAT.RESD?end=2020&locations=1W-CN-OE-US&start=1990&view=chart.
③ 世界知识产权数据库. https://www3.wipo.int/ipstats/index.htm?tab=patent.
④ 程文银,杨波,胡鞍钢.我国专利高质量发展的逻辑与对策[R].北京:清华大学国情研究院,2021-07-29.

续表

国家	2000年	2005年	2010年	2015年	2020年	2000—2020年年均增速(%)
中国/美国(%)	1.9	5.3	28.2	53.4	116.0	
中国/日本(%)	7.5	9.7	38.4	67.9	136.0	

数据来源：世界知识产权组织网站，http://www.wipo.int/portal/en/index.html。

3. 高技术出口额持续居世界首位

我国高技术产品出口额自 2005 年首次居世界首位并长期保持，从高技术出口额绝对量来看，于 2013 年达到高峰，随后有所下降，到 2018 年再次达到高峰，2012—2018 年年均增速为 3.5%，已经低于世界平均增速（为 4.5%）。从我国高技术产品出口额占世界比重来看，同样经历了先上升后下降的进程，于 2015 年达到最高峰，占世界比重为 28.3%，而后有所下降，到 2018 年降至 25.0%，相当于美国比重（5.3%）的 4.7 倍。2019 年我国高技术产品出口额占制成品出口额比重为 30.8%，明显高于 OECD 国家的 18.0% 和美国的 18.9%[1]。

（五）我国已经建成超大规模的技术市场体系

我国技术市场呈超高速发展，技术市场成交额 2000 年时为 651 亿元，到 2020 年已经高达 28 252 亿元，相当于 2000 年的 43.4 倍，年均增速达到 20.7%，大大超过名义 GDP 年均增速 12.3%，增长弹性系数高达 1.692，属于高增长弹性的技术市场收益。同期，技术市场成交额与 GDP 之比从 0.65% 上升至 2.78%，已高于 2020 年研发支出与 GDP 之比的 2.40%（详见表 3）。按购买力平价 2017 国际元计算，2020 年我国技术市场成交额相当于 6 210 亿国际元，成为世界上最具有发展潜力的技术市场，形成了研发投入与技术市场产出的良性互动关系，特别是企业成为研发投入和技术市场的主体，技术合同及成交额占全国总额的 91.5%，成为技术输出的主体[2]，通过技术进步和技

---

[1] 数据来源：世界银行数据库. High-technology exports (% of manufactured exports)-China, OECD members, World, United States [DB/OL]. https://data.worldbank.org/indicator/TX.VAL.TECH.MF.ZS?end=2019&locations=CN-OE-1W-US&start=2007.

[2] 国新办就为全面建成小康社会提供强大科技支撑有关情况举行发布会 [EB/OL].(2021-07-27). http://www.china.com.cn/zhibo/content_77652105.htm#fullText.

术效率提升有效地推动了我国工业的转型升级[1]。

表3 我国技术市场成交额及与GDP之比（2000—2020年）

类别	2000年	2010年	2020年	2000—2020年年增速或累计变化量
技术市场成交额（亿元）	651	3907	28252	20.7%
技术市场成交额与GDP之比(%)	0.65	0.95	2.78	2.13百分点
研发支出与GDP之比（%）	0.89	1.71	2.40	1.51百分点

数据来源：国家统计局.2021中国统计摘要[M].北京：中国统计出版社，2021:180。

（六）我国建立了世界上门类齐全的国家创新体系与国家战略科技力量

从计划经济时代的"五路大军"（中国科学院等、国家部委科研机构、地方科研机构、大学科研机构、国防科研机构）到改革开放转变为"新五路大军"，再加上国有企业科研机构、民营企业科研机构、外资企业科研机构的"三路大军"，共计"八路大军"，从而逐步构成了我国更具创新力、国际竞争力的国家战略科技力量体系。其中，国家实验室、国家科研机构、高水平研究型大学、科技领军企业都是国家战略科技力量的重要组成部分[2]。全国共建设了500多家国家重点实验室，布局了13个国家应用数学研究中心，优化调整形成了20个国家科学数据中心、31个国家生物种质和实验材料资源库、98个国家野外科学观测研究站；同时，我国科技型中小企业、高新技术企业均突破20万家[3]。这些科研机构不仅参与科技创新竞争，而且也主动走出去，积极参与国际科技创新竞争，与OECD发达国家同台既相互竞争又开展国际合作。

---

[1] 金通，骆琴函.技术市场发展对工业转型升级的影响[J].社会科学战线，2021(7):258-263.
[2] 习近平.在中国科学院第二十次院士大会、中国工程院第十五次院士大会、中国科协第十次全国代表大会上的讲话[N].人民日报，2021-05-29(1).
[3] 国新办就为全面建成小康社会提供强大科技支撑有关情况举行发布会[EB/OL].(2021-07-27). http://www.china.com.cn/zhibo/content_77652105.htm#fullText.

二、我国科技信息实力跃上新的大台阶

(一) 我国科技实力跃居世界前列

21世纪,国际社会发展最重要的现代化要素就是科技要素,是第一生产力。科技实力是指一个国家主要科技总量指标占世界的比重。本文选用了本国居民发明专利申请数(世界知识产权组织数据)、科研期刊文章数(美国国家科学基金会数据)、研发支出(世界银行数据)占世界比重三个指标,以此阐释中国的科技与信息实力的跃升(详见表1)。

中国本国居民专利申请量占世界比重从2000年的3.1%提高至2020年的58.4%,相当于美国占世界比重(11.7%)的4.99倍;中国科技期刊文章数占世界比重从2000年的5.0%提高至2018年20.7%,相当于美国占世界比重(16.6%)的1.25倍;中国研发经费支出(购买力平价,2017国际元)占世界比重从2000的2.8%上升至2020年的19.1%,与美国比重(19.2%)基本接近。我国整体科技实力大幅跃升,占世界比重从2000年的3.0%提高至2020年的32.0%,提高了29个百分点,平均每年提高1.45个百分点,是各类实力(经济实力、贸易实力、国防实力等)中提高幅度最大的。

然而,尤其需要指出的是,与科技实力整体大幅提升有所不同的是,我国在基础科学研究水平、关键重大技术创新等方面与美国等发达国家仍有较大差距,而这正是我国科技总量赶超过程中实现科技质量水平全面提升的重中之重。

(二) 我国已成为世界最大的信息实力之国

21世纪,信息数字成为第四次工业革命越来越重要的现代生产要素。信息实力是指一个国家主要信息总量指标占世界的比重,为此,本文选择了具有代表性的移动电话用户和固定宽带用户占世界比重作为衡量信息实力的指标。

根据世界银行数据库提供的信息,我国固定宽带用户数占世界比重从2000年的0.9%上升至2020年的39.4%,相当于美国占世界比重(9.8%)的4.0倍,移动电话用户占世界比重从11.5%上升至2020年的20.8%,相当于美国占世界比重(4.2%)的4.95倍(详见表1)。我国从信息实力小国成为世界最

大的信息实力之国。

此外，我国数字经济处在高速成长阶段，2020年我国数字经济核心产业[①]增加值占GDP比重达到7.8%，已经成为我国国民经济重要组成部分和重要支柱新产业，有力地促进了人工智能、大数据、云计算、物联网等新兴数字产业的发展壮大。

我国科技实力、信息实力是综合国力十大实力中增长最快、贡献最大的实力。对美国而言，我国科技实力及信息实力的增长对其形成前所未有的巨大挑战，这也是美国发动科技战的主要原因，更是美国遏制中国崛起的根本原因，并且不可避免地成为中美激烈竞争乃至公开对抗的主战场。为此，中国必须坚持创新驱动发展，采取"非对称"赶超战略，全面塑造科技发展新优势，大力推进我国科技自立自强。

（三）我国有效实施中长期科技创新规划

我国之所以能在20年的时间中，实现科技实力、信息实力跨越式的发展，是因为中国不仅具有一般发展中国家的后发追赶优势，最重要的是具有显著的制度优势。中国共产党领导的社会主义国家有明确且连续的科技创新战略规划、战略目标和战略实施优势；有独立且完整的科技创新体系以及新型举国体制优势；有世界最大规模且门类齐全的科技人才资源优势；有强大且可持续快速增长的科技研发投入优势；有超大规模的国内市场需求优势；有与世界发达国家同台竞争优势；等等。

1. 中国政府作出建设创新型国家的重大战略决策

重大决策成功是最大的成功。2002年，党的十六大报告明确提出，我国要在"关键领域和若干科技发展前沿，掌握核心技术和拥有一批自主知识产权"[②]。为此，国务院从2003年开始制定，并于2006年正式公布《国家中长期科学和

---

① 数字经济核心产业包括：1."计算机、通信和其他电子设备制造业"全部小类；2.机电器材制造；3.电子设备制造；4."电信、广播电视和卫星传输服务业"全部小类；5.互联网服务；6."软件和信息技术服务业"全部小类；7.文化数字内容服务。
② 江泽民.全面建设小康社会，开创中国特色社会主义事业新局面——在中国共产党第十六次全国代表大会上的报告(2002年11月8日)[M]//江泽民文选：第三卷.北京：人民出版社，2006: 545.

技术发展规划纲要（2006—2020 年）》（简称《纲要》）。《纲要》提出"今后 15 年，科技工作的指导方针是：自主创新，重点跨越，支撑发展，引领未来"[①]。明确提出到 2020 年创建创新型国家的总体目标："自主创新能力显著增强，科技促进经济社会发展和保障国家安全的能力显著增强，为全面建设小康社会提供强有力的支撑；基础科学和前沿技术研究综合实力显著增强，取得一批在世界具有重大影响的科学技术成果，进入创新型国家行列，为在本世纪中叶成为世界科技强国奠定基础。"[②]《纲要》明确提出了到 2020 年，我国科学技术发展的 8 项具体目标，特别是 5 个量化指标：到 2020 年，全社会研究开发投入占国内生产总值的比重提高到 2.5% 以上，力争科技进步贡献率达到 60% 以上，对外技术依存度降低到 30% 以下，本国人发明专利年度授权量和国际科学论文被引用数均进入世界前 5 位[③]。《纲要》确定了 11 项重大领域、规划了 16 个国家重大专项、8 类前沿技术以及基础研究，成为第一个国家科技中长期规划，有效地组成创新驱动的举国体制，是实现 2020 年自主创新目标的根本原因。

2016 年，"十三五"规划专门列出了创新驱动发展的四类量化指标：到 2020 年，研究与试验发展经费投入强度达到 2.5%；每万人发明专利拥有量达到 12 件；科技进步贡献率从 2015 年的 55.3% 提高至 2020 年的 60%；互联网普及率（固定宽带家庭普及率[④]）从 2015 年的 40% 提高至 2020 年的 70%，移动宽带用户普及率从 57% 提高至 85%[⑤]。2016 年 5 月，中共中央、国务院发布《国家创新驱动发展战略纲要》，明确了我国到 2050 年建成世界科技创新强国"三步走"的战略目标，成为实现 2020 年科技创新目标的强大动力。"三步走"的第一步为"到 2020 年进入创新型国家行列，基本建成中国特色国家创新体系，有力支撑全面建成小康社会目标的实现"，并专门增加了到 2020 年"知识密集型服务业增加值占国内生产总值的 20%"的量化指标[⑥]。

---

① ② ③ 中华人民共和国国务院. 中华人民共和国国务院. 国家中长期科学和技术发展规划纲要 (2006—2020)[EB/OL].http://www.gov.cn/gongbao/content/2006/content_240244.htm.
④ 固定宽带家庭普及率指固定宽带家庭用户数与家庭户数之比。
⑤ 国家发展和改革委员会《中华人民共和国国民经济和社会发展第十三个五年规划纲要》辅导读本 [M]. 北京：人民出版社，2016: 27.
⑥ 中华人民共和国国务院新闻办公室网站. 中共中央国务院印发《国家创新驱动发展战略纲要》[EB/OL].(2016-05-20). http://www.scio.gov.cn/xwfbh/xwbfbh/wqfbh/33978/34585/xgzc34591/Document/1478339/1478339_1.htm.

2. 实际执行结果超过预期目标

我国科技进步贡献率从2000年的43.2%提高至2020年的超过60%。2020年，我国每万人口发明专利拥有量达到15.8件（全国为221万件），超过原定目标12件（全国为169.5万件），研发支出强度达到2.40%，低于2.50%的目标。中国研发经费投入稳居世界第二位，按购买力平价2017国际元计算，已与美国基本相当。2013年国务院印发《"宽带中国"战略及其实施方案》，将宽带网络作为国家战略性公共基础设施[①]，全国固定宽带家庭普及率已从2015年的40%增至2020年的96%，家庭宽带家庭用户从2.6亿户上升至4.84亿户；移动宽带用户普及率从57.4%提高至108%，用户数从7.85亿户上升到约15亿户。此外，中国的全球创新指数排名从2015年的第29位跃升至2020年的第14位，排在日本、法国、加拿大之前，已进入世界前列[②]。

总之，正如习近平总书记所评价的我国科技发展成就：基础研究和原始创新取得重要进展，战略高技术领域取得新跨越，高端产业取得新突破，科技在新冠肺炎疫情防控中发挥了重要作用，民生科技领域取得显著成效，国防科技创新取得重大成就[③]。

三、对我国大力推进科技自立自强的政策建议

习近平总书记明确提出："坚持把科技自立自强作为国家发展的战略支撑，立足新发展阶段、贯彻新发展理念、构建新发展格局、推动高质量发展，面向世界科技前沿、面向经济主战场、面向国家重大需求、面向人民生命健康。"[④]据此，本文提出几个方面的建议。

（一）推动实现国家科技创新目标

2021年3月13日，中共中央、国务院颁布的"十四五"规划提出，2035年，我国科技发展目标就是科技实力将大幅跃升，关键核心技术实现重大突破，进

---

① 中共中央党史和文献研究室.全面建成小康社会大事记[N].人民日报，2021-07-30(7).
② World Intellectual Property Organization. 2020年全球创新指数报告（Global Innovation Index 2020）[R/OL].https://www.wipo.int/global_innovation_index/en/2020/.
③④ 习近平.在中国科学院第二十次院士大会、中国工程院第十五次院士大会、中国科协第十次全国代表大会上的讲话[N].人民日报，2021-05-29(1).

入创新型国家前列[①]。特别是2021年3月习近平总书记在福建考察调研提出，中国科技创新总目标就是"进入世界科技发展第一方阵"[②]。在"十四五"时期，我国科技发展的目标是创新能力显著提升，全社会研发经费投入年均增长7%以上、力争实际投入强度高于"十三五"时期，即高于2.40%。基于此，我国要实现2025年国家科技创新目标，尤其应该关注加强几方面的具体指标。

1. 保持研发经费投入持续高增长

2020年，我国全社会研发经费投入总量为24 426亿元，按年均增长7%以上的目标要求[③]，以2020年人民币元价格计算，到2025年将达到34 259亿元；以购买力平价2017国际元计算，将从2000年的5 522亿国际元提高至2025年的7 742亿国际元，是2020年的1.40倍，可力争达到1.50倍。相当于美国研发支出的比例从99%上升至1.20倍，占世界的比重从2020年19.1%提高至2025年的23%，形成明显的比较优势和强大的竞争优势。

2. 推动创新发明再上新台阶

根据"十四五"规划，我国不再采用每万人口发明专利拥有量这一指标，而采用了每万人口高价值发明专利拥有量[④]，确定了从2020年的6.3件上升至2025年的12件[⑤]的目标，届时高价值专利总数将从88.9万件上升至172万件，实际可力争达到2倍以上。

3. "三新"经济成为高速增长主要动力

"三新"经济即新产业、新业态、新商业模式，是指一种有别于传统经济

---

①③ 中华人民共和国国民经济和社会发展第十四个五年规划和2035年远景目标纲要[EB/OL].(2021-03-13).http://www.gov.cn/xinwen/2021/03/13/content_5592681.htm.

② 习近平重要讲话数据库.习近平在福建考察时强调 在服务和融入新发展格局上展现更大作为 奋力谱写全面建设社会主义现代化国家福建篇章[DB/OL].(2021-03-25).http://jhsjk.people.cn/article/32060807.

④ 每万人口高价值发明专利拥有量=高价值发明专利数/总人口（万人）。高价值发明专利包括：（1）战略性新兴产业的有效发明专利；（2）在海外有同族专利权的有效发明专利；（3）维持年限超过10年的有效发明专利；（4）实现较高质押融资金额的有效发明专利；（5）获得国家科学技术奖或中国专利奖的有效发明专利。

⑤ 中华人民共和国国民经济和社会发展第十四个五年规划和2035年远景目标纲要[EB/OL].(2021-03-13). http://www.gov.cn/xinwen/2021/03/13/content_5592681.htm.

划分模式的表现形式,主要指楼宇经济、街区经济和总部经济①,已经成为我国国民经济的新产业、新支柱、新动能。根据国家统计局提供的数据,"三新"经济增加值占 GDP 的比重已从 2017 年的 15.7% 提高至 2020 年的 17.1%②,已成为我国最大的新兴支柱产业,经济发展新动能指数以 2014 年为 100.0,到 2019 年已经提高至 332.0,年均增速高达 27.1%,这也成为"十四五"时期我国经济总量或人均 GDP 实现中高速增长的主要动力。

4. 数字经济核心产业成为重要支柱性产业

2020 年,我国数字经济核心产业增加值占 GDP 的比重已经达到 7.8%,根据"十四五"规划的目标,到 2025 年这一比重将达到 10%③。数学经济核心产业将成为我国重要支柱产业和基础性产业,从而以数字经济引导整个国民经济和社会高质量发展,届时,我国将建成世界最大的数字经济、数字社会、数字政府之国。

5. 新兴战略产业异军突起

2020 年,我国战略新兴产业增加值占 GDP 比重超过 17%。新兴战略产业是对经济全局长远发展具有重大引领作用的产业,主要包括新一代信息技术、生物技术、新能源、新材料、高端装备、新能源汽车④、绿色环保等产业。设置这些指标,有利于引导构建一批战略性新兴产业增长引擎,提高产业链供应链现代化水平。在"十四五"时期,我国战略性新兴产业类别将不断增加,

---

① "三新"经济有别于传统经济,是充分发挥城市高聚集、高附加值的资源优势,利用最为集中的人力、物力、财力和配套资源来发展高产能经济。见:我国首次正式发布"三新"经济增加值数据 [EB/OL].(2018-11-22).http://www.gov.cn/guowuyuan/2018-11/22/content_5342462.htm.
② 国家统计局. 国家统计局新闻发言人就 2021 年上半年国民经济运行情况答记者问 [EB/OL].(2021-07-15).http://www.stats.gov.cn/tjsj/sjjd/202107/t20210715_1819497.html.
③ 中华人民共和国国民经济和社会发展第十四个五年规划和 2035 年远景目标纲要 [EB/OL].(2021-03-13).http://www.gov.cn/xinwen/2021-03/13/content_5592681.htm.
④ 2020 年,我国新能源汽车产销分别完成 136.6 万辆和 136.7 万辆。见:新京报发布.中汽协:去年新能源汽车销量 136.7 万辆,同比增长 10.9%[N/OL]. (2021-01-13).https://baijiahao.baidu.com/s?id=1688756599484243533&wfr=spider&for=pc; 2020 年,中国新能源乘用车占世界比重为 41%。见:搜狐网.2020 年全球新能源车 286 万辆,特斯拉居首,中国仅占 41%[N/OL].(2021-02-07).https://www.sohu.com/a/449255501_100238519?reférid=001cxzs00020004.

增加值占 GDP 比重有望由 2019 年的 11.5% 提高至 2025 年的 17%①。

6. 建成世界最大 5G 网络用户国，构建数字经济时代新优势

我国已经建成全球最大的 4G 和 5G 网络，用户普及率提高到 56%。2020 年，我国移动宽带已基本普及，已建成全球规模最大的 4G 网络，行政村通 4G 和光纤比例均超过 99.9%②；正在建设全球规模最大的 5G 网络，5G 基站 96.1 万个，占全球 70% 以上，市场方面，截至 2021 年 6 月底，5G 终端连接数超过 3.65 亿，占全球 80%，5G 用户渗透率达到 17.8%③。5G 是第四次工业革命的最大基础设施，就像第一次工业革命的铁路、第二次工业革命的电力、第三次工业革命的信息技术一样。我国正在加速 5G 网络建设，在"十四五"时期，我国将加快提升 5G 网络覆盖率，从 2020 年的 15% 提高至 2025 年的 56%，5G 移动用户数将从 2.1 亿人上升至超过 8 亿人，届时我国将成为世界最大 5G 用户国，构建数字经济时代新优势④。

7. 保持国际专利申请量优势地位

2020 年，我国 PCT 申请受理量 68 720 件，相当于 2000 年 701 件的 98 倍，跃居世界第一，占世界总数（27.59 万件）的 24.9%，是美国受理量（59 230 件）的 1.16 倍。在 2020 年全球企业 PCT 专利申请量排名中，中国的华为公司提交的 PCT 专利申请量达到了 5 464 件，已连续第四年排名第一，相当于我国 PCT 专利申请量的 8.0%，比居全球第八位的瑞士的 PCT 专利申请量（4 883 件）还要高⑤。此外，京东方和 OPPO 分别以 1 892 件和 1 801 件 PCT 专利申请在世界企业排名中位于第七和第八。在全球大学 PCT

---

① 全国人大财政经济委员会，国家发展和改革委员会.《中华人民共和国国民经济和社会发展第十四个五年规划和 2035 年远景目标纲要》释义 [M]. 北京：中国计划出版社，2021: 236.
② 中共中央党史和文献研究室. 全面建成小康社会大事记 [N]. 人民日报，2021-07-30(7).
③ 新华社. 5G 规模应用提速！工信部：建设一批行业特色应用集群 [EB/OL].(2021-07-26)[2021-07-28].https://baijiahao.baidu.com/s?id=1706329875474460297&wfr=spider&for=pc.
④ 全国人大财政经济委员会，国家发展和改革委员会.《中华人民共和国国民经济和社会发展第十四个五年规划和 2035 年远景目标纲要》释义 [M]. 北京：中国计划出版社，2021: 237.
⑤ 美国没有一家公司可以在 5G 领域与华为竞争。中国供应链健全，拥有各个领域的大量技术工人和工程师，很可能在改变经济生活的新技术方面超越美国。香港亚洲时报网站，2021-07-24.

专利申请量前十名中，中国有 5 所大学（深圳大学第三位、清华大学第四位、浙江大学第五位、大连理工大学第七位、南方科技大学第八位），美国有 4 所大学，日本有 1 所大学[①]。力争到 2025 年，我国 PCT 申请受理量再翻一番之多，占世界的比重上升为 1/3，将对世界技术创新作出更大的贡献。

总之，根据"十四五"规划，到 2025 年我国创新能力将显著提升，科技实力迈上更大的台阶[②]，进入世界第一方阵。我们不但要在与美国的公开创新竞赛中立于不败之地，更要对世界科技创新作出自己巨大的贡献。

（二）强化国家战略科技力量

习近平总书记明确指出，要"强化国家战略科技力量，提升国家创新体系整体效能"[③]。对此，我们应该从四个方面进一步推进提升并强化我国科技力量，以应对未来可能来自美国等西方国家的前所未有的科技战或科技冷战。

1. 打造新型举国体制

我们要充分发挥国家作为重大科技创新的领导者、组织者、资助者、受益者的四大定位和功能。同时，充分发挥市场对科技创新的需求驱动、供给驱动的机制作用。

2. 建成国家战略科技主力军

我国要建成宏大的、门类齐全的、各有专长的国家战略科技主力军，这包括国家实验室、国家科研机构、高水平研究型大学、科技领军企业等，发挥各自的比较优势和竞争优势，进而提升国家创新体系的整体效能。

3. 制定人才强国发展规划

为更好地实施人才强国战略，应研究制定 2021—2035 年的第二个国家

---

① 世界知识产权组织 (WIPO).PCT Yearly Review: The International Patent System[DB/OL]. https://www.wipo.int/pct/en/activity/index.html.
② 中华人民共和国国民经济和社会发展第十四个五年规划和 2035 年远景目标纲要 [EB/OL].[2021-03-13].http://www.gov.cn/xinwen/2021-03/13/content_5592681.htm.
③ 习近平.在中国科学院第二十次院士大会、中国工程院第十五次院士大会、中国科协第十次全国代表大会上的讲话 [N]. 人民日报，2021-05-29(1).

中长期人才发展规划纲要，着眼于为基本实现社会主义现代化提供人才保证，其重点是"努力造就一批具有世界影响力的顶尖科技人才，稳定支持一批创新团队，培养更多高素质技术技能人才、能工巧匠、大国工匠"[①]。

4. 支持参与全球科技创新

我国应大力支持科技研发机构参与全球科技创新，开展国际大科学计划，支持国际大科学工程建设，举办国际性学术会议，积极融入全球创新网络，聚焦气候变化、人类健康等问题，引领世界科技创新前沿。

（三）实施创新驱动发展战略

1. 组织科技前沿领域攻关

"十四五"规划已明确要组织实施一批具有前瞻性、战略性的国家重大科技攻关项目，共计7大类，分别是新一代人工智能、量子信息、集成电路、脑科学与内脑研究、基因与生物技术、临床医学与健康、深空深地深海和极地探测；建设国家重大科技基础设施，共计4大类、22项，包括战略导向型（6项）、应用支撑型（5项）、前瞻引领型（6项）、民生改善型（5项）。以此加快建设57个国家重大科技基础设施，完善战略性创新平台体系，优化国家科技创新空间布局，形成若干个国际科技创新中心、国家科学中心。

2. 提升企业技术创新能力

企业是我国创新的主体，研发投入占比已经达到全国总量的3/4，研发人员占比已达到4/5，科技工作者占全国（9 000多万人）的比重也是4/5。所以，应大力支持科技型企业，鼓励他们直接参与国家重大科技攻关项目，实施研发费用加计扣除等普惠性政策，激励企业加大研发投入。

3. 稳定增加政府财政对基础研究的投入比重

2019年，基础研究投入占全国研发总支出比重仅为6.0%；主要承担基础

---

① 习近平.在中国科学院第二十次院士大会、中国工程院第十五次院士大会、中国科协第十次全国代表大会上的讲话[N].人民日报，2021-05-29(1).

研究重任的高等学校，经费支出占研发总支出的8.1%。我国已经是世界最大高等教育之国，学校数、教师数、博士后、硕博研究生均居世界首位，其中从事基础研究的人员也居世界首位。为了充分发挥我国高等学校基础研究的全球优势，提高基础研究的研发经费投入，在"十四五"时期，我国预计将实现基础研究占比和高校占基础研究支出比在10%以上（简称"两个10%以上"）的约束性指标①。正如李克强总理所提出的要求："拿出专门资金，激励科研人员凝练提出前沿领域重大问题，持续深入研究。提高学校数理化生等基础学科教育水平，培养更多基础研究人才。多渠道引进优秀人才，促进基础研究水平提高。"②

4. 全面参与国际科技合作和全球科技治理

"以全球视野谋划和推动创新，积极融入全球创新网络，聚焦气候变化、人类健康等问题，加强同各国科研人员的联合研发。"③ 我们要加快落实"十四五"规划所明确提出的"主动设计和牵头发起国际大科学计划和大科学工程"，尽快"设立面向全球的科学研究基金，实施科学家交流计划"；通过增加国际技术援助，向发展中国家分享并转移经济适用、效果明显的科技成果，如农业技术、制造技术、新能源技术、环保技术、数字通信技术、生物技术等，使中国技术变成全球技术，"让中国科技为推动构建人类命运共同体作出更大贡献"④。

5. 实施知识产权强国战略

国家相关部门应制定《国家知识产权强国战略纲要（2021—2035）》（简

---

① 到2025年，我国推动将基础研究经费投入占研发经费投入比重提高到8%的目标。见：《中华人民共和国国民经济和社会发展第十四个五年规划和2035年远景目标纲要》辅导读本[M].北京：人民出版社，2021:234。2020年，国家财政用于科学技术公共预算支出高达9 009亿元，若按10%即900亿元用于直接投入基础研究，再加上其鼓励企业对基础研究的投入，是有可能将全国用于基础研究的经费比例从2020年的6%提高至2025年的10%的。
② 新华社.李克强考察国家自然科学基金委员会并主持召开座谈会[EB/OL].(2021-07-20)[2021-07-22]. http://www.xinhuanet.com/politics/leaders/2021/07/20/c_1127676094_2.htm.
③ 习近平.在中国科学院第二十次院士大会、中国工程院第十五次院士大会、中国科协第十次全国代表大会上的讲话[N].人民日报，2021-05-29(1).
④ 新华社.李克强考察国家自然科学基金委员会并主持召开座谈会[EB/OL].(2021-07-20)[2021-07-22]. http://www.xinhuanet.com/politics/leaders/2021/07/20/c_1127676094_2.htm.

称"2.0"版），提出面向2025年与2035年的战略目标，即"把我国建设成为世界知识产权创造、运用、保护和管理高水平国家"，以全面提升专利质量与应用效益为主要目标，以突破当前"卡脖子"技术问题为关键，为全面建设社会主义现代化强国提供强有力的知识基础和技术支撑。

我国已将高价值发明专利、专利密集型产业增加值作为国家和地方五年规划的预期性指标，在国家重大专项规划目标和指标中，均采用高价值发明专利拥有量指标（2.0版指标），实现从专利授权到产业行业发展的重大转变。目前，中国已经形成了以授权为核心、重点突出明确、结构全面合理的专利资助政策体系，实现了从"数量导向"到"质量导向"的重大转变，今后应加强对高质量、高价值专利的资助，包括对专利授权大户的资助、专利转化资助、专利质押融资资助和专利奖奖励等[①]。

四、未来我国科技创新面临的机遇与挑战

21世纪开始的20年，中国紧紧抓住并创造了全面建成小康社会的战略机遇期。用了四个五年计划或规划，使我国科技实力连续迈上了四个大台阶，主要科技总量指标跃居世界前列，甚至超过美国，充分体现了"中国优势"，彰显着坚持中国共产党对我国科技事业全面领导的政治优势，坚持科技是第一生产力的指导方针，坚持把科技创新摆在国家发展全局的核心位置，坚持独立自主、自力更生、中国特色的科技创新路线；彰显着实施创新驱动发展的国家战略优势，坚持社会主义市场经济条件下新型举国体制优势，以及坚持对外开放、促进国际科技合作，为人类发展作出中国科技贡献。

未来15年，我国仍处在基本实现社会主义现代化的战略机遇期。根据《中华人民共和国国民经济和社会发展第十四个五年规划和2035年远景目标纲要》，展望2035年，我国将基本实现社会主义现代化，不仅经济实力、科技实力、综合国力将大幅跃升，经济总量和城乡居民人均收入将再迈上新的大台阶，关键核心技术实现重大突破，进入创新型国家前列。

本文预计，至2035年，我国研发支出与GDP之比将超过3%，研发经费

---

① 程文银，杨波，胡鞍钢.我国专利高质量发展的逻辑与对策[R].北京：清华大学国情研究院，2021-07-29.

支出（购买力平价，2017国际元）占世界比重将达到1/5以上，成为世界最大的研发投资国；每万名就业人员中研发人员比例将超过100人年，总规模将超过1 000万人年，建成世界最大规模的新兴研发产业，各类人才总数达2亿人以上，特别是培养造就一大批具有国际水平的战略科技人才、科技领军人才、青年科技人才和高水平创新团队；关键核心技术实现重大突破，在主要战略新兴科技走在世界前列，建成一批世界一流的科研机构、研究型大学和创新型企业，建成世界最大规模的创新中心和研发基地；实施重大领域强国战略，包括基本建成世界航天强国、信息强国、网络强国、知识产权强国等；建成世界最大的国内技术市场，力争技术市场交易额实现翻两番以上，成为研发支出的主要来源。

同时，我们也要清醒地看到，我国科技发展水平尤其是科学前沿研究水平与美国等发达国家还有不同程度的差距，一些关键性核心技术长期受制于人，部分关键性核心技术、元器件、零部件、原材料长期依赖进口，许多重大的关键性的创新进入"无人区"。为此，就需要采取"非对称"赶超战略[1]，来应对来自美国可能对中国发动全面的非对称的科技竞争[2]。从基础研究到应用研究，从尖端科技到全球产业链、供应链、创新链以及价值链，美国正在全面围堵封杀中国的科技创新与开放创新[3]，是未来一段时期我国科技创新的最大不确定性、最大的挑战者。美国政府带头对中国发动科技战，既有科技封锁，又有科技围堵；既有科技冷战，又有科技热战。我们必须"丢掉幻想，准备战斗"，因为美国霸权主义的独占性、排他性本质不会违背毛泽东同志所揭示的"捣乱，失败，再捣乱，再失败，直至灭亡的逻辑"[4]。

无论是从严峻的国际形势，还是巨大的国内需求来看，我们都需要加快

---

[1] 2013年，习近平总书记在听取科技部汇报时指出，我们科技总体上与发达国家比有差距，要采取"非对称"赶超战略，发挥自己的优势，特别是到2050年都不可能赶上的核心技术领域，要研究"非对称"性赶超措施，在国际上，没有核心技术的优势就没有政治上的强势。科技日报，2021-08-02(8).
[2] 2021年1月，美国"中国战略组"智库发布了《非对称竞争：应对中国科技竞争的战略》，提出中美科技竞争的四个维度，即"卡脖子"、零和竞争、安全风险和加速器，并对中国实施非对称竞争，呼吁美国更加重视具有广泛应用领域的基础前沿技术。
[3] 2020年11月，美国国会"中国特别工作组"的科技小组发布了《美国的技术竞争新战略》，提出美国必须大幅度扩大在科学技术能力和科学研究方面的投资，以此来保持领先地位。
[4] 毛泽东文集：第四卷 [M]. 北京：人民出版社，1991: 1486.

建设世界科技强国的步伐，实施"非对称"性赶超战略，强化国家战略科技力量，实现我国科技自立自强，打破美国对中国所施行的科技封锁、制裁（如对华为公司等）。为此，我国需要采取"非对称"赶超战略，制定科技强国行动纲要，实现自主、自立、自强；支持和资助大学培养科学、技术、工程和数学（STEM）学生，强化我国专门人才规模优势；大力强化政府对基础研究支持力度，激励企业增加基础研发投入，力争全国基础研究支出占GDP比重从2020年的2.4%提高至2035年的3%以上。同时，应研究制定并实施基础研究10年行动方案，尤其是超前布局和强化资助一批基础学科研究中心，重点培养和稳定一大批基础学科高水平人才和创新团队，既鼓励满足国家科学发展的长远需求，更要鼓励科学家的自由探索；赋予研发人员（包括大学及教师）知识产权所有权和受益权；鼓励和资助我国优秀科学家进入国际科学学会，主动倡导并精心组织重大国际性科学研究项目；积极吸引并资助世界的科技界、科学家、发明家来华合作研发、成果分享。

总之，人类社会进入21世纪，正如毛泽东同志于1956年11月在《纪念孙中山先生》一文所预言："中国将变成一个强大的社会主义工业国。中国应当对于人类有较大贡献。"[1]这将是一个中国对人类科学技术事业作出重大贡献的时代。根据世界银行数据库统计，2000—2019年我国居民发明申请数对世界增长贡献率高达92.2%，2000—2018年对世界科技期刊文章数增长贡献率为32.0%，2000—2019年对固定宽带用户数增长贡献率为40.2%。可以预期，到2035年，中国必将对人类科学技术事业作出巨大贡献，并载入21世纪世界科技创新的史册！

---

[1] 新华社.李克强考察国家自然科学基金委员会并主持召开座谈会[EB/OL].(2021-07-20)[2021-07-22]. http://www.xinhuanet.com/politics/leaders/2021/07/20/c_1127676094_2.htm.

中国式现代化与人力资本跨越发展
（1950—2035 年）*

胡鞍钢

中国式现代化是世界超大规模人口的现代化。新中国成立后 70 多年的教育事业发展，使我国实现了从世界最大的"文盲充斥"之国到世界最大的现代教育之国、人力资源之国、人力资本之国，再到进入世界人力资源强国行列的历史性转变与跨越，成为中国式现代化最丰富、最具竞争力的人力资源、人才资源优势。展望 2035 年主要教育目标和指标的发展趋势，我国总体实现教育现代化，迈入世界教育强国行列，全面建成人力资源强国、人才强国，为到 21 世纪中叶建成富强民主文明和谐美丽的社会主义现代化强国奠定坚实基础。

中国式现代化的本质就是人民的现代化，即以全体人民为中心的现代化，中国式现代化是世界前所未有的超大规模人口的现代化。习近平总书记指出："现代化道路并没有固定模式，适合自己的才是最好的，不能削足适履。"[1] 中国式现代化，特别是教育的现代化极大地促进了中国从"一穷二白"之国成为"一富二强"之国。

中国是世界上人口最多的国家，2020 年总人口达到了 14.1 亿人，超过了

---

* 基金项目：清华大学文科"双高"专项项目 (53120600119)，清华大学文科"双高"专项 (100006044)。
[1] 习近平在中国共产党与世界政党领导人峰会上的主旨讲话 [EB/OL].(2021-07-06)[2022-01-07].http://jhsjk.people.cn/article/32150529.

OECD 国家（38 国）的总人口 13.7 亿人，相当于美国总人口的 4.3 倍[①]。2020年，我国全面建成了惠及 14 亿人口的小康社会，GDP 总量达到 101.35 万亿元，相当于 23.02 万亿国际元（购买力平价，2017 国际元[②]），占世界比重为 18.3%[③]；人均 GDP 达到 16 316 国际元，超过了世界人均水平（16 178 国际元），相当于美国人均 GDP（59 920 国际元）的 27.2%[④]。

中国是世界上最丰富的劳动力资源[⑤]国家，始终居世界首位[⑥]。百年大计，教育为本。发展各级各类教育、开发人力资源[⑦]始终是中国经济发展的长期性任务之一[⑧]。

中国式现代化，即全体人民现代化，本质上就是通过实现教育现代化，

---

① 世界银行数据库. Population, total-China, OECD members, United States[DB/OL]. https://data.worldbank.org/indicator/SP.POP.TOTL?end=2020&locations=CN-OE-US&start=1960&view=chart.
② 本文在进行 GDP 或人均 GDP 国际比较时，严格按照联合国、欧盟委员会、经济合作与发展组织、国际货币基金组织、世界银行《2008 国民账户体系》(中文版，中国统计出版社，2012 年，第 6 页) 的明确要求，以及世界银行提供的购买力平价方法数据进行专业化国际比较。
③ 世界银行数据库. GDP, PPP (constant 2017 international $)-China, United States, World[DB/OL].https://data.worldbank.org/indicator/NY.GDP.MKTP.PP.KD?end=2020&locations=CN-US-1W&start=1981&view=chart.
④ 世界银行数据库. GDP per capita, PPP (constant 2017 international $)-China, World [DB/OL].https://data.worldbank.org/indicator/NY.GDP.PCAP.PP.KD?end=2020&locations=CN-1W&start=1981&view=chart.
⑤ 劳动力资源总数是指劳动年龄内总人口中，有劳动能力的人口数，以及不符或超过劳动年龄，而实际经常参加社会劳动并取得报酬，或有经营收入的人口数。包括社会劳动者、城镇待业人员和其他在劳动年龄内有劳动能力的人口数。见：国家统计局. 中国统计年鉴 (1990 年)[M]. 北京：中国统计出版社，1990: 148。根据国际劳工组织的定义，劳动力总数包括所有年满 15 周岁，符合国际劳工组织对从事经济活动人口所作定义的群体——所有在特定阶段为货物和服务的生产提供劳力的人员，既包括就业者，也包括失业者。虽然各国在对待武装部队、季节工或兼职工上的做法有所不同，但一般而言劳动力包括武装部队、失业者、首次求职者，但是不包括料理家务者和非正规部门的其他无偿看护和工人。世界银行数据库. 劳动力，总数 -World, China [DB/OL]. https://data.worldbank.org.cn/indicator/SL.TLF.TOTL.IN?locations=1W-CN.
⑥ 中国劳动力资源占世界比重从 1990 年 27.6% 下降到 2020 年的 22.9%，仍居世界第一，相当于印度占世界比重（为 13.9%）的 1.6 倍。世界银行数据库. 劳动力，总数 -World, China, India [DB/OL]. https://data.worldbank.org.cn/indicator/SL.TLF.TOTL.IN?locations=1W-CN-IN&name_desc=false.
⑦ 人力资源是指一个国家和地区具有为社会创造物质、精神和文化财富的，从事智力和体力劳动的人们的总称。
⑧ 胡鞍钢. 中国：走向 21 世纪 [M]. 北京：中国环境出版社，1991: 174.

对全体人民进行持续的人力资本①投资，进而提高全体人民教育水平（人均受教育年限）、发展能力（劳动生产率），创造各种财富（经济、社会、文化、生态等），为实现中国式现代化提供人力资本基础。

为此，本文以中国式现代化与人力资本跨越发展为主题，深入讨论新中国成立以来是怎样从世界最大的文盲社会建成世界最大人力资源之国，为何中国式现代化就是全体人民的教育现代化。对此，本文定量分析和比较中国与美国人均受教育水平及总人力资本的动态变化，由此说明中国式现代化不仅创造了世界经济现代化奇迹，也创造了世界教育现代化奇迹。在此基础之上展望2035年中国如何实现教育现代化、全面建成世界人力资源强国，为基本实现社会主义现代化作出人力资本的贡献。

一、中国怎样创造人间奇迹

毛泽东在1949年曾言："世间一切事物中，人是第一个可宝贵的。在共产党领导下，只要有了人，什么人间奇迹也可以造出来。"②后来的事实也证明中国在中国共产党的领导下不断创造人间奇迹。不仅创造了经济快速发展、社会长期稳定的奇迹，也创造了从"文盲充斥"人口大国到进入世界人力资源强国行列的又一奇迹。

1949年的中国不仅是世界上最穷的国家，还是人力资本水平最低的国家。根据安格斯·麦迪森估计，1950年中国的人均GDP（购买力平价，1990国际元）为439国际元，仅相当于美国人均GDP（9 561国际元）的4.6%，居世界后列③。当时中国，小学学龄儿童净入学率为20.0%，初中毛入学率为3.1%，高中毛入学率为1.1%，高等教育毛入学率仅为0.26%。全国大学在校生仅为11.7万人，已累计大学毕业生仅为18.5万人，占总人口的3.4‰；小学毕业生为7 000万人，占总人口的12.9%；中学毕业生为400万人，占总人口的0.74%；文盲、半文盲人口4.32亿人，占总人口的80%。笔者估计全国15~64岁人

---

① 人力资本是指对人的投资形成的资本，这种投资通常包括用于教育、保健、劳动力流动、移民等方面的支出，其中教育投资是人力资本的主要成分，是实现由人力资源向人力资本转变的重要方式。
② 毛泽东选集：第四卷[M]. 北京：人民出版社，1991: 1512.
③ Maddison A. World Population, GDP and Per Capita GDP, 1-2008AD, 2010[DB/OL]. http://www.ggdc.net/maddison/4.

口的人均受教育年限仅为 1.03 年。根据 R. J. Barro 和 J. W. Lee 的估计，发达国家（24 国）人均受教育年限已经达到 6.22 年，中国仅相当于发达国家的 16.6%，也仅相当于发展中国家（122 国）人均受教育年限（为 2.05 年）的一半①。

新中国成立初期，中国是世界人口最多的国家，占世界总人口的 21.6%，又是世界文盲人口最多、人均受教育年限最低的国家，这是中国人口及人力资本的基本国情和初始起点②。正是在极其低下的发展水平上，中国共产党发动了工业化、城镇化、现代化，开始进入现代经济增长时代，同时也发动了教育现代化，开展全国性扫除文盲运动，迅速普及初小、初中，大力兴办高中和大学教育。

经过 70 多年社会主义现代化建设，特别是四十多年的改革开放，中国的人口国情发生了重大变化，十分沉重的人口包袱变成巨大的人力资源财富。国家统计局公布的《2020 年第七次全国人口普查主要数据》③为我们全面认识我国人口国情，特别是人力资本水平及总量动态变化提供了重要信息，我国已经步入人口红利④中后期，同时也迎来了教育红利上升期，主要教育指标达到世界中高收入国家前列，进入世界人力资源强国行列⑤。

2002 年，笔者在国情报告《从人口大国到人力资本大国：中国总人力资本如何翻一番（1980—2000 年）》中的主要结论是：1980—2000 年中国总人力资本存量翻了一倍，占世界总人力资本存量的比重高达 1/4，已经从世界人口大国成为人力资本大国，这成为中国在 21 世纪经济持续发展，并成为世界经济强国的最具竞争优势的最重要的战略资产。笔者也指出：未来时期既是中国

---

① Barro R J, Lee J W. Educational Attainment for Total Population, 1950–2015, v.3.0, September 2021[EB/OL]. http://barrolee.com/.
② 胡鞍钢. 中国政治经济史论 (1949—1976)[M]. 北京：清华大学出版社，2008: 92-93.
③ 国务院第七次全国人口普查领导小组办公室. 2020 年第七次全国人口普查主要数据 [M]. 北京：中国统计出版社，2021.
④ 人口红利指一个国家的劳动年龄人口占总人口比重较大，抚养率比较低，为经济发展创造了有利的人口条件。
⑤ 王洪川，胡鞍钢. 建设教育强国的战略趋势与路径选择——基于第七次全国人口普查数据的分析 [J]. 教育研究，2021，42(11): 17-26.

基本实现社会主义现代化的关键时期①，更是中国教育现代化发展的"黄金时期"，最重要的发展机遇就是全面建立世界上最大的学习型社会，进一步提高全体人民的人力资本。这也是全面建立小康社会、提高人民生活质量的重要内容②。

2003年教育部组织并出版的《从人口大国迈向人力资源强国——中国教育与人力资源问题报告》一书，探讨了我国教育与人力资源开发面临的挑战和机遇，前瞻性地提出加快从教育大国向教育强国、从人力资源大国向人力资源强国迈进，到2020年中国将建成世界人力资源强国的宏大目标。由此，"十一五"规划提出了"国民平均受教育年限从2005年的8.5年提高至2010年的9年"的优先预期性指标，"全国初中三年保留率达到95%"和"逐步使财政性教育经费占国内生产总值的比例达到4%"的次优先指标。

2007年，党的十七大报告明确提出，到2020年实现"现代国民教育体系更加完善，终身教育体系基本形成，全民受教育程度和创新人才培养水平明显提高"。要"优先发展教育，建设人力资源强国""建设全民学习、终身学习的学习型社会"③。

2010年，根据党的十七大报告精神，制定了《国家中长期教育改革和发展规划纲要（2010—2020年）》，明确提出了到2020年的战略目标：基本实现教育现代化，基本形成学习型社会，进入人力资源强国行列。主要目标与指标是：基本普及学前教育；巩固提高九年义务教育水平；普及高中阶段教育，毛入学率达到90%；高等教育大众化水平进一步提高，毛入学率达到40%（即在校生达到3 550万人，研究生在校生达到200万人）；扫除青壮年文盲。新增劳动力平均受教育年限从12.4年提高到13.5年；主要劳动年龄人口平均受教育年限从9.5年提高到11.2年，其中受过高等教育的比例达到20%，具有高等教育文化程度的人数比2009年翻一番（即从2009年的9 830万人上升至2020年的1.95亿人）。这也成为"十二五"规划、"十三五"规划中教育

---

① 这是指15~64岁人口占总人口比例在2000—2015年持续提高，实际的结果是这一比例从2000年的61.5%提高至2010年的74.5%，而后开始下降。见：国家统计局.2021中国统计摘要[M].北京：中国统计出版社，2021：20.
② 胡鞍钢.从人口大国到人力资本大国：1980—2000年[J].中国人口科学，2002(5)：3-12.
③ 中共中央文献研究室.十七大以来重要文献选：上[M].北京：中央文献出版社，2009：16，29.

发展指标制定的基本依据。"十二五"规划提出了"九年义务教育巩固率达到93%""高中阶段教育毛入学率提高到87%"的预期性指标。"十三五"规划提出了"教育现代化取得重要进展"的目标要求，将"劳动年龄人口平均受教育年限达到10.8年"作为预期性指标，还提出了"到2020年义务教育巩固率提高到95%""学前三年毛入学率达到85%""高中阶段教育毛入学率达到90%以上"的量化指标。

现在回过头来看，中国紧紧抓住了21世纪前20年人口红利窗口期以及教育发展的战略机遇期，实现了从世界人口最大国到世界人力资本最大国的重大转变。2000—2020年期间，全国总人口仅增长11.4%，年均增速仅为5‰，已进入人口零增长阶段（2020年增速为2‰），但是主要教育指标及人力资本水平大幅度增长，实现了2020年教育现代化目标。到2020年，学前三年毛入学率从2000年46.1%提高至2020年的85.2%，义务教育巩固率达到95%。高中毛入学率从2000年的42.8%提高至2020年的91.2%，提高了48.4个百分点；高中及中等职业教育在校生人数从2000年2 485.6万人上升至2020年的4 122.6万人，年均增速2.6%。普通高等学校数从2000年的1 041所上升至2021年的2 738所，相当于2000年的2.63倍；在校生人数从719.1万人上升至2020年的3 285.3万人，相当于2000年的4.57倍，年均增速高达7.89%；高等教育毛入学率从2000年的12.5%提高至2020年的54.4%，提高了41.9个百分点，平均每年提高2.1个百分点，同期世界高等教育毛入学率从2000年的19.1%提高至2020年的40.2%，仅提高了21.1个百分点[1]，中国高等教育实现了跨越式发展，实现了从精英教育（毛入学率小于15%）到大众教育（毛入学率大于15%），再到普及教育（毛入学率大于50%）的转变；全国各类高等教育在学总规模达到4 183万人，为全社会每年培养千万以上的大专及以上人才，其中研究生在校生人数从2000年的30.1万人上升至2020年的314万人，相当于2000年的10倍以上，全国研究生毕业生累计达到795万人，我国已经成为世界最大规模的研究生教育之国[2]。根据联合国教科文组织提供的数据，我国女性高等教育毛入学率从1994年的2.5%上升至2020年的63.9%，超过

---

[1] 世界银行数据库.入学率，高等院校(占总人数的百分比)-World, China[DB/OL]. https://data.worldbank.org.cn/indicator/SE.TER.ENRR?end=2020&locations=1W-CN&start=1981&view=chart.
[2] 国家统计局.2021中国统计摘要[M].北京：中国统计出版社，2021: 186.

了世界女性平均毛入学率（为43.2%）①。我国劳动年龄（16～59岁）人口平均受教育年限从2010年的9.67年提高至2020年的10.75年，成人文盲率从2010年的4.08%下降至2020年的2.67%②，基本消除了文盲人口（文盲率小于3%），大大低于世界平均文盲率（13%）③。我国各类教育毛入学率情况如表1所示。

表1 中国各类教育学生毛入学率（1949—2020年） 单位：%

年份	小学净入学率	初中毛入学率	高中毛入学率	高等教育毛入学率
1949	20.0	3.1	1.1	0.26
1978	94.0			
1990	97.8	66.7		3.4
2000	99.1	88.6	42.8	12.5
2005	99.2	95.0	52.7	21.0
2010	99.7	100.1	82.5	26.5
2015	99.9	104.0	87.0	40.0
2020	100.0	102.5	91.2	54.4

数据来源：（1）1949年数据来自国家统计局.辉煌70年——新中国经济社会发展成就（1949—2019）[M].北京：中国统计出版社，2019:226-227；（2）1978—2020年数据来自国家统计局.2021中国统计摘要[M].北京：中国统计出版社，2021:127。

人力资本投资是最有效的长期投资，直接提高全社会人力资本水平。国家财政性教育经费支出已从2000年的2 562亿元上升至2020年的42 508亿元，相当于2000年的16.6倍，年均增速高达15.1%，再加上民办和社会等教育投入，到2020年教育总经费达到5.0万亿元，相当于2000年3 849亿元的13.0倍，年均增速13.7%④。上述教育投入得到了极大的私人回报和社会回报。根据《2020年第七次全国人口普查主要数据》，我国15岁及以上人口的平均

---

① 联合国教科文组织(UNESCO)统计研究所，世界银行数据库.入学率，高等院校，女生（占总人数的百分比）-World, China, United States. [DB/OL]. https://data.worldbank.org.cn/indicator/SE.TER.ENRR.FE?locations=1W-CN-US&name_desc=false.
② 国务院第七次全国人口普查领导小组办公室.2020年第七次全国人口普查主要数据[M].北京：中国统计出版社，2021.
③ 世界银行数据库.识字率，成人总体（占15岁以上人口的百分比）-China, United States, World, OECD members, High income [DB/OL]. https://data.worldbank.org.cn/indicator/SE.ADT.LITR.ZS?end=2020&locations=CN-US-1W-OE-XD&start=1981&view=chart.
④ 中华人民共和国国家统计局.2021中国统计年鉴[M].北京：中国统计出版社，2021:704.

受教育年限从2000年的7.11年提高至2020年的10.8年①。总人力资本（本文中以15岁以上人口与平均受教育年限之积作为衡量指标）从2000年的63.17亿人年上升至2020年的104.52亿人年，增长了65.5%，这是我国最大的人力资本存量和增量，不仅是创造国家财富的最重要基础，而且还是个人致富的人力资本基础，诚如习近平总书记所言：要扩大人力资本投入，使更多普通劳动者通过自身努力进入中等收入群体②。与此同时，全国居民人均可支配收入持续增长，从2010年的12 520元上升至2021年的35 128元，按不变价计算年均增速为7.3%，按私人消费购买力平价计算③，相当于每人每日收入从9.5国际元上升至22.8国际元，已超过世界银行规定的中等收入水平（10～100国际元）底线的两倍，中国已经成为世界最大规模的中等收入人群国家。大力发展教育，特别是高中教育迅速普及（即超过90%，2020年已达到91.2%），高等教育普及（即超过50%，2020年已达到54.4%），都起到了基础性、战略性、长期性的促进作用，充分体现了中国式现代化就是以全体人民为中心的现代化，投资于全体人民，提高发展能力，提高收入水平。

二、中国如何成为世界人力资本、人力资源强国

中国如何成功实现由世界人口大国到世界人力资本、人力资源强国的转变？答案就是党中央作出重大战略决策，实施科教兴国战略，加速发展高等教育。

1998年8月，为主动应对亚洲金融危机的外部冲击，以及国内需求不足与通货紧缩等内部挑战，党中央、国务院及时作出实施扩大内需方针的决定，增发国债1 000亿元，同时在征求各方意见后决定实行高等教育扩招。从国际背景看，中国是人口最多的国家，但却是世界高等教育的小国，1997年中国

---

① 国务院第七次全国人口普查领导小组办公室.2020年第七次全国人口普查主要数据[M].北京：中国统计出版社，2021.
② 习近平.国家中长期经济社会发展战略若干重大问题[J/OL].求是，2020(21).(2020-10-31).[2022-01-07].http://www.qstheory.cn/dukan/qs/2020-10/31/c_1126680390.htm.
③ 按私人消费购买力平价转换因子，2012年和2020年分别为3.665、4.225。见：世界银行数据库.Industry (including construction), value added (constant 2015 US$)-China, United States, World[DB/OL].https://data.worldbank.org/indicator/NV.IND.TOTL.KD?end=2018&locations=CN-US-1W&start=1996&view=chart.

高等教育毛入学率仅为9.1%，明显低于16.8%的世界平均水平。1999年6月党中央、国务院提出要"大幅度扩大高等学校招生规模"。国家发展计划委员会、教育部发出《关于扩大1999年高等教育招生规模的紧急通知》，直接促进了我国高等教育毛入学率的大幅度提高，从1998年的9.8%上升至2002年的15.0%，实现了从精英教育（高等教育毛入学率小于15%）到大众教育（高等教育毛入学率大于15%）的第一次飞跃；到2019年高等教育毛入学率超过了50%，明显超过世界平均水平（39.4%）[①]，实现了从大众教育到普及教育（高等教育毛入学率大于50%）的第二次飞跃。中国仅用20年时间就实现了高等教育从精英教育到大众教育，进而到普及教育的跨越式发展，创造了发展中国家教育现代化的成功案例。

在21世纪的前20年，我国紧紧抓住了高等教育发展的战略机遇期，成功地实现两次跨越发展。第一个10年实现了人口红利，15～64岁人口占总人口比重从2000年的70.1%提高至2010年的74.5%，并达到人口红利高峰，直接支撑了我国经济高速增长。第二个10年人口红利明显下降，15～64岁人口占总人口比重到2020年降至68.5%，比2010年减少了6个百分点；但与此同时，人力资本红利[②]持续上升，每十万人口中大专及以上人数从2000年的3 611人上升至2020年的15 467人，增长了3.28倍，年均增速高达7.5%，我国受过大专及以上教育的人口从2000年的4 571万人上升至21 836万人，年均增速高达8.1%，已接近于同期GDP的年均增速8.7%。**我国在创造经济快速增长奇迹的同时，也创造了教育现代化特别是高等教育现代化的奇迹，成为世界上大专及以上受教育程度人口最多的国家，有效地支撑了我国经济持续快速增长。**

我国高等教育的快速发展也促进和带动了高中教育的发展，高中（含中专）教育程度的人口从2000年的1.41亿人上升至2020年的2.13亿人，年均增速2.1%。其直接的人力资本红利突出表现为：我国高中及以上受教育程度人口从2000年的1.87亿人增加至2020年的4.31亿人（见表2），大大超过了世界第

---

① 世界银行数据库.入学率，高等院校（占总人数的百分比）-World, China[DB/OL]. https://data.worldbank.org.cn/indicator/SE.TER.ENRR?locations=1W-CN.

② 教育水平的提高和健康寿命的延长，共同增加了劳动者的人力资本，这使得人力资本替代劳动力数量，创造出新的发展动力。本文中主要以教育水平的相关指标衡量人力资本红利。

三大人口国美国的总人口（2020年3.29亿人），**基本实现了从世界人口大国迈向世界人力资源强国的战略目标**①。尽管我国人口红利持续下降，15~64岁人口占总人口比重从2010年的74.5%下降到2020年的68.5%，减少了6.0个百分点，但是仍高于OECD国家的平均数（2020年64.8%）②。与此同时，高中（含中专）及以上受教育程度人口占总人口比重从23.0%上升至30.6%，提高了7.6个百分点，显然人力资本红利的增加高于人口红利的下降，而人力资本红利对经济增长的贡献率要高于人口红利下降的作用，中国依靠劳动力质量增长仍然能够保持在中高速增长的轨道上。

表2　我国高中、大专及以上受教育程度人口情况（2000—2020年）

年份	大专及以上（人/10万）	高中（含中专）（人/10万）	高中（含中专）及以上（人/10万）	大专及以上人口（万人）	高中（含中专）人口（万人）	高中（含中专）及以上人口（万人）
2000	3 611	11 146	14 757	4 571	14 109	18 680
2010	8 930	14 032	22 962	11 964	18 798	30 762
2020	15 467	15 088	30 555	21 836	21 301	43 137
2000—2020年年均增速（%）	7.5	1.5	3.7	8.1	2.1	4.3

数据来源：国务院第七次全国人口普查领导小组办公室.2020年第七次全国人口普查主要数据[M].北京：中国统计出版社，2021:11。

三、中美人均受教育年限比较（1950—2020年）

中国在70年间从世界性现代化的落伍者转变为成功的追赶者，甚至后来居上，突出表现在人均人力资本水平实现快速追赶、总人力资本超过发达国家尤其是美国的长期量变到质变的过程。

笔者根据美国哈佛大学经济学教授R. J. Barro和J. W. Lee（2021）提供

---

① 中国教育与人力资源问题报告课题组.从人口大国迈向人力资源强国——中国教育与人力资源报告[M].北京：高等教育出版社，2003.
② 世界银行数据库.15~64岁的人口（占总人口的百分比）-China, OECD members[DB/OL].https://data.worldbank.org.cn/indicator/SP.POP.1564.TO.ZS?locations=CN-OE.

的美国和中国 1950—2015 年 15~64 岁人口平均受教育年限数据①，计算了 1950—2020 年中美两国的人均受教育年限及中国对美国的追赶系数（见表 3）。可以更好地观测中国人力资本水平是如何从极低的起点出发，迅速提高并缩小与美国的相对差距的，中国可被视为一个十分成功的"后来居上"的追赶者。

1949 年，中国人力资本水平极其低下。笔者估计中国 15~64 岁人口人均受教育年限为 1.03 年②；安格斯·麦迪森估计 1950 年我国的人均受教育年限为 1.60 年③；R. J. Barro 和 J. W. Lee 估计 1950 年我国的人均受教育年限为 1.788 年，而美国为 8.744 年，中国仅相当于美国的 1/5。不管哪一种估计，中国都属于当时世界上人力资本水平最低的国家之一，其中文盲、半文盲人口占总人口的 80%，是一个典型的"文盲充斥"的世界人口大国。这成为中国共产党推动中国式现代化的初始人力资本条件与最大制约条件，也成为对全体人民进行人力资本投资以实现教育现代的政策依据。

表 3 中美（15~64 岁人口）人均受教育年限及追赶系数（1950—2020 年）

年份	美国人均受教育年限（年）	中国人均受教育年限（年）	中国/美国（%）
1950	8.744	1.788（1.03）	20.4（11.8）
1960	9.634	2.802（1.87）	29.1（19.4）
1970	11.100	4.162（2.40）	37.5（21.6）
1980	12.276	5.744（4.34）	46.8（35.4）
1990	12.554	6.449（5.52）	51.4（44.0）
2000	13.105	7.787（7.11）	59.4（54.3）
2010	13.245	8.250（9.08）	62.3（68.6）
2020	13.305	9.170（10.8）	68.9（81.2）
1950—2020 年年均增速（%）	0.6	2.4（3.4）	

数据来源：（1）中国和美国人均受教育年限（15~64 岁人口）数据来自 Barro R J, Lee J W. Educational Attainment for Total Population,1950-2015,v.3.0[EB/OL].(2021-09).http://barrolee.com/；（2）括号内数据为作者根据历次全国人口普查数据计算。

① Barro R J, Lee J W. Educational Attainment for Total Population, 1950-2015, v.3.0[EB/OL]. (2021-09). http://barrolee.com/.
② 胡鞍钢. 中国政治经济史论 (1949—1976)[M]. 北京：清华大学出版社，2008: 93.
③ 安格斯·麦迪森将小学教育的权重赋值为 1，中学教育权重赋值为 1.4，高等教育权重赋值为 2。引自：安格斯·麦迪森. 中国经济的长远未来：中文版 [M]. 北京：新华出版社，1999: 96.

新中国的成立，不仅使全体人民获得政治解放，而且使人民获得持续的大规模的人力资本（特别是教育资本）投入，人均受教育年限不断提高。根据 R. J. Barro 和 J. W. Lee 估计，1960 年中国人均受教育年限已达到 2.802 年，相当于美国人均受教育年限（9.634 年）的 29.1%。1964 年全国第二次人口普查时，我国大专及以上人口达到 289 万人，高中（含中专）人口达到 9 162 万人，笔者估计此时我国的人均受教育年限提高至 2.22 年。仅用了 15 年的时间，我国的人均受教育年限就比 1949 年的 1.03 年翻了一番之多。

1982 年全国第三次人口普查，我国大专及以上人口达到 620 万人，相当于 1949 年 18.5 万人的 33.5 倍，其中 1977 年恢复高考起到重大作用，普通本专科在校生从 85.6 万人提高至 1982 年的 115.4 万人。全国人均受教育年限达到 4.61 年，比 1964 年全国第二次人口普查数据的 2.22 年翻了一番还多。

1990 年全国第四次人口普查，我国大专及以上人口达到 1 612 万人，每 10 万人口中有 1 422 人，人均受教育年限达到 5.52 年，已超过了 R. J. Barro 和 J. W. Lee 所估计的发展中国家的平均水平（5.22 年），相当于美国水平的 44.0%[①]，大大高于中国人均 GDP（购买力平价，2017 国际元）相对于美国的水平（3.5%）[②]。

2000 年全国第五次人口普查，我国大专及以上人口达到 4571 万人，相当于每 10 万人口中有 3 611 人，人均受教育年限提高至 7.11 年，超过世界平均水平（6.15 年），相当于发达国家水平（10.65 年）的 2/3，相当于美国的 54.3%[③]，明显高于中国人均 GDP（购买力平价，2017 国际元）相对于美国的水平（6.9%）[④]。

2010 年全国第六次人口普查，我国大专及以上人口突破 1 亿人，为 11 964 万人，相当于每 10 万人口中有 8 930 人，人均受教育年限已经达到 9.08 年，中国相对发达国家追赶系数提高至 4/5，相当于美国的 68.6%，仍明显高

[①][③] Barro R J, Lee J W. Educational Attainment for Total Population, 1950-2015, v.3.0[EB/OL]. (2021-09). http://barrolee.com/.

[②][④] 世界银行数据库. GDP per capita, PPP (constant 2017 international $)-China, United States[DB/OL].https://data.worldbank.org/indicator/NY.GDP.PCAP.PP.KD?locations=CN-US&name desc=false.

于中国人均 GDP（购买力平价，2017 国际元）相对于美国的水平（16.4%）[①]。

2020 年全国第七次人口普查，我国大专及以上人口达到 21 836 万人，每 10 万人口中有 15 467 人，人均受教育年限为 10.8 年，相当于发达国家平均水平（11.41 年）的 94.7%，相当于美国的 81.2%，还是明显高于中国人均 GDP（购买力平价，2017 国际元）相对美国的追赶系数（27.1%）[②]。这表明，中国式现代化的特点之一就是超大人口规模的现代化，本质上就是对全体人民进行持续的人力资本投资。从中美两国比较看，中国先是实现人力资本（人均受教育年限）对美国的快速追赶，进而带动和促进了对美国人均 GDP 的经济追赶，这也成为我国最重要的追赶动力机制、路径和特征之一。

中国人均受教育年限成功地实现了 70 年的人力资本水平追赶。1950—2020 年期间发达国家人均受教育年限年均增速为 0.9%，美国年均增速为 0.6%，而中国高达 3.4%，这一增速也高于世界平均增速（1.4%），既显示了我国的后发优势，更显示了"以人民为中心"的社会主义制度优势，成功地实现人力资本追赶，成功地实现从"文盲充斥"的人口大国到人力资源大国、人才资源大国，进而到人力资源强国、人才强国的转变。正如习近平总书记的基本判断："人才比较优势稳步增强。我国已经拥有一支规模宏大、素质优良、结构不断优化、作用日益突出的人才队伍。"[③] 劳动力水平的不断提升有效地促进并带动了中国对美国的经济追赶，根据世界银行数据库提供的信息，中国人均 GDP（购习力平价，2017 国际元）相对于美国的水平从 1990 年的 3.5% 上升至 2000 年的 6.9%，到 2020 年已经上升至 27.1%[④]。**这成为中国不断提高经济实力、科技实力、国防实力、综合国力的人力资本基础。中国大踏步地从"一穷二白"走向"一（民）富二（国）强"！**

四、中美总人力资本比较（1960—2020 年）

总人力资本是一国最重要的财富，也是该国现代化最重要的发展源泉和

[①②④] 世界银行数据库. GDP per capita, PPP (constant 2017 international $)-China, United States[DB/OL].https://data.worldbank.org/indicator/NY.GDP.PCAP.PP.KD?locations=CN-US&name desc=false.
[③] 习近平. 深入实施新时代人才强国战略 加快建设世界重要人才中心和创新高地 [J/OL]. 求 是，2021(24).(2021-12-15)[2022-01-07].http://www.qstheory.cn/dukan/qs/2021-12/15/c_1128161060.htm.

动力，还是该国综合国力的人力资源基础。本文以劳动年龄人口（15~64岁）总数与人均受教育年限之积，作为量化的一国人力资本总量的指标。

根据 R. J. Barro & J. W. Lee 提供的15~64岁人均受教育年限数据，以及世界银行提供的15~64岁人口数，笔者计算了中国和美国总人力资本的动态变化（见表4），以显示中国式现代化的历史轨迹。计算结果表明：

第一，1960年中国总人力资本达到了10.4亿人年，尽管当时中国人均受教育年限仅相当于美国的29.1%，但是中国总人口基数大，15~64岁人口相当于美国的3.43倍[1]，直接导致两国人力资本在总量上不相上下。

第二，在1960—2020年期间中国总人力资本年均增速高达3.66%，明显高于同期美国年均增速（1.71%），加速了总人力资本的积累。在改革开放政策效应未显现的1960—1980年，中国总人力资本年均增速高达6.0%，也明显高于美国的2.9%，这已经初步显示了社会主义制度优势与追赶优势。

第三，中国总人力资本从1960年的10.4亿人年到1980年升高至33.5亿人年，增长了2倍以上，相当于美国总人力资本的倍数从1.00倍上升至1.81倍，这为中国改革开放提供了极其重要的人力资本基础。

第四，2020年中国总人力资本达到了89.7亿人年，相当于美国总人力资本的3.11倍。这表明在各类现代化资源或资本中，中国极具国际竞争力的恰恰是加速教育现代化积累的总人力资本，尽管中国人均人力资本还低于美国，但是"人多力量大"成为中国式现代化发展的比较优势资源。中国式现代化的本质就是人的现代化，突出表现为不断提高全体人民的人力资本水平，就能极大增强全社会的总人力资本，从而也就解释了中国为什么能够保持并创造长达40年的快速经济增长奇迹。

表4 中美（15~64岁人口）总人力资本比较（1960—2020年）

年份	美国（亿人年）	中国（亿人年）	中国/美国（倍）
1960	10.4	10.4	1.00
1970	14.1	18.9	1.34
1980	18.5	33.5	1.81
1990	20.7	48.2	2.33

---

[1] 世界银行数据库. Population ages 15-64, total-China, United States[DB/OL]. https://data.worldbank.org/indicator/SP.POP.1564.TO?locations=CN-US&name_desc=false.

续表

年份	美国（亿人年）	中国（亿人年）	中国/美国（倍）
2000	24.5	67.4	2.75
2010	27.5	80.5	2.93
2020	28.8	89.7	3.11
1960—2020年年均增速（%）	1.71	3.66	

数据来源：（1）15~64岁人口数数据来自世界银行数据库. Population ages 15-64, total - World, China, United States [DB/OL]. https://data.worldbank.org/indicator/SP.POP.1564.TO?end=2020&locations=1W-CN-US&start=1960&view=chart；（2）15~64岁人均受教育年限数据来自 Barro R, Lee J W. Educational Attainment for Total Population,1950–2015,v.3.0[EB/OL].(2021-09).http://barrolee.com/。

第五，中国人力资源国情发生重大变化，已经进入人口红利下降期，同时也处在教育红利、人力资本红利、人力资源红利、人才红利的上升期，主要教育指标达到世界中高收入国家前列[1]，进入世界人力资源强国行列。这充分反映了我国教育现代化取得的重大进展，也为到2035年实现中国式教育现代化奠定了更高的基础。

五、2035年实现中国式教育现代化

2017年，习近平总书记在党的十九大报告中明确提出："优先发展教育事业。建设教育强国是中华民族伟大复兴的基础工程，必须把教育事业放在优先位置，深化教育改革，加快教育现代化，办好人民满意的教育。"[2]

中国进入新时代，到2035年将基本实现社会主义现代化，其中实现教育现代化是重要的组成部分。为此2019年2月中共中央、国务院印发《中国教育现代化2035》，这是第二个国家中长期教育改革和发展规划纲要，明确提出"到2035年，总体实现教育现代化，迈入教育强国行列，推动我国成为学习大国、人力资源强国和人才强国，为到本世纪中叶建成富强民主文明和谐美丽的社会主义现代化强国奠定坚实基础。2035年主要发展目标是：建成服务全民终身学习的现代教育体系、普及有质量的学前教育、实现优质均衡的义

---

[1] 王洪川，胡鞍钢.建设教育强国的战略趋势与路径选择——基于第七次全国人口普查数据的分析[J].教育研究，2021, 42(11): 17-26.
[2] 中共中央文献研究室.十九大以来重要文献选：上[M].北京：中央文献出版社，2019: 32.

务教育、全面普及高中阶段教育、职业教育服务能力显著提升、高等教育竞争力明显提升、残疾儿童少年享有适合的教育、形成全社会共同参与的教育治理新格局"①。

2020年,党的十九届五中全会提出,到2035年建成世界教育强国的战略目标②。今后15年要加快推进教育现代化、建设世界教育强国、办好人民满意的教育,培养一代代德、智、体、美、劳全面发展的社会主义建设者和接班人。到2025年,我国教育总体实力和国际影响力显著增强,劳动年龄人口平均受教育年限明显增加,教育现代化取得重要进展。加快一批世界一流大学和一流学科建设,提高我国高等教育发展整体水平,增强国家人才核心竞争力。

总体上,教育发展更加立足于国家长远发展的巨大需求,面向全面建成充满活力的现代化教育体系、更高水平的人力资源强国、惠及全民的教育公平社会、体系完备的全民终身学习型社会,不断为国家发展创造教育红利,使我国教育现代化率先达到中等发达国家水平。

为此笔者分析了到2035年我国主要教育目标和指标的发展趋势(见表5)。一是我国主要教育指标普及率达到中等发达国家水平。二是预期我国受教育年限达到极高人类发展水平。根据联合国计划开发署(UNDP)统计,2018年我国人均受教育年限为13.9年,虽然高于世界平均水平的12.7年,但极高人类发展水平国家平均为16.4年(我国相当于其水平的约85%)。这就需要用三个五年规划提高高等教育毛入学率,使我国预期受教育年限达到或接近那时极高人类发展水平国家的平均数,力争再上一个更高的新台阶。

总体实现教育现代化的主要指标是:第一,加快实行15年义务教育(学前3年和12年初等中等教育),到2035年学前三年毛入园率达到95%以上;第二,高中毛入学率进一步提高至97%以上;第三,高等教育毛入学率

---

① 新华社.党中央、国务院印发《中国教育现代化2035》[EB/OL].(2019-02-23).http://www.gov.cn/xinwen/2019-02/23/content_5367987.htm.
② 中共中央关于制定国民经济和社会发展第十四个五年规划和二〇三五年远景目标的建议(2020年10月29日中国共产党第十九届中央委员会第五次全体会议通过)[EB/OL].(2020-11-03). http://www.gov.cn/zhengce/2020-11/03/content_5556991.htm.

至 2035 年达到 75% 以上，达到发达国家（OECD）水平[1]，其中男性毛入学率至 2035 年达到 70% 以上[2]，女性毛入学率达到 80% 以上[3]；第四，新增劳动力中受初中高中及高等教育的比例达到 95% 以上，平均受教育年限达到 15.2 年以上[4]；第五，全社会教育总经费（包括家庭教育支出）与 GDP 之比从 2020 年的 5.69% 提高至 2035 年的 7.5% 以上，按 2020 年价格，总经费从 5.3 万亿元增长至 15.7 万亿元，相当于 2020 年的 3 倍左右，其中财政性教育经费与 GDP 之比从 4.22% 增至 5.5% 以上，再加上卫生健康支出、研发经费支出等，总人力资本投资占 GDP 比重从 15.5% 提高至 20% 以上，这将是世界最大的人力资本投资；第六，建设世界上规模最大、总体水平居世界前列的高等教育强国，鼓励并支持一批大学和学科进入世界一流行列或前列。总体实现教育现代化是 2035 年基本实现社会主义现代化的重大标志之一。

表 5　我国教育现代化指标趋势（2020—2035 年）

指标	2020 年	2025 年	2030 年	2035 年	2020—2035 年变化量
学前三年毛入园率（%）	85.2	89.0	92.0	>95.0	>9.8 百分点
九年义务教育巩固率（%）	95.2	96.0	96.5	>97.0	>1.8 百分点
高中阶段毛入学率（%）	91.2	92.0	95.4	>97.0	>5.8 百分点
高等教育毛入学率（%）	54.4	62.0	70.0	>75.0	>20.6 百分点
具有高等教育文化程度人数（万）	21 836	25 800	29 300	32 000	10 164

[1] 2020 年 OECD 国家高等教育毛入学率达到 76.9%，美国为 87.9%(2019年)。数据来源：世界银行数据库. School enrollment, tertiary (% gross)-China, United States, OECD members [DB/OL]. https://data.worldbank.org/indicator/SE.TER.ENRR?end=2020&locations=CN-US-OE&start=1981&view=chart.

[2] 2020 年 OECD 国家男性高等教育毛入学率达到 70%，中国为 54%。数据来源：世界银行数据库. [DB/OL]. 入学率，高等院校，男生（占总人数的百分比）-China, OECD members https://data.worldbank.org.cn/indicator/SE.TER.ENRR.MA?end=2021&locations=CN-OE&start=1990&view=chart.

[3] 2020 年 OECD 国家女性高等教育毛入学率达到 84%，中国为 64%。数据来源：世界银行数据库. 入学率，高等院校，女生（占总人数的百分比）-China, OECD members [DB/OL]. https://data.worldbank.org.cn/indicator/SE.TER.ENRR.FE?end=2021&locations=CN-OE&start=1990&view=chart.

[4] 2018 年极高人类发展组预期受教育年限到达 16.4 年，中国为 13.9 年。见：联合国计划开发署 (UNDP). 人类发展报告 2019, UNDP, 表 2.

续表

指标	2020年	2025年	2030年	2035年	2020—2035年变化量
劳动年龄人口受过高等教育的比例（%）	24.8	29.8	35.0	38.0	13.2百分点
劳动年龄人口平均受教育年限（年）	10.8	11.3	11.6	>12.0	>1.2
新增劳动力平均受教育年限（年）	13.8	14.3	14.8	15.2	1.4
继续教育参与率（%）	50（2018年）	55	60	65	15百分点
全社会教育总经费与GDP之比（%）	5.69	>6.0	>7.0	>7.5	>1.81百分点
财政性教育经费与GDP之比（%）	4.22	>4.6	>5.0	>5.5	>1.28百分点
人力资本投资占GDP比重（%）	15.5	16.5	>18	>20	>4.5百分点

数据来源：（1）2020年高中阶段毛入学率、高等教育毛入学率数据来自国家统计局. 2021中国统计摘要[M].北京：中国统计出版社，2021: 187；（2）全社会教育总经费、财政性教育经费数据来自教育部网站. 2020年全国教育经费执行情况统计快报[EB/OL].(2021-04-27).http://www.moe.gov.cn/jyb_xwfb/gzdt_gzdt/s5987/202104/t20210427_528812.html；（3）预期受教育年限、新增劳动力平均受教育年限数据来自UNDP数据库. Human Development Data [DB/OL].http://hdr.undp.org/en/data；（4）其他数据为作者预测。

注：劳动年龄人口平均受教育年限是指一国劳动年龄人口平均接受学历教育（含成人学历教育，不含非学历培训）的年数。劳动年龄人口指能从事一定强度工作的成年人数减去法定退休年龄人数之差，是参与经济活动的主要人力资源。人力资本投资占GDP比重为研发投入强度、教育总经费与GDP之比、卫生总经费与GDP之比的总和。

六、2035年全面建成世界人力资源强国

到2035年，我国将全面建设成为世界人力资源强国。一是实现对美国人均人力资本水平的追赶；二是实现对美国总人力资本的超越。我国未来的人力资源发展指标趋势如下。

第一，我国人力资本投资（包括研发支出、教育总经费、卫生总经费）与GDP（购买力平价，2017国际元）之比持续上升。从2020年的15.5%提高至2035年的20%以上，其中教育总经费与GDP之比提高至7.5%以上，

我国将成为世界最大的人力资本投资（购买力平价，2017国际元）之国，将对我国经济社会文化发展、生态文明建设产生超大规模的人力资本红利。

第二，我国人力资本水平持续提高。全国劳动年龄人口平均受教育年限从2020年的10.8年提高至12年以上，从相对美国平均受教育年限（13.3年）的69%提高至2035年的88%。新增劳动力平均受教育年限从13.8年（相当于高中以上）提高至15.2年（相当于大专及以上学历），年均增速保持在1%左右，对经济增长的贡献率持续提高，以补偿部分就业人员下降的作用[①]。

第三，我国各类人才资源总量持续增长。人才是指具有一定的专业知识或专门技能，进行创造性劳动并对社会作出贡献的人，是人力资源中能力和素质较高的劳动者。人才是我国经济社会发展的第一资源[②]。人才是衡量一个国家综合国力的重要指标。全国人才资源总量已从2010年的1.2亿人增长到2019年的2.2亿人，其中专业技术人才从5 550.4万人增长到7 839.8万人[③]，各类研发人员全时当量从2010年的255万人年达到2020年的509万人年，跃居世界首位。"坚持发展是第一要务、创新是第一动力、人才是第一资源，确立人才引领发展的战略地位。"[④]到2035年，我国人才队伍快速壮大，人才总量将再增加1亿人以上，达到3.2亿人以上，接近美国总人口（2035年预计为3.58亿人[⑤]），占总就业人数比重从2020年的近1/4上升至2/5。各类研发人员全时当量再翻一番，超过1 000万人年，人才对经济社会发展的贡献大幅提升。

第四，我国总人力资本再上新台阶。到2035年我国总人口数预计达到14.5亿人，总人力资本预计达到98.1亿人年，增长10.6%，相当于美国总人力资本51.55亿人年的1.90倍。我国将成为名副其实的世界人力资源强国，人力资源将成为我国最重要的国际竞争能力。

---

① 我国就业人员总数已进入下降期，已从2014年的76 349万人下降至2020年的75 064万人，减少了1 285万人。数据来源：国家统计局.2021中国统计摘要[M].北京：中国统计出版社，2021：40.

② 人力资源社会保障部.国家中长期人才发展规划纲要(2010—2020年)[EB/OL].(2015-03-13).http://www.mohrss.gov.cn/SYrlzyhshbzb/zwgk/ghcw/ghjh/201503/t20150313_153952.htm.

③④ 胡鞍钢.构建中国大战略："富民强国"的宏大目标[R].国情报告，2002.

⑤ 联合国.世界人口展望，2019年[R/OL].(2019-06-17).https://population.un.org/wpp/Download/Probabilistic/Population/.

第五，有序推进延迟退休，充分发挥我国人力资源优势。我国人均预期寿命持续提高，从 2020 年的 77.9 岁预计提高至 2035 年的 80 岁左右，其中女性人均预期寿命从 2020 年的 80.9 岁预计提高至 2035 年的 83 岁左右，实际可工作时间延长，应当充分利用我国仍处在人口红利下半期的机会窗口（指 15~64 岁人口占总人口比重为 60% 以上），稳步推出不同性别、不同年龄、不同行业延迟退休的实施方案，力争到 2035 年实现男女退休年龄均延迟到 64 岁或以上，提高他们的终身收益，由此民富而国强。

七、结语：中国式现代化与教育现代化

中国式现代化的本质就是人的现代化，即以全体人民为中心的现代化。它是世界上超大规模人口的现代化。

新中国成立 70 多年来，经过持续对十几亿全体人民的人力资本投资（主要是通过各类教育及终身教育），具体地表现为 15 岁及以上人口平均受教育年限从 1950 年的 1.03 年上升至 2020 年的 10.8 年，相当于 1950 年的 10 倍还多，年均增速高达 3.4%，大大超过同期美国年均增速 0.6%，人均受教育年限与美国的追赶系数从 1950 年的 11.8% 提高至 2020 年的 81.2%，中国总人力资本相当于美国从 1960 年的 1.00 倍上升至 2020 年的 3.11 倍。这标志着中国实现了从世界最大的"文盲充斥"之国到世界最大的人力资本之国的历史性跨越，充分反映了中国式现代化是超大规模的人口现代化，是超大规模的人力资本现代化，成为中国式现代化最丰富、最具竞争力的人力资源、人才资源优势，为实现经济追赶、科技追赶提供了长期的人力资本红利，进而形成两者之间良性互动助推关系，使我国从"一穷二白"变为"一（民）富二（国）强"，为中国实现第一个百年奋斗目标作出了重大的人力资本贡献。

本研究表明，中国作为世界性现代化的后来者、落伍者，直到 1949 年才开始逐渐成为追赶者和创新者，仅从中国与美国现代化历史发展轨迹比较看，中国先是实现人力资本（人均受教育年限）的快速教育追赶，进而带动了人均 GDP 的经济追赶，反过来人均 GDP 的经济追赶又加速了人力资本的教育追赶，这成为中国式现代化最重要的互动性的追赶动力机制、路径和特征之一。

展望未来，到 2035 年中国将基本实现社会主义现代化、进入创新型国家前列、建成教育强国的战略目标。中国社会主义现代化就是 14 亿全体人民的现代化，《中国教育现代化 2035》为我们擘画了宏伟的蓝图："总体实现教育现代化，迈入教育强国行列，全面建成人力资源强国，人均受教育年限持续提高，总人力资本持续扩大，人力资源优势更加突出，为到本世纪中叶建成富强民主文明和谐美丽的社会主义现代化强国奠定坚实的人力资本基础。"[①]

---

① 新华社.党中央、国务院印发《中国教育现代化 2035》[EB/OL].(2019-02-23).http://www.gov.cn/xinwen/2019-02/23/content_5367987.htm.

正确认识中国社会主义新阶段：
2020—2035 年[*]

胡鞍钢

基于中国社会主义发展的客观规律，本文阐释了实现社会主义现代化的理论渊源和实践历程，探究社会主义发展生命周期的演变及轨迹。在此基础上，以 2035 年基本实现社会主义现代化战略目标为依据，采用定性分析与量化计算相结合的方法进行趋势性判断和预测，认为：中国正逐步完成社会主义初级阶段的主要任务，进入新的 15 年过渡时期（2020—2035 年），将发生根本性、历史性、全方位的重大变化，体现新趋势、新特征，实现从社会主义初级阶段过渡到更高的新发展阶段。2020 年，中国已完成第一个百年奋斗目标，全面建成小康社会；以 2035 年为新标志，将基本实现社会主义现代化，开启社会主义中级阶段；到 2049 年新中国成立 100 周年时，全面建设富强民主文明和谐美丽的社会主义现代化强国，实现第二个百年奋斗目标；到 2078 年改革开放 100 周年时，全面建成社会主义现代化发达国家，完成第三个百年奋斗目标；至 21 世纪末，最终目标是实现中国各族人民的共同愿望，铸就"中国梦"——中华民族伟大复兴。

---

* 基金项目：清华大学"创新方向建设"项目（C03）。本文由《北京工业大学学报（社会科学版）》于 2022 年 5 月 11 日网络首发 http://kns.cnki.net/kcms/detail/11.4558.G.20220510.1605.006.html。

一、中国社会主义发展的客观规律

人类的发展历史，就是一个不断从"必然王国"向"自由王国"发展的历史。毛泽东同志指出："自由是对必然的认识和客观世界的改造。只有在认识必然的基础上，人们才有自由的活动。这是自由和必然的辩证规律。所谓必然，就是客观认识存在的规律性。"①

中国社会主义发展的客观规律是什么，我们又将如何遵循规律并实现科学发展？对此，习近平总书记指出："发展必须是遵循经济规律的科学发展，必须是遵循自然规律的可持续发展，必须是遵循社会规律的包容性发展。"②

这是中国社会主义现代化的三大规律和三大发展，也是正确认识中国社会主义新阶段的基本依据，更是2035年基本实现中国式现代化的理论依据、实践依据、战略目标依据、发展阶段依据。

本文以"正确认识中国社会主义新阶段"为主题展开论述与探讨，主要包括五个方面的内容。一是提出正确认识中国社会主义发展的客观规律。二是根据党中央提出的2035年实现社会主义现代化的战略目标，论述中国社会主义进入新阶段的目标依据。三是根据毛泽东、邓小平、江泽民、胡锦涛同志和习近平总书记对中国社会主义现代化的战略构想及阶段性部署，论述中国基本实现社会主义现代化的理论依据。四是根据新中国成立70多年，特别是党的十八大以来社会主义现代化的实践，论述中国基本实现社会主义现代化的实践依据。五是对中国式现代化的新阶段及长远趋势作出了预测。

二、中国2035年实现社会主义现代化的目标依据

习近平总书记在庆祝中国共产党成立100周年大会上，庄严地向全世界宣告：中国"正在意气风发向着全面建成社会主义现代化强国的第二个百年奋斗目标迈进"③。

2017年，党的十九大报告首次对实现第二个百年奋斗目标作出分两个阶

---

① 毛泽东文集：第八卷[M].北京：人民出版社，1999:306.
② 习近平.更好认识和遵循经济发展规律，推动我国经济持续健康发展[N].人民日报，2014-07-09(01).
③ 习近平.在庆祝中国共产党成立100周年大会上的讲话[N].人民日报.2021-07-02(02).

段推进的战略部署：到2035年，中国基本实现社会主义现代化；到21世纪中叶，把中国建成富强民主文明和谐美丽的社会主义现代化强国[①]。这就构成了新时代中国实现现代化"两步走"战略的宏伟蓝图。

中国进入创新强国的新时代，更加精心地对富民强国的大战略进行了擘画和设计。2020年10月29日，十九届五中全会审议通过了《中共中央关于制定国民经济和社会发展第十四个五年规划和二〇三五年远景目标的建议》（简称《建议》）。《建议》进一步提出了中国到2035年基本实现社会主义现代化的远景目标和重点任务，进行了全方位总体的战略部署和系统谋划[②]。习近平总书记在关于《建议》的说明中专门指出："综合考虑各方面因素，建议稿对'十四五'和到2035年经济发展目标采取了以定性表述为主、蕴含定量的方式。"[③] 国家编制《中华人民共和国国民经济和社会发展第十四个五年规划和2035远景目标纲要》（简称"十四五"规划）时，是在认真测算基础上提出了相应的量化目标。

2035年基本实现社会主义现代化的前景已经可以预见，我们迫切需要研究的基本问题是，到2035年，中国基本实现社会主义现代化远景目标的理论基础、实践依据是什么？中国在世界上处于什么地位，应发挥什么样的作用？

接下来，笔者将以《建议》为量化研究的基本依据和时代背景，对中国2035年基本实现社会主义现代化远景目标展开系统研究，量化分析2035年基本实现社会主义现代化的发展目标和指标，以及实现路径和政策导向；同时，从中国社会主义现代化的发展历程及客观规律出发，对2035年中国基本实现社会主义现代化的远景进行展望，以定性分析与量化计算相结合的方法进行趋势性判断和预测，并进一步探讨基本实现社会主义现代化的理论依据、实践依据、阶段依据。

---

① 习近平.决胜全面建成小康社会，夺取新时代中国特色社会主义伟大胜利——在中国共产党第十九次全国代表大会上的报告[M]//中共中央党史和文献研究院.十九大以来重要文献选编：上.北京：中央文献出版社，2019: 20-21.
② 中共中央关于制定国民经济和社会发展第十四个五年规划和二〇三五年远景目标的建议[M].北京：人民出版社，2020: 72.
③ 习近平.关于《中共中央关于制定国民经济和社会发展第十四个五年规划和二〇三五年远景目标的建议》的说明[M]//本书编写组.党的十九届五中全会建议学习辅导百问.北京：党建读物出版社，学习出版社，2020: 57.

三、中国实现社会主义现代化的理论依据

毛泽东同志曾指出:"对于建设社会主义的规律的认识,必须有一个过程。必须从实践出发,从没有经验到有经验,从较少的经验,到有较多的经验,从建设社会主义这个未被认识的必然王国,到逐步地克服盲目性、认识客观规律、从而获得自由,在认识上出现一个飞跃,到达自由王国。"① 新中国成立后,毛泽东、邓小平、江泽民、胡锦涛、习近平同志在中国社会主义建设和发展不同的历史阶段,相继进行了持续性的创新探索和理论总结。

毛泽东同志提出的中国社会主义四个现代化的"两步走"战略,是基于党的八大路线。他明确指出:"社会主义这个阶段,又可能分为两个阶段,第一个阶段是不发达的社会主义,第二个阶段是比较发达的社会主义。后一阶段可能比前一阶段需要更长的时间。"② 他还认为,要通过生产力发展和人民富裕的程度定量考察研究建成社会主义的"边",即阶段性特征问题。毛泽东同志关于社会主义发展阶段的思想成为社会主义初级阶段理论的思想渊源③。这表明,社会主义初级阶段不是无限的,它有个"边",关键是如何客观且全面地认识和分析这个"边",以把握社会主义社会从量变到部分质变。这个"边"就是社会主义社会发展的阶段性,从比较低水平的初级阶段发展到比较高水平的中级阶段,这充分反映了社会主义社会发展从量变到部分质变、再量变乃至到质变的进步性。

邓小平同志提出的中国经济建设"三步走"发展战略的理论基础是社会主义初级阶段论,并成为实现前两步走的理论基础。"三步走"发展战略的主要指标是中国人均国民生产总值在前一个20年(1980—2000年)翻两番,在21世纪的前50年(2000—2050年)再翻两番,累计增长16倍。实际上,到2020年,中国人均GDP按不变价格计算,已经相当于1980年的24倍④。显而易见,这已明显超过邓小平同志的预期,同时也表明,中国将会提前完成社会主义初级阶段。

江泽民同志在党的十五大报告中提出了中国共产党建党100年和新中国

---

① 毛泽东文集:第八卷[M]. 北京:人民出版社,1999: 300.
② 毛泽东文集:第八卷[M]. 北京:人民出版社,1999: 166.
③ 徐光春. 马克思主义大辞典[M]. 武汉:长江出版传媒 崇文书局,2017: 784,1046.
④ 国家统计局. 2021中国统计摘要[M]. 北京:中国统计出版社,2021: 29.

成立100年的社会主义现代化的两个百年奋斗目标①，并在党的十六大报告中正式提出了建党100周年的目标，就是全面建设惠及十几亿人口的更高水平的小康社会，也明确提出了国内生产总值翻两番的奋斗目标②。社会主义初级阶段论就是实现第一个百年奋斗目标的理论基础。据统计，中国在2020年的国内生产总值（GDP）相当于2000年的5.28倍③，已超过了原定的预期目标。

胡锦涛同志在党的十七大报告中提出了科学发展观。这是立足社会主义初级阶段基本国情，总结中国发展实践，借鉴国外发展经验，适应新的发展而提出的新要求。进入21世纪的新阶段，中国特色社会主义发展呈现出一系列新的阶段性特征。中国发展的阶段性特征是社会主义初级阶段基本国情在21世纪新阶段的具体表现，中国仍处于并将长期处于社会主义初级阶段的基本国情没有变，人民日益增长的物质文化需要同落后的社会生产之间的社会主要矛盾没有变④。"两个没有变"符合当时的国情和发展阶段。胡锦涛同志也明确提出了人均国内生产总值翻两番的目标⑤。相关统计显示，我国在2020年的人均GDP相当于2000年的4.73倍⑥，也已超过了原定的预期目标。

党的十八大以来，进入中国特色社会主义新时代。习近平总书记在党的十九届五中全会上指出，中国仍处于并将长期处于社会主义初级阶段，仍然是世界上最大的发展中国家，发展仍然是我们党执政兴国的第一要务。必须强调的是，新时代新阶段的发展必须贯彻新发展理念，必须是高质量发展⑦。党的十九大报告首次提出，我国社会主要矛盾已经转化为人民日益增长的美好生活需要和不平衡不充分的发展之间的矛盾⑧，而中国社会主要矛盾的重大变化，则必然会引起全局性、长期性、阶段性的变化。

---

① 到中国共产党建党100年时，使国民经济更加发展，各项制度更加完善；到21世纪中叶，中华人民共和国成立100年时，基本实现现代化，建成富强民主文明的社会主义国家。见：江泽民文选：第二卷[M]. 北京：人民出版社，2006：4.
② 江泽民文选：第三卷[M]. 北京：人民出版社，2006：542-543.
③ 国家统计局. 2021中国统计摘要[M]. 北京：中国统计出版社，2021：28.
④ 胡锦涛文选：第二卷[M]. 北京：人民出版社，2016：622-623.
⑤ 胡锦涛文选：第二卷[M]. 北京：人民出版社，2016：627.
⑥ 国家统计局. 2021中国统计摘要[M]. 北京：中国统计出版社，2021：29.
⑦ 《中共中央关于制定国民经济和社会发展第十四个五年规划和2035年远景目标的建议》，2020年10月29日，中国共产党第十九届中央委员会第五次全体会议通过.
⑧ 习近平. 决胜全面建成小康社会，夺取新时代中国特色社会主义伟大胜利——在中国共产党第十九次全国代表大会上的报告[M]// 中共中央党史和文献研究院. 十九大以来重要文献选编：上. 北京：中央文献出版社，2019：2.

习近平总书记提出了新时代社会主义现代化"两步走"战略安排："从2020年到2035年，在全面建成小康社会的基础上，再奋斗十五年，基本实现社会主义现代化；从2035年到本世纪中叶，在基本实现现代化的基础上，再奋斗十五年，把中国建设成富强民主文明和谐美丽的社会主义现代化强国。"① 这样，比"三步走"的战略目标提前了15年，成为中国社会主义现代化发展战略目标顶层设计和总体设计的升级版。

习近平总书记明确提出："今天我们所处的新发展阶段，就是社会主义初级阶段中的一个阶段，同时是其中经过几十年积累、站到了新的起点上的一个阶段。从历史依据来看，新发展阶段是我们党带领人民迎来从站起来、富起来到强起来历史性跨越的新阶段。"② "全面建设社会主义现代化国家，基本实现社会主义现代化，既是中国社会主义初级阶段发展的要求，也是社会主义从初级阶段向更高阶段迈进的要求。"③ 这是中国社会主义现代化发展阶段的重大理论创新和总体战略设计。

一方面，这标志着到2035年，中国将提前15年基本实现社会主义现代化；另一方面，中国实现社会主义现代化的理论基础就是向社会主义较高阶段的过渡论。新时代，就是中国从社会主义初级阶段到社会主义更高阶段发展过程的重要时期，既是从基本完成初级阶段主要任务向中等发达阶段的过渡时期④，也是从世界社会主义现代化大国到世界社会主义现代化强国的过渡时期。由此，我们将"过渡论"作为基本实现社会主义现代化的理论依据，在此"过渡时期"，中国将出现八个方面的重大变化，具有不同以往的新趋势和新特征。

（一）社会主要矛盾的重大转化

党的十九大报告明确指出，我国社会主要矛盾已经从人民日益增长的物质文化需要同落后的社会生产之间的矛盾，转化为人民日益增长的美好生活

---

① 习近平.决胜全面建成小康社会，夺取新时代中国特色社会主义伟大胜利——在中国共产党第十九次全国代表大会上的报告 [M]// 中共中央党史和文献研究院.十九大以来重要文献选编：上.北京：中央文献出版社，2019: 2.
②③ 习近平.把握新发展阶段，贯彻新发展理念，构建新发展格局 [J]. 求是，2021(9): 4-18.
④ 这里借鉴了1953年12月毛泽东在《革命的转变和党在过渡时期的总路线》文中的提法：大约需要经过三个五年计划，就是大约15年左右的时间，逐步实现"一化三改"。见：毛泽东文集：第六卷 [M]. 北京：人民出版社，1999: 316.

需要和不平衡不充分的发展之间的矛盾[①]。中国社会的主要矛盾并不是一成不变的，而是发生了重大转化，既客观反映了中国基本国情的重大变化，又将促进社会主义进入新阶段这一重大变化。中国已经实现从落后的社会生产力到越来越先进的生产力的重大飞跃，不仅实现经济生产力的重大飞跃，如人均国内生产总值由居世界后列跃进到世界中上位置，到2035年，将达到中等发达国家水平；而且城镇化率也达到了64.7%（2021年），到2035年，将达到3/4以上[②]；同时还实现了国家科技生产力、民生生产力、文化生产力的重大飞跃。

笔者认为，我国社会的主要矛盾可以从三个方面进一步界定。一是发展不平衡。根据中国的基本国情，发展不平衡主要是指各区域、城乡、各方面发展的不平衡，特别是老少边穷地区经济社会生态发展水平相对落后，制约了全国整体发展水平的提高。在新时代，虽然中国居民收入水平持续提高，但收入差距仍然较大，实现全体人民共同富裕还存在极大的难度；基本公共服务社会保障虽已覆盖全体人口，但实现均等化也还面临很大的困难。二是发展不充分。中国在许多领域和方面还存在发展不充分的问题，如农业基础尚不稳固、农业劳动生产力相对低下、人均主要资源占有量少、生态环境保护压力大等，这些始终是社会主义现代化建设发展中亟待解决的问题。三是发展不全面。从微观方面看，马克思关于人的全面发展理论[③]认为，人的全面发展的历程和人类社会历史发展一样，是一个自然历史过程，人的发展存在不全面的问题。作为世界人口最多的国家，中国14多亿个人、5亿多户家庭之间的发展能力和水平存在极大的差异。从宏观方面看，邓小平同志提出，社会主义本质就是实现共同富裕，而中国尚未实现城乡、地区及全体人民的共同富裕，这也突出反映了社会主义建设中存在发展不全面的问题。

[①] 习近平.决胜全面建成小康社会，夺取新时代中国特色社会主义伟大胜利——在中国共产党第十九次全国代表大会上的报告[M]//中共中央党史和文献研究院.十九大以来重要文献选编：上.北京：中央文献出版社，2019: 8.
[②] 国家统计局. 2021中国统计摘要[M]. 北京：中国统计出版社，2021.
[③] 马克思初步提出人的全面发展理论，是在《1844年经济学哲学手稿》中，在《德意志意识形态》中第一次正式使用个人的全面发展，明确地提出关于人的全面发展的思想。马克思和恩格斯在《共产党宣言》中指出，人的全面发展是共产主义者的理想目标和共产主义社会的基本原则，为人的全面发展思想走向成熟奠定了坚实的基础。《政治经济学大纲》和《资本论》的问世，标志着马克思主义人的全面发展思想更加成熟。

中国现代化的过程始终面临西方霸权主义和强权政治的安全挑战，而安全是发展的前提①。为此，我们需要始终坚持"五大发展"（创新、协调、绿色、开放、共享发展），并进一步将其升级为"六大发展"（创新、协调、绿色、开放、共享、安全发展）②，充分体现出"安全和发展是一体之两翼、驱动之双轮。安全是发展的保障，发展是安全的目的"③。从社会主义现代化总体布局看，应由"四个全面"拓展为"五个全面"战略布局，即全面建设社会主义现代化、全面深化改革、全面依法治国、全面从严治党、全面参与全球治理，"五个全面"统筹协调推进，作为今后相当长时期的治国理政总方略和国内外大战略。这是因为，中国已经进入世界舞台中心，成为世界和平与发展的最大自变量和因变量，必须积极主动与国际社会和世界各国共同努力构建人类命运共同体。未来中国社会主义现代化的发展应当是相对均衡的发展，是更加充分和全面的发展，是人和社会的全面发展、全体人民的共同富裕、国家的全面安全，更是中国与世界合作共赢，中国对世界和平与发展作出更大贡献的发展。因此，我们应当正确认识和准确掌握中国社会主要矛盾的变化，这既是把握社会主义社会发展阶段的理论依据，也是基本实现社会主义现代化的实践依据。

（二）基本国情的重大变化

我国"人口多、耕地少"④⑤的人口资源国情依然没有发生变化，但是"底

---

① 习近平总书记指出：安全是发展的前提，人类是不可分割的安全共同体。事实再次证明，冷战思维只会破坏全球和平框架，霸权主义和强权政治只会危害世界和平，集团对抗只会加剧21世纪安全挑战。为了促进世界安危与共，中方愿在此提出全球安全倡议。见：习近平.携手迎接挑战，合作开创未来——在博鳌亚洲论坛2022年年会开幕式上的主旨演讲[N].人民日报，2022-04-22(01).
② 2010年8月，我们课题组为"十二五"规划研究提供了"六大发展"的基本思路：绿色发展，创新发展，协调发展，贡献发展，安全发展，共赢发展。见：胡鞍钢，鄢一龙.国家"十二五"规划：背景、思路与目标[R/M]//胡鞍钢主编.国情报告：第十三卷，2010年(上).北京：党建读物出版社：208-209；胡鞍钢，鄢一龙，唐啸，等.中国新发展理念[M].杭州：浙江人民出版社，2017: 144-162(第六章安全发展).
③ 习近平在第二届世界互联网大会开幕式上的讲话[EB/OL].(2015-12-16)[2022-03-22].http://www.xinhuanet.com/politics/2015-12/16/c_1117481089.htm.
④ 1978年，我国农业用地占世界比重为10.8%，到2019年仍仅为10.9%。计算数据来源：世界银行数据库. Agricultural land (sq. km)-China, World [DB/OL].https://data.worldbank.org/indicator/AG.LND.AGRI.K2?locations=CN-1W.
⑤ 1978年，我国总人口占世界比重为22.3%，到2019年降至18.2%。计算数据来源：世界银行数据库. Population, total-China, World [DB/OL].https://data.worldbank.org/indicator/SP.POP.TOTL?locations=CN-1W.

子薄、人均国内生产总值居世界后列"①的经济社会国情已经发生了根本性变化。1978年，中国在世界188个国家和地区中人均总国民收入位居第175位，处在世界后7%的位置上；到2019年，中国在世界194个国家和地区中上升至第73位②，处在世界人均国民总收入前38%的位置；预计到2035年，将进入世界各国人均国民总收入前20%（前40位）的位置。我们要正确认识基本国情的重大变化，以及我国在世界上地位的显著上升，这是中国实现社会主义现代化大战略的基本依据。

（三）社会主义现代化发展阶段的重大转变

1987年党的十三大报告指出，从20世纪50年代中期我国基本完成对生产资料私有制的社会主义改造，到社会主义现代化的基本实现，至少需要上百年时间，这期间都属于社会主义初级阶段③。目前，中国仍处在这一初级阶段，但社会主义社会是不断发展的，不可能总是停留在某一阶段上。2020年，中国实现第一个百年奋斗目标之后，将进入从社会主义初级阶段向较高阶段的过渡期，即需要用15年的时间，到2035年，基本实现社会主义现代化目标，达到中等发达水平。这标志着，到2035年之后，中国开始进入社会主义现代化更高的发展阶段，即中等发达阶段。更长远地看，到2049年，新中国成立100周年时，中国将全面建成富强民主文明和谐美丽的社会主义现代化强国，进入社会主义较发达阶段；到2078年，改革开放100周年时，将基本建成发达成熟定型的社会主义现代化国家；到21世纪末，中国社会主义现代化的最终目标是完成各族人民的共同愿望，铸就"中国梦"，实现中华民族伟大复兴。

笔者认为，中国特色社会主义未来不同时期的新发展阶段，将成为21世纪中国式现代化的基本大趋势，反映了社会主义发展从量变与部分质变，到再量变与质变的客观规律。笔者称之为，中国式现代化的实践论与唯物辩证法。

---

① 1978年，我国资本形成总额占世界总额比重为2.4%，到2020年提高至28.7%。计算数据来源：世界银行数据库. Gross capital formation (current US$)-China, World[DB/OL]. https://data.worldbank.org/indicator/NE.GDI.TOTL.CD?locations=CN-1W.
② 国家统计局. 2021中国统计摘要[M]. 北京：中国统计出版社，2021: 208.
③ 党的十三大报告指出，至少需要上百年时间，（中国）都属于社会主义初级阶段。见：中共中央文献研究室. 十三大以来重要文献选编：上[M]. 北京：人民出版社，1991: 12.

（四）以"全体人民为中心"的社会主义现代化

现代化一直是世界各国发展的共同愿望和主线，但是现代化并不是一种模式和道路。尽管西方国家是世界性现代化的领先者，但西方的现代化主要是物的现代化、是少数人受益的现代化，特别是少数资本集团受益的资本主义现代化，并且在不断地制造本国经济社会危机、不断地制造国际金融危机、不断制造各种战争（尤其是美国）。中国式现代化不是西方现代化的模仿版或改良版，而是社会主义现代化的创新版，与西方国家现代化的最本质的区别则是，以全体人民为中心的社会主义现代化是最具中国特色的创新型现代化。到 2020 年，中国"全面建成小康社会，一个不能少；共同富裕路上，一个不能掉队"①；到 2035 年，"城乡区域发展差距和居民生活水平差距显著缩小，基本公共服务均等化基本实现，全体人民共同富裕迈出坚实步伐"②；到 21 世纪中叶，"全体人民共同富裕基本实现，我国人民将享有更加幸福安康的生活"。中国作为世界性现代化的后来者，学习并借鉴了苏联和西方的现代化正反两方面的经验教训，在此基础上，不仅成功地自主创新了中国式现代化，而且还成功地实现了对西方国家现代化的跨越式追赶，即"仅用几十年时间就走完发达国家几百年走过的工业化历程，创造了经济快速发展和社会长期稳定两大奇迹"④。

习近平总书记指出："我国现代化同西方发达国家有很大不同。西方发达国家是一个'串联式'的发展过程，工业化、城镇化、农业现代化、信息化顺序发展，发展到目前水平用了二百多年时间。我们要后来居上，把'失去的二百年'找回来，决定了我国发展必然是一个'并联式'的过程，工业化、信息化、城镇化、农业现代化是叠加发展的。"⑤ 按不变价格计算，2019 年我

---

① 习近平. 新时代要有新气象更要有新作为，中国人民生活一定会一年更比一年好 [EB/OL].(2017-10-25)[2022-03-22].http://jhsjk.people.cn/article/29608726.
②③ 习近平. 决胜全面建成小康社会，夺取新时代中国特色社会主义伟大胜利——在中国共产党第十九次全国代表大会上的报告 [M]// 中共中央党史和文献研究院. 十九大以来重要文献选编：上. 北京：中央文献出版社，2019: 20.
④ 中共中央关于党的百年奋斗重大成就和历史经验的决议 [EB/OL].(2021-11-11)[2022-03-22].http://www.gov.cn/zhengce/2021-11/16/content_5651269.htm.
⑤ 中共中央文献研究室. 习近平关于社会主义经济建设论述摘编 [M]. 北京：中央文献出版社，2017: 159.

国工业增加值相当于1952年的1 014倍，年均增速为10.9%；发电量①相当于1952年的1 028倍，年均增速为10.9%，相当于美国发电量的比例由1.8%上升至170%；农业增加值相当于1952年的10倍，年均增速为3.5%；城镇总人口相当于1952年的12.3倍，年均增速为3.8%，均创下了世界纪录。

中国的现代化由于不是跟在别人后面亦步亦趋，而是不断地超越西方现代化模式，这一创新本质就是，以全体人民为中心的社会主义现代化。14亿中国人民既是建设现代化的主体，也是共享现代化的主体。笔者称之为，中国式全体人民的现代化。

（五）明确"六位一体"的社会主义事业总体布局

中国式现代化不局限于经济现代化，而是多样的全面的具有中国特色的现代化。从"四个现代化"（农业、工业、国防和科学技术）②，到"三步走"现代化战略③；从党的十二届六中全会确立的经济建设、政治体制改革、精神文明的"三位一体"总布局④，到2005年2月胡锦涛同志首次提出"中国特色社会主义事业总体布局"，即社会主义经济建设、政治建设、文化建设、社会建设"四位一体"⑤；再到党的十八大正式确立中国特色社会主义"五位一体"总体布局⑥。中国特色社会主义的现代化，经济建设是中心，政治建设是保障，文化建设是灵魂，社会建设是条件，生态文明建设是基础，国防建设是安全保障；它们之间相互作用、相互影响、相互支撑，是一个相互联系、相互促进的有机整体。这就是建设中国特色社会主义"六位一体"（即经济建设、政治建设、文化建设、社会建设、生态文明建设、国防建设）总体布局，有利于促进现代化建设各方面相协调，有利于促进生产关系与生产力、上层建筑与经济基础相协调，形成经济富裕、政治民主、文化繁荣、社会公平、生态良好、

---

① 列宁曾设想：共产主义就是苏维埃政权加全国电气化。中共中央马恩列斯作译局.列宁选集：第4卷[M].北京：人民出版社，2012: 364.
② 周恩来选集：下卷[M].北京：人民出版社，1984: 439，479.
③ 中共中央文献研究室.十三大以来重要文献选编：上[M].北京：人民出版社，1991: 16.
④ 十一届三中全会以来历次党代会、中央全会报告、公报、决议、决定：上[M].北京：中国方正出版社，2008: 268.
⑤ 胡锦涛文选：第二卷[M].北京：人民出版社，2016: 274.
⑥ 胡锦涛文选：第三卷[M].北京：人民出版社，2016: 619.

国防安全的发展格局，推动当代中国全面发展进步，并建设成富强民主文明和谐的社会主义现代化强国。

从"五位一体"的现代化总体布局到国家治理体系和治理能力现代化①，再到党的十九大报告提出的，到2035年基本实现国防和军队现代化②，即"六位一体"的总体布局③。这成为建设中国特色社会主义现代化总体布局的集成版、升级版，也是基本实现社会主义现代化的重要依据。笔者称之为，中国式现代化总体布局。

（六）明确"五个全面"的社会主义现代化战略布局

"四个全面"战略布局，是以习近平总书记为核心的党中央治国理政新理念新思想新战略的重要组成部分，成为党中央治国理政的全新战略布局。中国全面建成小康社会是实现第一个百年奋斗目标的重大标志，是居于引领地位的战略目标，而全面深化改革、全面依法治国是中国经济社会发展的动力系统和稳定系统，这两者如同鸟之两翼、车之双轮，推动全面建成小康社会的目标如期实现。全面从严治党，是推进"四个全面"战略布局的关键，处于核心地位。2020年之后，中国全面实现第二个百年奋斗目标就成为核心战略目标，居于引领地位。

随着中国进入世界舞台中心，全面参与全球治理，统筹协调推进"五个全面"全面战略布局，与"六位一体"现代化总体布局相互促进、统筹联动，将不断深化我们党对中国社会主义现代化建设规律的认识，是关系党和国家长远发展、中国与世界互动发展的总战略、大战略。笔者称之为，中国式现代化大战略。

---

① 《中共中央关于坚持和完善中国特色社会主义制度、推进国家治理体系和治理能力现代化若干重大问题的决定》。2019年10月31日，中国共产党第十九届中央委员会第四次全体会议通过。
② 习近平.决胜全面建成小康社会，夺取新时代中国特色社会主义伟大胜利——在中国共产党第十九次全国代表大会上的报告[M]// 中共中央党史和文献研究院.十九大以来重要文献选编：上.北京：中央文献出版社，2019: 37-38.
③ 胡鞍钢，鄢一龙，唐啸，等.中国新发展理念[M].杭州：浙江人民出版社，2017: 144-162(:第六章安全发展).

（七）迈入建设社会主义强国的新时代

笔者从现代国家发展生命周期理论角度，分析了中国共产党与中国特色社会主义现代化的百年历史发展轨迹及历史动因，及其如何成为中国社会主义现代化最大的创新者、领导者[①]。新民主主义革命（1921—1949年）终结了近代中国急剧衰落的历史，实现了从旧中国向新中国的根本转变，为进入新的国家发展生命周期创造了政治前提条件；社会主义革命和建设开启了中国现代化的准备成长期（1949—1977年），为中国现代化奠定了经济基础、社会基础、人力资本基础以及制度基础；改革开放开启了中国现代化的迅速成长期（1978—2012年），实现了经济持续高速增长，中国经济实力、贸易实力跃居世界第二；新时代则开启了中国现代化的强盛期（2012年至今），中国经济实力、科技实力、贸易实力、国防实力、综合国力跃上更大的台阶，进入世界前列和世界舞台中心[②]。

国家发展生命周期能够不断推进的核心关键就在于能否创新、能否持续地创新。不断创新是国家崛起的动因，而创新不仅指技术创新，还包括制度创新、组织创新、市场创新、文化创新、观念创新以及理论创新等。自1978年改革开放以来，中国进入一个大规模创新、加速创新、全党全国全民全军创新的时代[③]。这就构成了相互关联、相互促进的"中国创新集成"，从而就决定了现代中国发展生命周期的演变及进程。

中国从世界最大人口国发展为世界农业增加值大国（1997年）[④]，从世界制造业大国（2010年）发展为世界进出口贸易最大国（2015年），进而发展

---

① 胡鞍钢. 国家生命周期与中国崛起 [J]. 教学与研究，2006(1): 7-17；胡鞍钢. 中国共产党与中国现代化——国家发展生命周期视角 [J]. 海南大学学报 (人文社会科学版)，2021，39(4): 1-15.
② 详细分析参见：胡鞍钢. 中国与世界百年未有之大变局：基本走向与未来趋势 [J]. 新疆师范大学学报 (哲学社会科学版)，2021，42(05): 38-53, 2; 胡鞍钢. 中国科技实力跨越式发展与展望(2000—2035年)[J/OL]. 北京工业大学学报 (社会科学版): 1-15.[2022-04-26].http://kns.cnki.net/kcms/detail/11.4558.G.20211027.1047.002.html.
③ 胡鞍钢. 中国崛起之路 [M]. 北京：北京大学出版社，2007: 18-19.
④ 按2015年美元价格计算，1997年中国农业增加值相当于美国的3.8倍。数据来源：世界银行数据库. Agriculture, forestry, and fishing, value added (constant 2015 US$)-China, United States[DB/OL].https://data.worldbank.org/indicator/NV.AGR.TOTL.KD?end=2020&locations=CN-US&start=1960.

为世界经济最大国[①]。笔者称之为，中国式现代化创新集成。

（八）从"先富论"到"共同富裕论"

从发展战略的主题来看，中国社会主义现代化先后经历了不同的阶段。20世纪七八十年代，改革开放之后，以"先富论"为主题，让一部分人、一部分地区先富裕起来，在上亿人口贫穷大国中率先跨越"贫困陷阱"，先是解决了11亿人的温饱问题，而后达到了小康水平。进入21世纪之后，党的十六大明确提出"全面建设惠及十几亿人口的小康社会"的宏大目标，而不是惠及少数人口的小康社会，这标志着从"先富论"主题开始转为"共同富裕"的主题[②]。党的十八大以来，党中央举全国之力解决千百年来的绝对贫困问题，在发展中国家率先实现了联合国千年发展目标（Millennium Development Goals，MDGs），即贫困发生率比1990年减少1/2[③]，又提前10年实现了联合国可持续发展目标（Sustainable Development Goals，SDGs），消除绝对贫困，即贫困发生率降至3%以下[④]。在实现全面建成小康社会第一个百年目标之际，《建议》首次提出到2035年"全体人民共同富裕取得更为明显的实质性进展"，标志着全体人民"共同富裕"成为新时代的主题，这既是社会主义的本质要求，也是14亿人民群众的共同利益，更是符合中国特色社会主义现代化发展规律和发展阶段的。这不仅根本区别于西方现代化的模式与本质，更加凸显出中国特色社会主义现代化本质就是以全体人民为中心的现代化，也是中国式现

---

① 按2017年国际元价格计算，2017年中国GDP超过美国。数据来源：世界银行数据库. GDP, PPP (constant 2017 international $)-China, United States[DB/OL].https://data.Worldbank.org/indicator/NY.GDP.MKTP.PP.KD?end=2020&locations=CN-US&start=2000.
② 胡鞍钢. 2020中国：全面建成小康社会[M]. 北京：清华大学出版社，2012: 22.
③ 根据世界银行提供的数据，按每人每日消费收入不足1.9国际元的低贫困线标准，中国贫困发生率从1990年的66.3%下降至2002年的31.7%。数据来源：世界银行数据库. Poverty headcount ratio at $1.90 a day (2011 PPP) (% of population)-China, India[DB/OL]. https://data.worldbank.org/indicator/SI.POV.DDAY?locations=CN-IN.
④ 根据世界银行提供的数据，按每人每日消费收入不足3.2国际元的中等贫困线标准，中国贫困发生率从2002年的57.7%下降至2016年的5.4%。数据来源：世界银行数据库. Poverty headcount ratio at $3.20 a day (2011 PPP) (% of population)-China, India[DB/OL].https://data.worldbank.org/indicator/SI.POV.LMIC?locations=CN-IN. 2020年，我国现行标准下贫困人口全部脱贫。

代化得以持续成功的根本原因和目的。笔者称之为，中国式共富现代化[1]。

四、中国实现社会主义现代化的实践依据

中国实现社会主义现代化是一个社会主义理论创新问题，更是一个社会主义实践创新问题。到 2035 年，中国基本实现社会主义现代化的总目标，既是长期实践依据的总目标，也是与时俱进、不断创新、不断调整、不断充实的总目标。

中国实现社会主义现代化的大战略，最初是邓小平同志在 1987 年提出的"三步走"发展战略设想。中国改革开放后 40 余年来的发展和实践大大超过邓小平同志的战略设想，党中央也与时俱进提高了社会主义现代化的战略目标和发展指标。

1987 年，党的十三大报告对中国的基本国情作了分析，即人口多，底子薄，人均国民生产总值仍居世界后列。当时，中国突出的和普遍存在的景象是：10 亿多人口，8 亿在农村，农业生产基本上还是传统靠天吃饭、依赖手工工具劳作；仅有极少的一部分现代化工业，与大量落后于现代水平几十年甚至上百年的工业，同时存在；一部分经济比较发达的地区，同广大不发达地区和贫困地区，同时存在；少量具有世界先进水平的科学技术，同普遍的科技水平不高，文盲半文盲还占人口近 1/4 的状况，同时存在[2]。

经过改革开放的发展，特别是对照党的十三大报告对中国基本国情以及初级阶段的论述，中国社会主义现代化建设已经发生了实质性的进展，取得了令世界瞩目的翻天覆地的变化。为此，笔者从八个方面进行具体分析，展望到 2035 年基本实现社会主义现代化的国情依据。

（一）"人均居世界后列"基本国情的改变

按不变价格计算，中国人均 GDP 已经相当于 1985 年的 14.5 倍[3]，按美元

---

[1] 详细分析参见：胡鞍钢，周绍杰.2035 中国：迈向共同富裕[J].北京工业大学学报(社会科学版)，2022,22(01):1-22.
[2] 中共中央文献研究室.十三大以来重要文献选编：上[M].北京：人民出版社，1991:10-11.
[3] 国家统计局.2021 中国统计摘要[M].北京：中国统计出版社，2021:29.

与人民币现价汇率计算，人均 GDP 已从 1985 年的 294 美元上升至 2020 年的 10 435 美元[①]。中国人均国民总收入也由 1990 年世界 200 个国家和地区中的第 178 位，处在世界后 11% 的位置上不断提升。到 2019 年，中国人均国民总收入在世界 194 个国家和地区中排第 73 位，前进了 105 位[②]，从世界后列上升至世界中前列，处在世界 37.6% 的位置上。按购买力平价 2017 年国际元价格计算，中国人均 GDP 从 1990 年的 1 424 国际元上升至 2020 年的 16 316 国际元，并首次超过了世界人均水平（为 16 189 国际元），相对美国人均 GDP 的比例从 3.5% 上升至 27.1%[③]。预计在"十四五"时期，中国进入高收入阶段，到 2035 年实现人均 GDP 比 2020 年翻一番，超过 3.35 万国际元，相当于美国人均 GDP 的 2/5 以上。这是中国达到中等发达国家水平的重要标志之一，也是基本实现经济现代化的重要标志之一。

（二）"底子薄"的基本国情根本改变

1978 年，中国资本形成总额（现价美元）占世界总额的比重为 2.4%，美国是中国的 10.4 倍。而到 2010 年，中国超过美国，跃居世界首位。到 2020 年，中国占世界的比重已经提高至 28.7%，相当于美国占世界比重（19.8%）的 1.45 倍[④]，若按购买力平价 2017 国际元计算，中国资本形成总额相当于美国的 2.38 倍[⑤]，从"底子薄"转变为"底子厚"。预计到 2035 年，中国资本形成总额占

[①] 数据来源：世界银行数据库. GDP per capita (current US$)-China [DB/OL].https://data.worldbank.org/indicator/NY.GDP.PCAP.CD?end=2020&locations=CN&start=1991&view=chart.

[②] 国家统计局. 2021 中国统计摘要 [M]. 北京：中国统计出版社，2021: 208.

[③] 数据来源：世界银行数据库. https://data.worldbank.org/indicator/NY.GDP.PCAP.PP.KD?end=2020&locations=US-CN-1W&start=1990&view=chart [DB/OL].https://data.worldbank.org/indicator/NY.GDP.PCAP.PP.KD?end=2020&locations=US-CN-1W&start=1990&view=chart.

[④] 计算数据来源：世界银行数据库. Gross capital formation (current US$)-China, World, United States [DB/OL].https://data.worldbank.org/indicator/NE.GDI.TOTL.CD?locations=CN-1W-US.

[⑤] 根据 GDP(2017 国际元) 与资本形成率数据计算。数据来源：世界银行数据库. Gross capital formation (% of GDP)-World, China, United States [DB/OL].https://data.worldbank.org/indicator/NE.GDI.TOTL.ZS?end=2020&locations=1W-CN-US&start=1981&view=chart; 世界银行数据库. GDP, PPP (constant 2017 international $)-World, China, United States [DB/OL].https://data.worldbank.org/indicator/NY.GDP.MKTP.PP.KD?end=2020&locations=1W-CN-US&start=1981&view=chart.

GDP 的比重仍在 1/3 以上，占世界总额的比重在 1/3 左右，进一步转变为"底子强"。日益强大的物质资本实力是中国基本实现社会主义现代化的物质基础。

（三）"八亿人口在农村"的基本国情根本改变

中国农村人口从 2000 年的 80 837 万人降至 2021 年的 49 835 万人，而城镇人口从 45 906 万人上升至 91 425 万人，城镇人口占总人口比重从 1982 年的 20.91% 提高至 2011 年的 51.83%，以及 2021 年的 64.72%。尽管在 2020 年全国仍有流动人口 3.85 亿人，但大部分流向城镇地区，仅用了 20 多年时间，就实现了从以农村为主的社会到以城镇为主的社会的转变。预计到 2035 年，中国农村人口比重将降至 1/5 左右，城镇常住人口比重上升至 4/5 左右，接近 2020 年经济合作与发展组织（OECD）国家的比重（81%）[①]。

按不变价计算，中国农村人口 2020 年的人均可支配收入相当于 2000 年的 4.4 倍，按购买力平价（2017 年国际元）计算，每人每日收入从 6.5 国际元上升至 11 国际元，略高于世界银行高贫困线标准（每人每日 5.50 国际元），已符合世界银行中等收入水平标准（每人每日收入 10～100 国际元）。到 2035 年，中国农村人口每人每日收入将翻一番，达到 60 国际元以上。同时，中国农村居民家庭恩格尔系数将从 2000 年的 49.1% 降至 2021 年的 32.7%，到 2035 年，将降至 20% 左右。

（四）基本消除文盲人口，成为世界最大的人力资本之国

中国的文盲率从 1982 年的 22.81% 降至 2020 年的 2.67%，基本消除了文盲人口，而大专及以上人口高达 2.18 亿人，高中（含中专）人口达到 2.13 亿人，两者合计达到 4.31 亿人[②]，相当于美国总人口（2019 年 3.29 亿人）的 1.31 倍。这是中国教育现代化的巨大成果，实现了从世界最大的"文盲充斥"之国到世界最大的现代教育之国，特别是现代高等教育之国，以及人力资本之国、人力资源之国的历史性转变与跨越，成为中国式现代化最丰富、最具竞

---

① 数据来源：世界银行数据库. Urban population (% of total population)-OECD members[DB/OL]. https://data.worldbank.org/indicator/SP.URB.TOTL.IN.ZS?locations=OE.
② 国务院第七次全国人口普查领导小组办公室. 2020 年第七次全国人口普查主要数据[M]. 北京：中国统计出版社，2021: 11-12.

争力的人力资源、人才资源优势①。到2035年，中国学前三年毛入园率预计从2020年的85.2%增长至95%以上，高中阶段教育毛入学率从2020年的91.2%增长至97%以上，高等教育毛入学率从2020年的54.4%增长至75%以上，大专及以上人口从2.18亿人增长至4亿以上，全面建成人力资本强国。

（五）拥有世界最大规模的社会保障体系

中国整体上实现了病有所医、老有所养、住有所居、弱有所扶的民生保障目标，健康指标率先达到OECD国家水平。2020年，中国婴儿死亡率降至5.4‰，已低于OECD国家的5.90‰（2019年数据）；5岁以下儿童死亡率下降至7.5‰，已接近OECD国家的7.0‰（2019年数据）；孕产妇死亡率降至16.9/10万，也低于OECD国家的18/10万（2017年数据）。到2035年，我国主要健康指标将达到世界较先进水平。2021年年末，全国参加城镇职工基本养老人数达到48 075万人，参加城乡居民基本养老保险人数达54 797万人，参保率为91%；参加基本医疗保险人数达到136 424万人，参保率在95%以上②。到2035年，城乡均将实现基本养老保险全体人口全覆盖。这充分体现了社会主义国家制度的优越性以及"以全体人民为中心"的现代化优势。

（六）2035年将达到世界中等发达国家水平

党的十九大报告首次明确提出，到2035年，中国基本实现社会主义现代化，经济实力、科技实力将大幅跃升，跻身创新型国家前列。习近平总书记在党的十九届五中全会上指出，从2020年到2035年，经济总量或人均收入翻一番的目标，是完全有可能的③。笔者预计，中国人均GDP（购买力平价，2017年国际元），将从2020年的1.63万国际元增长为2035年的超过3.35万国际元，中国的人类发展指数（HDI）将从2019年的0.761（高于高人类发展

---

① 胡鞍钢.中国式现代化与人力资本跨越发展(1950—2035)[R].北京：清华大学，2022.
② 国家统计局.2021中国统计摘要[M].北京：中国统计出版社，2021.
③ 中共中央关于制定国民经济和社会发展第十四个五年规划和二〇三五年远景目标的建议[M].北京：人民出版社，2020: 72.

水平组的平均值 0.753）①增长至 2035 年的 0.850 以上，达到世界中等发达国家水平。

1987 年，党的十三大报告关于"我们今天仍然远没有超出社会主义初级阶段"②的结论，是符合当时中国国情的。笔者认为，当中国全面实现第一个百年奋斗目标之后，再经过 15 年的过渡期，至 2035 年从初级阶段走向更高发展阶段的结论，也是符合中国的发展现状和实际情况的。

（七）即将成为世界最大的高收入国家

从所处世界地位变化的角度看，中国由世界最贫穷的大国转变为世界最大的发展中国家，成为世界最大的新兴经济体③；即将从世界最大的中高收入国家升级为世界最大的高收入国家（"十四五"时期）、最大的中等发达国家（2035 年）、最强大的现代化国家（2049 年）。与此同时，中国已经成为世界经济增长、农业增长④、工业增长⑤、国际贸易增长⑥、科技创新⑦的最大发动机

---

① 中国人类发展指数从 2010 年的 0.699 上升至 2019 年的 0.761，年均增速为 0.95%，在世界的排位为第 85 位。见：UNDP. Human Development Report 2020[R/OL].https://www.hdr.undp.org/sites/default/files/hdr2020_cn.pdf.
② 中共中央文献研究室.十三大以来重要文献选编：上[M].北京：人民出版社，1991.
③ 笔者关于新兴经济体的定义，是指发展中大国 GDP(购买力平价，2017 国际元) 占世界比重超过 1.0%。世界有 10 大新兴经济体，2017 年，中国 GDP 占世界总量比重为 16.4%，印度为 6.7%，俄罗斯为 3.2%，巴西为 2.5%，印度尼西亚为 2.4%，墨西哥为 2.1%，土耳其为 1.9%，沙特阿拉伯为 1.3%，伊朗为 1.1%，埃及为 1.1%，合计占世界的 38.7%。计算数据来源：世界银行数据库. GDP, PPP (constant 2017 international $)-World, China, India, Indonesia, Saudi Arabia, Russian Federation, Brazil, Mexico, Turkiye, Iran, Islamic Rep., Egypt, Arab Rep. [DB/OL].https://data.worldbank.org/indicator/NY.GDP.MKTP.PP.KD?end=2020&locations=1W-CN-IN-ID-SA-RU-BR-MX-TR-IR-EG&start=1990&view=chart.
④ 2020 年中国农业增加值 (2015 年美元价格) 占世界总量的比重为 30.3%。计算数据来源：世界银行数据库. Agriculture, forestry, and fishing, value added (constant 2015 US$)-China, World [DB/OL].https://data.worldbank.org/indicator/NV.AGR.TOTL.KD?locations=CN-1W.
⑤ 2020 年中国工业和建筑业增加值 (2015 年美元价格) 占世界总量的比重为 26.1%。计算数据来源：世界银行数据库. Industry (including construction), value added (constant 2015 US$)-China, World [DB/OL].https://data.worldbank.org/indicator/NV.IND.TOTL.KD?locations=CN-1W.
⑥ 2020 年，中国货物进出口贸易额占世界总量的比重为 14.7%。计算数据来源：世界贸易组织。引自：国家统计局.2021 中国统计摘要[M].北京：中国统计出版社，2021: 206.
⑦ 胡鞍钢.中国科技实力跨越式发展与展望 (2000—2035 年)[J/OL]. 北京工业大学学报(社会科学版): 1-15.[2022-04-22].http://kns.cnki.net/kcms/detail/11.4558.G.20211027.1047.002.html.

和贡献者，成为对世界发展作出越来越大贡献的国家。

（八）从中国和平发展到为世界和平发展作出贡献

与世界其他现代化强国最大的不同之处是，中国不是靠建立殖民地附属国（如英国）、对外发动战争（如日本、美国）强大起来的，也不是靠标榜自由民主人权独霸世界[①]，而是靠改革开放自力更生、自主创新的中国式现代化强大起来的，是靠对人类发展作出巨大贡献来赢得世界。

总之，中国在实现第一个百年奋斗目标之后，党中央提出了实现第二个百年奋斗目标分两个阶段推进的战略安排。从2020年到2035年，中国基本实现社会主义现代化，从2035年到21世纪中叶，建设成社会主义现代化强国。届时，中国的物质文明、政治文明、精神文明、社会文明、生态文明将全面提升，实现国家治理体系和治理能力现代化，成为综合国力和国际影响力领先的国家，全体人民共同富裕基本实现。同时，中国人民将享有更加幸福安康的生活，中华民族将以更加昂扬的姿态屹立于世界民族之林[②]。正如习近平总书记所言："全面建设社会主义现代化国家、基本实现社会主义现代化，既是社会主义初级阶段我国发展的要求，也是我国社会主义从初级阶段向更高阶段迈进的要求。"[③]中国开启新的过渡阶段，从社会主义初级阶段向中等发达阶段的过渡时期，至少要花上15年的时间，用3个五年规划逐步过渡到这一更高水平的新阶段。

五、中国式现代化的长远趋势

历史的经验是值得注意的，历史的教训也是值得汲取的。早在1953年12月，毛泽东同志就指出："从中华人民共和国成立，到社会主义改造基本完成，这是一个过渡时期。党在这个过渡时期的总路线和总任务，是要在一个相当长的时期内，逐步实现国家的社会主义工业化，并逐步实现国家对农业、

[①] 中华人民共和国国务院新闻办公室.2021年美国侵犯人权报告[EB/OL].(2022-02-28)[2022-03-22].https://baijiahao.baidu.com/s?id=1725990688912379722&wfr=spider&for=pc.
[②] 中共中央关于党的百年奋斗重大成就和历史经验的决议(2021年11月11日中国共产党第十九届中央委员会第六次全体会议通过)[M].北京：人民出版社，2021: 74.
[③] 习近平.把握新发展阶段，贯彻新发展理念，构建新发展格局[J].求是，2021(9): 4-18.

手工业和资本主义工商业的社会主义改造。"①他还特别指出要完成这个任务，大约需要经过3个五年规划，就是大约15年左右的时间（从1953年算起，到1967年基本上完成，加上经济恢复时期的3年，则为18年，且这18年中已经过去了4年——引者注），到那时，中国就可以基本上建设成为一个伟大的社会主义国家②。新中国成立后，到1956年完成了三大改造，正式宣布进入社会主义社会。1987年，党的十三大报告指出："我国从五十年代生产资料私有制的社会主义改造基本完成，到社会主义现代化的基本实现，至少需要上百年时间，都属于社会主义初级阶段。"③。

"风物长宜放眼量。"④中国在经历了70多年社会主义现代化建设，尤其是在如期实现第一个百年奋斗目标后，基本完成了社会主义初级阶段的主要任务，开始进入新的过渡时期，从社会主义初级阶段逐步渐进过渡到更高的新阶段——社会主义中级阶段，需要用15年时间、3个"五年规划"才能如期实现这一过渡。中国式现代化的基本趋势就是，到2035年，基本实现社会主义现代化，成为中等发达国家；到2049年，全面建成富强民主文明和谐美丽的社会主义现代化强国，成为比较发达国家，即第二个百年奋斗目标；到2078年，全面建成社会主义现代化发达国家，即第三个百年奋斗目标；到21世纪末，最终目标是实现中国各族人民的共同愿望，铸就"中国梦"——中华民族伟大复兴。

---

①② 毛泽东文集:第六卷[M]. 北京:人民出版社，1999: 316-317.
③ 中共中央文献研究室.十三大以来重要文献选编:上 [M]. 北京: 人民出版社，1991: 12.
④ 毛泽东.七律·和柳亚子先生(1949年4月19日)[J]. 诗刊，1957(1).

2035 中国：迈向共同富裕*

胡鞍钢　周绍杰

党的十九届五中全会提出，"到二〇三五年基本实现社会主义现代化远景目标，全体人民共同富裕取得更为明显的实质性进展"。本文聚焦于共同富裕的理论和实践问题，基于马克思主义政治经济学理论，全面阐述共同富裕的深刻内涵、实现目标与途径，以及设计指标体系与评估方法。展望中国未来15年的发展，对"十四五"至2035年共同富裕发展相关的经济社会目标作出中长期预测；探讨新时代中国实现共同富裕面临的机遇和挑战、总体目标与发展目标、政策建议及世界意义；提出分步骤、分阶段实现共同富裕的战略路径、重大任务、关键措施；以期解决缩小地区、城乡、收入三大差距等问题，实现基本公共服务均等化目标，为人类破解贫富差距提供中国经验。

一、中国进入共同富裕新阶段

"两个一百年"奋斗目标是中华民族实现伟大复兴的两大重要里程碑，也是中国建设社会主义现代化的两个阶段目标。1979年，邓小平提出"小康社

---

* 基金项目：中宣部全国哲学社会科学工作办公室国家高端智库专项项目(20155010298)，清华大学文科"双高"专项项目(53120600119)。本文原载于《北京工业大学学报(社会科学版)》2022年第22卷第1期第1-22页，人大复印报刊资料《体制改革》2022年05期全文转载。

会"，用"小康之家"刻画中国式的现代化①。由此，"小康社会"成为改革开放40多年以来中国发展的关键词，全面建成小康社会也成为中国"第一个百年"的奋斗目标，而消除绝对贫困则是全面建成小康社会的关键性标志。

中国已经进入"第二个百年"奋斗目标的新发展阶段。党的十九届五中全会通过的《中共中央关于制定国民经济和社会发展第十四个五年规划和二〇三五年远景目标的建议》(简称《建议》)②，对2035年远景目标进行了展望，提出了2035年基本实现社会主义现代化的基本特征和主要任务："到2035年，人均国内生产总值达到中等发达国家，中等收入群体显著扩大，基本公共服务实现均等化，城乡区域发展差距和居民生活水平差距显著缩小，全体人民共同富裕取得更为明显的实质性进展。"③习近平总书记在关于《建议》的说明中指出："我们必须把促进全体人民共同富裕摆在更加重要的位置，脚踏实地，久久为功，向着这个目标更加积极有为地进行努力。"④他还特别强调，这样表述，在党的全会文件中还是第一次⑤。这表明，2035年中国迈向共同富裕新阶段，是未来中国社会主义现代化建设的长期目标⑥。

因此，继全面建成小康社会后，实现全体人民"共同富裕"具有长期性、复杂性、艰巨性，将是未来中国经济社会发展的重大核心目标，并将成为党领导人民在新时代中国特色社会主义建设中的新战略、新目标、新任务，同时也将成为基本实现社会主义现代化的关键性标志。

为此，本文以"全体人民共同富裕取得更为明显的实质性进展"为主题，力图阐释2035年中国建设迈向共同富裕社会的新阶段，探究党中央为何提出共同富裕的宏大目标，共同富裕的理论基础是什么？中国作为具有社会主

---

① "小康社会"是邓小平在规划中国经济社会发展蓝图时提出的战略构想。1979年12月6日，邓小平在会见日本时任首相大平正芳时说："我们要实现的四个现代化，是中国式的四个现代化。我们的四个现代化的概念，不是像你们那样的现代化的概念，而是'小康之家'。"
② 中共中央关于制定国民经济和社会发展第十四个五年规划和二〇三五年远景目标的建议，2020年10月29日中国共产党第十九届中央委员会第五次全体会议通过。
③ 本书编写组.党的十九届五中全会《建议》学习辅导百问[M].北京：党建读物出版社，学习出版社，2020：12.
④⑤ 习近平.关于《中共中央关于制定国民经济和社会发展第十四个五年规划和二〇三五年远景目标的建议》的说明[M]//本书编写组.党的十九届五中全会建议学习辅导百问.北京：党建读物出版社，学习出版社，2020：57.
⑥ 胡鞍钢，鄢一龙，魏星.2030中国：迈向共同富裕[M].北京：中国人民大学出版社，2012.

义性质的发展中国家是如何追求并实践共同富裕的？新时代中国实现共同富裕的目标有哪些有利条件，面临哪些重大挑战？实现共同富裕总体目标和基本思路是什么，有哪些具体阶段性发展目标和指标，又有哪些重大任务和重点政策？

二、共同富裕的理论基础

（一）共同富裕是马克思主义政治经济学的价值要求

马克思主义产生的时代基础是，西方工业化先行国家在工业化初期出现的资本对于劳动的残酷剥削。然而，人类社会在科技高度发达的今天，贫富差距仍旧是西方主要发达国家的发展痼疾，也是其产生社会矛盾的基本原因之一。从人类社会的发展看，控制贫富差距是任何时代、任何社会发展所必须考虑的重大问题，反映了社会分配的公平正义，且受收入分配制度影响；而收入分配制度是一个国家基本经济制度的组成部分，受诸多与生产关系相关的制度影响。虽然人类社会实现共同富裕体现的是社会分配领域的公平正义，但只有在特定的发展阶段与社会制度下才有可能实现。

在社会主义制度下，社会分配的基本原则是"各尽所能，按劳分配"。这虽是社会主义公有制的具体实现形式和社会主义物质利益原则的正确体现，但并不是人类社会最为理想的分配原则。根据马克思主义政治经济学，收入分配的结果受生产关系影响，而生产力对生产关系起着决定作用，因而收入分配制度也同样受生产力发展影响。从生产力发展看，我国改革开放40多年的社会主义建设实践证明，社会主义市场经济体制符合现阶段生产力发展的要求，而且多种经济成分并存的现实情况决定了我们只能实行以按劳分配为主体、多种分配原则并存的分配方式[1]。随着生产力的进一步发展，马克思和恩格斯设想，在未来社会中，"生产将以所有的人富裕为目的是未来新社会的显著特征"[2]。由此可知，共同富裕是马克思主义追求的一个基本目标，是社会主义革命和建设的根本目的，也是社会主义现代化的重要标志。然而，中国

---

[1] 徐光春. 马克思主义大辞典 [M]. 武汉：崇文书局，2017: 193-194.
[2] 马克思. 1857—1858年经济学手稿 [M]// 马克思恩格斯全集：第31卷. 中共中央马克思恩格斯列宁斯大林编译局，译. 北京：人民出版社，1998: 104.

人口众多、城乡地区发展不平衡，长期处于社会主义初级阶段。我们要想实现全体人民共同富裕的目标，则具有长期性、艰巨性、挑战性，只能在长期的发展实践中不断创新，积极探索适合中国国情的实现路径。

（二）共同富裕是中国特色社会主义理论体系的基本构成要素和重要组成部分

总体而言，共同富裕是中国共产党立党及执政的思想基础和奋斗目标。中国作为世界上曾经最贫穷的人口大国，中国共产党带领全体人民实现共同富裕，是其长期执政的核心目标和主线。然而，在极低生产力发展水平起点上，中国共产党要实现共同富裕，在不同发展阶段有着不同的政策主张和实践。

1949年，中华人民共和国成立后，以毛泽东为核心的第一代领导人建立了社会主义制度，并最先倡导共同富裕论。1953年12月，毛泽东主持起草的《中国共产党中央委员会关于发展农业生产合作社的决议》提出了"共同富裕"[①]，目的是引导广大农民走社会主义农业生产合作化道路，从而达到城市工人生活水平的过程和结果。1955年10月，毛泽东创意性地提出了实现社会主义的共同富裕、共同强大的宏伟设想。他指出："我们的目标要使我国比现在大为发展，大为富，大为强。我们实行这么一种制度（指社会主义制度——引者注），这么一种计划（指第一个五年计划——引者注），是可以一年一年走向更富更强的，一年一年可以看到更富更强些，而这个富，是共同的富，这个强，是共同的强……这种共同富裕，是有把握的，不是什么今天不晓得明天的事。"[②]可见，毛泽东把共同富裕与社会主义制度以及实行计划经济联系起来，认为只有实行社会主义制度，才能使人民（特别是占总人口绝大多数的农民）富裕起来、国家强大起来。我国当时主要通过国家工业化、实行计划经济等，作为实现民富国强的主要手段。

20世纪七八十年代，我国改革开放以后，邓小平领导全党科学评价毛泽

---

① 《中国共产党中央委员会关于发展农业生产合作社的决议》指出，不断地在社员中进行关于社会主义（没有人剥削人，而使大家都富裕起来）和资本主义（最少数人剥削大多数人，而使大多数人贫穷，只有很少的人富裕）两条新旧不同道路的教育。见：中共中央文献研究室.建国以来重要文献选编：第4册[M].北京：中央文献出版社，2011：584-585.

② 毛泽东文集：第六卷[M].北京：人民出版社，1999：495-496.

东思想，重新确立实事求是的思想路线，重新认识马克思主义、重新认识社会主义，为中国的改革开放开辟了新局面。邓小平对共同富裕作出两大理论贡献：一是邓小平总结了社会主义的本质，即解放生产力，发展生产力，消灭剥削，消除两极分化，最终达到共同富裕。明确把共同富裕作为社会主义的本质之一。二是邓小平提出了"先富论"，即"让一部分人和一部分地区先富起来，目的是实现共同富裕"。"先富论"承认了在生产力水平比较低的情况下，我国是难以实现同步富裕的。显然，中国在生产力水平极低的发展阶段，更快地发展社会生产力具有非凡的现实意义。邓小平辩证地看待社会主义关于生产力和共同富裕的两大特征。一方面，他把"让一部分人先富起来"作为"最终实现共同富裕"的必经发展阶段；另一方面，对社会出现贫富两极分化则高度警惕。1990年年底，邓小平说，如果搞两极分化，民族矛盾、区域间矛盾、阶级矛盾都会发展，相应的中央和地方的矛盾就会发展，就可能出乱子[①]。邓小平在改革开放初期的顶层设计，为中国建立社会主义市场经济体制指明了改革方向，为解放和发展生产力确立了经济制度保障，开启了迄今为止长达40多年的经济高速增长奇迹。

2002年11月，江泽民在党的十六大报告中强调贯彻"三个代表"重要思想时指出："制定和贯彻党的方针政策，基本着眼点是要代表最广大人民的根本利益，正确反映和兼顾不同方面群众的利益，使全体人民朝着共同富裕的方向稳步前进。"[②]2007年10月，胡锦涛在党的十七大报告中提出了"科学发展观"，其核心是"以人为本，树立全面、协调、可持续的科学发展观"，提出"要始终把实现好、维护好、发展好最广大人民的根本利益作为党和国家一切工作的出发点和落脚点，尊重人民主体地位，发挥人民首创精神，保障人民各项权益，走共同富裕道路，促进人的全面发展，做到发展为了人民、发展依靠人民、发展成果由人民共享"[③]。

2012年11月党的十八大召开，标志着中国特色社会主义进入新时代。习近平总书记紧紧围绕中国特色社会主义这一主题，既着眼于基本国情与发展格局，提出了许多重大论断、重要思想；同时又着眼于提升治国理政的系统

---

① 邓小平文选：第三卷[M]. 北京：人民出版社，1993: 364.
② 江泽民文选：第三卷[M]. 北京：人民出版社，2006: 540.
③ 胡锦涛文选：第二卷[M]. 北京：人民出版社，2016: 624.

性和效能，推出了许多重大实践创新；由此，逐步形成了习近平新时代中国特色社会主义思想。习近平新时代中国特色社会主义思想的核心内容可以总结为"八个明确"①和"十四个坚持"，创新了有中国特色的社会主义理论，为实现中华民族伟大复兴的中国梦提供了"路线图"和"方法论"。在"八个明确"中，习近平总书记要求"明确新时代我国社会主要矛盾是人民日益增长的美好生活需要和不平衡不充分的发展之间的矛盾，必须坚持以人民为中心的发展思想，不断促进人的全面发展、全体人民共同富裕"②，对我国主要矛盾的重新表述是习近平新时代中国特色社会主义思想的重要理论创新之一。其中，"不平衡"包括了城乡发展不平衡、区域发展不平衡、收入分配不公平，"不充分"意味着生产力发展、民生发展、科学技术发展等方面仍需要进一步提升。因此，我国要解决社会主要矛盾就必须推进实现共同富裕。在"十四个坚持"中，习近平总书记提出了"坚持以人民为中心""坚持新发展理念""坚持在发展中保障和改善民生"等③，都包含了共同富裕的要求。其中，"坚持以人民为中心"要求把人民对美好生活的向往作为奋斗目标，是推进和实现共同富裕的必然要求；"坚持新发展理念"明确要"坚持和完善我国社会主义基本经济制度和分配制度"，是推进和实现共同富裕的制度基础；而"坚持在发展中保障和改善民生"，就是"必须多谋民生之利、多解民生之忧，在发展中补齐民生短板、促进社会公平正义……保证全体人民在共建共享发展中有更多获得感，不断促进人的全面发展、全体人民共同富裕"。

总之，中国共产党所坚持创新的共同富裕理论与社会实践，是对中国特色社会主义现代化理论的重大贡献，成为21世纪全球性现代化大趋势的"中国道路"，为发展中国家实现现代化提供了"中国案例"和"中国经验"。正如习近平总书记所总结的，我国现代化是人口规模巨大的现代化，是全体人民共同富裕的现代化，是物质文明和精神文明相协调的现代化，是人与自然

---

① 编者注：2021年11月党的十九届六中全会通过《中共中央关于党的百年奋斗重大成就和历史经验的决议》用"十个明确"对习近平新时代中国特色社会主义思想的核心内容进一步作出系统性概括。本文因成稿时间较早，作者基于党的十九大报告中概括的"八个明确"进行了阐述。

②③ 习近平.决胜全面建成小康社会 夺取新时代中国特色社会主义伟大胜利——在中国共产党第十九次全国代表大会上的报告 [M]// 中共中央文献研究室.十九大以来重要文献选：上.北京：中央文献出版社，2019.

和谐共生的现代化,是走和平发展道路的现代化①。这将是新时代中国实现对几百年西方资本主义现代化的全面超越,更是社会主义现代化的伟大创新,也为21世纪人类发展开拓出一条前所未有的共同富裕的现代化新路。

中国共产党提出实现全体人民共同富裕理论有着深刻的基本内涵,包含三个重要原则:一是全体人民各尽所能,共同发展经济社会文化生态,共同创造经济社会文化生态财富;二是全体人民各得其所,共同建设,共同互助,共同富裕;三是全体人民和谐共享,实现人的全面发展和社会的全面进步,共同分享改革发展成果和幸福美好生活。

尤其需要强调的是,共同富裕不是搞"平均主义",更不是搞"大锅饭",而是倡导和激励全体人民劳动致富、创新致富、创业致富,并且使全体人民的获得感、幸福感、安全感更加充实、更有保障、更可持续,使改革开放的发展成果更多、更公平地惠及全体人民。

三、共同富裕的中国实践

中华人民共和国成立以来的发展实践表明,中国人民在70多年不同的历史发展时代,在国家经济发展历程中都获得了经济社会福利的改善。因而,共同富裕始终是中国共产党执政的基本遵循,但共同富裕的实现方式、实现程度和表现形式在不同的发展阶段有所不同。

(一)社会主义建设时代:1949—1977年

中华人民共和国成立之初,保卫新生政权、赢得国家独立自主是中国共产党的首要历史任务。这在客观上要求中国必须在经济发展极其落后、工业化基础极其薄弱的条件下,开启前所未有的工业化建设,尤其要通过重工业项目的建设奠定工业化和国防工业的基础。为此,中国确立实行计划经济体制,在20世纪50年代初期,完成了"三大改造"②,建立了社会主义的经济基础,并消灭了剥削。我国在计划经济体制之下,由于工业化发展对于资本

---

① 习近平.把握新发展阶段,贯彻新发展理念,构建新发展格局[J].求是,2021(9):7-8.
② 社会主义三大改造是指中华人民共和国成立初期,中国共产党在全国范围内组织的对农业、手工业和资本主义工商业进行的社会主义改造,实现了把生产资料私有制转变为社会主义公有制的任务。

积累的需要，计划经济系统不得不压缩居民消费，致使居民收入和消费增长速度相对较慢。按照不变价格计算，1952—1978年，中国人均国内生产总值（GDP）增长率为4.1%，其中城市居民和农村居民人均消费增长率分别为3.0%和1.8%。在此期间，广大人民还普遍生活在贫困状态之下，既谈不上富裕，更谈不上共同富裕，但城乡居民的经济状况总体还是得到了很大的改善和提升。

在这一发展时期，尽管我国经济领域的平均主义对经济发展产生负面作用，但是在促进社会领域的进步方面，为人民创造了公平发展的机会。例如，我国大力发展教育、扫除青壮年文盲和建立农村合作医疗等制度，不仅促进了社会公平正义，还为改革开放后经济实现快速增长奠定了人力资本基础[1]。毛泽东在探索社会主义发展规律及理论方面，不仅给世人留下了宝贵经验和深刻教训，而且也启迪后人探索中国在社会主义初级阶段如何发展创新，并迈向共同富裕之路。

（二）建立和完善社会主义市场经济时代：1978—2012年

20世纪七八十年代，我国改革开放初期的基本国情仍是人口多、耕地少、底子薄，人均国民总收入居世界后列[2]。当时，中国不仅是世界上农村人口最多的国家[3]，而且还是世界上贫困人口最多的国家[4]。如何破解这一世界性发展难题，国际社会的历史发展经验并没有给我们提供现成的答案。邓小平明确提出

---

[1] 1952年中央扫除文盲工作委员会成立。1956年全国扫除文盲协会成立。1956年，中共中央、国务院发布的关于《扫除文盲的决定》指出，扫除文盲是我国文化上的一个大革命，也是国家进行社会主义建设中的一项极为重大的政治任务。

[2] 1978年，我国人均国民总收入为200美元（现价），仅相当于世界人均水平（1929美元）的10.4%，在世界188个国家和地区中排位第175位，处在世界最后的6.9%的位置。见：国家统计局. 2021中国统计摘要[M]. 北京：中国统计出版社，2021: 208；世界银行数据库. GNI per capita, Atlas method (current US$)-China, World [DB/OL]. https://data.worldbank.org/indicator/NY.GNP.PCAP.CD?end=2019&locations=CN-1W&start=1978.

[3] 1978年，我国农村人口占世界比重为29.8%。世界银行数据库. 农村人口-China, World [DB/OL]. https://data.worldbank.org.cn/indicator/SP.RUR.TOTL?end=2015&locations=CN-1W&start=1960&view=chart.

[4] 按每人每日消费支出小于1.90国际元的贫困线标准，1981年中国贫困发生率为88.3%，贫困人口高达8.84亿人，占世界贫困人口总数的46.45%。世界银行数据库. Poverty gap at $1.90 a day (2011 PPP) (%)-China [DB/OL]. http://data.worldbank.org/indicator/SI.POV.GAPS?locations=CN.

"贫穷不是社会主义",社会主义的目的就是要彻底消除贫困,并创造性地提出了"先富论"的发展策略,让一部分人、一部分地区先富裕起来,先富带动后富①。我国改革开放40多年的实践已经向全世界证明,中国在极低收入国家中率先突破"贫困陷阱",为世界提供了最有效的发展途径和"中国经验"。

从1978年到1990年,我国仅用12年时间,基本解决了8.4亿农村人口(中国农村人口占世界总数比重高达27.8%)的温饱问题,人均粮食产量从317公斤提高至390公斤,农村贫困人口及贫困发生率大幅度下降②。为此,邓小平在1990年明确提出:"社会主义不是少数人富起来、大多数人穷,不是那个样子。社会主义最大的优越性就是共同富裕,这是体现社会主义本质的一个东西。"③1992年,他进一步指出:"社会主义的本质,是解放生产力,发展生产力,消灭剥削,消除两极分化,最终达到共同富裕。""走社会主义道路,就是逐步实现共同富裕。"④我国经济发展水平的提升不仅要分阶段、分步骤,还要分地区、分城乡等;同时也是趋同的,而不是趋异的。1992年,党的十四大明确提出坚持按劳分配为主体,其他分配方式为补充,兼顾效率与公平。1993年9月16日,邓小平再次提出共同富裕的时代主题,认为"十二亿人口怎样实现富裕,富裕起来以后财富怎样分配,这都是大问题。题目已经出来了,解决这个问题比解决发展起来的问题还困难"⑤。他创造性地提出了实现共同富裕的路线图,即"分两步走"。第一步,是"先富论","让一部分人先富起来";第二步,是"共同富裕论","先富带动后富,最终达到共同富裕"⑥。由此,中国的发展形成了两个阶段:1978—2001年期间,以"先富论"

---

① 1984年10月,党的十二届三中全会通过的《中共中央关于经济体制改革的决定》提出,允许一部分人、一部分地区通过勤奋劳动与合法经营先富起来,先富带动后富,最终走向共同富裕。
② 按1978年我国农村贫困标准,全国农村贫困人口从1978年的2.5亿人下降至1990年的8500万人,贫困发生率从30.7%降至9.4%。见:国家统计局.2021中国统计摘要[M].北京:中国统计出版社,2021:69.若按每人每日消费支出小于1.90国际元贫困线标准,到1990年我国贫困发生率下降至66.6%,贫困人口减少至7.61亿人,占世界比重降至41.16%.世界银行数据库. Poverty gap at $1.90 a day (2011 PPP) (%)-China [DB/OL]. https://data.worldbank.org/indicator/SI.POV.GAPS?locations=CN.
③ 邓小平文选:第三卷[M].北京:人民出版社,1993:364.
④ 邓小平文选:第三卷[M].北京:人民出版社,1993:373.
⑤ 中共中央文献研究室.邓小平年谱(1975—1997):下卷[M].北京:中央文献出版社,2004:1364.
⑥ 邓小平文选:第三卷[M].北京:人民出版社,1993:195.

为主题；2002年之后，以"共同富裕论"为主题①。

江泽民、胡锦涛都把共同富裕作为实现全面建设小康社会的重要目标。1997年9月，党的十五大提出实行按劳分配与按要素分配相结合的分配方式，强调效率优先、兼顾公平。2000年，中国提前实现了邓小平提出的国民生产总值翻两番的战略目标，人民生活总体上实现了由温饱到小康的历史性跨越。进入21世纪，我国从"先富论"进入"共富论"新阶段，并将进入共同富裕新阶段。因而，"先富论"是实现"共富论"目的的主要途径；没有"先富论"，在极低收入条件下就很难突破"贫困陷阱"；只有通过"先富论"，才能突破"贫困陷阱"，才能逐步走向"共富论"阶段。我国人民生活从总体上实现了由温饱到小康的历史性跨越之后，2002年11月，党的十六大报告明确提出，到2020年，我国全面建设惠及十几亿人口的更高水平的小康社会目标②。2007年10月，党的十七大报告提出"以人为本"的科学发展观，坚持全面可持续发展，到2020年，我国实现绝对贫困现象基本消除，人民富裕程度普遍提高的目标③。

（三）中国特色社会主义进入新时代：2012年之后

自2012年11月党的十八大召开以来，中国特色社会主义进入新时代，党的理论创新与治国理政的实践创新成为重要特征，其中推进共同富裕是这一阶段的重大发展任务④。同年11月17日，习近平总书记在十八届中央政治局第一次集体学习中明确提出，共同富裕是中国特色社会主义的根本原则，所以必须使发展成果更多更公平惠及全体人民，朝着共同富裕方向稳步前进⑤。

2015年10月，习近平总书记明确提出共享发展理念，共享是中国特色

---

① 胡鞍钢.构建中国大战略："富民强国"的宏大目标[R].国情报告，2002.
②③ 中共中央文献研究室.十六大以来重要文献选：上[M].北京：中央文献出版社，2004: 14.
④ 2030年的中国社会是一个共同富裕社会，也是一个大同世界，主要包括三个方面的内容：一是中国的共同富裕社会；二是中国与世界共同繁荣；三是人与自然共生共荣。见：胡鞍钢，鄢一龙，魏星.2030中国：迈向共同富裕[M].北京：中国人民大学出版社，2012: 11-13.
⑤ 中央宣传部，中央文献研究室，中国外文局.习近平谈治国理政[M].北京：外文出版社，2014: 13.

社会主义的本质要求。他强调，必须坚持发展为了人民、发展依靠人民、发展成果由人民共享，作出更有效的制度安排，使全体人民在共建共享发展中有更多获得感，增强发展动力，增进人民团结，朝着共同富裕方向稳步前进①。他还指出："广大人民群众共享改革发展成果，是社会主义的本质要求，是我们党坚持全心全意为人民服务根本宗旨的重要体现。我们追求的发展是造福人民的发展，我们追求的富裕是全体人民共同富裕。改革发展搞得成功不成功，最终的判断标准是人民是不是共同享受到了改革发展成果。"②在习近平总书记的领导下，到 2020 年，中国完成了脱贫攻坚任务，消除全部绝对贫困人口，实现全面建成小康社会的宏伟目标，本质就是实践共同富裕。

我国在完成全面建成小康社会的宏伟目标之后，习近平总书记又提出实现全体人民共同富裕，将其作为长期发展任务。2020 年 10 月，习近平总书记在党的十九届五中全会上阐述了关于促进全体人民共同富裕的思想，指出："共同富裕是社会主义的本质要求，是人民群众的共同期盼。我们推动经济社会发展，归根结底是实现全体人民共同富裕……随着我国全面建成小康社会、开启全面建设社会主义现代化新征程，我们必须把促进全体人民共同富裕摆在更加重要的位置，脚踏实地，久久为功，向着这个目标更加积极有为地进行努力。"③ 2021 年 2 月，习近平总书记进一步提出系统、完整的共同富裕理论，强调坚持以人民为中心的发展思想，坚定不移走共同富裕道路。"治国之道，富民为始。"我们始终坚定人民立场，强调消除贫困、改善民生、实现共同富裕是社会主义的本质要求，是我们党坚持全心全意为人民服务根本宗旨的重要体现，是党和政府的重大责任④。

（四）中国推进共同富裕的进程演变、基本国情、发展规律

2021 年 7 月，在中国共产党成立 100 周年之际，中国在第一个百年完

---

① 中共中央文献研究室.十八大以来重要文献选：中[M].北京：中央文献出版社，2016：793.
② 中共中央召开党外人士座谈会习近平主持并发表重要讲话[N].人民日报，2015-10-31(1).
③ 习近平.关于《中共中央关于制定国民经济和社会发展第十四个五年规划和二〇三五年远景目标的建议》的说明[N].人民日报，2020-11-4(1).
④ 习近平.在全国脱贫攻坚总结表彰大会上的讲话[EB/OL].(2021-02-25)[2021-08-30]. http://jhsjk.people.cn/article/32037154.

成了全面建成小康社会的伟大目标。在不同发展阶段，我们党对于"小康水平"①"小康社会"的实现标准是不同的，并且对共同富裕的理解也受发展的阶段性影响。这与一个国家的发展水平、发展阶段、发展能力密切相关。从中国实际情况与国际比较（按照世界银行收入组标准）可知，我国先后经历了或将经历不同的发展阶段：极低收入阶段（1949—1978 年）、低收入阶段（1978—2000 年）、中低收入阶段（2000—2010 年）、中高收入阶段（2010—2025 年）、高收入阶段（2025 年之后），以及中等发达水平阶段（2035 年之后）、发达水平阶段（2050 年之后）。我国的社会主义建设经历了不同的发展阶段，充分反映了迈向共同富裕更高发展阶段的演变，并持续地向更高发展阶段迈进。

我国社会主义现代化有其特殊的基本国情和发展规律与阶段。从 20 世纪 50 年代起，我国建立了社会主义制度，采用计划经济体制。改革开放后，又逐步实行社会主义市场经济体制，实现了"富起来"。进入 21 世纪，特别是党的十八大以来，我国如期实现全面建成小康社会的宏伟目标，也提前 10 年实现了联合国可持续发展目标（SDGs）中减少极端贫困的核心目标，社会主义现代化建设进入"强起来"的发展阶段。这些均充分反映了我国社会主义初级阶段的不同发展阶段，见证了 70 多年的发展历程。中国实现了从一个极度贫穷的社会转变为一个发展水平较高的小康社会，先后经历了极端贫困阶段（1949—1977 年）、整体上初步解决温饱阶段（1978—1990 年）、总体上达到小康水平阶段（1991—2000 年）、全面建设小康社会阶段（2001—2011 年）、全面建成小康社会阶段（2012—2020 年）。这表明，中国的社会主义现代化是一场宗旨明确、目标不断提高、一代接着一代为之奋斗的"接力赛"。目前，中国正在进入"全体人民共同富裕"的新阶段，也从减少绝对贫困进入减少相对贫困的新阶段；同时也表明，社会主义现代化是从量变到部分质变、再从量变到质变的长期历史发展过程。

2020 年，我国 GDP 突破 100 万亿元，按不变价格计算，相当于 1978 年的 40.15 倍，年均增速为 9.2%；人均 GDP 增长 27.21 倍，年均增速为 8.2%；我国居民人均可支配收入增长 27.37 倍，年均增速为 8.2%，均创下了世界经

---

① 邓小平认为，达到小康水平，就是不穷不富，日子比较好过的水平。

济发展的历史纪录；与此同时，按购买力平价2017国际元计算，城乡居民人均每日收入分别达到29国际元和11国际元，进入世界银行的中等收入标准（人均每日收入10~100国际元），成为世界最大规模的中等收入人群国家；城乡居民家庭恩格尔系数分别降至27.6%和30.0%，已属于富裕型消费结构；特别是彻底消除了千百年来的极端贫困人口①，基本医疗保险覆盖超过13亿人，养老保险覆盖近10亿人，构建了世界最大规模的具有社会主义因素的全面小康社会。由此证明，社会主义能够彻底消除绝对贫困，实现使少数人率先富裕起来到全体人民富裕起来历史性跨越，为我国未来（2021—2035年）让全体人民共同富裕奠定了更坚实的发展基础，具备了更强大的发展能力。

四、新时代实现共同富裕的发展基础

中国实现14亿全体人民的共同富裕已经具备了"天时、地利、人和"的发展机遇，堪称当今人类发展的伟大创举。这是中国继创造40多年经济高速增长奇迹之后②，将再次创造新的人间奇迹。当然，中国也面临着多重发展挑战，中国共产党领导人民、依靠人民、激发人民群众创造力，是可以实现全体人民共同富裕的宏伟目标的。

（一）实现共同富裕的有利条件

21世纪，我国进入新时代，已经从政治保证、经济发展基础、关键发展阶段、主要实现途径等方面，具备了实现全体人民走向共同富裕的有利的政治经济社会发展条件。

1. 政治保证：坚持中国共产党的领导

中国共产党促进形成实现共同富裕的国家发展共识，根据党的十九届五中全会通过的《建议》，不仅制定了《中华人民共和国国民经济和社会发展第十四个五年规划及2035年远景目标纲要》（简称"十四五"规划或《纲要》），而且开启了扎实推动共同富裕的第一个行动规划和路线图。我们要坚持党的

---

① 按我国现行农村贫困标准，农村贫困人口从2000年的46 224万人，到2020年全部脱贫。
② 按不变价格计算，1979—2020年中国国内生产总值年平均增速9.2%，居同期世界第一位。见：国家统计局. 2021中国统计摘要[M]. 北京：中国统计出版社，2021：10.

全面领导，动员全社会全体人民以及各级政府，举全国之力，在促进全体人民共同富裕的道路上迈出关键性的第一步。这是我国实现全体人民共同富裕的政治保证。

2. 经济发展基础：保持中高速经济增长

预计2020—2035年我国中长期的经济增速为5%左右，全员劳动生产率、居民收入与经济增速同步增长，到2035年，我国GDP总量将比2020年翻一番，按2020年不变价格，从2020年的101.6万亿元上升至200万亿元以上，累计额达到2 250万亿元；人均国内生产总值也将翻一番，从7.2万元达到14万元以上，按购买力平价2017国际元计算①，从1.64万国际元达到3.28万国际元，达到中等发达国家水平。这是我国实现全体人民共同富裕坚实的经济发展基础。

3. 关键发展阶段：达到高收入中等发达水平

我国正在从中高收入水平进入到高收入水平（"十四五"时期），进而达到中等发达水平（"十五五"时期、"十六五"时期）。我国人民共同富裕的发展基础建立在高收入、中等发达水平之上，是提高人类发展水平的共同富裕。即使是最低收入的20%人口（主要是农村人口，约2.84亿人），人均收入增长仍能超过两倍以上，超过国际中等收入（每人每日收入10~100国际元）最低或较低标准，成为中等收入群体，从而建成比全面小康社会更高水平的共同富裕社会。这是我国实现全体人民高水平共同富裕的关键发展阶段。

4. 主要途径：进入成熟的城镇化社会

2020年，我国城镇总人口9.02亿人；到2025年，将达到10亿人左右；2035年，将进一步达到10.7亿人以上，占全国总人口的3/4以上，城镇化发

---

① 根据联合国、欧洲联盟委员会、经济合作与发展组织、国际货币基金组织、世界银行在《2008年国民经济账户》中提出的国际比较要求，比较货物服务的人均产量或人均消费量，则必须将以本国货币计量的数据按照购买力平价，而不是按汇率，转换成以通用货币计量的数据。市场汇率和固定汇率通常都不能反映不同货币之间的内在相对购买力。为此，作者使用了世界银行估算的按购买力平价2017国际元数据，作为2020年人均GDP基期数据，为1.64万国际元。见：联合国，欧盟委员会，经济合作与发展组织，国际货币基金组，世界银行.2008年国民账户体系[M].中国国家统计局国民经济核算司，中国人民大学国民经济核算研究所，译.北京：中国统计出版社，2012: 6.

展进入成熟阶段。我国城镇成为吸收农村转移人口的主要居住地,随着农村人口的大幅度消减,更有助于推动城乡居民收入相对差距的继续缩小。国家对农村的转移支付和基本公共服务的能力持续提高、基础设施现代化取得重大进展,而且教育、医疗卫生、文化等社会事业快速发展,都将大大促进城乡人口预期寿命、劳动年龄人口平均受教育年限以及其他人力资本水平走向趋同。这是我国实现全体人民共同富裕的主要途径之一。

5. 城乡差距趋势:城乡居民的支配收入和消费支出差距持续下降

我国已经进入城乡居民人均可支配收入和消费支出差距的下降期,城乡居民人均可支配收入之比从 2007 年的 3.14 倍高峰之后持续下降,到 2020 年已降至 2.56 倍;城乡居民人均消费支出之比,从 2003 年的 3.21 倍高峰之后持续下降,到 2020 年已降至 1.97 倍。预计到 2035 年,城乡居民人均可支配收入之比将降至 2.0 倍左右,城乡居民人均消费支出之比可降至 1.5 倍左右。此外,我国城乡居民恩格尔系数持续下降且趋同,城乡居民恩格尔系数分别从 2020 年的 29.2% 和 32.7% 降至 2035 年的 21% 和 23% 左右。届时,我国城乡居民实际生活水平和消费结构可以达到中等发达国家水平。

6. 国家再分配能力:国家财政实力大幅度提高

我国一般性公共预算收入在 2020—2035 年期间将翻一番以上,从 18 万亿元上升至 36 万亿元以上[①]。其中,中央财政对地方转移支付总额从 10 万亿元上升到 20 万亿元以上,两者累计额分别达到 400 万亿元和 225 万亿元。这将成为我国实现全体人民共同富裕的国家财政汲取能力及转移支付能力基础。

7. 社会保障体系:全民社会保障体系不断完善和提升

我国建立了覆盖全民的社会保障体系。2020 年,我国基本养老保险参保人数达到 10.12 亿人,失业保险参保人数达到 2.2 亿人,工伤保险参保人数达到 2.72 亿人;2020 年,参加全国基本医疗保险 13.61 亿人,参保率稳定在 95% 以上,达到甚至超过经济合作与发展组织(OECD)国家总人口

---

① 2004—2019 年,全国一般性公共预算收入从 2.64 万亿元增至 19.04 万亿元,相当于 2004 年的 6.0 倍,相当于国内生产总值的比重从 16.3% 提高至 19.3%。见:国家统计局. 2021 中国统计摘要 [M]. 北京:中国统计出版社,2021: 73.

（13.60亿人）及参保率（如2017年美国为91.2%，其中私人医保参保率仅为63.1%）。随着我国经济的发展，社会保险体系的保障能力将会不断得到提升完善。这是我国实现全体人民共同富裕的社会主义制度保障和社会保障优势。

8. 战略部署：五年规划体制持续推进

我国有效地实施五年规划的战略部署，促进了共同富裕的稳步推进，是国家治理的一项基本制度，并成为实现全体人民共同富裕的重要手段。"十四五"规划是我国第一个对"扎实推进共同富裕"进行系统谋划和战略部署的纲要[①]。我国通过"十四五"规划、"十五五"规划、"十六五"规划，将用15年时间逐步实现这一宏大的共同富裕目标。

（二）实现共同富裕面临的挑战

我国在实现共同富裕的过程中，还将面临许多不利的条件和重大挑战，突出反映在社会主要矛盾已经转化为人民日益增长的美好生活需要和不平衡不充分的发展之间的矛盾，具体表现为5个方面。

1. 各地区发展极不平衡

我国的基本国情是人口众多，且人口的地理分布极其不均衡；地域辽阔，且自然资源、气候条件以及生态环境的地理差异呈现多样性，各地区发展水平极不平衡等。这在世界上也是极其罕见的。仅在400毫米等降水量线西侧区域，就有内蒙古、西藏、甘肃、青海、宁夏、新疆等六省（自治区）[②]。这些地区主要位于我国西部与边疆地区，人口合计9 169万人，仅占全国总人数的6.5%，而国土面积占全国的54.7%；区域内生态多样性明显，经济社会发展相对滞后，地区生产总值仅占全国的4.86%。这都是难以改变的社会自然地理条件。但是，这些地区不仅要与全国同向同行，逐步实现共同富裕，还要

[①] "十四五"规划明确提出：坚持人民主体地位，坚持共同富裕方向，始终做到发展为了人民，发展依靠人民，发展成果由人民共享，维护人民根本利益，激发全体人民积极性、主动性、创造性，促进社会公平，增进民生福祉，不断实现人民对美好生活的向往。
[②] 全国人大财政经济委员会，国家发展和改革委员会.《中华人民共和国国民经济和社会发展第十四个五年规划和2035年远景目标纲要》释义[M].北京：中国计划出版社，2021: 335.

承担着不可取代的维护国家边防安全、生态安全、资源安全、民族团结、长治久安的全国性公共产品①。

从全国来看，按各地区名义人均GDP计算的差异系数，从2010年的50.6%下降至2020年的43.5%，平均每年下降0.7个百分点，但在"十三五"时期，出现了明显的"南北分化"。其中，天津、辽宁、吉林三地名义人均GDP均为负增长，内蒙古增速为0.3%，黑龙江为1.6%，均创下了历史新低，已成为突出的地区差距扩大的新挑战。

2. 城乡发展差异较大

我国城乡差异较大，始终是长期制约中国现代化发展的因素。经过70余年的社会主义建设和发展，我国城乡人口比例从新中国成立初期的"一九开"②，演变为新的城乡人口格局。2020年，城镇人口比重达到63.89%，农村人口比重仍占1/3。我国农村总人口规模超大，有5亿人以上，占世界农村人口的15%左右，目前仍是基本实现社会主义现代化强国的突出短板。若按城乡居民收入五等分组，2020年，我国有约4亿农村人口人均收入水平仍低于全国中等收入最低标准（人均3万元，按购买力平价2017国际元，相当于每人每日人均收入20国际元），占总人口比重约为20%。因此，我国城乡发展差距还将长期存在，逐步减小城乡发展差距，是实施新型城镇化与乡村振兴两大战略的长期任务，同时更是重中之重。

3. 相对困难人群仍占一定比例

我国已脱贫的7 000万农村贫困人口仍是需要提高收入水平的重点困难人群。到2035年，我国要确保让农村已脱贫的人口人均收入水平再翻一番以上，就需要采取各种手段，如增加国家财政补助等转移支付以及社会保障、公共服务等，促使工作再上新台阶。此外，我国还有各种特殊困难人群，调查显示，城镇有5%左右的失业率人群（2 300万人以上），有700多万建档立卡的贫困

---

① 全国人大财政经济委员会，国家发展和改革委员会.《中华人民共和国国民经济和社会发展第十四个五年规划和2035年远景目标纲要》释义[M].北京：中国计划出版社，2021: 335.
② 1949年，中国的城镇化率为10.6%，接近90%的人口生活在农村地区。见：国家统计局国民经济综合统计司.新中国六十年统计资料汇编[M].北京：中国统计出版社，2010.

残疾人如期脱贫，963.4万残疾人纳入最低生活保障，近300万贫困重度残疾单独施保人员[①]、农村留守老人和儿童等。无论中国发展到什么水平，总会有5%左右的人口（7 000万人左右）属于相对困难人群，成为国家与全社会帮困帮扶的重点目标群体。我们应将中国共产党领导的政治优势、社会主义社会的制度优势、国家财政再分配的能力优势、社会捐赠的救助优势等，一同转化为巨大的推进社会主义共同富裕的发展功能，同时也彰显社会主义制度优越性。

4. 居民收入基尼系数较高

我国仍是世界上居民收入基尼系数较高的国家之一。根据国家统计局数据，2019年，我国基尼系数高达0.465[②]。根据世界银行数据库数据，2016年，我国基尼系数为0.385，在世界有数据的81个国家中，排位第30位，其中在5个最高的上亿人口国家中居第5位，排在巴西、墨西哥、美国、印度尼西亚之后[③]。尽管我国已经消除绝对贫困人口，但在一些地区，仍然有一定规模的低收入人口，成为实现全体人民共同富裕的最大难题，也是举全国之力帮扶的重点人群。为此，我国缩小居民收入差距的政策重点是公共资源下沉下移，加大帮扶力度、直接转移支付力度、社会保障覆盖力度、人力资本投资力度，更加显示社会主义制度优越性。

5. 国家财政赤字率高

目前，我国国家汲取财政能力不断下降，二次分配能力严重不足。2020年，全国一般公共预算收入相当于GDP的比重从2015年的22.1%下降至18.6%，减少了6.2个百分点，尚不及2007年的19.0%，相当于倒退了13年。与此同时，我国一般公共预算支出相当于GDP的比重从2015年的25.5%最高峰下降至2020年的24.2%，也减少了1.3个百分点，两者之差占GDP的比重从3.4个百分点上升至6.2个百分点[④]。该现象属于典型的过度透支型国家

---

① 脱贫路上不掉队——中国残联助力残疾人脱贫攻坚综述[N]. 人民日报，2021-04-30(11).
② 国家统计局网站. https://www.ceicdata.com/zh-hans/china/resident-income-distribution/gini-coefficient.
③ 世界银行数据库. Gini index-China [DB/OL]. https://data.worldbank.org/indicator/SI.POV.GINI?locations=CN.
④ 国家统计局. 2021中国统计摘要[M]. 北京：中国统计出版社，2021: 73.

财政，创下了我国改革开放以来的最高纪录，更是不可持续的，而其中一个重要原因就是，为落实供给侧改革而实施的超大规模减税。根据财政部数据，2016—2020年，全国宏观税负从17.47%降至15.2%；出口退税总额从1.17万亿元增加至1.45万亿元，占出口总额的比重从8.5%降到8.1%；新增减税降费累计超过6万亿元[①]，相当于我国同期GDP（450万亿元）的1.3%。尽管我国减税政策有助于实现短期"保就业、保出口"的目标，但却造成长期的国家汲取财政能力和二次分配能力持续明显下降。近年来，我国三次分配能力更是严重不足，公益慈善接收的现金与物资相当于GDP比重的0.15%左右[②]。

总之，我国在今后15年仍可以充分利用并紧紧抓住发展机遇，在一个拥有14亿人口、近5亿家庭户的国家中，实现全体人民共同富裕[③]，不仅世所罕见，更是举世瞩目。我国已经具有日益强大的经济实力、科技实力、综合国力，以及更加明显的政治优势、制度优势、治理优势，是能够应对各种挑战，确保实现2035年全体人民走向共同富裕的宏大目标。

五、新时代实现共同富裕的总体目标与发展目标

（一）总体目标与基本思路

《纲要》关于全体人民共同富裕的2035年远景目标指出："到2035年，人均国内生产总值达到中等发达国家，中等收入群体显著扩大，基本公共服务实现均等化，城乡区域发展差距和居民生活水平差距显著缩小，全体人民共同富裕取得更为明显的实质性进展。"[④] 这充分表明，2035年只是中国实现共同富裕重要的阶段性目标，实现全体人民共同富裕是一个更为长期的奋斗

[①] 王观. 税收基础性支柱性保障性作用日益发挥[N]. 人民日报，2021-06-18(10).
[②] 汤敏. 三次分配是补充，公益机构存三大不足[EB/OL].[2021-09-02]. http://baijiahao.du.com/5?id=1709791591872540851&wfr=spider&for=pc.
[③] 根据全国第七次人口普查数据，全国共有家庭户494 157 423户。见：国家统计局，国务院第七次全国人口普查领导小组办公室. 第七次全国人口普查公报(第二号)——全国人口情况[EB/OL].[2021-05-11]. http://www.stats.gov.cn/tjsj/zxfb/202105/t20210510_1817178.html.
[④] 全国人大财政经济委员会，国家发展和改革委员会.《中华人民共和国国民经济和社会发展第十四个五年规划和2035年远景目标纲要》释义[M]. 北京：中国计划出版社，2021.

目标。随着2050年中国实现建成社会主义现代化强国目标，完成第二个"百年目标"，基本能够实现全体人民共同富裕的目标，实现共同富裕与高度发达的社会生产力，将共同彰显中国特色的社会主义现代化强国。基于此，我国实现共同富裕总体目标与未来30年两步走战略部署是一致的。第一阶段，2035年，我国全体人民共同富裕取得更为明显的实质性进展，基本实现社会主义现代化；第二阶段，2050年，我国基本实现全体人民共同富裕，建成社会主义现代化强国。

我国实现共同富裕是一个持续且分不同阶段的渐进主义式的发展过程，因而确立不同阶段的目标和指标尤为关键。从"十四五"规划时期开始到2050年，我国基本实现共同富裕将历经6个"五年规划"，并且每个"五年规划"发展时期都应该设定推进实现共同富裕的阶段性目标和任务。其中，"十四五"时期是我国推进实现共同富裕的开局阶段，主要任务包括：夯实脱贫攻坚成果，全面推进乡村振兴战略；积极推进新型城镇化建设，提升城市对流动人口的服务，促进城市发展实现更高质量、更加包容、更可持续；完善收入分配体系，推进三次分配体系的协调配合；强化就业优先政策，推进更加充分、更高质量的就业；以深化改革为动力，推进建设高质量教育体系，全面推进健康中国建设，健全多层次社会保障体系。"良好的开局是成功的一半"，我国实现共同富裕的关键是如期实现"十四五"规划主要经济社会发展目标指标，全面完成重大战略任务，使国家经济实力、科技实力、综合国力和人民生活水平跃上新台阶。

（二）衡量指标与发展目标

《纲要》充分体现了习近平新时代中国特色社会主义思想，特别是大力促进全体人民共同富裕的目标，作为促进共同富裕主要量化指标的基本依据。本文针对共同富裕的内涵要求，全面对标《建议》提出的主要目标，并依此设计了衡量共同富裕的指标体系。

该指标体系的设计坚持五个原则：一是充分体现中国特色社会主义共同富裕的内涵要求，把指标划分为五类指标，包括生产力指标、发展机会指标、收入分配指标、发展保障指标和人民福利指标等，从而全面、科学、定量客观评估全面推进共同富裕的进程；二是根据数据的可获性选取评估指标，便于可统计、可观测、可评估；三是充分利用"十四五"规划中体现促进共同富裕的重要指标，可对接、可实施、可评价，更好地体现走向共同富裕的方向；四是突出指标的代表性，在重要领域设置最具代表性指标；五是兼顾国际通行的指标，如人均GDP、人均预期寿命、劳动年龄人口、平均受教育年限、人类发展指标（HDI）、基尼系数等，以便于进行历史比较与国际比较。

本文在此基础上，设计了共同富裕指标体系，对2020—2035年进行前瞻性预测，以期发挥指导作用，并根据指标体系设计及评估对各个指标进行说明（详见表1）。

表1 我国促进共同富裕指标体系与主要指标（2020—2035年）

指标	评估指标	年份 2020	2025	2030	2035	年均/累计	属性
生产力	1.国内生产总值（GDP）增长（%）	2.3	—	—	—	5左右	预期性
	2.全员劳动生产率（万元/人）	11.5	>15.3			>5	预期性
	3.劳动年龄人口平均受教育年限（年）	10.8	11.3	11.8	12.3	[1.5]	预期性
发展机会	4.常住人口城镇化率（%）	63.9	70	74	78~80	[>14]	预期性
	5.户籍人口城镇化率（%）	44.4（2019）	53	60	65	[>20]	约束性
	6.城镇新增就业人数（万人/年）	1 352	>1 100	>1 100	>1 000	[16 500]	预期性
	7.城镇调查失业率（%）	5.2	5.5	5.3	5	[>5]	预期性
收入分配	8.城乡人均可支配收入之比（农村=1.00）	2.56	<2.4	<2.2	<2.0		预期性
	9.居民人均可支配收入基尼系数	0.465（2019）			<0.400		预期性

续表

指标	评估指标	年份				年均/累计	属性
		2020	2025	2030	2035		
发展保障	10.婴儿死亡率（‰）	5.4	4.2	2.9	2		预期性
	11.5岁以下儿童死亡率（‰）	7.5	5.8	4	3		预期性
	12.孕产妇死亡率（1/10万）	16.9	13.7	10.7	9.7		预期性
发展保障	13.学前教育毛入园率（%）	85.2	90	93	>95	[>10]	约束性
	14.高中阶段教育毛入学率（%）	91.2	95	95.4	>97	[>5.8]	预期性
	15.高等教育毛入学率（%）	54.4	60	>65	>70	[>15]	预期性
	16.基本养老保险参保率（%）	（9.67亿）	95	>97	>99		预期性
	17.人均预期寿命（岁）	77.9	78.6	79.2	>79.5	[1.6]	预期性
人民福利	18.居民人均可支配收入（万元/人）	3.22	4.21	5.37	6.69		预期性
	19.农村居民家庭恩格尔系数（%）	30.0（2019）	<27.0	<23.0	20左右		预期性
	20.人类发展指数	0.761（2019）	0.81	0.836	>0.850	[0.083]	预期性

数据来源：（1）2020年数据来自国家统计局.2021年中国统计摘要[M].北京：中国统计出版社，2021；（2）2025年数据参见中华人民共和国国民经济和社会发展第十四个五年规划和2035年远景目标纲要[EB/OL].(2021-03-13).http://www.gov.cn/xinwen/2021-03/13/content_5592681.htm；（3）2030年、2035年数据为作者估算。

注：（1）GDP、全员劳动生产率、人均可支配收入增速按可比价格计算；（2）方括号中为累计数。

1. 生产力指标

（1）国内生产总值（GDP）增长。《建议》提出到2035年，我国GDP或人均收入翻一番，达到中等发达国家水平的目标要求。未来15年，我国GDP年均增速预计为4.7%，实际可能在5%左右，与潜在经济增长率保持一致。按2020年不变价格计算，到2035年，我国GDP将达到200万亿元以上，占世界GDP（购买力平价，2017国际元）比重还将持续上升，经济实力迈上更大的台阶，成为促进全体人民共同富裕的经济基础。同时，我国人均GDP将翻一番，从2020年的1.64万国际元增长到2035年的3.28万国际元，从中高收入水平进入中等发达国家水平。

（2）全员劳动生产率增长。我国实现共同富裕必须建立在劳动生产率不断提高的基础上。《纲要》提出"十四五"时期全员劳动生产率增长"高于GDP增长"的要求。到2035年，我国全员劳动生产率将比2020年翻一番以上。我国就业人数总数已达高峰（2017年）并呈缓慢下降趋势，农业劳动力投入持续下降，经济增长主要依靠劳动素质提高与科技进步，而劳动生产率的提高有助于提高劳动报酬，成为提高人均可支配收入的主要来源，也会有力地促进全体人民共同富裕。

（3）劳动年龄人口平均受教育年限。该指标是指一国劳动年龄人口平均接受学历教育（含成人学历教育，不含非学历培训）的年数，反映人力资本水平和劳动者素质。我国劳动年龄人口平均受教育年限从2010年的9.7年增至2020年的10.8年，平均每年增加0.11年，预计到2025年达到11.3年，2035年将达到12.3年，全国总人力资本（劳动年龄人口与人口平均受教育年限之积）从2020年的108亿人年提高至120亿人年。到2035年，尽管中国将成为世界第二大人口国，居印度之后，但仍是世界第一大人力资源国，年均人力资本增速为0.7%，成为我国经济持续增长的重要来源之一。

2. 发展机会指标

（1）常住/户籍人口城镇化率。我国仍处在城镇化加速阶段，加速城镇化建设是实现共同富裕的重要动力。2020年，我国常住人口城镇化率已达到63.89%[①]，仍有巨大的发展空间[②]；预计到2025年，常住人口城镇化率将达到近70%；到2035年，将达到78%~80%，接近经济合作与发展组织（OECD）

[①] 2002年，国家发展和改革委员会预测，到2020年，城镇化率将超过50%。见：本书编写组. 十六大报告辅导读本[M]. 北京：人民出版社，2002: 80.
[②] 我国城镇人口从2010年的66 558万人增加至90 199万人，增加了23 642万人，平均每年增加2 364万人。

国家的城镇化率①。预计我国城镇总人口将从 2020 年的 9.02 亿人提高至 2035 年的 11 亿人以上，平均每年增加 1 300 万人；同时，农村总人口将从 5.04 亿人减少至 3 亿人左右②，即用 15 年再向城镇转移 2 亿人左右的农村人口。这"一加一减"将明显地增加我国中等收入人口总规模，以及减少较低收入人群，从而有助于加速缩小城乡收入消费差距和公共服务等发展差距，并将加快促进全体人民共同富裕的进程。

（2）城镇调查失业率。该指标全面反映全国城镇就业形势，充分体现就业优先战略和积极就业政策。根据我国劳动年龄人口结构，将 2025 年调查失业率设定为 5.5% 以内③，可视为基本实现充分就业，处在社会可接受、政府可控的范围之内。

（3）城镇新增就业人数。该指标是指城镇新就业人数减去自然减员（因退休和伤亡等原因）人数的差，是反映经济增长所创造就业岗位的发展性指标。"十三五"时期，我国累计城镇新增就业人数为 6 564 万人，平均每年高达 1 313 万人。在"十四五"时期，预计我国城镇新增就业人数年平均在 1 100 万人以上，累计人数在 5 500 万人以上，仍具有极大的就业压力，也具有更大的就业潜力。"就业是最大的民生"，确保高质量的充分就业始终是我国经济发展的首要任务，也是实现共同富裕的重要途径。

3. 收入分配指标

（1）城乡人均可支配收入之比。我国已经进入城乡居民人均可支配收入差距逐步缩小的阶段④，力争到 2035 年之前降至 2 倍以内。这是推动我国城乡居民共同富裕起来的重要标志之一。到 2035 年，农村低收入户每人每日可支配收入仍未达到 10 国际元，有 3 600 多万人，此外，中间偏下户人口仍未达到 20 国际元（详见表 2）。因而，我国实现共同富裕是长期的历史任务。

---

① 2019 年，高收入国家或 OECD 国家城镇化率的为 81%。世界银行数据库. Urban population (% of total population)-OECD members, China, High income[DB/OL].https://data.worldbank.org/indicator/SP.URB.TOTL.IN.ZS?locations=OE-CN-XD。
② 我国农村总人口从 2010 年的 67 414 万人降至 2020 年的 50 379 万人，累计减少了 17 035 万人，平均每年减少 1 700 万人。
③ 2019—2020 年，我国城镇调查失业率均为 5.2%；"十四五"时期，将城镇调查失业率控制在 5.5% 以内，但仍会有 2 300 万以上失业者。
④ 我国城乡居民人均可支配收入相对差距已经从 2010 年的 2.99 倍下降至 2020 年的 2.56 倍，年平均下降 1.5%。

表2 全国五等份分组居民人均可支配收入（2020年、2035年）

类别	可支配收入			
	家庭年收入（元）		人均每日收入（国际元）	
	2020年	2035年	2020年	2035年
全国居民	96 564	193 128	21.2	42.4
低收入户/20%	23 607	47 214	5.2	10.4
中间偏下户/20%	49 329	98 658	10.8	21.7
中间收入户/20%	78 747	157 494	17.3	34.6
中间偏上户/20%	123 516	247 032	27.1	54.2
高收入户	240 882	481 764	52.9	105.8
城镇居民	43 834	87 668	28.8	57.5
农村居民	17 132	34 264	11.2	22.5
低收入户/20%	4 682	9 364	3.1	6.1
中间偏下户/20%	10 392	20 784	6.8	13.6

数据来源：（1）2020年数据来自国家统计局.2021中国统计摘要[M].北京：中国统计出版社，2021:59；（2）2035年数据为按人均收入倍增目标计算；（3）国际元为按2019年的私人消费转换因子4.176计算。

（2）居民人均可支配收入基尼系数。该系数用于衡量一个经济体中在个人或家庭中的收入分配（在某些情况下是消费支出）偏离完全平均分配的程度。这是衡量我国城乡居民收入差距是否扩大和缩小的最重要指标之一。根据国家统计局数据，2019年我国基尼系数高达0.465。根据世界银行数据，中国基尼系数从2010年的0.437最高峰下降至2016年的0.385，低于美国的0.414[①]，但在世界上仍属于基尼系数较高的国家。

此外，我国还可以设置若干监测指标，如城乡居民人均收入基尼系数、劳动报酬占初次分配总收入比重（2019年为52.2%）[②]、最低收入5%居民（约7000万人口）人均可支配收入和消费支出监测等。这些指标可以反映资本与劳动的相对分配，以及最低收入组的收支情况。

4. 发展保障指标

（1）全国及城乡妇幼健康指标。该指标主要反映了城乡公共卫生服务水

---

① 世界银行数据库.基尼(GINI)系数-United States, China[DB/OL]. https://data.worldbank.org.cn/indicator/SI.POV.GINI?locations=US-CN.

② 根据2019年资金流量表(非金融交易)计算。见：国家统计局.2021中国统计摘要[M].北京：中国统计出版社，2021: 48.

平及健康水平。我国的这些指标已率先达到 OECD 国家水平。其中包括婴儿死亡率（‰）、5 岁以下儿童死亡率（‰）、孕产妇死亡率（1/10 万）。2020 年，我国的婴儿死亡率已降至 5.4‰，已低于 OECD 国家的 5.9‰（2019 年数据）；5 岁以下儿童死亡率下降至 7.5‰，已接近 OECD 的 7.0‰（2019 年数据）；孕产妇死亡率降至 16.9/10 万（2020 年）[1]，也低于 OECD 国家的 18/10 万（2017 年数据）[2]。到 2035 年，这些健康指标还会更明显地改善，达到发达国家水平。

（2）学前教育毛入园率。全国实现普惠性学前教育[3]，充分体现了满足人民对"幼有所育"的期盼。该指标是指学前教育在校学生数占国家规定的学前教育年龄组人口总数的比例。我国学前教育毛入园率将从 2020 年 85.2%（已超过 OECD 国家的水平，2019 为 79.8%[4]），提高至 2025 年的 90%。2019 年 2 月，中共中央、国务院印发《中国教育现代化 2035》明确提出，2035 年学前教育毛入园率超过 95% 的目标，力争超过 97%，更加体现幼儿教育的公平性[5]。从国际经验来看，学前教育具有极高的私人收益率（终身受益）和社会收益率，为实现共同富裕创造人力资本条件。

（3）高中阶段教育毛入学率。该指标是指普通高中、成人高中、中等职业学校在校生数占国家规定的高中阶段教育年龄组人口总数的比例。我国高中阶段教育已进入高度普及化（毛入学率在 90% 以上）阶段，毛入学率将从 2020 年的 91.2% 到 2025 年提高到 95% 以上，到 2035 年将提高至 97% 以上。

（4）高等教育毛入学率。该指标是指高等院校在校学生数占国家规定的高等教育年龄组人口总数的比例。2020 年，我国高等教育毛入学率已高达

---

[1] Xinhua. China's maternal mortality rate continues to decrease[N/OL].[2021-04-29]. https://www.chinadaily.com.cn/a/202104/29/WS608a58f4a31024ad0babb4db.html.
[2] 世界银行数据库. Maternal mortality ratio (modeled estimate, per 100, 000 live births)-OECD members[DB/OL]. https://data.worldbank.org/indicator/SH.STA.MMRT?locations=OE.
[3] 普惠性学前教育包括公办幼儿园和普惠性民办幼儿园提供的学前教育。见：全国人大财政经济委员会，国家发展和改革委员会.《中华人民共和国国民经济和社会发展第十四个五年规划和 2035 年远景目标纲要》释义 [M]. 北京：中国计划出版社，2021: 370.
[4] 世界银行数据库. School enrollment, preprimary (% gross)-OECD members, China[DB/OL]. https://data.worldbank.org/indicator/SE.PRE.ENRR?end=2019&locations=OE-CN&start=1981&view=chart.
[5] 2019 年 2 月，中共中央、国务院印发《中国教育现代化 2035》，重点部署了面向教育现代化的十大战略任务，是中国第一个以教育现代化为主题的中长期战略规划。

54.4%[①]，总规模达到4 183万人。《中国教育现代化2035》提出，2035年，我国高等教育毛入学率达到65%的目标，预计在2030年提前达到这一目标，2035年将达到70%以上，争取达到OECD国家74.4%（2019年）的水平，使绝大多数的18~22周岁人口获得接受高等教育的机会，使大专及以上人口再增加1亿人以上[②]，从2020年的2.18亿人增加到3.2亿人，更加凸显人才作为我国社会主义现代化第一资源的作用，增加所创造的国家、社会与个人财富。

（5）基本养老保险参保率。该指标是指参加基本养老保险（城镇职工基本养老保险＋城乡居民基本养老保险）人口/政策规定应参保人口（16周岁及以上人口减去其中的全日制在校学生和现役军人）×100%。2020年，我国基本养老保险参保率超过91%；预计到2025年，可达到95%以上，到2035年，可在全国实现基本养老保险人口全覆盖。

（6）人均预期寿命。该指标是指新出生婴儿预期可存活的平均年数，综合体现了医疗卫生、人民健康、生活质量和社会发展状况，是联合国人类发展指数（HDI）的三个维度指标之一，也是充分反映健康公平的客观指标。预计到2025年，我国人均预期寿命将再达到78.6岁。2016年10月，中共中央、国务院印发的《"健康中国2030"规划纲要》[③]提出"到2030年，我国人均寿命达到79岁"的目标，实际可能超过这一预期；到2035年，将达到79.5岁，接近于OECD国家水平（2019年为80.9岁）[④]；到2040年，中国人均预期寿命将达到81.9岁[⑤]。

[①] 2020年，我国高等教育毛入学率大大超过《国家中长期教育改革和发展规划纲要（2010—2020年）》所要求的40%的目标。
[②] 根据第七次全国人口普查结果，我国大专及以上受教育程度人口从2010年的11 964万人上升至2020年的21 836万人，10年增加了9 872万人。
[③] 《"健康中国2030"规划纲要》旨在推进健康中国建设、提高人民健康水平，根据党的十八届五中全会战略部署制定。
[④] 世界银行数据库. Life expectancy at birth, total (years)-OECD members, China[DB/OL].https://data.worldbank.org/indicator/SP.DYN.LE00.IN?end=2019&locations=OE-CN&start=1981&view=chart.
[⑤] 根据柳叶刀预测，2040年，中国人平均预期寿命将达到81.9岁。见：Foreman K J, Marquez N, Dolgert A, et al. Forecasting life expectancy, years of life lost, and all-cause and cause-specific mortality for 250 causes of death: reference and alternative scenarios for 2016–40 for 195 countries and territories[J/OL].(2018-10-16). https://www.thelancet.com/journals/lancet/article/PIIS0140-6736(18)31694-5/fulltext#seccestitle160.

5. 人民福利指标

（1）居民人均可支配收入。我国不断提高人民收入水平，显著扩大中等收入群体[①]，是推动城乡居民共同富裕的前提条件。由于我国总人口已进入高峰平台期，因而可以实现居民可支配收入增长与国内生产总值的同步增长。到2035年，全国居民人均可支配收入将翻一番，从2020年的3.22万元增加到约6.69万元；按三口之家计算的年收入，将从2020年的9.66万元达到20.07万元。由此达到国家统计局中等收入家庭年收入在10万元（人均收入3.3万元）到50万元（人均收入16.5万元）之间的群体[②]将从2020年的40%（指高收入户20%、中间偏上户20%）提高至2035年的80%，约有11.68亿人，但仍有20%的人口约2.92亿人尚未达到。若按世界银行提出的中等收入标准，即每人每日收入或支出10～100国际元，根据私人消费购买力平价因子计算[③]，我国居民每人每日收入将从2020年的21国际元上升至2035年的42国际元，均达到中等收入水平。由表2可知，即使按五等份分组居民收入水平，我国低收入户人均每日收入也将从2020年的5.2国际元提高至2035年的10国际元以上，全国五等份分组居民人均进入国际中等收入阶段，成为世界超大规模中等收入人口社会，也成为全体人民共同富裕的重要标志。

（2）城乡居民家庭恩格尔系数。我国城乡居民家庭恩格尔系数将进一步下降并趋同，将先后进入更富裕（小于30%）阶段，分别从2019年的27.6%和30.0%，下降到2025年的25.5%和27.9%，到2035年进一步下降至21%和23%（详见表3），已经属于中等发达型生活水平，体现了"高品质生活"和城乡居民实际生活水平的差距显著缩小。

[①] 中等收入群体是指一段时期内，收入稳定、家庭殷实、生活舒适、消费水平和生活方式与经济社会发展水平相适应的群体。见：全国人大财政经济委员会，国家发展和改革委员会.《中华人民共和国国民经济和社会发展第十四个五年规划和2035年远景目标纲要》释义[M].北京：中国计划出版社，2021：378.

[②] 全国人大财政经济委员会，国家发展和改革委员会.《中华人民共和国国民经济和社会发展第十四个五年规划和2035年远景目标纲要》释义[M].北京：中国计划出版社，2021：378.

[③] 购买力平价转换因子是在国内市场购买与在美国使用一美元购买同样数量的货物和服务所需要的一个国家的货币单位的数量。这个转换因子是适用于私人消费的(即家庭最终消费支出)。见：世界银行数据库. PPP conversion factor, private consumption (LCU per international $) – China[DB/OL]. https://data.worldbank.org/indicator/PA.NUS.PRVT.PP?locations=CN.

表3　我国城乡居民家庭恩格尔系数（2019—2035年）　　单位：%

年份	城镇居民家庭	农村居民家庭
2019	27.6	30.0
2025	25.5	27.9
2030	23.4	25.8
2035	21.3	23.0

数据来源：（1）2019年数据来自国家统计局. 2020中国统计摘要[M].北京：中国统计出版社，2020:57；（2）2025—2035年数据为作者估算。

（3）人类发展指数（HDI）。该指标是联合国倡导衡量人类发展水平的核心指标，即以"预期寿命、教育水平和生活质量（用购买力平价衡量人均总国民收入）"三项基础变量构建的综合指标。2019年，我国人类发展指数达到0.761，位居世界第85位；到2035年，预计将提高至0.850①（详见表4），排在世界前40位，成为中等发达国家的重要标志。本文建议，可采用人类发展指数作为重要的指标，以便于进行国际比较，获得国际社会，如联合国人类发展署（UNDP）等机构的支持和第三方评估，进而将会极大地促进全球的人类发展事业，为发展中国家减少贫困、实现现代化和共同富裕提供中国案例、中国经验。

表4　我国人类发展指数（2000—2035年）

年份	人类发展指数（HDI）	人均GDP（购买力平价，2017国际元）	平均受教育年限（年）	预期受教育年限（年）	人口平均预期寿命（岁）
2000	0.591	3 452		9.6	71.4
2010	0.702	8 885	9.7	12.9	73.5
2019	0.761	16 092	10.8	13.8	77.3
2025	0.810	20 969	11.3	15.0	78.6
2030	0.836	26 763	11.8	15.5	79.0
2035	0.850	32 860	12.2	16.0	79.5
2000—2019年均增速（%）	1.3	8.4	1.2（2010—2019年）	1.9	0.4

---

① 相当于2019年克罗地亚的人类发展指数（0.851），在189个国家中位居第43位。见：UNDP. Human Development Report 2020: The Next Frontier Human Development and the Anthropocene[R/OL].http://report.hdr.undp.org/.

续表

年份	人类发展指数(HDI)	人均GDP(购买力平价,2017国际元)	平均受教育年限(年)	预期受教育年限(年)	人口平均预期寿命(岁)
2020—2035年均增速(%)	1.2	4.9	0.8	1.0	0.2

数据来源：（1）2000—2019年数据来自人类发展指数来源UNDP数据库. Human Development Insights:Access and explore human development data for 189 countries and territories worldwide[DB/OL].https://hdr.undp.org/data-center/country-insights#/ranks；（2）人均GDP数据来自世界银行数据库.https://data.worldbank.org/indicator/NY.GDP.MKTP.PP.KDlocations=CN；（3）2025—2035年数据为作者估算。

到2035年，我国绝大部分省份将进入极高人类发展组。2020年，我国除西藏属于中等人类发展指数地区之外，其他省份均进入高人类发展水平（占总人口的75.7%），或进入极高人类发展水平（占总人口的比重的23.8%）。根据我们对全国31个省（自治区、直辖市）的人类发展指数的预测，所有省份人类发展指数都将大幅度提高，其中高人类发展指数组人口占总人口比重将从2020年的75.7%下降至2035年的10.8%，极高人类发展指数组人口占总人口比重将从2020年的23.8%上升至2035年的89.2%（详见表5）。这是2035年中国实现全体人民走向共同富裕的重大国际标志，同时意味着更高水平的共同富裕社会，也是迈向更高人类发展水平的社会。

表5 我国处于不同人类发展指数组的省份其人口数占总人口的比重（2020—2035年） 单位：%

年份	人类发展指数（HDI）		
	中等HDI组（小于0.7）	高HDI组（0.70~0.79）	极高HDI组（大于0.80）
2020	0.8	75.7	23.8
2025	0	53.4	46.3
2030	0	25.5	74.2
2035	0	10.8	89.2

注：2020—2035年数据为石智丹协助计算。

总之，这些促进共同富裕的主要目标和指标是基于"十四五"规划和2035年远景目标进行的展望，既便于进行年度监测、中期评估、后期评估，以及未来滚动式评价，又便于使国家和地方发展相互衔接，保持指标体系的连续性、创新性、可操作性。

六、新时代促进共同富裕的重大任务和政策建议

（一）重大任务

我国实现共同富裕的主要目标，是全面缩小城乡、地区发展差距以及居民收入差距，实现全体人民基本公共服务均等化，到2035年，实现"全体人民共同富裕取得更为明显的实质性进展"。这是中国社会主义现代化富民（共富）强国战略的重要组成部分。为此，笔者认为，我国应根据"十四五"规划，研究制定促进共同富裕的行动纲要，明确共同富裕的基本方向、主要目标、重点任务、路径方法和政策措施；同时，积极制定2025年、2030年及2035年阶段目标，设计和制定促进共同富裕的指标体系与考核办法，强化各类政策保障和发挥协同效应。为此，本文提出推进实现全体人民共同富裕的5个重点领域。

1. 全面实施乡村振兴战略

全面实施乡村振兴战略既是国家"三农"工作重心的重大转移和升级，也是实现农村人口走向共同富裕的必由之路，其战略推进的相关任务包括：

（1）农业现代化要取得重大进展，就必须建设现代农业产业技术体系，提升农业综合生产能力，优化农业结构；不断提升完善农村现代化使之达到新水平，特别是乡村水、电、路、气、邮政通信、广播电视、物流等，以及城镇统一规划、标准、建设、管护及服务。（2）新时代我国农村生态环境根本好转，美丽宜居乡村基本实现，农民现代化达到新高度，新增劳动年龄人口受教育程度达到高中、高职以上，农民就业质量显著提高，劳动生产率及收入水平持续提高。（3）我国努力实现乡村治理现代化，大力支持农村党组织带领农民兴办各种合作社，发展壮大新型集体经济、混合经济，健全农村低收入人口常态化帮扶机制，带领农民走共同富裕道路。（4）我国实施乡村振兴战略必须要结合推进城乡一体化融合式发展，不断缩小城乡发展差距；推进全国各地方实现基础设施城乡一体化，促进城乡居民基本公共服务均等化，加快实现各类公共服务标准统一、制度并轨，显著缩小城乡居民收入与消费

支出差异[①]；同时，实施乡村振兴战略要与新型城镇化发展阶段相适应，做到重点突出、特色突出、可持续发展。

2. 全面实施新型城镇化战略

新型城镇化的本质就是以人为本的城镇化，是城乡居民走向共同富裕的主要途径。目前，我国常住人口城镇化率为63.89%，而户籍人口城镇化率仅为45.4%，城镇化发展尚有具有巨大的发展空间。只有加快农业转移人口市民化，则可提高18.5个百分点，涉及高达2.61亿人；通过转移农民，实现富裕农民，有利于缩小城乡发展差距；此外，应推进经常居住地登记户口制度，使得人口居住到哪里，基本公共服务到哪里。笔者建议，我国应加快在城市实现稳定就业者（特别是农民工）、新就业大专院校学生等常住人口的转化，使其成为"新市民"[②]，享受所在地的基本公共服务。

3. 全面实现基本公共服务均等化

我国社会主义制度的具体体现和巨大规模的优越性，就体现在政府提供基本公共服务投资于人民，包括完善基本公共教育、基本劳动就业、基本社会保险、基本医疗卫生、基本社会服务、基本住房保障、基本公共文化教育等基本公共服务清单。我国应促进城镇常住人口及家庭基本公共服务均等化；提升城乡基本公共服务均等化水平；提高区域间基本公共服务均等化水平；加快城乡融合发展、基本公共服务标准统一、政策并轨进程[③]。其中重点是，提高县乡村基本公共服务标准和供给，实现乡村社区家庭人口全覆盖，提升城乡基本公共服务均等化水平，并大力促进非基本公共服务供给与均等化的水平。

4. 支持特殊类型地区振兴发展

我国区域发展的不平衡将长期存在，是推进共同富裕的重要难点之一。

---

①③ 全国人大财政经济委员会，国家发展和改革委员会.《中华人民共和国国民经济和社会发展第十四个五年规划和2035年远景目标纲要》释义[M].北京：中国计划出版社，2021: 317.

② 全国人大财政经济委员会，国家发展和改革委员会.《中华人民共和国国民经济和社会发展第十四个五年规划和2035年远景目标纲要》释义[M].北京：中国计划出版社，2021: 327.

为此，我们应举全国之力重点帮扶特殊类型地区发展。这类地区包括革命老区（中央苏区、陕甘宁、大别山、左右江、川陕、沂蒙老区）、民族地区、边境地区①、脱贫地区②、生态退化地区（包括高海拔地区）、资源型地区和老工业城市等，涉及近4亿人口③。针对这些地区的发展，我们要实施可持续发展、高质量发展、绿色发展、协同发展、共同发展大战略，逐步实现共同富裕大目标；建议分别制定不同类型地区的振兴发展行动，突出解决经济发展水平相对落后、产业结构相对单一、居民收入水平相对较低、基本公共服务能力相对不足、基础设施互联互通及效率相对不高、生态环境相对恶劣等发展落后地区的突出性长期性问题；同时，准确谋划区域发展定位，精准施策、健全长效扶植机制，不断提升内生发展能力和动力，要充分利用这些地区的资源优势，把红色文化、民族文化、生态资源转化为特色产业，并确保在提供边境安全、生态安全、资源安全等全国性、地区性等公共产品方面发挥独特作用。

5. 对重点帮扶特殊困难人群"雪中送炭"

我国应继续实施困难残疾人生活补贴和重病残疾人护理补贴专项制度。目前，全国有700多万建档立卡的贫困残疾人如期脱贫，963.4万残疾人纳入最低生活保障，近300万贫困重度残疾单独施保④，共计人口1 963.4万人，占总人口的1.40%，是重点帮扶人群。按全国20%的低收入户2021年人均年收入8 333元计算，每人每日收入相当于5.4国际元，已接近国际贫困线5.50国际元的标准，可作为确定困难残疾人和重病残疾人补贴的底线标准。该标准随着全国人均可支配收入增长而提高，力争尽早（如2025年左右）达到每人每日10国际元以上的国际中等收入底线；国家应赋权各地确立人均可支配收入标准，按本地生活成本调整残疾人最低生活保障支出标准。

---

① 我国是世界上陆地边界线最长和邻国最多的国家，陆地边界线总长约2.2万千米，与14个国家接壤。
② 2020年，全国共计832个贫困县全部摘帽，区域性贫困问题得到解决。国务院新闻办公室.《人类减贫的中国实践》白皮书[Z/OL].(2021-04-06). http://www.scio.gov.cn/zfbps/ndhf/44691/Document/1701664/1701664.htm.
③ 国家发改委编写组.推动脱贫攻坚和特殊类型地区振兴发展[M].北京：中国计划出版社，2020: 226.
④ 脱贫路上不掉队——中国残联助力残疾人脱贫攻坚综述[N].人民日报，2021-04-30(11).

(二)政策建议

1. 制定促进共同富裕的行动纲要

根据《纲要》,我国应制定到2035年实现共同富裕的实施行动方案,体现在政治、经济、社会、文化、生态等主要方面;同时,应制定促进共同富裕的政策体系,体现在收入增长与收入分配、创业与就业政策、教育与开发人力资源政策、社会保障与转移支付政策等方面。这些系列政策既坚持全国一盘棋、统筹谋划,又鼓励地区主动创新、各显其能。由于我国各地实际生活水准和价格水平差异甚大,各地区可根据发展水平和能力确定当地标准,作为主体责任,纳入地方实施方案中,中央财政对中西部等地区特别是刚刚脱贫的地区,应继续加大直接补贴配套的力度。

2. 在高质量发展中促进共同富裕

我国经济已由高速增长阶段转向高质量发展阶段,其实质是既包括经济高质量发展,也包括社会文化环境的协调发展,并以此不断提高全体人民收入水平,确保收入消费、生活质量、健康教育等人力资本水平的稳步提升,突出表现为全国各地从高人类发展水平进入极高人类发展水平。

3. 坚持就业在经济社会发展中的优先位置

我国城镇就业规模将越来越大,预计到2035年,将会净增加1.5亿人左右,达到6亿人以上,即使调查失业率控制在5%左右,仍有3000万人的失业人员,成为我国实现共同富裕的最大挑战。一方面,政府应把创造就业控制失业率放在最优先的位置;另一方面,也应将失业保险金的部分资金直接用于失业人员的再培训、再就业。

4. 完善居民收入分配体系

我国应在坚持按劳分配为主体、多种分配方式并存的社会主义分配原则的基础上,不断完善收入分配体系,优化收入分配结构。目前,全国居民可支配收入仍以工资性收入占比为主,2020年全国平均为55.7%,其中城镇为60.2%,农村为40.7%。可开辟收入来源多渠道,如提高经营净收入、财产净收入、转移支付净收入比重，促进城乡居民收入来源多元化，使其成为增加收入的重要渠道；同时，发挥慈善等三次分配的作用，合理调节过高收入，完善社会保险制度，提高企业养老保险覆盖率，发展第三支柱的养老保险，实现失业保险、工伤保险劳动者（特别是农民工、灵活就业者等）全覆盖。

5. 提高国家汲取财政能力，发挥国家再分配重要作用

随着我国走向高收入水平阶段，需要不断提高国家一般公共预算收支总额占 GDP 的比重，加大对地方财政的转移支付。第一步，在"十四五"时期，我国一般公共预算收入相当于 GDP 的比重由 2020 年的 18.0% 提高至 20% 以上，扭转其下降趋势；第二步，到 2035 年，人均 GDP 达到中等发达国家水平，一般公共预算收入相当于 GDP 的比重争取达到 28% 左右。与此同时，我国应更好地发挥国家在二次分配方面的至关重要作用，不断提升国家和地方公共财政的民生导向，而地方各级政府应重视债务管理，防范政府债务风险。

七、中国实现共同富裕的世界意义

中国作为世界人口最多的发展中国家，无论是达到小康水平、进而全面建成小康社会，还是未来达到中等发达水平、实现共同富裕，都必将会对世界产生极其深远的影响。按每人每日支出低于 3.10 国际元计算，1981—2016 年中国贫困人口从 8.84 亿人减少至 691 万人，减少了 8.74 亿人，贫困发生率从 88.3% 下降至 0.5%，下降了 87.8 个百分点，提前 10 年实现《联合国 2030 年可持续发展议程》相关减贫目标，率先完成了国际社会提出的"可持续发展"（SDGs）的终结极端贫困目标，对世界减贫的贡献率高达 74.1%[①]。

中国减贫成就不仅属于中国，也属于世界，其世界意义充分体现为：中国减贫成功所取得的非凡成就意味着对世界减贫的重要贡献，为整个国际社会带来了希望与激励，并为发展中国家减贫提供了可资借鉴的重要经验，促进了更加美好和繁荣的世界发展进程。

2010 年，当中国进入中高等收入阶段时，世界中高等收入人口翻了一番，

---

① 世界银行数据库. Poverty headcount ratio at $1.90 a day (2011 PPP) (% of population)-China, World[DB/OL].https://data.worldbank.org/indicator/SI.POV.DDAY?end=2019&locations=CN-1W&start=1977.

高达 23.2 亿人，占世界总人口的比重达到 33.5%；到 2025 年，中国进入高收入阶段，世界高收入人口将从 2020 年的 12.4 亿人提高至 14.2 亿人，占世界总人口的 33.9%；到 2035 年，中国进入中等发达水平阶段，中等发达国家（如 OECD 国家）总人口将从现在的 13.6 亿人翻一番，将达到 27.2 亿人，占世界总人口的比重将从现在的 17.7% 提高至 2035 年的 30.6%。与中等发达国家所不同的是，中国打造了一个世界最大的社会主义共同富裕社会，不仅将从根本上改变百年来的世界经济格局、发展格局，而且共同富裕的中国道路将有力地促进全球包容性发展，特别是加速南北国家发展大趋同，彰显中国实现全体人民共同富裕的世界意义。

总之，中国已经进入世界舞台中心，从来没有如今天这样影响世界、重塑世界、成就世界、贡献世界。我们可以自豪地认为，中国十几亿人民在中国共产党领导下，走上了共同富裕的康庄大道，到 2049 年，将全面建成社会主义现代化强国。这也正是毛泽东在 1949 年所说的"人间正道是沧桑"。

后 记

我从事国情研究 30 多年，涉及中国国情与发展的方方面面，但是只有一个核心主题，就是中国式现代化。1987 年，党的十三大报告将中国国情概括为"人口多，底子薄，人均国民生产总值仍居世界后列"，提出了我国社会主义初级阶段的重要判断："我国从五十年代生产资料私有制的社会主义改造基本完成，到社会主义现代化的基本实现，至少需要上百年时间，都属于社会主义初级阶段。"①

为此，我一直将国情分析与中国式现代化作为研究主题，这涉及中国能否实现现代化，何时实现现代化，实现什么样的现代化②。

1991 年，我提出：为了摆脱贫困和落后面貌，中国的现代化道路只能独辟蹊径，必须根据中国国情，寻求一种新的长期发展模式，探索一条社会主义中国独特的生产力发展方式③。这就意味着我们要选择一种非传统的现代化发展模式，其核心思想就是：实行低度消耗资源的生产体系；适度消费的生活体系；使经济持续稳定增长、经济效益不断提高的经济体系；保障社会效益与社会公平的社会体系；不断创新，充分吸收新技术、新工艺、新方法的适用技术体系；合理开发利用资源，防止污染，保护生态平衡；促进与世界市场紧密联系的，更加开放的贸易与非贸易国际经济体系④。中国的发展战略是一个多目标体系，它包括：政治和社会稳定；经济稳定增长；既要追求经济效益，又要谋求社会公平，把实践全体人民的共同富裕作为中国长期发展目标；满足人民生活的基本需求，提高全体居民的生活质量；保护和建设中华民族的生存环境⑤。因此，我们的发展目标应当是建立一个政治稳定、经济繁荣、社会公平、人民康乐、环境优美的社会主义强国，创建一个富有创造性和生命力的社会主义模式，走一条具有中国特色的社会主义道路⑥。这是中国工业化、

---

① 中共中央文献研究室.十三大以来重要文献选编：上 [M]. 北京：人民出版社，1991：10，12.
② 邓英淘.新发展方式与中国的未来 [J]. 发现，1989(Z1)：34-47，4.
③④⑤⑥ 胡鞍钢.中国：走向 21 世纪 [M]. 北京：中国环境出版社，1991：155-168.

现代化最优的选择和最佳的途径①。

当时，我还设想，中国在人均国民生产总值比较低、人均消耗资源量比较少的情况下，能使其他指标实现比较高度的社会现代化、政治现代化、文化现代化，从而使现代化的综合指标处于较高的水平；在今后几十年采取有效措施，避免大的决策失误和社会动乱，促使经济、科技、教育、文化、国防等各个方面协调发展，从而大大增强我国的综合国力②。

2002年，党的十六大报告中首次提出全面建设小康社会的奋斗目标，明确要求"在优化结构和提高效率的基础上，国内生产总值到2020年力争比2000年翻两番，综合国力和国际竞争力明显增强"。对此，我将中国发展的目标体系概括为"增长、强国、富民、提高国际竞争力"四大目标③。

2012年，我在清华大学出版社出版了《2020中国：全面建成小康社会》，为党的十八大提供背景研究。该书明确提出21世纪上半叶，中国社会主义现代化总体布局是"六位一体"，即经济建设、政治建设、文化建设、社会建设、生态文明建设以及国防建设，中国进入"全面现代化"的时代；提出了科学发展观的"五大发展"相互关联、相互促进、相互支撑，使得科学发展进一步具体化，这是"中国之路"的原创；对中国2020年全面建成小康社会这一核心总目标进行专业化设计；准确回答"全面建成"和"小康社会"的深刻内涵，即建设更大范围、更高水平、更高质量、更加公平的小康社会④。

2020年，我在浙江人民出版社出版了《中国现代化与国家治理现代化》一书，对领导人创新中国道路做了系统总结，即毛泽东同志探索中国道路，邓小平同志创新中国道路，江泽民同志、胡锦涛同志推动中国道路升级版，习近平总书记开创新时代中国道路，由此构成了中国式现代化的长征之路⑤。

由此，应清华大学出版社之邀，依托清华大学国情研究院团队近两年来的研究成果，从不同角度深入地探讨中国式现代化这一时代主题的基本特征和伟大意义，出版此书。清华大学国情研究院始终秉承"知识为民、知识报国、知识为人类"的理念，国情研究与公共政策研究是典型的公共知识，作为改革开放的参与者、研究者、受益者，我们要留下"白纸黑字"，记录中国、分

---

①② 胡鞍钢.中国：走向21世纪[M].北京：中国环境出版社，1991：155-168.
③ 胡鞍钢.构建中国大战略："富民强国"的宏大目标[J].科学新闻，2003(1)：38-40.
④ 胡鞍钢.2020中国 全面建成小康社会[M].北京：清华大学出版社，2012：129-130.
⑤ 胡鞍钢.中国现代化与国家治理现代化[M].杭州：浙江人民出版社，2020.

析中国，展望中国、助力中国。诚如习近平总书记所言："自古以来，我国知识分子就有'为天地立心，为生民立命，为往圣继绝学，为万世开太平'的志向和传统。一切有理想、有抱负的哲学社会科学工作者都应该立时代之潮头、通古今之变化、发思想之先声，积极为党和人民述学立论、建言献策，担负起历史赋予的光荣使命。"①

与之前出版的著作不同，本书的内容主要来自研究团队在中国学术期刊上公开发表的文章。这些文章引起了学界的广泛关注，除了在中国知网被大量引用和下载外，中国人民大学复印报刊资料中心也及时转载了部分文章，做了再次传播，书中做了相应说明，在此特别表示感谢。

本书的出版是对党的二十大胜利召开的献礼，也反映了国情研究团队的集体高效研究能力。得益于清华大学出版社商成果编辑的工作，本书得以顺利出版。为此，我也向其他作者及商成果编辑表示感谢。最后，还要感谢教育部人文社会科学研究项目"中国式现代化的内涵、实践与创新研究"、清华大学文科"双高"专项项目（53120600122）的资助。

胡鞍钢
2022 年 9 月

---

① 习近平.在哲学社会科学工作座谈会上的讲话[N].人民日报，2016-05-18(1).